CLASH!

HAZEL MARKUS, Ph.D. | ALANA CONNER, Ph.D.

CLASH!

8 CONFLITOS CULTURAIS QUE NOS INFLUENCIAM

TRADUÇÃO: CRISTINA YAMAGAMI

Do original: *Clash!*
Tradução autorizada do idioma inglês da edição publicada por Penguin Group (USA) Inc.
Copyright © 2013, by Hazel Rose Markus e Alana Conner

© 2013, Elsevier Editora Ltda.

Todos os direitos reservados e protegidos pela Lei nº 9.610, de 19/02/1998.
Nenhuma parte deste livro, sem autorização prévia por escrito da editora, poderá ser reproduzida ou transmitida sejam quais forem os meios empregados: eletrônicos, mecânicos, fotográficos, gravação ou quaisquer outros.

Copidesque: Christiane Simyss
Revisão: Gabriel Augusto Pereira
Editoração Eletrônica: Estúdio Castellani

Elsevier Editora Ltda.
Conhecimento sem Fronteiras
Rua Sete de Setembro, 111 – 16º andar
20050-006 – Centro – Rio de Janeiro – RJ – Brasil

Rua Quintana, 753 – 8º andar
04569-011 – Brooklin – São Paulo – SP – Brasil

Serviço de Atendimento ao Cliente
0800-0265340
atendimento1@elsevier.com

ISBN 978-85-352-4219-5
ISBN ebook 978-85-352-1333-1
Edição original: ISBN: 978-1-59463-098-9

Nota: Muito zelo e técnica foram empregados na edição desta obra. No entanto, podem ocorrer erros de digitação, impressão ou dúvida conceitual. Em qualquer das hipóteses, solicitamos a comunicação ao nosso Serviço de Atendimento ao Cliente, para que possamos esclarecer ou encaminhar a questão.

Nem a editora nem o autor assumem qualquer responsabilidade por eventuais danos ou perdas a pessoas ou bens, originados do uso desta publicação.

CIP-Brasil. Catalogação na Publicação
Sindicato Nacional dos Editores de Livros, RJ

C762c   Conner, Alana
            Clash: 8 conflitos culturais que nos influenciam / Alana Conner, Hazel Markus; tradução Cristina Yamagami. – 1. ed. – Rio de Janeiro: Elsevier, 2013.
            23 cm.

            Tradução de: How to make a self
            ISBN 978-85-352-4219-5

            1. Conflito cultural. 2. Cultura. 3. Self (Psicologia).
       I. Markus, Hazel. II. Título. III. Título: Oito conflitos culturais que nos influenciam.

13-03148   CDD: 306
                          CDU: 316.72

*Para as estrelas mais brilhantes de nossos ciclos culturais:
Alice, Bob, Krysia, Marilyn, Christian e Taylor.*

Agradecimentos

Não se pode ser um self – independente, interdependente ou uma mistura dos dois – sozinho, tampouco se pode escrever um livro por conta própria. Muitas pessoas dedicaram todas as facetas de seus selves a nos ajudar a produzir este livro, e a elas estendemos milhares de agradecimentos e um suprimento vitalício de jantares e festas. Gostaríamos de começar agradecendo aos nossos colegas da Stanford Culture Co-Lab e suas instituições afiliadas, que passaram inúmeras horas no laboratório e em campo, produzindo os fascinantes estudos que apresentamos aqui. Essa turma inclui Glenn Adams, Tiffany Brannon, Lisa Brown, Susan Cross, Katie Curhan, Geoff Fong, Stephanie Fryberg, Alyssa Fu, MarYam Hamedani, Keiko Ito, Heejung Kim, Batja Mesquita, Paula Nurius, Daphna Oyserman, Paula Pietromonaco, Victoria Plaut, Krishna Savani, Nicole Stephens, Sarah Townsend, Annie Tsai, Yukiko Uchida, Elissa Wurf, Shinobu Kitayama e seus alunos, Jeanne Tsai e seus alunos e muitos, muitos outros estudantes de graduação e pós e assistentes de pesquisa. Também somos gratas às organizações que apoiaram esta pesquisa: a National Science Foundation, os National Institutes of Health, a John T. and Catherine A. MacArthur Foundation, o Social Science Research Council e a Russell Sage Foundation, e às instituições que cultivaram os selves das pesquisadoras, inclusive o Departamento de Psicologia e o Instituto de Pesquisas Sociais da University of Michigan e o Departamento de Psicologia, o Centro de Estudos Comparados em Raça e Etnia e o Centro de Estudos Avançados em Ciências Comportamentais da Stanford University.

Os leitores dos manuscritos contribuíram com algumas das melhores ideias que você encontrará aqui. Somos eternamente gratas a essas pessoas incrivelmente inteligentes, generosas e pacientes, que incluem Mateo Aguilar, Adam Cohen, Marilyn Conner, Shinobu Kitayama, Cynthia Levine, Iris Mauss, Perla Ni, Victoria Plaut, Howard Rose, Jeanne Tsai, Krysia Zajonc e Joe Zajonc. Na calada da noite, suas anotações nas margens dos manuscritos nos mantiveram sãs e confiantes. Também devemos nossa gratidão a Taylor Phillips e Amrita Maitreyi pelo trabalho de pesquisa, organização das citações e incontáveis verificações.

Também recrutamos muitos amigos e colegas para servir como fontes de citações. Pelas longas horas passadas ao telefone ou em restaurantes tailandeses, expressamos nossa profunda gratidão a Steve Beitler, Avi Ben-Zeev, Richard Boly, Adam Cohen, Dov Cohen, Susan Cross, Gail Davidson, Jim Fruchterman, Julio Garcia, Robert Goldhor, Deborah Gruenfeld, Stephen Hinshaw, Lila Kitayama, Jason Long, Jan Masaoka, Suzanne Miller, Ara Norenzayan, Shigehiro Oishi, Daphna Oyserman, Dev Patnaik, Kerry Patterson, Dan Portillo, Kaiping Peng, Victoria Plaut, Lisa Radloff, Jason Rentfrow, Steven Spencer e Joseph Vandello.

Quando este livro não passava de um capítulo e um esboço, Chip Heath e Ted Weinstein nos deram um feedback de valor inestimável para nos orientar quanto à forma que o livro deveria tomar. Posteriormente, nossa agente, Gillian Mackenzie; nossa editora, Caroline Sutton, da Hudson Street Press, e sua assistente, Brittney Ross, se ocuparam do projeto de reunir nossas prolixas e dispersas ideias em um único volume. Devemos agradecimentos a essas visionárias almas pelo encorajamento e pelos insights que delas recebemos ao longo deste projeto.

Muito antes de termos a ideia para este livro, nossos amigos, parentes e mentores já apoiavam nossas incursões no novíssimo campo da psicologia cultural. Hazel gostaria de agradecer a Shinobu Kitayama, pela cooperação que teve início com um espanto mútuo pelos detalhes dos ciclos culturais de cada um e que continua grande fonte de inspiração e empolgação; Richard Shweder, por sua insistência de que há mais de uma resposta para a pergunta "O que é bom, verdadeiro e belo?"; Pat Gurin, por ser um eterno exemplo para o valor da diversidade, e muitos outros brilhantes colegas e amigos por todo o apoio à interdependência, inclusive Richard Nisbett, Bill Wilson, Eugene Borgida, Richard e Nancy Moreland, Keith Sentis, Mayumi Karasawa, James Jackson, Toni Antonucci, Phoebe Ellsworth, Dale Miller, Paula Moya, Tanya Luhrmann, Carol Porter, Jennifer Boehler, Sarah Mangelsdorf, Carol Ryff, Lee Ross, Mark Lepper, Phil Zimbardo, Carol Dweck, Jennifer Eberhardt, Nalini Ambady, Greg Walton e Geoff Cohen.

Hazel também estende sua calorosa gratidão a Nancy Cantor, Steve Brechin e Dorothy e Claude Steele pela amizade constante e décadas de conversas sobre a diversidade; à sua família – Alice Rose, Krysia Rose Zajonc, Sharon Rose, Pat Shannon, Reid Shannon, Ben Shannon, Peter Zajonc, Renee Lemieux, Jonathan Zajonc, Joe Zajonc, Daisy Zajonc, Lucy Zajonc, Mike Zajonc, Batja Mesquita, Oliver Zajonc e Zoe Zajonc –, que leu os manuscritos, tolerou suas ausências e sugeriu que ela terminasse logo de escrever o livro; a Alana Conner, incrível coautora, que vislumbrou um livro e transformou sua visão em realidade; e, especialmente, a Robert Zajonc, que mais do que ninguém deixa claro que a cultura importa.

Alana gostaria de agradecer à sua família por lhe proporcionar o acolhimento da familiaridade e um senso de passado; a seus mentores Robert Sternberg, Avi Ben-Zeev, Mahzarin Banaji, Joan Miller, Nancy Adler e, é claro, a inigualável Hazel Rose Markus, por ajudá-la a abrir o caminho para o futuro; e a seus amigos e colegas Amelia, Angela, Christine, Iris, James, Lera, Lisa, Melissa, Perla, Rachel, Susan, e V., por mantê-la no presente.

Sumário

Agradecimentos — vii

Introdução: Problemas culturais — xi

Capítulo 1 Corações e mentes, Oriente e Ocidente — 1

Capítulo 2 Um giro pelo ciclo cultural — 12

Capítulo 3 Homens são da Terra, mulheres são da Terra: As culturas de gênero — 31

Capítulo 4 Fronteiras coloridas: As culturas raciais e étnicas — 53

Capítulo 5 O mundo dividido em classes: As culturas socioeconômicas — 77

Capítulo 6 Estados de espírito nos diferentes estados: As culturas regionais dos Estados Unidos — 97

Capítulo 7 Desvendando a religião: As culturas da fé — 118

Capítulo 8 Trabalhos de amores perdidos: As culturas no trabalho — 137

Capítulo 9 O equador econômico: As culturas dos Hemisférios Norte e Sul — 155

Capítulo 10 Faça você mesmo: As culturas do seu eu — 180

Notas — 198

Índice — 223

Introdução

Problemas culturais

Sou imenso, contenho multidões.
Walt Whitman, "Canto de mim mesmo"

Nada de televisão. Nada de jogos no computador. Nenhuma possibilidade de escolha para as atividades de lazer. E, se desobedecer às regras, nada de comida, água, banheiro ou abrigo.

Para muitas pessoas, essas condições podem parecer saídas diretamente de uma masmorra medieval. Na verdade, são algumas dicas de cuidados parentais oferecidas por Amy Chua em sua biografia, *Grito de guerra da mãe-tigre* (Intrínseca, 2011).[1] Chua, filha americana de imigrantes chineses, revela como os chineses, famosos no mundo todo pelo sucesso dos filhos, criam sua prole.

De acordo com Chua, uma diferença fundamental entre os chineses e os ocidentais[2] na criação dos filhos é o modo como os pais veem o *self* dos filhos – ou, para usar os termos técnicos, o "eu", o ego, a mente, a psique ou a alma. Os pais ocidentais partem da premissa de que o self em desenvolvimento das crianças é frágil, de forma que dão autonomia de decisão aos filhos e os fortalecem com elogios. Por outro lado, segundo Chua, os pais chineses "partem do princípio de que as crianças são fortes, não frágeis".[3] Em consequência, eles exigem muito dos filhos e utilizam técnicas rigorosas para ajudá-los a atingir as expectativas da família.

Se a eficácia desse método de criação pode ser comprovada nos filhos, o método proposto por Chua até agora é imbatível. Sua filha mais velha, Sophia Chua-Rubenfeld, estreou aos 14 anos no Carnegie Hall, a prestigiosa sala de espetáculos nova-iorquina, se formou em primeiro lugar da turma em uma escola de elite de ensino médio e atualmente estuda na Harvard University. A caçula, a "rebelde", de preguiçosa também não tem nada. Louisa se formou com honras na mesma escola de elite e foi uma virtuosa violinista no Programa de Prodígios da orquestra sinfônica local, até que optou por se dedicar mais ao tênis, no qual ela também se destaca.

Apesar das conquistas de seus "Filhotes de Tigre", Chua causou indignação em grande parte do mundo ocidental. Os críticos consideram seus métodos manipuladores, abusivos e até ilegais e protestam clamorosamente não só contra seus meios, mas também seus fins. "As filhas [de Chua] não têm possibilidade alguma de serem felizes ou verdadeiramente criativas", escreve o colunista David Brooks, resumindo as preocupações do público em geral. "Elas crescerão versadas e obedientes, mas sem a audácia necessária para serem notáveis."[4] Em consequência, seu progresso será contido pelo chamado "teto de bambu" e jamais poderá subir até o topo.[5]

Não há nada de novo nesse modo de pensar. Durante várias décadas, o Ocidente desprezou o Oriente ao partir da premissa de que os orientais tendem a imitar e não a inovar. No entanto, o Oriente está se aproximando rapidamente da criatividade e da audácia – da grandeza – do Ocidente. Entre 2004 e 2008, os acadêmicos chineses foram responsáveis por 10,2% dos artigos de pesquisa científica publicados em importantes periódicos internacionais, perdendo apenas para os cientistas americanos, e espera-se que os chineses assumam a liderança já em 2013.[6] Ao aplicarem na prática os resultados desses estudos científicos, as empresas asiáticas já ocupam uma posição de dominância nos setores emergentes da energia limpa e do transporte alternativo.[7]

A ciência e a tecnologia não são as únicas áreas de inovação nas quais os tigres se colocam no topo. Dos 35 artistas vivos, capazes de cobrar montantes de sete dígitos por uma única obra, 17 são descendentes de asiáticos.[8] Nos Estados Unidos, os asiáticos compõem apenas 5% da população, mas a proporção de alunos de graduação nas principais universidades do país é de três a nove vezes maior.[9]

Estatísticas como essas impulsionam ainda mais as vendas do livro de Chua. E se ela tiver razão? E se, para criar filhos bem-sucedidos, realmente for preciso impor as regras rigorosas de antigamente? E se a excessiva preocupação dos ocidentais com a autoestima, a liberdade de expressão e a realização pessoal estiver transformando as crianças em flores protegidas em uma estufa que definharão nas garras da concorrência oriental? E se, no fim do confronto entre as culturas orientais e ocidentais, o Oriente prevalecer?

No centro da histeria da Mãe-Tigre residem duas questões mais profundas: Que tipo de pessoa não apenas sobreviverá como também prosperará no século XXI? E será que posso ser esse tipo de pessoa?

Este livro constitui uma resposta para essas perguntas. Na qualidade de psicólogas culturais, investigamos como diferentes culturas ajudam a criar diferentes modos de ser uma pessoa – que chamamos de diferentes *selves*. Também estudamos como esses selves, por sua vez, ajudam a criar culturas diferentes. Chamamos de *ciclo cultural* esse processo constituído de culturas e selves que se influenciam e se moldam uns aos outros. Como revelaremos mais adiante, muitos dos confrontos que mais nos angustiam resultam da colisão entre selves diferentes. Contudo, ao utilizar os nossos ciclos culturais para convocar o self certo no momento certo, podemos não apenas impedir muitos desses confrontos como também nos beneficiar do poder de nossos diversos pontos fortes.

A trilha sonora da alma

A maioria de nós pondera sobre a questão "Quem sou eu?" em algum ponto da vida. Os mais neuróticos o fazem várias vezes antes mesmo do café da manhã. Mas será que você já se perguntou "O que é um eu? E por que tenho um?"

O seu eu, o seu self, é o seu senso de ser um agente mais ou menos permanente e individual, que age e reage ao mundo ao seu redor e ao seu mundo interior. O seu self é o herói que ocupa o centro da história de sua vida, que você está constantemente escrevendo (de maneira consciente ou não).[10] Ele é a parte de você que percebe, participa, pensa, sente, aprende, imagina, lembra, decide e age. Ele conecta o seu presente ao seu passado e ao seu futuro e o ajuda a dar um sentido às suas experiências e a decidir o que fazer em seguida.

Ter um self é um engenhoso mecanismo humano. Como os seres humanos não são feitos sob medida para todos os ambientes, você deve estar preparado para se adaptar a todos eles. Assim, seu cérebro, como o de todas as pessoas, é capaz de captar uma ampla frequência de estímulos.

O seu mundo, por sua vez, é como um rádio que transmite muitas estações diferentes ao mesmo tempo. O seu self é quem o sintoniza em determinada estação e o ajuda a dar a devida atenção aos canais mais relevantes às suas necessidades e metas e ignorar os não relevantes. Por exemplo, em uma festa cheia de gente, você de repente pode ouvir alguém dizer seu nome, mesmo se não estiver prestando atenção ao burburinho ao redor. Isso acontece porque uma parte de seu cérebro se mantém constantemente atenta a informações a respeito de seu self.[11] De forma similar, você reage muito mais rapidamente a ideias e eventos relevantes ao seu self do que aos considerados irrelevantes.[12] E, se você quiser se lembrar de um fato novo, uma das maneiras mais seguras de armazená-lo profundamente é vinculá-lo diretamente a algo que você valorize ou que tenha vivenciado pessoalmente.

O seu self não apenas decide a quais informações atentar como também consolida tudo em uma experiência coerente. Em outras palavras, o seu self cria trilhas sonoras, passando de um canal ao outro no rádio do mundo e criando trilhas com atmosferas e histórias distintas. Com isso, o seu self também decide o estilo de música conforme a qual você vai dançar e o tipo de comportamento que vai exibir. Com músicas no estilo hip hop tocando no rádio, você provavelmente não conseguirá dançar valsa.

Apesar de todos nós sentirmos que o nosso self permanece basicamente o mesmo em diferentes lugares, momentos e situações, quando analisamos com mais atenção as histórias da nossa vida, vemos que na verdade temos vários selves diferentes dentro do nosso self individual.[13] E eles sabem como operar o rádio. Dependendo de qual self esteja "no ar", seu comportamento poderá mudar muito. Por exemplo, ao visitar a mãe, muitos adultos, normalmente calmos e razoáveis, ficam chocados ao perceber que seu self pré-adolescente interior assume o comando do rádio. De modo similar, ao nos prepararmos para um jogo de basquete depois do trabalho, ficamos agradavelmente surpresos ao descobrir que o robô exausto, que há pouco se arrastava penosamente pelo escritório, finalmente abdicou do comando do rádio.

Seus dois selves

Mesmo assim, há ordem no caos de seus vários selves. Apesar de toda essa variedade, descobrimos que a maioria de seus selves pode ser classificada em dois estilos básicos:

independentes e interdependentes. Os *selves independentes* se veem como individuais, únicos, livres de restrições, capazes de influenciar os outros e seus ambientes e de serem equitativos (e, mesmo assim, notáveis!). Como veremos, esse é o tipo de self predominantemente cultivado pela cultura americana do *mainstream*. A maioria das músicas que toca no rádio de um americano fala de independência.

Já os *selves interdependentes* se veem como relacionais, similares aos outros, capazes de se ajustar às situações, enraizados em tradições e obrigações e organizados em hierarquias sociais.[14] Como explicaremos, os rádios de muitas outras partes do mundo – inclusive do Oriente, de onde vem a família de Amy Chua – transmitem estações em sua maioria interdependentes.

DOIS ESTILOS DE SELF

Independente	Interdependente
Individual	Relacional
Único	Similar
Influente	Flexível
Livre	Enraizado
Equitativo (e, mesmo assim, notável!)	Organizado em hierarquias sociais

Em colaboração com o psicólogo japonês Shinobu Kitayama, Hazel Rose Markus, a coautora deste livro, analisou a independência e a interdependência nos Estados Unidos e no Japão. Ao longo dos anos, seus alunos de pós-graduação (inclusive Alana Conner, a outra coautora deste livro) expandiram o foco para explorar a independência e a interdependência em outros países bem como em culturas que diferiam em termos de gênero, raça e classe. As constatações do Laboratório Cultural de Kitayama e Markus constituem a espinha dorsal deste livro. Como resultado desses vários estudos, descobrimos que os selves independentes e interdependentes são igualmente reflexivos, emocionais e ativos, mas muitas vezes apresentam diferenças sutis nos pensamentos, sentimentos e ações em resposta às mesmas situações.

Como muitas pessoas com heranças orientais, Amy Chua usa seu self interdependente para criar filhas interdependentes. (Mas também usa seu self independente para promover seu livro e defender suas ideias – um ponto que retomaremos mais adiante.) Ela passa milhares de horas, muitas vezes deixando de dormir o suficiente, ajudando as filhas a atingir as altas expectativas das pessoas importantes em suas vidas. Em troca, espera que as filhas deem orgulho, satisfação e apoio às pessoas que as ajudaram a conquistar o sucesso. Com tantos relacionamentos protegendo as psiques interdependentes de Sophie e Louisa, Chua presume que suas filhas são fortes o suficiente para aguentar o tranco. Dessa forma, ela mantém um fluxo constante de críticas para motivar as crianças a atingir um nível satisfatório de sucesso.

Por outro lado, muitos críticos ocidentais de Chua favorecem os selves independentes. Eles tendem a ajudar as crianças a cultivar sua individualidade e suas características únicas para que possam distinguir seu self do self dos outros. Muitos pais independentes também dormem pouco, mas não para açoitar a prole com um chicote que receberam muito antes de terem filhos. Em vez disso, esses pais dedicam muito tempo, dinheiro e esforço proporcionando aos filhos uma ampla variedade de escolhas – futebol ou natação? Piano ou pintura? Teatro ou balé? – para que as crianças possam escolher atividades de acordo com seus talentos supostamente inatos e especiais. Como os selves em desenvolvimento das crianças são considerados delicados, os pais ocidentais mantêm um fluxo constante de elogios para protegê-los e fortalecê-los.

Imersos nesses mundos diferentes, os filhos de pais independentes e interdependentes crescem com selves diferentes. Para confirmar isso, basta perguntar a eles. Quando estudantes euro-americanos se descrevem, tendem a relacionar suas qualidades estáveis, internas, distintivas e positivas e raramente mencionam seus papéis ou relacionamentos. Eles dizem: "Gosto de liberdade e sou especial", "Tento sempre ser otimista e animado" ou "Sou autoconfiante". Por outro lado, os estudantes japoneses tendem a mencionar, nas primeiras frases, outras pessoas e sua relação com elas. "Faço o que quero na medida do possível, mas nunca faço nada que possa incomodar os outros", diz um participante. Outro afirma: "Ajo para que as pessoas fiquem tranquilas."[15]

Também é possível ter uma ideia das diferenças entre os selves de adultos euro-americanos e japoneses em seus e-mails e mensagens de texto. Para os americanos, o emoticon (caracteres tipográficos que simulam emoção) mais comum é a carinha sorridente :) e o segundo mais comum é a triste :(. Já os japoneses também usam emoticons sorridentes e tristonhos, embora, com a mesma frequência, também usem o emoticon (^_^;), que representa suor gelado descendo por um rosto nervoso. Os japoneses usam esse emoticon quando estão preocupados com a possibilidade de terem feito algo errado e, em consequência, afetado negativamente um relacionamento. Quando a interdependência é a meta, um símbolo que diga "eu me preocupo com os seus sentimentos" é mais útil que um que só expresse o sentimento de quem escreve a mensagem.[16]

E quem é você?

Agora pare um pouco para pensar no *seu* self. Você tende a usar mais o seu lado independente ou interdependente? Ou será que você usa os dois com a mesma frequência?

Caso precise de ajuda para responder, dê uma olhada nas duas imagens a seguir. O self independente à esquerda está cercado de pessoas, mas todos têm limites sólidos e não se sobrepõem. Esse tipo de eu é individual, único e livre. E, embora esse tipo de self claramente se importe com os outros, eles não constituem um aspecto essencial do eu posicionado no meio.

Independente   Interdependente

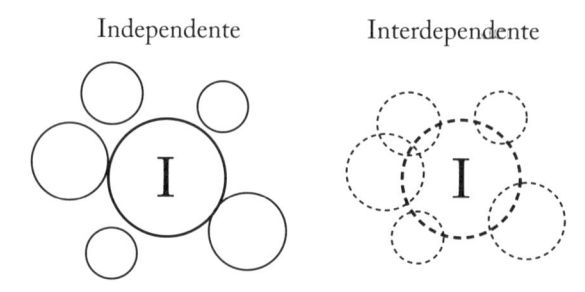

Por outro lado, o self interdependente à direita apresenta limites porosos, bem como todas as pessoas que o cercam. Todos eles também se sobrepõem, o que demonstra que se trata de um self cujos relacionamentos com os outros constituem aspectos essenciais. Além disso, um self interdependente é composto não apenas de seus relacionamentos com os outros, mas também de seu lugar na rede formada pelos relacionamentos de todas as outras pessoas. O self interdependente é relacional, enraizado e posicionado em uma hierarquia social.

No Capítulo 10, apresentaremos mais ferramentas para descobrir como você combina a independência e a interdependência para formar o seu self distinto. Também mostraremos ao longo do livro que as formas assumidas pela independência e pela interdependência variam de acordo com as pessoas e com as diferentes culturas. Por enquanto, basta dizer que, no centro da independência, se encontra um foco no próprio self, ao passo que, no centro da interdependência, reside um foco nos relacionamentos.

O confronto dos selves

A autobiografia de Chua mostra bem o choque da interdependência oriental com a independência ocidental, além de jogar lenha na fogueira do confronto entre seus defensores interdependentes e seus críticos independentes.

Entretanto, o *confronto* entre os selves independentes e interdependentes não se limita a diferenças entre o Oriente e o Ocidente. Nos capítulos a seguir, mostraremos como essas diferenças levam a um número surpreendente de outras tensões locais, nacionais e globais, inclusive:

- Por que as mulheres não estão conseguindo ascender na hierarquia corporativa, enquanto os homens despencam nessa mesma hierarquia (veja o Capítulo 3).
- Por que muitos negros, hispânicos e pessoas de outras etnias sabem que a discriminação os impede de progredir, enquanto muitos brancos acreditam piamente que a raça não faça mais diferença alguma (veja o Capítulo 4).
- Por que os pobres não conseguem se desenvolver nas salas de aula dos ricos (veja o Capítulo 5).
- Por que os moradores do Meio-Oeste e do Sul dos Estados Unidos se deprimem quando se mudam para o litoral e vice-versa (veja o Capítulo 6).

- Por que a política dos protestantes conservadores parece tão alheia a outros grupos religiosos dos Estados Unidos (veja o Capítulo 7).
- Por que tantas parcerias entre empresas privadas, organizações sem fins lucrativos e governos fracassam (veja o Capítulo 8).
- Por que tantos eventos no Hemisfério Sul parecem irracionais, ineficientes e injustos aos olhos do Hemisfério Norte (veja o Capítulo 9).

Esses confrontos culturais se tornam cada vez mais frequentes, tensos e até violentos. Com novas tecnologias conectando nossas infladas populações, temos mais chances de interagir com pessoas cujos modos de ser não combinam com os nossos e que, por conseguinte, nos confundem e atordoam. À medida que os recursos desaparecem, devemos competir com ainda mais ferocidade com essas pessoas misteriosas para conseguir diplomas, empregos e um padrão de vida decente. Ao mesmo tempo, ajudamos cada vez mais pessoas cujas intenções e ações não compreendemos bem, desde vizinhos e colegas de diferentes raças, classes e gêneros até pessoas em todo o mundo vitimadas pela guerra e pela pobreza. Enquanto isso, as mudanças climáticas, a proliferação nuclear e outras ameaças globais exigem cada vez mais a cooperação de todos.

À medida que o nosso planeta fica cada vez menor, mais plano e mais quente, que tipo de self prevalecerá?

Chua e as culturas orientais de seus pais podem ser indicativos de que a interdependência seja o melhor caminho a seguir. Com estreitas coalizões de pessoas unidas por laços de gratidão, os selves interdependentes podem ser mais capazes de resistir às ameaças e aos choques que nos aguardam em um futuro não muito distante. Afinal, a união faz a força.

Contudo, a esmagadora maioria dos psicólogos ocidentais tem alardeado a independência como o caminho mais feliz e saudável. Os psicólogos – desde o Dr. Freud até o Dr. Phil, passando pelo Dr. Spock – vêm insistindo que as pessoas devem se conscientizar de seus selves autênticos, colocar em prática seus pontos fortes especiais, controlar o ambiente, se libertar de obrigações opressivas e se ver com o mesmo valor que os outros (também todos notáveis, daí os níveis, em geral, elevados de autoestima no Ocidente). Eles observam que os selves independentes não se limitam a aguentar o tranco de braços cruzados, mas se dedicam a revolucionar o jogo. Esses mesmos psicólogos também são severos ao alertar contra a interdependência excessiva, acompanhada dos fantasmas da codependência, da inconstância e da passividade.

Os dois lados da moeda

No entanto, nós, os psicólogos culturais do século XXI, sugerimos uma nova abordagem. Para criar um mundo mais próspero e pacífico, todos devem ser *ao mesmo tempo* independentes e interdependentes. Isso significa que as pessoas que tendem a ser mais independentes precisarão cultivar sua interdependência, ao passo que as propensas a serem mais interdependentes precisarão reforçar sua independência. O sucesso no amor, no trabalho e no lazer pertencerá às pessoas capazes de aplicar seu melhor self às diferentes situações.

Apesar de muitas pessoas apresentarem grande tendência à independência ou à interdependência, todos nós usamos os dois tipos de self. Um CEO branco do sexo masculino, por exemplo, é uma criatura bastante independente até voltar para casa e rolar no tapete da sala com o filho de 3 anos, momento no qual ele entra em contato com seu lado mais interdependente. Da mesma forma, uma auxiliar de enfermagem hispânica, em geral interdependente, mobiliza seu lado independente quando lança um movimento para reduzir a poluição no bairro onde mora.

Se soubermos quando e como usar nossos diferentes selves, poderemos não apenas entender melhor os confrontos que ocorrem ao nosso redor como também evitar muitos deles. Tanto a independência quanto a interdependência constituem modos legítimos e úteis de ser uma pessoa. No entanto, os confrontos surgem quando acionamos um self independente em uma situação que exige interdependência e vice-versa.

Por exemplo, digamos que você e seu amigo queiram comprar um carro novo. Você acaba comprando exatamente o mesmo carro que ele, alguns dias depois de ele fechar a compra. Será que com isso você o ofendeu ou reforçou a amizade de vocês?

Foi constatado que a resposta depende da classe social de seu amigo. A psicóloga Nicole Stephens e sua equipe propuseram que bombeiros da classe trabalhadora e estudantes de MBA da classe média imaginassem exatamente esse mesmo cenário. Eles descobriram que os estudantes de MBA, com seus selves extremamente independentes, ficaram horrorizados com a possibilidade. "Isso acaba com a minha diferenciação", um deles reclamou. "Por que diabos ele foi fazer isso?", outro estudante indagou, indignado. "Eu queria ser especial."

No entanto, os bombeiros, mais interdependentes, não se sentiram nem um pouco incomodados. "Acho muito legal", um deles disse. Outro comentou: "Eu pensaria: 'É isso aí! Vamos abrir um clube do automóvel!'". O self interdependente dos bombeiros não viu afronta alguma no fato de um amigo escolher o mesmo carro que eles; pelo contrário, consideraram a escolha como um ato de solidariedade.[17]

Isso não quer dizer que você não deva comprar aquele Camaro só porque seu amigo comprou um primeiro. Entretanto, se seu amigo for um euro-americano da classe média, com nível superior e um self independente, comprar o mesmo carro que ele provavelmente afetará negativamente a amizade de vocês.

Ao desenvolver a capacidade de compreender o self alheio, você pode não apenas evitar confrontos, como também atingir mais metas pessoais e satisfazer a mais de seus desejos. Como veremos no Capítulo 3, uma mulher que deseja ganhar um salário mais alto deve acessar seu self independente para pedir aumento. De maneira similar, como demonstraremos no Capítulo 9, um voluntário que trabalhe em uma ONG de ajuda humanitária e que queira acabar com a fome em uma vila sudanesa deve agir de acordo com as tradições, normas e hierarquias interdependentes já estabelecidas na região.

A própria Mãe-Tigre pode concordar com essa nossa recomendação. Nos capítulos finais, menos comentados, de seu livro, Chua admite que foi dura demais com sua caçula e adotou um estilo mais independente. "Tomei a atitude mais ocidental imaginável: deixei que *ela* escolhesse", Chua conta. "Eu disse que ela poderia largar o violino se quisesse e se voltar a outra atividade de sua preferência, que, na época, foi o tênis."[18]

O ciclo cultural

Chua não está sozinha na dificuldade de aplicar o self certo. Todos nós lutamos com a questão de qual psique acionar em cada situação. O que dificulta ainda mais a nossa solução dos dois selves é que muitas vezes não temos controle sobre qual deles se manifestará em dada circunstância. Como Malcolm Gladwell popularizou em seu best-seller *Blink: a decisão num piscar de olhos* (Rocco, 2005), os psicólogos já sabem, há um bom tempo, que a maior parte do que de fato motiva o nosso comportamento é invisível à percepção consciente. O mesmo vale para qual self você utiliza: estímulos sutis presentes no ambiente podem evocar independência ou interdependência *sem que você ao menos perceba*. Esses estímulos, chamados em inglês de *primes*, não determinam o modo como você agirá, mas indubitavelmente aumentam as chances de determinados pensamentos, sentimentos e comportamentos subirem à tona.

Dessa forma, mudar o seu eu não é uma simples questão de decisão solitária. Você também deve mudar os primes – ou estímulos – do seu ambiente, que constituem parte integral do que chamamos de cultura. Quando falamos em cultura não nos referimos à ópera, à orquestra sinfônica ou ao balé; nem aludimos meramente aos pratos típicos, festivais e vestuário que distinguem, digamos, os mexicanos dos indonésios. Neste nosso contexto, a *cultura* são as ideias, instituições e interações que orientam um grupo de pessoas sobre como pensar, sentir e agir.

Apesar de alguns primatas apresentarem rudimentos de cultura, nenhum deles tem uma cultura como a do *Homo sapiens*. E ninguém tem uma cultura como a sua. Todos nós temos muitas culturas diferentes que se entrecruzam ao longo da vida, desde amplas culturas, como a nação, o gênero e a classe social, até subculturas, como profissões, hobbies e até o time de futebol para o qual torcemos. No entanto, poucas pessoas (talvez ninguém) estão imersas exatamente no mesmo mix cultural que você. Seu coquetel especial de culturas se combina com seus fatores biológicos para determinar quem *você* é. Além disso, ninguém *faz* cultura como você. Todos os dias, você faz cultura sem ao menos ter consciência. Isso acontece porque seus pensamentos, sentimentos e ações do dia a dia contribuem para as culturas das quais você faz parte, da mesma forma como as suas culturas influenciam seus pensamentos, sentimentos e ações.

Para esclarecer o funcionamento do ciclo cultural, nós os dividimos em quatro elementos: eus, interações, instituições e ideias, que atuam juntos, da seguinte forma:

O ciclo cultural

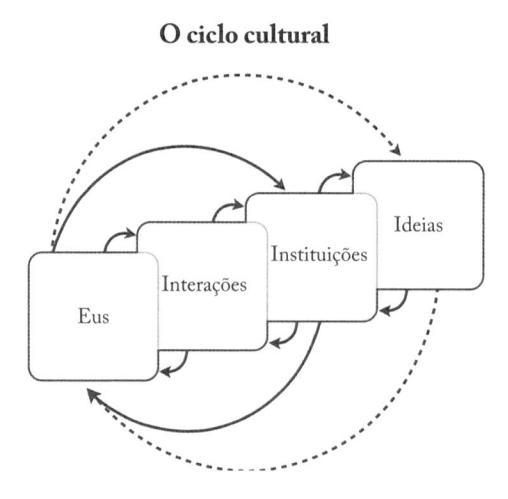

[Diagrama: Eus → Interações → Instituições → Ideias, com setas bidirecionais entre as caixas e setas tracejadas formando um ciclo completo.]

O seu eu (self, mente, psique, alma) ancora o lado esquerdo do ciclo cultural com seus pensamentos, sentimentos e ações. Já o lado direito do ciclo, relativo à "cultura", inclui interações, instituições e ideias. Você pode pensar no ciclo cultural começando do lado esquerdo ou direito. A partir da esquerda: seu eu (ou self) cria uma cultura à qual você posteriormente se adapta. A partir da direita: sua cultura influencia seu eu de forma que você pensa, sente e age de maneiras que perpetuam essa cultura.

A parte do ciclo cultural que vivenciamos com mais frequência é composta por nossas *interações* diárias com as outras pessoas e com produtos feitos por seres humanos (artefatos). Essas interações seguem normas, em geral tácitas a respeito do jeito certo de se comportar em casa, na escola, no trabalho, em um local religioso, em atividades de lazer etc. Orientando essas práticas, temos produtos culturais mundanos – histórias, canções, anúncios, ferramentas, arquitetura etc. – que tornam algumas formas de pensar, sentir e agir mais fáceis que outras.

A próxima camada de cultura é composta pelas *instituições* nas quais as interações do dia a dia ocorrem. As instituições explicitam as regras que uma sociedade deve seguir e incluem entidades jurídicas, governamentais, econômicas, científicas, filosóficas e religiosas. Uma pessoa sozinha não tem como conhecer todas as leis, políticas, teorias ou histórias que explicam as origens de algo – todos os elementos que atuam em suas culturas. Mesmo assim, as instituições exercem incrível força, permitindo em silêncio determinadas práticas e produtos enquanto veta outros.

A última e mais abstrata camada do ciclo cultural é composta por *ideias* centrais, normalmente invisíveis, que fundamentam nossas instituições, interações e, em última instância, o nosso eu. Da mesma forma como as forças invisíveis, que mantém o nosso planeta coeso, essas ideias, que atuam nos bastidores, mantêm a coesão das nossas culturas. Como resultado da atuação dessas forças, as culturas apresentam um padrão universal. É bem verdade que elas abrigam muitas exceções às próprias regras, mas também contêm padrões gerais que podem ser identificados, analisados e até mudados.

Rompa o ciclo

Vimos que você constrói ativamente as suas culturas, de forma que não é um escravo delas. Quando as pessoas se conscientizam das forças culturais que as cercam, elas podem ajustá-las, criar variações ou até rejeitar completamente suas influências. É por isso que temos tecnologias, revoluções e progresso em vez de nos limitarmos a ser apenas "a mesma espécie em um século diferente".

Conscientizar-se do ciclo cultural é o primeiro passo para controlá-lo. Quando você percebe que o ambiente está repleto de primes que afetam o seu comportamento, pode começar a neutralizá-los conscientemente ou até substituí-los por primes mais desejáveis. Vejamos um pequeno exemplo: qualquer pessoa que tenha conseguido perder peso com uma dieta sabe que não basta manter uma força de vontade ferrenha e a boca irremediavelmente fechada para enxugar os quilinhos a mais. Também é necessário fazer mudanças nos ambientes com os quais você interage no dia a dia. Você deve sumir com os biscoitos e sacos de batatas fritas da despensa e livrar o congelador de todos os sorvetes e substituí-los por frutas e vegetais. Você deve evitar estacionar muito perto de seu destino e aproveitar a caminhada para se exercitar mais. Você deve se cercar de amigos e parentes que o apoiem e encontrar uma atividade mais saudável para substituir o happy hour no barzinho com os colegas.

Entretanto, a ideia de que uma pessoa pode, sozinha, alterar o curso do ciclo cultural é uma eterna fantasia de Hollywood. Embora você não seja um escravo de suas culturas, também não é seu único mestre. Como o seu self e suas culturas estão entrelaçados de maneira tão inextricável, mudar o seu self e o seu mundo requer mudar seus ciclos culturais. Mais especificamente, você deve alterar as interações e as instituições do seu ciclo e mudar o seu eu. Você não tem como alterar diretamente as grandes ideias que impulsionam o ciclo cultural por inteiro, simplesmente pelo fato de elas se encontrarem tão profundamente enraizadas. Entretanto, com o tempo, à medida que os eus, as interações e as instituições mudarem, as grandes ideias também vão se transformando. E quando uma nova grande ideia se estabelece, um ciclo novo e sustentável é acionado.

Retomando o exemplo da dieta: para não recuperar o peso perdido, seria interessante recorrer às instituições da sua comunidade para facilitar a manutenção de um estilo de vida mais saudável. Você pode sugerir que seus empregadores reforcem a segurança das escadas do prédio onde você trabalha para facilitar seu uso em vez dos elevadores. Você pode encorajar os supermercados a oferecerem alimentos mais frescos no lugar de processados. Você pode pressionar os municípios a criar mais espaços seguros e abertos para você se exercitar. E você pode apoiar leis e impostos que o protejam de alimentos prejudiciais à saúde e aditivos alimentares.

Um exemplo menos banal do necessário para mudar o ciclo cultural é o movimento dos direitos civis. Ajustes em qualquer parte do ciclo cultural têm o poder de enfraquecer um pouco a injustiça racial. Usar a educação para mudar o coração e a mente de cada pessoa (intervenção em nível individual), melhorar o modo como as minorias são representadas na mídia (mudança no nível das interações) e flexibilizar leis de imigração discriminadoras – nos Estados Unidos, popularmente conhecidas como as leis Jim e Juan Crow[19] – (alteração no nível institucional) são ações que podem levar à maior justiça racial e étnica. Contudo, uma mudança ampla e sustentável requer contínuo empenho em todos esses três níveis simultaneamente. Com o tempo, essas ações nos níveis mais inferiores do ciclo cultural derrubarão a grande ideia de que alguns grupos étnicos e raciais sejam inerentemente melhores que outros.

A maioria dos confrontos culturais na nossa vida cotidiana será mais facilmente neutralizada que a centenária injustiça racial. Mesmo assim, a mesma regra se aplica: não existem soluções milagrosas. Mudar o self ou o mundo requer alterar o ciclo cultural que o constitui. Entretanto, como demonstraremos, alguns pequenos e precisos ajustes têm o poder de redirecionar os ciclos culturais, colocando-os em um caminho melhor.

Cegueira cultural

O simples fato de as pessoas poderem mudar seu self e suas culturas não significa que elas o façam de imediato. Um grande obstáculo é muitas pessoas nem perceberem que têm culturas e acharem que são seres humanos produzidos em série, normais, naturais e neutros. O problema são aquelas *outras* pessoas irritantes, que permitem que as culturas distorçam sua capacidade de ver o mundo como ele *realmente* é.[20]

Essa mentalidade é especialmente difundida na cultura euro-americana de classe média, que acredita que o eu independente é um self que já nasceu assim e sempre será assim. Em consequência, os euro-americanos de classe média muitas vezes ignoram as forças sociais ao explicar as atitudes e reações das pessoas e, em vez disso, se concentram nas preferências, talentos e características internas das pessoas. Os psicólogos culturais chamam essas explicações para o comportamento, focadas internamente, de *atribuições disposicionais*. Por outro lado, as pessoas de culturas interdependentes tendem a olhar para fora dos indivíduos e justificar seu comportamento em termos de *atribuições situacionais*.

Os psicólogos Michael Morris e Kaiping Peng analisaram esses dois estilos tremendamente diferentes em artigos de jornal em inglês e chinês sobre dois assassinos em massa: Gang Lu, estudante chinês de pós-graduação em Física, na University of Iowa, que, quando ficou sabendo que não ganhara uma competição que valia um prêmio, matou seu orientador, várias pessoas que estavam por perto e se suicidou; e Thomas McIlvane, irlandês-americano que trabalhava no correio e matou seu supervisor, várias pessoas que estavam no local e se suicidou depois de ser demitido na cidade de Royal Oak, Michigan. O *The New York Times* e o *The World Journal* (jornal em chinês publicado em Nova York) cobriram as duas tragédias, porém contando histórias diferentes. Os repórteres americanos se concentraram mais em descrever Lu como um "homem sombrio e perturbado", com um "temperamento ruim" e um "lado sinistro", e atribuíram o crime de McIlvane a seu "pavio curto", desequilíbrio mental e outras características pessoais.

Por outro lado, os repórteres chineses dedicaram mais espaço a fatores situacionais. No caso de Lu, os fatores que o levaram a matar foram seu relacionamento ruim com o orientador, a pouca religiosidade na cultura chinesa e a ampla disponibilidade de armas na sociedade americana. No caso de McIlvane, tensões com seu supervisor, o exemplo de outros assassinatos em massa e o fato de ele ter sido recentemente demitido foram apontados como fatores que o levaram ao homicídio.[21]

Como os selves independentes acreditam que as qualidades internas das pessoas motivam suas ações, eles também acreditam que reagem aos fatores internos das pessoas, e não a suas culturas. Em consequência, muitos americanos afirmam serem cegos para cor ("daltônicos"), gênero, classe, religião e diferenças culturais em geral. Podemos ser perdoados por algumas de nossas obstinadas cegueiras, já que algumas delas refletem as melhores intenções do movimento dos direitos civis, do movimento feminista, do movimento em prol dos direitos dos idosos e outras tentativas de fazer do mundo um lugar mais justo. Muitos ativistas acreditam que, se as pessoas discriminam as outras em função da cultura, ignorá-la ajudaria a pôr um fim à discriminação. De acordo com essa lógica, basta tratar as pessoas como *únicas,* e em breve a paz orientará o planeta, e o amor tomará as rédeas do destino da humanidade.

O outro engenhoso mecanismo humano

O maior problema dessa solução é ser impossível de implementar. Os ciclos culturais de nação, gênero, raça, classe, região e religião têm raízes especialmente profundas no mundo. Até bebês de 9 meses são capazes de distinguir pessoas de raças e gêneros diferentes.[22] Isso não significa que as pessoas já nasçam racistas ou machistas ou já saiam da barriga da mãe determinados a atormentar os outros; significa sim que ter e fazer culturas é tão importante para a nossa espécie que começamos a aprender categorias culturais assim que abrimos os olhos para o mundo.

Fazer culturas é o nosso outro engenhoso mecanismo humano. (O primeiro, como vimos antes, é ter um self.) Devido à cultura, não precisamos esperar que mutações genéticas ou a seleção natural nos proporcionem os fatores biológicos dos quais precisamos para viver em uma região diferente, para extrair nutrientes de novos alimentos ou enfrentar uma mudança climática. Em vez disso, podemos inventar novos abrigos, técnicas de preparação de alimentos e vestuário apropriado ao clima. Também podemos nos poupar do trabalho de reinventar essas tecnologias e aprender com os outros seres humanos a replicá-las.

Executar com sucesso essas engenhosas inovações requer requintada coordenação social. Como o artista britânico Thomas Thwaites recentemente demonstrou, nenhum ser humano sozinho seria capaz de produzir uma simples torradeira, mesmo com acesso a todas as matérias-primas necessárias. Todo o processo de mineração, fresagem, fabricação, montagem e expedição por trás desse humilde eletrodoméstico envolve milhares de pessoas, com habilidades altamente especializadas.

Para façanhas desde a produção de torradeiras ao lançamento de espaçonaves, a cultura nos ajuda a decidir quem faz o quê, quando, onde e como. Quando um ser humano nasce, ele já chega ao mundo faminto por essas informações culturais. Seu cérebro evoluiu para receber esse tipo de informação, de forma que já está em sua natureza buscar estímulos constantemente. Sua família, amigos e os muitos desconhecidos com os quais o bebê interage ficam mais que felizes em ajudá-lo a manter seu ciclo cultural em movimento. Com a ajuda dessas pessoas, ele não demora a perceber que pessoas de sexos diferentes têm cabelos, roupas, brinquedos e amigos diferentes. Com um pouco de experiência, ele descobre que as pessoas de raças diferentes moram em bairros diferentes, têm empregos diferentes e cometem crimes diferentes. Ele aprende que pessoas de religiões diferentes têm feriados, locais de adoração e valores diferentes.

Essas divisões culturais específicas não são inevitáveis. Podemos dividir o mundo de outra forma (e eventualmente até fazemos isso). Poderíamos criar Legiões de Pessoas Altas e Sociedades de Baixinhos. Poderíamos instituir repúblicas distintas para pessoas de olhos castanhos, azuis e verdes. (Em um mundo como esse, David Bowie usufruiria de dupla cidadania.)

Entretanto, não é possível nos livrarmos completamente da cultura. Milhões de anos de evolução configuraram no nosso cérebro a necessidade da cultura, e milhares de anos de civilização imbuíram os aparatos da cultura no mundo. Dessa forma, exortações para que desenvolvamos a "cegueira cultural" e ignoremos os fatores culturais, são irremediavelmente simplistas.

Em vez de esconder a cultura debaixo do tapete, deveríamos recebê-la de braços abertos, compreendê-la e, o mais importante, mobilizá-la para beneficiar a humanidade. À medida que a vida moderna se torna cada vez mais complexa, e problemas sociais e ambientais se tornam cada vez mais difundidos, devemos reaprender a usar nossos ciclos culturais e nosso self da maneira como a natureza pretendia. Isso implica alavancar nossos diversos pontos fortes. Retomando a metáfora do rádio, nosso self deve se sintonizar em um número maior de estações do mundo. As trilhas sonoras mais variadas que resultariam dessa nova atitude nos proporcionariam mais ferramentas com as quais poderíamos enfrentar melhor os desafios impostos pelo nosso cada vez menor planeta. No mínimo, essas novas trilhas sonoras seriam mais interessantes de ouvir.

Chua chegou perto de uma resposta, mas os confrontos culturais não precisariam causar tanto sofrimento. Ao habilmente combinarmos nossos engenhosos mecanismos humanos, temos o poder de incluir muito mais selves e seus ciclos culturais em um mundo unificado.

CAPÍTULO 1

Corações e mentes, Oriente e Ocidente

"Heejung?"

Hazel chamou de surpresa a aluna de pós-graduação sentada no fundo da sala.

"Você tem algo a acrescentar?"

Educada na Coreia do Sul, Heejung Kim agora fazia doutorado em Stanford. Hazel era sua orientadora e esperava que os alunos participassem ativamente das discussões em sala de aula.

Entretanto, mais uma vez, Kim negou com a cabeça e murmurou "Não".

Um pouco irritada, Hazel insistiu: "Heejung, o que você acha da alegação de que estudantes asiáticos que ficam em silêncio em sala de aula e não contribuem com a discussão não pensam por conta própria?" Hazel se referia a um artigo amplamente divulgado de um professor universitário que criticava estudantes asiáticos e americanos descendentes de asiáticos por não participarem em sala de aula.[1] O professor concluiu o artigo declarando que os alunos "aprendiam às custas dos outros" e que, "para pensar de maneira independente, eles precisavam aprender a se expressar".

Os outros alunos levantaram a mão, inquietos para falar. Por fim, Kim olhou para baixo e disse em voz baixa: "Então, falar e pensar são duas ações diferentes."

Ninguém soube o que dizer e a aula tomou outro rumo.

Naquele mesmo dia, Kim mandou a tarefa semanal por e-mail a Hazel. Como de costume, o texto de Kim era ao mesmo tempo profundo e sucinto, mas o que mais chamou a atenção de Hazel foi a nova assinatura de Kim no e-mail: "O barril vazio é o que faz mais barulho."

Apesar de toda a sua interdependência, os estudantes asiáticos não falam muito. Pelo menos essa é a percepção que tem incomodado tantos educadores, inclusive Gail Davidson. Davidson é a diretora da Lynbrook High School, uma escola pública de ensino médio em Cupertino, Califórnia, que tem mais de 1.700 alunos, sendo que 80% deles são de ascendência asiática. A Lynbrook High provoca inveja nos concorrentes, com um dos mais elevados índices de desempenho acadêmico da Califórnia, uma condecoração do Departamento de Educação dos Estados Unidos e uma medalha de ouro no ranking das melhores escolas de ensino médio do país, elaborado pela Newsweek.

"Nossos alunos são fantásticos e atingem um alto nível de realizações em todos os padrões objetivos", diz Davidson, "mas os professores se preocupam quando os alunos não se expressam em sala de aula. Os estudantes precisam desenvolver suas habilidades de comunicação para ter sucesso no mundo."[2]

Os confrontos entre o Oriente e o Ocidente, como as discussões sobre o quanto os alunos devem falar em sala de aula, são tema de controvérsia em instituições de ensino do mundo todo, desde o jardim de infância até o pós-doutorado. Nos Estados Unidos, por exemplo, muitos professores até entendem como a interdependência asiática pode levar um jovem a entrar na Harvard (como a filha de Chua), mas não deixam de se sentir desconcertados com isso. "Por que será que os estudantes asiáticos raramente falam ou se empolgam?", eles se perguntam. "Por que será que eles priorizam os desejos dos pais aos próprios desejos e vontades? Por que eles se empenham tanto para se enquadrar?" Não é esse tipo de coração e mente que a maioria dos professores ocidentais foi treinada para educar.

Os professores ocidentais também se preocupam com a possibilidade de seus alunos de ascendência oriental não cultivarem as habilidades necessárias no Mundo Real. Alguns entendem como a independência dos ocidentais pode intimidar os orientais, tanto em sala de aula quanto no ambiente de trabalho.[3] Ao mesmo tempo, muitos educadores, como o professor que escreveu aquele artigo opinativo, suspeitam que o modo de ser dos estudantes orientais é de alguma forma injusto para com os colegas de classe ocidentais.

Uma análise mais aprofundada do self de pessoas com ascendência oriental e ocidental pode ajudar a desmistificar seus diferentes estilos de comportamento na escola. Para muitos asiáticos e seus descendentes que vivem no Ocidente, escutar, agir do jeito "certo", se enquadrar e não se empolgar não são comportamentos estranhos em sala de aula, mas sim o caminho que os leva a serem boas pessoas – e a desenvolverem um bom self interdependente, ao estilo oriental.[4] Entretanto, para os professores e colegas ocidentais, se expressar, agir do próprio jeito, se destacar e se empolgar também são modos de ser uma boa pessoa – no caso, um bom self independente, ao estilo ocidental. Entender os significados e intenções por trás desses modos de ser pode não apenas reduzir o ressentimento na escola e no trabalho como também nos ajudar a explorar os pontos fortes dos selves oriental ocidental em benefício de ambos os grupos.

Falar ou ouvir?

Depois de seis anos nos Estados Unidos, Heejung Kim vinha se irritando com professores que insistiam que ela deveria falar mais. Ela aprendera que é a silenciosa contemplação, e não uma infundada tagarelice, que pavimenta o caminho para a sabedoria. Como escreveu Lao-Tsé, o grande sábio confuciano: "Aquele que sabe não fala. Aquele que fala não sabe."

Kim sabia que se sentia à vontade ouvindo sem falar e que muitos de seus colegas euro-americanos se incomodariam se fossem forçados a ouvir mais e falar menos. E ela sabia que dava muito trabalho associar o que ouvia ao que já sabia. Ela definitivamente não se sentia uma parasita em sala de aula.

Como aspirante à psicóloga cultural, Kim estava aprendendo que a irritação muitas vezes levava a uma boa ideia de pesquisa. Foi assim que decidiu investigar as razões pelas quais os americanos se incomodam tanto com o silêncio em sala de aula. Sua hipótese era um tanto revolucionária: para os euro-americanos, falar ajuda a pensar, mas, para os coreanos e muitos outros asiáticos, falar pode atrapalhar a tarefa de pensar.

Ela testou seu palpite com Richard, aluno de pós-graduação euro-americano de Nova York. Após ter participado da equipe de debate no ensino médio, Richard opinou: "Falar, de fato, ajuda a esclarecer o que você está pensando. Algumas vezes, é até difícil saber o que você pensa se não falar."

Kim consultou outros estudantes asiáticos. Akiko, aluna de pós-graduação do Japão, se disse frustrada com a premissa americana de que falar equivale a pensar e apresentou a própria coletânea de provérbios: "A boca é a origem do infortúnio", "Cuide da sua como se ela fosse um jarro", "Você tem duas orelhas e uma boca, que devem ser usadas nessa proporção" e "O pato que grasna mais alto é o que leva um tiro".

Munida desses insights, Kim passou à fase de teste de suas ideias. Primeiramente, ela elaborou um levantamento com afirmações que refletiam crenças orientais sobre falar e pensar, como "Só no silêncio é possível ter pensamentos e ideias claras", e crenças ocidentais, como "Uma pessoa que fala bem costuma pensar bem". Depois, pediu que pessoas de San Francisco e de Seul indicassem até que ponto concordavam com as afirmações. Ela descobriu que americanos de várias idades e profissões diferentes acreditavam que falar ajuda a pensar. Já os coreanos tenderam a concordar que falar pode dificultar o pensar.

O fato de os americanos acreditarem que falar os ajuda a pensar, contudo, não significa que estejam certos. Da mesma forma, os asiáticos podem acreditar, erroneamente, que falar prejudica o ato de pensar. Para descobrir exatamente como falar afeta o ato de pensar para euro-americanos e asiáticos, Kim pediu que estudantes americanos que cresceram falando inglês fizessem um teste não verbal de inteligência, chamado Matrizes Progressivas de Raven. Metade dos estudantes tinha ascendência europeia e a outra metade era descendente de asiáticos (inclusive coreanos, chineses, vietnamitas e japoneses). Todos os estudantes responderam metade das perguntas do teste de inteligência em silêncio e a outra metade "pensando em voz alta", isto é, verbalizando seu processo de resolução de problemas.

Kim descobriu que os euro-americanos apresentaram melhor desempenho resolvendo os problemas enquanto falavam. Por outro lado, os asiático-americanos apresentaram desempenho muito pior quando solucionavam os problemas enquanto pensavam em voz alta. No entanto, quando os asiático-americanos tiveram a chance de resolver os problemas em silêncio, seu desempenho foi melhor que o dos euro-americanos.[5]

Dessa forma, para os asiático-americanos, o silêncio não é um sinal de desinteresse, mas beneficia o ato de pensar. O professor que escreveu aquele artigo estava errado.

Escolher o próprio caminho ou seguir o caminho "correto"?

Hazel se viu no meio de um tipo diferente de confronto entre Oriente e Ocidente quando um de seus alunos mais brilhantes se formou na graduação. Bobby Wong,[6] acadêmico, músico e atleta, foi aceito não apenas em várias das melhores faculdades de medicina dos Estados Unidos como também em um programa de intercâmbio na China. Bobby queria muito tirar um ano de folga da faculdade e explorar suas raízes culturais. No entanto, seu pai, um imigrante chinês, tinha outras ideias para o futuro do filho.

Hazel encorajou Bobby: "Você só precisa explicar a seu pai, com muita calma e respeito, que uma viagem à China, com pessoas que conhecem profundamente o país, é uma oportunidade única para você. Você poderá se matricular no ano que vem na faculdade que escolher. Qual é o problema?"

"Já expliquei tudo e fui muito calmo e respeitoso", Bobby explicou. "Mas ele sempre diz: 'Não, você precisa começar o curso de Medicina este ano'."

"Mas você foi tão bem na graduação e foi aceito em todas as Faculdades de Medicina nas quais se inscreveu", Hazel argumentou. "Estou tão orgulhosa de você! Ele também deve estar."

"Ele está orgulhoso", Bobby admitiu, "mas diz que o próximo passo do meu caminho é a Faculdade de Medicina, não um ano no exterior."

"Bom, acho que ele vai precisar passar um tempo contrariado", Hazel respondeu. "Quando entender o que você vai fazer na China, estou certa de que mudará de ideia."

"Ele não vai ficar contrariado", Bobby suspirou, "porque não vou. Não cabe a mim escolher." Ao dizer isso, ele afundou um pouco mais na cadeira.

Apesar de sua reação inicial, Hazel sabia que o senhor Wong não estava sendo um bully e que o jovem Bobby não estava sendo covarde. Na verdade, o pai e o filho só estavam seguindo a lógica da interdependência.

Pais e professores euro-americanos independentes acreditam que um estudante deva escolher o que deseja fazer e fazê-lo à própria maneira. No Ocidente, a escolha talvez seja o passo mais importante por permitir que as pessoas exercitem todas as cinco facetas da independência. A escolha permite que as pessoas expressem sua individualidade e preferências especiais, influenciem seus ambientes, exercitem seu livre-arbítrio e reafirmem o fato de possuírem um valor igual ao outros.

Por sua vez, pais interdependentes, como Wong e Chua, adotam uma abordagem diferente: mostro ao meu filho qual é a coisa certa e depois o ajudo a fazer isso do jeito certo. No Oriente, é fundamental seguir o caminho certo para permitir às pessoas exercitarem as cinco facetas da interdependência: se relacionar com os outros, descobrir as semelhanças em relação aos outros, se adequar às expectativas e ao ambiente, se inserir em redes sociais e tradições e conhecer seu lugar no contexto mais amplo.

As mães sempre sabem o que é melhor

Quando se tem um self interdependente, você não abre novos caminhos em um território social estéril, mas encontra seu lugar em uma rede de relacionamentos. A maioria desses relacionamentos (entre pais e filhos, professores e alunos, chefes e subordinados) se firma entre níveis hierárquicos. Seus pais e outros membros da família não apenas o ajudam a se encontrar na rede de relacionamentos como também se certificam de que seu lugar nessa rede seja o mais confortável possível. Isso requer conhecimento das regras da trama social, do *jeito certo* de ser. Por seu empenho para incluir o self de seus filhos em uma boa posição social, os pais asiáticos recebem uma profusa *devoção filial* (*filial piety*): a mistura de respeito e responsabilidade que os filhos interdependentes sentem em relação aos pais.

Se você tem um self independente, por outro lado, esse tipo de "armação" parece absolutamente injusto. Hierarquias herdadas são uma afronta às noções independentes de singularidade, controle, liberdade e equidade[7] (embora, como veremos ao longo deste livro, os selves independentes também erijam as próprias e profusas hierarquias sociais). E, apesar de saber que deve "honrar teu pai e tua mãe", como diz a Bíblia, muitas vezes você faz vista grossa para esse mandamento quando ele interfere no que você quer fazer. Afinal, você quer escolhas, não instruções.

O poder da devoção filial de motivar os asiático-americanos de tradição asiática, por um lado, e o poder da escolha pessoal de inspirar os euro-americanos, por outro, se evidenciam já nos primeiros anos do ensino fundamental, como constataram os psicólogos Sheena Iyengar e Mark Lepper. Em experimentos engenhosos, eles primeiramente recrutaram crianças americanas de 7 a 9 anos cujos pais emigraram da Ásia Oriental ou nasceram nos Estados Unidos. Depois, os pesquisadores pediram a todas as crianças para resolverem o maior número possível de exercícios de reordenação de palavras, mas sob diferentes condições. Um terço das crianças teve a liberdade de escolher o tópico dos exercícios (por exemplo, animais, uma festa ou comida). Outro terço não pôde escolher o tema dos exercícios, que já havia sido escolhido para elas pelos pesquisadores. Mas o terceiro grupo foi informado de que o tópico fora escolhido especialmente para cada criança pela respectiva mãe.

Quais dessas condições o motivaria mais a solucionar o maior número de exercícios o mais rápida e corretamente possível? Qual condição reduziria a sua motivação?

Se tiver um self independente, você provavelmente apresentará um desempenho como o das crianças euro-americanas participantes desse experimento. Você provavelmente se sentiria mais motivado se pudesse escolher os exercícios e não gostaria tanto se alguém lhe dissesse quais deles fazer – especialmente se esse alguém fosse a sua mãe.

Entretanto, se tiver um self interdependente, você provavelmente resolveria o maior número de exercícios na "condição da mamãe", como foi o caso das crianças asiático-americanas que participaram do estudo. Para você, bem com para essas crianças, o envolvimento de sua mãe seria uma inspiração. Ela lhe mostrou o caminho, e agora cabe a você segui-lo.[8] Veja um exemplo de uma manifestação radical da importância dos pais para os asiáticos e da escolha para os euro-americanos: sua casa está pegando fogo.

Nela, sua mãe dorme em um quarto, e seu marido ou mulher, em outro. Você só tem tempo para salvar um deles.

Quem você salvaria?

Susan Cross, Tsui-Feng Wu e seus colegas propuseram esse dilema a centenas de estudantes euro-americanos e taiwaneses. Fiéis ao espírito da devoção filial, os estudantes taiwaneses interdependentes escolheram com mais frequência a mãe. E, fiéis ao poder da escolha, os alunos americanos independentes optaram com mais frequência por salvar a pessoa que eles mesmos escolheram: seu marido ou mulher.⁹

Quem manda é a maioria

Até mesmo nas coesas culturas da Ásia Oriental, os pais nem sempre estão presentes para mostrar o caminho aos filhos. O que acontece nesses casos? Será que os orientais finalmente partem para o mundo por conta própria e passam a expressar sua independência? Ou será que saem à procura de outros exemplos interdependentes para orientá-los?

Para descobrir a resposta a essas perguntas, Kim e Hazel se dirigiram a um verdadeiro bastião da confusão e do anonimato, o Aeroporto Internacional de San Francisco. Lá, eles abordaram asiáticos que voltavam a seus países de origem, como a China, o Japão e a Coreia, bem como euro-americanos que viajavam para cidades da Ásia Oriental, e pediram que eles respondessem a um breve questionário.

Em seguida, supostamente como um brinde por preencher o questionário, os pesquisadores ofereciam uma caneta aos participantes. Era nesse ponto que o verdadeiro experimento tinha início. Na metade das vezes, o pesquisador apresentava quatro canetas laranja e uma verde, para que os participantes escolhessem uma. Na outra metade, o pesquisador apresentava quatro canetas verdes e uma laranja para os participantes escolherem.

Com seu self independente, os viajantes euro-americanos viram o experimento como uma oportunidade de serem eles mesmos. A grande maioria escolheu a caneta "especial", aquela cuja cor diferia das outras quatro. No entanto, a maioria dos participantes asiáticos escolheu a caneta "majoritária". Em outras palavras, diante de uma caneta laranja e quatro verdes, os euro-americanos normalmente escolhiam a laranja, mas os asiáticos tendiam a escolher a verde. Na ausência de outros indicativos de qual delas era a caneta certa, os asiáticos preferiam a de cor mais comum – aquela que o participante anterior e o próximo tiveram mais chances de escolher. Assim como os bombeiros, que gostavam da ideia de os amigos comprarem carros iguais, esses participantes também desejavam se enquadrar em um grupo – até em um experimento anônimo de três minutos.¹⁰

Destacar-se ou se enquadrar?

Steven Heine, professor de inglês em uma escola de ensino médio no Japão, testemunhou em primeira mão o confronto da independência com a interdependência na Ásia. Seus alunos eram sérios, aplicados e respeitosos. No entanto, não apresentavam o progresso que Heine esperava.

Ansioso para se destacar como bom professor, ele tentou elevar seu empenho às alturas da excelência anglófona. Para tanto, ele decidiu fazer o mesmo que seus professores no Canadá. Quando os alunos respondiam corretamente, ele os elogiava. Quando erravam, ele encontrava outro aspecto para elogiar. E, antes de um grande exame, ele fazia discursos empolgados para animar os alunos, garantindo que eles seriam capazes de fazer o que quisessem, desde que acreditassem nisso.

Mesmo assim, o desempenho da turma se arrastava, até que, um dia, Heine entreouviu a aula de um colega japonês, que expressava grande decepção com o fato de seus alunos se mostrarem abaixo das expectativas dele. O mestre nipônico disse que estava preocupadíssimo com o desempenho sofrível dos alunos e os advertiu que as lições ficariam ainda mais difíceis, de forma que eles deveriam estudar mais.

Heine estremeceu ao ouvir aquilo. Mas, depois, ele viu que, em vez de afundar na cadeira e voltar o olhar vidrado para baixo, os alunos se empertigavam e endireitavam a postura, com um brilho decidido nos olhos. Palavras que teriam desanimado seus amigos e parentes canadenses, de tradição europeia, estimularam esses alunos japoneses a agir. Com efeito, quando ele resolveu acometer seus alunos com uma reprimenda similar, eles apresentaram desempenho muito melhor nos exames.[11]

Anos mais tarde, Heine ainda se perguntava: "Por que os alunos japoneses reagiam tão bem às críticas?" Tudo o que ele sabia sobre psicologia lhe dizia que as pessoas reagem melhor a elogios. Como psicólogo cultural, ele resolveu levar a questão ao laboratório. Sua equipe aplicou a japoneses e a estudantes canadenses de tradição europeia o mesmo teste de criatividade. No meio do experimento, os pesquisadores disseram à metade dos participantes que eles estavam arrasando no teste (no bom sentido) e, à outra metade, que eles estavam indo muito mal.

Como muitos pesquisadores ocidentais antes deles, Heine e seus colegas demonstraram que os euro-canadenses persistiam por mais tempo depois de receber o feedback de sucesso do que os que eram informados de que estavam fracassando. Esses participantes encontraram algo que faziam bem – que lhes permitia se destacar –, de forma que perseveravam na tarefa. No entanto, o feedback negativo os afetava negativamente; o teste não era uma oportunidade para eles exibirem seu self a uma luz favorável.

Já a reação dos estudantes japoneses era exatamente contrária. Eles persistiam por mais tempo quando acreditavam que estavam fracassando que quando achavam que iam bem. Quando informados de que ainda não atingiram um nível satisfatório, eles redobravam os esforços e se empenhavam ainda mais. Para eles, o exame não era um palco no qual poderiam ostentar qualidades ou ocultar defeitos, mas um lugar para aprender o padrão e tentar fazer o possível para atingi-lo.[12]

Os ocidentais distinguem seus selves também de outras maneiras. Quando Hazel perguntou a seus alunos de graduação euro-americanos da Stanford "Qual porcentagem dos estudantes desta universidade são mais inteligentes que você?", eles estimaram que apenas 30%. Em outras palavras, eles se viam como mais inteligentes que 70% de todo o corpo estudantil.

No entanto, quando Shinobu fez a mesma pergunta a seus alunos da Universidade de Kyoto, eles avaliaram que cerca de 50% dos estudantes eram mais inteligentes. Em outras palavras, eles se viam como medianos, comuns, normais. Essa autoavaliação demonstrou tanto conscientização social quanto visão estatística: as chances são de que você de fato seja mediano em dada característica em dada população.[13]

Testes de autoestima revelam, de forma similar, a tendência ocidental de se individuar e se sentir importante em relação ao próprio self, em comparação com a tendência oriental de se relacionar bem e ajustar o próprio self aos outros. Em vários estudos, os estudantes euro-canadenses apresentam pontuações de autoestima acentuadamente mais elevadas que os japoneses.[14]

Os americanos, criados com a crença de que a saúde psicológica requer elevada autoestima podem concluir que os estudantes japoneses devem ser deprimidos. No entanto, é o contrário que parece ser verdade; o Japão tem menos casos de depressão que os Estados Unidos, mesmo quando os pesquisadores usam as medidas mais conservadoras e culturalmente sensíveis.[15]

Antes só ou acompanhado?

Se são tão psicologicamente saudáveis, por que os japoneses não têm autoestima elevada? Mais uma vez, Hazel, Shinobu e seus colegas descobriram que a resposta pode ser encontrada no self. Sentir-se muito bem em relação a seu self pode prejudicar a capacidade de se relacionar com os outros, o caminho para a saúde e o bem-estar para os selves interdependentes. Ao analisarmos a saúde física e mental de milhares de adultos japoneses e euro-americanos, descobrimos que os respondentes japoneses que possuíam as amizades e os relacionamentos familiares mais harmoniosos apresentavam menos problemas físicos, inclusive diabetes, pressão alta e dor nas costas. Bons relacionamentos também ajudavam a melhorar a saúde dos respondentes americanos, mas não tanto quanto senso de controle.[16]

O psicólogo Yukiko Uchida e seus colegas investigaram a saúde e a interdependência sob uma perspectiva diferente. A equipe de pesquisa mostrou a participantes japoneses e americanos fotos de atletas olímpicos que tinham acabado de ganhar medalha de ouro. Em algumas fotos, os atletas estavam sozinhos; em outras, eram vistos com os colegas. Os participantes japoneses que viram as fotos dos atletas com os colegas de equipe estimaram que os medalhistas estavam sentindo mais emoções – mais felicidade, orgulho e alegria – que os que apareciam nas fotos sozinhos. Os participantes fundamentaram essa estimativa na crença interdependente de que a psique é mais ativa ao compartilhar um momento com os outros.

Os americanos, por sua vez, apresentaram o padrão oposto: eles estimaram que os atletas sozinhos estavam sentindo mais emoções que os medalhistas cercados pelos colegas de equipe. Para chegar a essa estimativa, eles aplicaram a crença independente de que a psique é mais ativa quando as pessoas brilham sozinhas sob os holofotes e no centro do palco.[17]

Pilhado ou zen?

Os asiáticos também não são conhecidos pela efusão emocional. "Nossos professores estimulam os alunos a expressar seus pensamentos e emoções", diz Davidson, diretora da Lynbrook High School. A falta de expressividade dos asiático-americanos faz alguns professores euro-americanos e até empregadores se sentirem desconfiados e excluídos. Por que eles não se expressam? *O que* eles escondem?

No entanto, a psicóloga Jeanne Tsai se irrita quando lhe perguntam por que os asiáticos reprimem os sentimentos. "Minha família é muito emotiva", ela conta, falando de seus pais taiwaneses, "e nem um pouco impassíveis ou enigmáticos. Na verdade, meus pais sempre falam sobre como é difícil entender os americanos porque eles têm a mania de esconder o que sentem por trás de sorrisos."

Criada em Irvine, na Califórnia, Tsai também se lembra de seu pai cientista repreendendo-a e exortando-a a tomar cuidado para não se empolgar demais. No entanto, a poucos quilômetros dali, em Anaheim, as multidões na Disneylândia se entregam a um impulso completamente diferente.

Nunca foi à Disneylândia? Imagine a cena: à noite, o céu é tomado por uma profusão de cores, formada por raios laser roxos, verdes, azuis, vermelhos e laranjas. Com esse pano de fundo, fogos de artifício se transformam em corações, flores e foguetes, e, então – pasmem! –, no rosto do Mickey Mouse. Mickey, Minnie, o Pato Donald, Pluto e a Bela Adormecida dançam pelo parque. Cinderela chega em sua carruagem puxada por cavalos e envolta em milhares de luzes brancas cintilantes. A trilha sonora é tocada em perfeita sincronia, e um grande grupo de figurantes completa a cena.

Um locutor narra os incomparáveis prazeres do desfile noturno "Main Street Electrical Parade", enquanto dezenas de milhares de pessoas se expressam pulando, dançando, batendo palmas. Crianças de 3 anos se esgoelam. As de 6 anos gritam: "Mamãe, olhe! É o Mickey!" As meninas de 11 anos exclamam: "Que lindo, que demais!" Os adultos se mostram radiantes e orgulhosos; sai caro ir à Disneylândia, mas vale cada centavo.

Do outro lado do mundo, na Disneylândia de Tóquio, a cena é, ao mesmo tempo, exatamente igual e completamente diferente. Os raios laser, as luzes, a música, os personagens da Disney estão todos lá. A multidão é igualmente enorme.

No entanto, a cena do júbilo coletivo é ordenada, quase silenciosa. As crianças fitam tudo de olhos esbugalhados, puxando os pais e se apoiando neles. Os menores ficam nos ombros dos pais. Algumas crianças fazem o sinal de V com os dedos indicador e médio. Algumas se movimentam suavemente ao som da música, e todas acompanham com atenção as luzes que mudam de forma. As cabeças se voltam na direção de cada explosão. As pessoas se mostram atentas e absortas.

Mas ninguém grita. Só as crianças menores pulam, dançam e batem palmas. A multidão está extasiada, mas não parece empolgada nem eletrizada. Na Disneylândia de Hong Kong, as reações emocionais também são discretas.

Do ponto de vista de um americano, a reação contida dos frequentadores de parques japoneses e de Hong Kong é, no mínimo, curiosa. No entanto, a julgar pelo número anual de visitantes, a Disneylândia pode ser até mais popular no Japão e em Hong Kong que nos Estados Unidos.

Se os asiáticos não reprimem seus sentimentos, o que exatamente eles fazem? E por que os ocidentais se expressam com tanta efusão?

Tsai e seus colegas se dedicam a responder a essas perguntas e descobriram que as emoções agradáveis para as pessoas variam muito de acordo com a formação cultural. Os asiáticos gostam mais de se sentirem calmos que os ocidentais. A interdependência requer prestar atenção aos outros e monitorar seus pensamentos e sentimentos – atividades executadas com mais eficácia se a pessoa estiver tranquila.

Os ocidentais, por outro lado, gostam mais de se sentirem empolgados que os asiáticos. A independência implica expressar suas características únicas (sua singularidade) e manifestar sua liberdade. Para cumprir esse objetivo, a empolgação é a emoção mais útil a ser evocada.[18]

Na Disneylândia, Hazel testemunhou como a empolgação aciona o self independente. Duas famílias passavam o dia juntas. Em uma, os dois pais eram americanos, de tradição asiática, e, na outra, a mãe era asiático-americana, e o pai, euro-americano.

Quando as famílias se preparavam para voltar ao hotel, o pai euro-americano perguntou animadamente: "Foi ou não foi divertido?"

O menino da família asiático-americana respondeu em voz baixa "Foi mesmo", ao que o pai euro-americano vociferou "Tem certeza? Se tiver certeza, diga com paixão! Diga 'foi mesmo!' Quero ouvir! Preciso saber como você se sente! Você precisa se expressar!"

Menos amargura

Oriente e Ocidente. Independência e interdependência. Essas são, naturalmente, categorias vagas. O Japão não é a China, nem a Coreia, nem o Vietnã, nem a Índia. Os Estados Unidos não são a França, nem a Inglaterra, nem a Austrália. E, como veremos em breve, os selves interdependentes dos homens do Meio-Oeste dos Estados Unidos não são exatamente como os selves interdependentes das mulheres do Sul do país; os selves interdependentes dos euro-americanos da classe trabalhadora não são idênticos aos selves interdependentes dos asiático-americanos da classe média; e os selves independentes dos executivos americanos protestantes não são como os selves independentes dos agnósticos da Costa Oeste dos Estados Unidos. Embora cada um desses grupos apresente a maioria das qualidades da independência ou da interdependência que relacionamos na introdução, poucos satisfarão a todos os cinco critérios. Além disso, a maneira como expressamos os detalhes específicos da independência ou da interdependência reflete as várias outras características de nossos ciclos culturais. Contudo, à medida que investigamos o modo como as pessoas de diferentes procedências respondem à maior questão de todas – "Quem sou eu?" –, você conseguirá ver o surgimento de padrões no aparente caos. Você também verá padrões nos conflitos resultantes da colisão de dois selves. Como Amy Chua aprendeu a duras penas, não é possível implantar as práticas de uma cultura em outra e esperar que criem raízes. Sua filha caçula, Louisa, rejeitou os mesmos métodos que impeliram Sophia, a filha mais velha de Chua, a um sucesso impressionante – daí o longo subtítulo de seu livro: *... Esta é a história de uma mãe, suas duas filhas e suas duas cadelas. Era para ser uma história de como os pais chineses são educadores mais competentes que os pais ocidentais. Em vez disso, narra um amargo choque entre culturas, um sabor fugaz de glória e a forma como fui humilhada por uma menina de treze anos.*

No entanto, é possível aplicar com habilidade o seu lado independente e interdependente para melhorar seu self e seus mundos. Como os ocidentais podem se beneficiar do poder da interdependência e se preparar para um mercado mais competitivo? Como os orientais podem evocar a independência e colaborar melhor com os vizinhos do outro hemisfério? Não existem soluções rápidas e fáceis. No entanto, há um sistema relativamente simples, que explica, ao mesmo tempo, de onde vêm esses confrontos e como atenuá-los. Esse sistema é o ciclo cultural – o tema do próximo capítulo.

CAPÍTULO 2

Um giro pelo ciclo cultural

"O que você quer no café da manhã, querida?", Hazel perguntou a Krysia, sua filha de 4 anos na ocasião. "Sucrilhos? Froot Loops? Corn Flakes?"

"Sucrilhos", Krysia respondeu.

"E o que quer tomar? Suco de maçã? Suco de laranja? Vitamina?"

"Não tem nada vermelho?"

"Não, querida, sinto muito. Que tal algo laranja?"

"Tudo bem. E, mamãe, posso levar de lanche um sanduíche de peru em vez de sanduíche de pasta de amendoim?"

"Claro, querida. E você, Shinobu, o que quer de café da manhã?", Hazel se voltou para Shinobu Kitayama, que acabara de chegar de Kyoto, ainda atordoado pela diferença de fuso horário, e que estava hospedado com a família de Hazel enquanto participava de uma conferência. "Hum... Pode ser o que ela escolheu."

"Certo. Você gostaria de um café?"

"Sim, obrigado."

"Você quer os Sucrilhos com leite?"

"Hum, pode ser."

"Integral, semidesnatado ou desnatado?"

"Bem... O que você achar melhor."

Alguns minutos depois, Shinobu perguntou educadamente: "Hazel, você nos deu um monte de escolhas. Isso é um hábito americano?"

"Bem...", Hazel começou, mas depois precisou parar para pensar. "Todo mundo gosta de escolher, não é? Assim, as pessoas têm a chance de se expressar, de sentir que estão no controle", ela disse, ecoando o consenso da época entre seus colegas psicólogos. "Vocês não deixam a Lila escolher o café da manhã dela? Você não quer o seu café do jeitinho de que gosta?"

Shinobu pensou sobre a filha. "Acho que acreditamos que cabe aos pais saber o que as crianças vão gostar e preparar para elas", refletiu. "Normalmente, no café da manhã, damos a Lila arroz cozido, alguns vegetais e uma tigela de sopa de missô... Você sabe, do que todas as crianças gostam. E também lhe damos variedade, é claro. Algumas vezes, colocamos um ovo no arroz."

Hazel se esforçou para conter o riso. "Mas você conhece as pesquisas, Shinobu", ela disse. "A possibilidade de escolher deixa as crianças mais felizes e criativas. Basta dar uma olhada na Krysia. Ela só está no jardim da infância, mas já sabe muito sobre si mesma." Era verdade. Krysia sabia não apenas do que gostava de comer como também o que gostava de vestir – tecidos macios e que não arranhavam; cor de rosa, não marrom. Ela gostava mais de *O Rei Leão* que de *A Bela e a Fera* e sabia exatamente o tipo de bolo que queria para sua festa de aniversário: amarelo com flores de confeito rosa e verde.

"Lila é assim também, não? Ela sabe do que gosta?"

Shinobu pensou por um momento e deu um suspiro. "É verdade que Lila é decidida", ele admitiu. "Mas ela está ficando melhor em prestar atenção aos outros. Ela só está no jardim da infância, mas já confia que sabemos o que é o melhor para ela."

Hazel e Shinobu ficaram em silêncio, perdidos em seus pensamentos, e perceberam que tinham deparado com duas excelentes questões de pesquisa: Que tipo de self eles estavam tentando cultivar? E que métodos aplicavam a essa empreitada tão importante?

Aquele café da manhã ocorreu há mais de 20 anos, mas o diálogo entre eles continua, em uma colaboração que produziu centenas de estudos que investigam diferentes ciclos culturais e selves.[1] No início da colaboração entre eles, Hazel não estava plenamente consciente de que normalmente utilizava seu self independente, aquele que buscava ser individual, especial, influente, livre e equitativo; e Shinobu não percebia a extensão na qual tendia a usar seu self interdependente, aquele que visava ser relacional, similar, conciliador, enraizado e hierarquicamente organizado. Em geral, as pessoas desconhecem a receita da própria cultura para serem quem são. Não costumamos recitar essa receita toda manhã, como se fosse o juramento de um escoteiro, ou estudá-la na escola, como se fosse um manifesto. Em vez disso, aprendemos a receita de nossas culturas sobre como ser um self apropriado simplesmente vivendo. A vida que levamos, por sua vez, é composta dos vários ciclos culturais nos quais estamos imersos.

Como vimos na introdução, o ciclo cultural é algo assim:

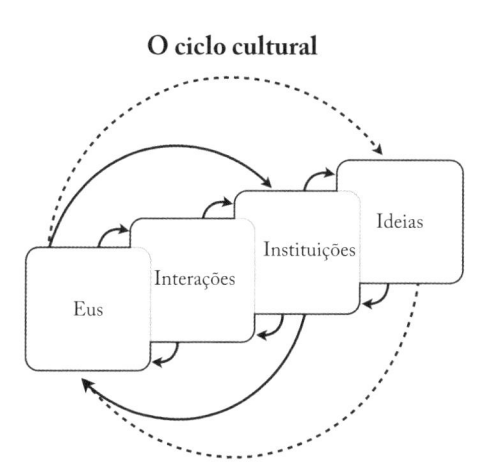

O ciclo cultural

Resumindo mais uma vez o funcionamento do ciclo cultural: os nossos *eus* (ou selves) ao mesmo tempo produzem e são produzidos pelas culturas que encontramos no mundo, inclusive os costumes e artefatos que dão forma às nossas *interações* do dia a dia, que, por sua vez, cultivam e resultam das *instituições* culturais, que refletem e reforçam as grandes *ideias* das nossas culturas, inclusive ideias sobre quem uma pessoa é e quem deveria ser. Como os nossos eus estão imersos nas culturas, não temos como sobreviver sem elas. Nesse sentido, somos como peixes na água.

E, como peixes na água, evoluímos de forma a não notar a cultura. Com efeito, como mostraremos ao longo deste livro, a cultura é tão poderosa justamente pelo fato de normalmente ser invisível aos olhos não treinados. Nascemos em mundos culturalmente saturados e raramente percebemos ou falamos a respeito de como os outros mundos se organizam. Só quando viajamos a um lugar novo ou, digamos, lemos um livro sobre psicologia cultural, começamos a ver até que ponto a cultura influencia nosso self e nos damos conta das inúmeras formas que as culturas podem assumir.

Neste capítulo, revelaremos os ciclos culturais que promovem a independência no Ocidente e a interdependência no Oriente. Uma vez que conhecer o funcionamento do ciclo cultural, você o verá por toda parte – nos anúncios aos quais assiste na televisão, nas políticas que segue no trabalho, nas palavras que diz aos próprios filhos. (Já se perguntou por que você está se transformando nos seus pais? Fique ligado, a resposta se revelará a seguir.)

Você também terá mais ferramentas para ponderar as diferenças entre as pessoas. A estereotipagem ignorante nunca é útil, por resultar em um tratamento injusto. No entanto, reconhecer que as pessoas são seres culturais perfeitamente alinhados a seu ambiente físico e social constitui um primeiro passo para entender por que pessoas com formações e históricos diferentes possuem selves diferentes e por eles entram em confronto com tanta frequência.

Ao conhecer o funcionamento do ciclo cultural, você também poderá realizar a engenharia reversa para atenuar os confrontos culturais que irromperem em sua própria vida. Será que as crianças deveriam escolher o próprio caminho, como os pais e professores ocidentais, como Hazel, costumam presumir, ou será que deveriam agir do jeito certo, como acreditam os pais e professores orientais, como Shinobu, Amy Chua e o pai de Bobby Wong? Será que as pessoas deveriam se sobressair na multidão, como exortam os ciclos culturais ocidentais, ou se enquadrar aos outros, como ensinam os ciclos culturais orientais? As pessoas deveriam revelar abertamente o que pensam e sentem, conversando e expressando emoções, como é o hábito ocidental, ou ouvir mais e se ocupar dos sentimentos dos outros, como é a prática oriental? Em termos mais amplos, será que a independência do Ocidente é o melhor modo de ser um self no século XXI ou será que a interdependência do Oriente se provará o melhor tipo de psique para os desafios que nos aguardam no futuro não muito distante?

Como vimos nos capítulos anteriores, nossa resposta é que os dois tipos de self precisarão incorporar estratégias um do outro e usar o ciclo cultural para aplicar os dois selves de maneira sensata. Por sua vez, os selves independentes ocidentais precisarão entrar em contato com seu lado interdependente para criar instituições que eduquem para o futuro, interações que ajudem os estudantes a se ater com disciplina aos estudos e corações e mentes individuais para que seus colegas de classe e de trabalho de tradição oriental se sintam incluídos. Ao mesmo tempo, os selves interdependentes orientais devem adotar algumas das práticas independentes dos vizinhos ocidentais, inclusive desenvolver ideias originais e compartilhá-las verbalmente. Fazendo esse esforço para encontrar o meio-termo, os selves orientais e ocidentais poderão estender as contribuições de todos para o benefício de todos.

Qual é a grande ideia?

No nível mais abstrato e elevado do ciclo – o das *ideias* –, as culturas têm todo tipo de grandes ideias que respondem a todo tipo de grandes perguntas. Richard Shweder, pioneiro na psicologia cultural, viajou pelo mundo identificando as grandes perguntas às quais a maioria das culturas tenta responder: "De onde vem o mundo? Como tudo passou a ser como é? Por que tudo muda?" E, na base de tudo, "O que é o bem?"[2]

Para os psicólogos do self, as ideias mais importantes são as que respondem às grandes perguntas a seguir: "O que, exatamente, é uma pessoa?", "O que é uma *boa* pessoa?" e "Qual é o relacionamento da pessoa com os outros, com o passado e com o ambiente?" Como veremos, os ciclos que cultivam e refletem a grande ideia de que o self é independente são bastante distintos dos que cultivam e refletem a grande ideia de que o self é interdependente.

Desenvolvidos ao redor dessas grandes ideias, os mundos culturais que se encontram fora do corpo das pessoas possuem tanta estrutura, padrão e ordem quanto os genes, neurônios e regiões cerebrais que se encontram dentro do corpo. Assim, saber o que as pessoas são e a origem de suas ações requer mapear não apenas seu cérebro e genoma, como também as instituições e interações de suas culturas. Ao traçar o rumo de seu self, seu código postal é tão importante quanto o seu código genético.

Interações em prol da independência

Todos os selves começam pequenos, tanto no tamanho físico quanto nas interações cotidianas que os influenciam a se transformar em pessoas culturalmente apropriadas. Enquanto isso, os pais mantêm o ciclo cultural em funcionamento. No café da manhã, por exemplo, Hazel deu a Krysia várias chances de reafirmar sua independência por meio da escolha – comportamento que permite que as pessoas se individuem, expressem suas características distintivas, influenciem seu ambiente, exercitem sua liberdade e sintam que têm tanto valor quanto os outros. Entretanto, nenhuma mãe ou pai é capaz de produzir um self independente sozinho. Dessa forma, os outros membros da família de Krysia, seus professores e amigos – reais e virtuais – se encarregam da tarefa, normalmente sem nem mesmo ter consciência disso.

Enquanto tomava o café da manhã, por exemplo, Krysia ligou a televisão em "Vila Sésamo" e cantou com seu amigo virtual, o boneco azul Grover. "Sim, me orgulho de quem sou", os dois cantaram. "Estou tão contente com quem sou." E por que será que Grover e Krysia estavam tão orgulhosos e satisfeitos? A resposta proporcionada pela canção toca na faceta da "singularidade" do self independente: "porque sou tão especial". (No caso de Grover, sua pelagem sem igual era a fonte de sua elevada autoestima: "Adoro cada pelo azul de quem sou", ele cantava.)[3]

Em seguida, Hazel levou Krysia ao jardim de infância no espaçoso sedã da família – produto cultural que permite que muitos americanos passem horas sozinhos todos os dias. "Não é só o seu carro, é a sua liberdade", proclamava uma anúncio de rádio da General Motors. A professora de Krysia a recebeu com um abraço. Da mesma forma como os pais em muitos contextos americanos, os professores se veem não apenas como orientadores das crianças, mas também como seus amigos, reforçando a ideia de que todos devem ser tratados igualmente, a despeito da idade ou função.

Para ajudar Krysia a praticar a escolha, a professora lhe perguntou "O que você quer fazer hoje de manhã?" e, em seguida, sugeriu à menina de 4 anos nove atividades para escolher, incluindo pintar, fazer jardinagem e brincar de vestir bonecas. Depois do lanche (Krysia já tinha escolhido, em casa, um sanduíche de peru e um suco), a menina tirou uma soneca ao lado de seu pôster preferido: a ilustração de um filhote de dálmata, com manchas vermelhas, amarelas e roxas, que encorajava as crianças: "Ouse ser diferente."

Em seguida foi a hora do VIP. Um aluno chamado Jacob era o VIP da semana. Como todos os VIPs, ele e seus pais decoraram um grande pôster para dizer à turma quem ele era. Incluiu desenhos do que mais gostava e fotos dele com amigos, parentes e seu gato. Jacob se pôs em frente à turma e passou cinco minutos inteiros apresentando o pôster. Quando tocou o sinal para o recreio, Jacob, por ser o VIP, pôde ser o primeiro a sair.

Depois do recreio, Krysia e seus colegas votaram para escolher qual história ouvir. Eles escolheram "Cachinhos Dourados e os três ursos". Na versão ocidental desse conto tão famoso, Cachinhos Dourados exercita várias vezes seu poder de escolha, enquanto decide qual cadeira, mingau e cama dos ursos são perfeitos para ela. Depois, ela se assusta quando os ursos voltam e a encontram dormindo na casa deles.

Como um agrado especial no fim do dia, a turma toda celebrou o aniversário de Anna, cantando "Feliz aniversário", e ela pode propor sua brincadeira preferida, a dança das cadeiras. As crianças marchavam em um círculo ao redor das cadeiras até a música parar e se apressavam para se sentar em uma cadeira. Como sempre havia uma a menos que o número de crianças, a criança que ficasse sem cadeira ficava de fora do jogo, a professora retirava uma cadeira, e a brincadeira continuava até que a última criança pegasse a última cadeira e fosse declarada vencedora. Embora as escolas americanas promovam a equidade (todos têm o mesmo valor), também incluem a competição desde a infância, dando às crianças oportunidades de se individuar e se sentir bem em relação a seu self.

A prática da interdependência

Enquanto isso, do outro lado do mundo, Lila vivia um dia típico na vida de uma criança em idade pré-escolar na cidade de Kyoto, Japão, participando de um ciclo cultural diferente. Antes de Lila acordar, sua mãe preparou o café da manhã, que mais tarde comeu com a filha. Enquanto a menina vestia o uniforme, sua mãe preparava o almoço da filha – o bentô, refeição à base de arroz e pequenos pedaços de salmão, vegetais cozidos e rabanete em conservas. Todos os dias, a mãe de Lila preparava um bentô diferente, sem nunca perguntar o que a filha queria, escolhendo o que achava ser melhor para ela.

Depois do café da manhã, Lila e sua mãe caminharam até o jardim de infância com um grupo de outras crianças e pais. Quando as crianças entraram na sala de aula, cumprimentaram a professora com uma reverência, em demonstração de respeito e reconhecimento.

Naquele dia, os estudantes, juntos, desenharam murais, usando giz de cera, tesouras e diferentes tipos de papel especial. Não havia material suficiente para que todos os alunos o usassem ao mesmo tempo, de forma que eles eram forçados a compartilhar. Enquanto a professora de Krysia usava a escassez (no caso da brincadeira das cadeiras) para estimular a competição, a professora de Lila a usava para encorajar a cooperação.

Quando as crianças mergulhavam no caos, a professora chamava sua atenção, começando a cantar uma das músicas preferidas delas. As crianças rapidamente aderiam cantando: "Somos todos amigos. Seremos amigos para sempre, para sempre." Elas cantavam sobre suas conexões umas com as outras. "Mesmo quando crescermos, seremos amigos", a canção prosseguia, reforçando a faceta do "enraizamento" do self interdependente. "Brincamos juntos, lutamos juntos, rimos juntos, choramos juntos", a canção concluía, enfatizando as semelhanças entre as crianças.[4]

Depois do almoço, era a hora da soneca. Lila ficou perto da parede na qual a professora tinha colado um pôster com as metas da turma, escritas com uma bela letra: "Vamos cooperar" e "Vamos unir nossas forças."

Depois da soneca, as crianças foram ao playground, calçando os sapatos antes de sair do prédio. Calçar os sapatos indicava a transição de aluno à criança – papéis com regras decididamente diferentes. Por ser o primeiro dia do mês, o recreio terminou com um desfile de todas as crianças que faziam aniversário naquele mês.

Em seguida era chegada a hora da história. Assim como a colega americana, a professora japonesa também leu a história da "Cachinhos Dourados e os três ursos", mas, na versão japonesa, quando Cachinhos Dourados é descoberta pelos ursos, ela se desculpa profusamente por entrar na casa deles sem ser convidada e provar seu mingau. Os ursos fazem sua parte para amenizar a situação e a convidam para voltar outro dia.

Antes de os pais chegarem, as crianças limparam a sala de aula, como faziam todos os dias. Em salas de aula americanas, a limpeza é trabalho do zelador, mas pode servir como punição para as crianças. No Japão, a limpeza é mais uma oportunidade de cooperar e reforçar a ideia de que os ambientes moldam a mente.

A professora e os alunos passaram os últimos momentos do dia refletindo em silêncio sobre como poderiam melhorar seu desempenho no dia seguinte – prática conhecida como *hansei*. O *hansei* não é só coisa de criança. Em seu livro, *You Gotta Have Wa*, Robert Whiting, jornalista americano que hoje mora no Japão, descreve como os jogadores profissionais de beisebol japoneses buscam o *wa* (a harmonia com as pessoas do grupo), escrevendo redações sobre seus defeitos e maneiras de amenizá-los.[5] É difícil imaginar os jogadores de beisebol americanos movidos a esteroide fazendo uma pausa para desenvolver a autocrítica. Entretanto, do ponto de vista de um japonês, a autocrítica ajuda uma pessoa a se tornar parte do todo, a despeito de quem seja ou de sua função.

O caminho menos trilhado

Ao longo da vida de Krysia e de Lila, amigos, parentes, professores, empregadores e até desconhecidos se mantêm criando interações cotidianas que reforçam o tipo de self que elas devem desenvolver. Na escola, Krysia se mostra excepcionalmente habilidosa no método socrático, troca verbal na qual os professores chamam os alunos de surpresa e pedem que eles respondam perguntas em voz alta. Muitas escolas do Ocidente consideram o método socrático uma prática educacional melhor.[6]

Para se ocupar depois da escola, Krysia escolhe atividades para as quais tem o que os adultos chamam de "aptidão" ou "talento": violoncelo, matemática e atletismo. Ela tenta seguir a diretriz de descobrir seu talento, se empenhar e atingir o sucesso. No entanto, ela não gosta de violoncelo, matemática nem atletismo, de forma que, com frequência, rejeita essas atividades.

Na faculdade, Krysia decide estudar Cinema, porque o curso reflete seus interesses e sua necessidade de criar. No entanto, depois de se formar, ela recusa empregos na área, se muda para América Central e abre seu próprio negócio socialmente responsável. Ela acaba voltando aos Estados Unidos para fazer um MBA visando melhorar sua competitividade no novo campo do empreendedorismo social.

Durante toda sua vida nos Estados Unidos, Krysia terá oportunidades diárias de expressar sua singularidade, de se distinguir dos outros, de influenciar seu mundo, exercitar seu livre-arbítrio e se ver como uma pessoa equitativa em relação às outras. Da mesma forma como muitos euro-americanos de classe média, ela verá e vivenciará o mundo em termos de pessoas individuais. E, por meio de seus pensamentos, sentimentos e ações, ela perpetuará o ciclo cultural independente que ajudou a fazer dela quem ela é.

Na grande estrada do enquadramento

Enquanto isso, em Kyoto, Lila complementa sua educação frequentando o *juku* (cursinho pré-vestibular) vários dias por semana para atingir os elevados padrões educacionais do Japão. Seguindo métodos educacionais confucionistas, ela ouve em silêncio os professores e se empenha para dominar tudo o que eles ensinam. Como muitos estudantes asiáticos, ela segue um caminho bem conhecido: o estudo leva à aptidão, a aptidão leva ao sucesso, e o sucesso leva à felicidade. A educação definitivamente não envolve descobrir sua genialidade especial, se expressar ou se divertir.

No ensino médio, ela segue o mantra japonês: "Fracassar com cinco, passar com quatro", e não se permite dormir mais que quatro horas por noite, na tentativa de evitar o desastre acadêmico. Apesar da rigorosa carga acadêmica, ela também pratica vôlei, encorajada pelos amigos. Depois de sobreviver ao infernal rito de passagem, o vestibular japonês, ela consegue uma nota boa o suficiente para entrar em uma prestigiosa universidade. Seguindo o conselho do pai, escolhe o curso de Ciências do Ambiente.

Nas férias de verão, Lila faz um estágio administrativo. Para demonstrar seu comprometimento, ela chega cedo ao trabalho, fica até mais tarde e muitas vezes se une aos colegas no ritual do happy hour, depois do trabalho. Em reconhecimento ao comprometimento conjunto de todos, Lila e seus colegas se despedem com o cumprimento-padrão do ambiente de trabalho: "*Osaki ni shitsurei shimasu*" ("Sinto muito sair antes de você"). Os colegas que ficam no escritório respondem dizendo "*Otsukaresama deshita*" ("Você deve estar cansado").

Durante toda sua vida no Japão, Lila terá oportunidades de descobrir como está conectada e é similar aos outros, de contemplar como seu papel e posição social devem restringir seu comportamento e encontrar maneiras de ajustar seu self de acordo. Da mesma forma como muitos japoneses de classe média, ela verá e vivenciará o mundo em termos de relacionamentos. E, por meio de seus pensamentos, sentimentos e ações, ela perpetuará o ciclo cultural interdependente que ajudou a fazer dela quem ela é.

Vendendo selves

Krysia e Lila são cercadas de um fluxo constante de mídia de massa, que sussurra, declara e trombeteia suas mensagens. Em um único dia, um americano é exposto, em média, a mais de 5 mil imagens em revistas, televisão, sites e outdoors.[7] Esses produtos culturais comunicam, de maneira ao mesmo tempo sutil e descarada, o jeito certo de uma pessoa ser.

No metrô de Tóquio, por exemplo, um pôster amarelo–canário, com centenas de peixes vermelhos nadando na mesma direção, evoca os trabalhadores que pegam o metrô de manhã e que, quando chega o trem, agem exatamente como os peixes: entram em fila. No entanto, nos Estados Unidos, os publicitários retratam peixes com um toque de independência: "Só os peixes mortos nadam com a corrente", declara um anúncio da Templeton Global Investments.

Desenvolvidos em torno dos temas da individualidade, singularidade, escolha, liberdade e equidade, os anúncios americanos repetem com insistência o modo culturalmente apropriado de ser um self. A Gerber, fabricante de produtos para crianças, apregoa que suas papinhas são "uma boa fonte de ferro, zinco e independência". A Gap anuncia suas roupas, que atraem multidões, apesar de serem absolutamente comuns, com o comando "Individualize". A Apple vende computadores aliando imagens de artistas, cientistas e ativistas famosos – Albert Einstein, César Chavez, Dalai Lama – ao mantra americano "Pense diferente". Joe Camel, a mascote dos cigarros Camel, aconselha multidões de jovens impressionáveis a "Escolher tudo, menos o comum".

Suspeitando que a mídia do Oriente se dedique a vender um self diferente, Hazel e Heejung Kim analisaram milhares de anúncios de revistas americanas e coreanas.

Com efeito, descobriram que os anúncios publicados em revistas coreanas enfatizavam a interdependência e giravam em torno de temas voltados para como se relacionar, se enquadrar, se ajustar, seguir as tradições e atentar para as posições sociais. Por exemplo, um supermercado coreano tranquiliza jovens esposas: "Com empenho, um dia você poderá fazer um porco assado tão gostoso quanto o de sua sogra." De maneira similar, o principal argumento de vendas de uma bebida de ginseng é ser "produzida seguindo uma tradição de 500 anos". Em vez de deixar "seus vizinhos no chinelo", como exorta o anúncio americano da Jeep, os anúncios coreanos tendem a promover ações mais cordiais. Por exemplo, uma universidade assegura aos leitores de uma revista que "estamos trabalhando por uma sociedade mais harmoniosa".[8]

Como sorrir

A mídia também conduz os orientais e os ocidentais a expressarem seus sentimentos de maneira diferente. Em um estudo, a psicóloga Jeanne Tsai e sua equipe de pesquisa compararam best-sellers infantis ilustrados, americanos e taiwaneses. Para testar a hipótese de que os orientais apreciam mais emoções tranquilas que os ocidentais, enquanto esses valorizam mais emoções efusivas que os orientais, Tsai e seus colegas usaram uma técnica simples porém completamente original. Eles contaram e mediram os sorrisos dos personagens dos livros.

A equipe de Tsai descobriu que os personagens americanos e taiwaneses mostram o mesmo número de sorrisos a seus jovens leitores, mas que os sorrisos americanos são indubitavelmente mais rasgados. Para uma expressão tipicamente americana, pense no personagem Max, do clássico infantil *Onde vivem os monstros*. Seu sorriso se estende por toda a página, enquanto ele percorre a floresta anunciando ruidosamente a sua presença. Já a personagem principal do livro taiwanês *Xiao en yue de gushi* (*A história de Fevereiro*) também sorri, apesar de 11 onze irmãos a enganarem para que ela não receba os 30 ou 31 dias aos quais tem direito, deixando-a com apenas 28 dias. (Seu pai recompensa a paciência e o controle da menina lhe dando um dia a mais a cada quatro anos.) Mas o sorriso de Fevereiro é contido e sereno.

As revistas femininas exibem o mesmo padrão. Nas revistas americanas, os sorrisos normalmente são enormes e mostram os dentes. Pense em Julia Roberts. No entanto, as revistas de moda asiáticas em geral mostram sorrisos pequenos, com a boca fechada. Pense em Zhang Ziyi (famosa por sua atuação em *O tigre e o dragão*). Naturalmente, sempre há exceções, mas, em geral, as estrelas orientais ostentam sorrisos mais sutis que as ocidentais.[9]

Até livros religiosos de autoajuda apresentam tipos diferentes de sorrisos, bem como mensagens diferentes sobre como se sentir. Joel Osteen, pastor de uma megaigreja cristã texana, com mais de 7 milhões de fiéis, é o autor de *O que há de melhor em você* (Thomas Nelson Brasil, 2008). Na capa da edição americana, Osteen exibe o sorriso largo, que mostra os dentes, típico dos Estados Unidos. Nas páginas do livro, ele afirma: "Sinto-me empolgado com o futuro" e aconselha os leitores a também encontrarem a própria empolgação.

Outro best-seller de autoajuda é de autoria de Dalai Lama. Na capa de *A arte da felicidade* (Martins Fontes, 2003), Sua Santidade também sorri, mas gentilmente. Ele incentiva os leitores a buscar a felicidade, mas aconselha que a vida feliz se desenvolve com base em uma mente tranquila e estável.[10]

As características certas ou a equipe certa?

Até em eventos internacionais, como as Olimpíadas, a mídia de diferentes culturas produz, monta um pacote e transmite modelos diferentes do self. Voltemos às Olimpíadas de 2002, em Sydney, na Austrália. Primeira parada, a piscina. A nadadora americana Misty Hyman se esforça para recuperar o fôlego, sai da piscina e percebe que conquistou a medalha de ouro nos 200 metros borboleta feminino. As câmeras americanas focam o grande sorriso de Hyman e seus olhos brilhantes. Um jornalista pergunta: "Como você conseguiu?" "Acho que só me mantive focada", Hyman responde. "Eu sabia que seria capaz de vencer Susie O'Neil; acreditei nisso no fundo do meu coração e sei que, durante toda esta semana, as dúvidas se insinuaram e me acompanharam até aqui, mas eu só disse: 'Não, esta é a *minha* noite'."

Enquanto isso, na pista de corrida, no outro lado da cidade, a estrela japonesa Naoko Takahashi conquista a medalha de ouro na maratona feminina. As câmeras japonesas acompanham Takahashi até a metade de sua volta olímpica e se voltam para as arquibancadas, focando o homem que produziu seus tênis especiais. Em seguida, elas encontram seus técnicos assistentes e seguem o técnico principal por 20 segundos completos, enquanto ele corre para cumprimentá-la. Finalmente, técnico e campeã se encontram, e as câmeras japonesas mostram Takahashi por trás, enquanto ela chora nos braços do adorado técnico.

Por fim, um jornalista consegue abordar Takahashi e sua equipe. Em vez de falar de si, a campeã diz: "Este é o melhor técnico do mundo, o melhor gerente do mundo, e aqui estão todas as pessoas que me ajudaram. Todos esses elementos se uniram e se transformaram em uma medalha de ouro."

As mídias americana e japonesa transmitiram essas duas cenas diferentes – o rosto radiante de Misty Hyman e o abraço de Naoko Takahashi e seu técnico – repetidas vezes, a milhões de espectadores, gravando em suas mentes não apenas a história como também o jeito certo de contá-la.

Para definir exatamente quais eram esses jeitos certos, Hazel e seus colegas treinaram um grupo de observadores bilíngues americanos e japoneses para codificar centenas de horas de cobertura japonesa e americana nas Olimpíadas de 2000 e 2002. Os observadores analisaram sistematicamente tudo o que os atletas, comentaristas e jornalistas disseram.

Após consolidar as observações, a equipe de pesquisa constatou que os jornalistas americanos se baseavam no entendimento do self como independente e discorriam mais longamente sobre as características pessoais dos atletas – os grandes e poderosos pés do nadador Ian Thorpe, as passadas robóticas do velocista Maurice Green. Quando os atletas venciam, era porque tinham as características certas. Quando fracassavam, era porque os competidores tinham atributos pessoais superiores.

Por outro lado, os comentaristas japoneses se baseavam no entendimento do self como interdependente e concentravam suas expectativas em outras pessoas importantes, hoje e no passado. O fracasso era resultado de não se empenhar o suficiente para fazer o que se esperava do atleta. Refletindo a tendência oriental de criticar as próprias ações para saber como melhorar, os atletas japoneses e a imprensa faziam quase o dobro de comentários negativos que os americanos.[11]

Partículas, protestantes e política

As indústrias publicitária e cinematográfica não inventaram a receita para o self independente que hoje permeia o Ocidente, da mesma forma como os magnatas dos meios de comunicação orientais não conceberam sozinhos a noção do self interdependente. Em vez disso, as grandes ideias sobre como ser um self se formaram no decorrer de milênios. O modo como as pessoas tendiam a agir se tornou o modo como elas deviam agir, e as culturas canonizaram essas regras em suas instituições,[12] que, por sua vez, orientaram as interações e os eus, descendo pelo ciclo cultural, e ao mesmo tempo reforçaram as grandes ideias, subindo pelo ciclo cultural.

Muitas instituições que hoje guiam e são guiadas pelo self independente ocidental nasceram na Grécia antiga, onde os filósofos viam os elementos deste nosso mundo – como árvores, mesas e até pessoas – como compostos de partículas imutáveis que especificavam suas qualidades. Uma árvore era composta de partículas de árvore, que lhe davam qualidades de árvore, da mesma forma como cada pessoa era composta de partículas de pessoa, que lhe davam suas qualidades de pessoa.[13] Em consequência dessa filosofia, os gregos – e as civilizações ocidentais seguintes – acreditavam que, para entender um objeto ou uma pessoa, era necessário primeiro segmentá-lo em suas partes constitutivas.

Foi dessa visão que acabou surgindo o fascínio ocidental pelas causas internas e supostamente estáveis do comportamento: caráter, talento, inteligência, cognição, emoções, motivações, cérebros, lobos frontais, genes, neurotransmissores, moléculas e assim por diante. Na filosofia ocidental e nas ciências desenvolvidas com base nela, essas partes se unem para fazer da mente um dispositivo mecânico – um painel de controle, um conjunto de engrenagens ou um computador. E essa máquina, por sua vez, aciona o comportamento.[14]

A competência também pode ser encontrada *na* mente. O método socrático no qual Krysia se destacava e contra o qual Heejung Kim se rebelou é o método que o professor ocidental usa para extrair o conhecimento do estudante – sendo que grande parte desse conhecimento presumivelmente já está na cabeça do aluno. A educação ao estilo ocidental visa desenvolver a mente diferenciada do estudante e aumentar sua independência em relação ao mundo – isto é, reduzir sua dependência do mundo. A tarefa do aluno, por sua vez, é desenvolver ideias diferenciadas e expressá-las com entusiasmo.[15]

Paralelamente a esse modelo de uma pessoa autônoma e guiada internamente, surgiu uma inovação chamada democracia – forma de governo que permite que as pessoas governem a si mesmas, fazendo escolhas na forma de votos. Antes da democracia, os líderes das cidades-estados gregas falavam em nome de seus cidadãos. Com o advento da democracia, cidadãos individuais conquistaram o poder de mudar seus mundos com um mero voto.

Enquanto isso, em um canto quente e árido do Império Romano, um pregador radical articulava uma faceta diferente da independência. Chamado Jesus de Nazaré, esse professor não apenas se adequava à ideia judaica de que existia um só Deus como também ensinava que esse Deus se importava com todas as pessoas, até os pobres e os "mansos". O Novo Testamento cristão inclui muitas narrativas e parábolas sobre o relacionamento de Deus com pessoas individuais.

Um milênio e meio mais tarde, um clérigo alemão, chamado Martinho Lutero, radicalizou essa ideia. Em 1517, ele pregou suas 95 Teses à porta de uma igreja e proclamou que todas as pessoas poderiam ter um relacionamento direto e pessoal com Deus sem precisar depender da intermediação de padres ou papas. Na esteira da Inquisição Espanhola e outros movimentos católicos que visavam extirpar a dissidência, a exortação de Lutero para abolir a hierarquia da Igreja foi revolucionária. Pode-se dizer o mesmo do argumento de que Deus tinha um propósito especial para cada pessoa – um "chamado" – que os bons protestantes deveriam dedicar a vida a descobrir e aperfeiçoar. O sociólogo Max Weber chamou esse conjunto de ideias de "ética protestante do trabalho" e argumentou que essa ética impeliu o crescimento do capitalismo na Europa Ocidental e, posteriormente, nos Estados Unidos.[16]

Grande parte da Europa continuou a se aprofundar na independência durante o Iluminismo. Em 1615, René Descartes declarou "Penso, logo existo", alegando que seus pensamentos por si só tinham autoridade suficiente para provar sua existência. John Locke, filósofo inglês do século XVII, levou a autoridade das pessoas ainda mais longe, sustentando que elas vêm em primeiro lugar, e as sociedades só surgem quando as pessoas firmam um contrato social para proteger seus direitos.

À medida que as pessoas ganhavam cada vez mais importância na religião, na política e na filosofia ocidentais, a autoridade dos monarcas e outros líderes perdia força e era substituída pela equidade e pelos direitos individuais. Quando Thomas Jefferson se sentou para escrever a Declaração de Independência dos Estados Unidos, em 1776, o equilíbrio de poder entre os reis e o povo já era bem mais nivelado: "Consideramos essas verdades evidentes por si mesmas, que todos os homens são criados iguais, dotados pelo Criador de certos direitos inalienáveis, que entre estes estão a vida, a liberdade e a procura da felicidade."

Papel e posição social, Yin e Yang

No outro lado do planeta, as pessoas do Oriente propuseram uma resposta bastante diferente às grandes perguntas "O que é uma pessoa?", "O que é uma *boa* pessoa?" e

"Qual é o relacionamento dela com o mundo e com os outros?" Suas respostas incorporaram elementos do confucianismo, taoismo e budismo e de filosofias mais locais, como o xintoísmo, do Japão.

Como o psicólogo cultural Richard Nisbett explica com eloquência em seu livro *The Geography of Thought*, essas filosofias consideram que o mundo se mantém em constante mudança e é governado por forças externas.[17] O xintoísmo, por exemplo, não explicita uma ideologia rígida. Em vez disso, essa filosofia, a mais antiga do Japão, descreve como as pessoas deveriam se relacionar com os ancestrais, os deuses e a natureza. Esses rituais reforçam a ideia de que as pessoas não passam de uma parte de um todo muito mais amplo e interconectado. Com efeito, a palavra *jibun*, que os japoneses usam com frequência para se referir a si mesmos, significa "a minha parte" ou "a minha parcela do todo".

Por todo o Oriente, práticas locais também foram incorporando as ideias de Confúcio, que viveu na China, de 551 a 479 a.C. Confúcio sustentava que o ato de se tornar uma pessoa tem início na unidade social mais importante, a família, e requer cumprir as obrigações e os deveres para com a família. "Da miríade de virtudes, a devoção filial é a primeira", ele escreveu. Agir direito com a família, por sua vez, implica respeitar os pais e outros parentes mais velhos, minimizar suas preocupações, levar-lhes honra e proteger sua reputação. O confucianismo também define, de maneira complexa, as posições e papéis das pessoas na sociedade, salientando que conhecer seu lugar no mundo tem precedência sobre expressar a individualidade e a autonomia. As pessoas não estão nesta vida para o próprio avanço ou realização, mas para o avanço de sua família e para a manutenção da ordem social.

Da mesma forma como as ideias gregas ainda inspiram o método socrático no Ocidente, o confucianismo continua permeando as técnicas pedagógicas do Oriente. Pelo método confuciano, o primeiro passo é respeitar o professor e prestar atenção a ele. Em seguida, os alunos devem memorizar a matéria ensinada. (Os pais e professores americanos muitas vezes rejeitam essas técnicas por considerá-las uma mera repetição mecânica.) É só nos últimos estágios da instrução que os alunos podem questionar a matéria e incorporar os próprios pontos de vista.[18]

Assim, o conhecimento se encontra não dentro da cabeça do estudante, mas no mundo lá fora. E as mentes, por sua vez, não são motores que giram e revolvem, mas fenômenos naturais, como a água, ou organismos vivos, como as plantas. De acordo com essas metáforas, o mundo exterior – vento e luz, sol e solo, professores e textos – interage com o mundo interior no desenvolvimento de uma pessoa. O self, em outras palavras, tem uma relação de interdependência com o ambiente.

O taoismo é outra filosofia chinesa que dá um sabor especial à receita do self no Oriente. Diferentemente das muitas filosofias da Grécia antiga, que consideravam a natureza algo estável e inerentemente uniforme, o taoismo sustenta que o mundo se mantém em um fluxo constante e está repleto de contradições. Em vez de se destruírem mutuamente, contudo, essas contradições precisam umas das outras – da mesma forma como o yin escuro e o yang claro do símbolo taoísta precisam e contêm uma gota um do outro. Dessa forma, o entendimento das pessoas e da matéria requer analisar o ambiente em vez de investigar as partículas que as compõem. As crenças filosóficas básicas mantêm grande presença no modo como as pessoas de tradição oriental investigam, além do mundo interno, o mundo externo das pessoas para explicar seu comportamento.

Por fim, uma importante força filosófica que permeia a cultura do Oriente é o budismo, que sustenta que a iluminação se abre às pessoas capazes de transcender a ilusão do self como algo distinto e conseguem substituir essa ilusão por um entendimento do self como algo completamente entrelaçado com outras forças. Como ensinou o mestre zen-budista Tozan, "A montanha azul é o pai da nuvem branca. A nuvem branca é o filho da montanha azul... Elas são relativamente independentes e, ao mesmo tempo, dependentes."[19]

Educação para o futuro de todos

De maneira similar, o Oriente e o Ocidente são tanto independentes quanto interdependentes uns dos outros. No entanto, estão se tornando cada vez mais interdependentes à medida que o planeta fica menor. Embora seus ciclos culturais distintos tenham levado milhares de anos para se formar, eles podem ser mais bem alinhados por meio de algumas poucas mudanças ponderadas em suas instituições, interações e eus.

No Ocidente, as pessoas de tradição asiática dominam os setores mais bem pagos e de crescimento mais rápido. E, com um robusto pipeline de estudantes asiáticos de sucesso alimentando as melhores universidades ocidentais, esse número provavelmente só aumentará. O que os ocidentais podem fazer para acompanhar os colegas orientais?

Como Amy Chua aprendeu a duras penas, não é possível importar práticas orientais a granel, incorporá-las aos contextos ocidentais e esperar que isso dê certo. Entretanto, algumas injeções bem aplicadas de interdependência nas instituições, nas interações e nos eus do Ocidente poderiam ajudar os americanos a se preparar melhor para o futuro multicultural.

No nível das instituições, os Estados Unidos precisam de padrões e materiais melhores, tanto para os educadores quanto para os alunos. A No Child Left Behind Act (Nenhuma Criança Deixada para Trás), que marcou a primeira vez na história dos Estados Unidos em que o Congresso tornou obrigatória a aplicação de exames em determinadas séries escolares (até então, cada estado decidia a própria programação de exames), foi um passo na direção certa. Contudo, suas limitadas metas (testar só as habilidades de leitura, escrita e matemática), exames padronizados (que só avaliam habilidades no nível mais básico) e incentivos curiosamente punitivos não só reduziram, em média, o desempenho dos estudantes como também aumentaram a diferença entre classes sociais e raças.[20]

Uma abordagem mais interdependente aos padrões nacionais seria educar o estudante como um todo e o expor às ciências, à música e às artes. Esse tipo de educação os prepararia para contribuir para a sociedade, munidos de um sólido conhecimento, em vez de serem meros concorrentes aptos no jogo da vida. Um sistema educacional mais interdependente também alocaria mais tempo, dinheiro e pessoal, com o objetivo de elevar as escolas de pior desempenho a um padrão comum, em vez de eliminá-las do sistema.

Nas salas de aula e nos lares, professores e pais podem usar interações mais interdependentes para ajudar as crianças a acompanhar seus colegas orientais. Direcionar as escolhas das crianças a profissões que realmente existem ajudaria muito a prepará-las para o século XXI. Nas profundezas da mais recente recessão, o índice de desemprego dos americanos chegou a 10%, e, mesmo assim, mais de um milhão de vagas de emprego nos setores de ciência, tecnologia, engenharia e matemática não foram preenchidas porque o sistema educacional americano não conseguiu produzir pessoas qualificadas.[21] Parafraseando esse problema em termos interdependentes: as escolas e os estudantes americanos não estão conseguindo satisfazer às necessidades da nação. Apesar de os asiático-americanos terem grande representação nessas áreas de atuação, eles não são numerosos o suficiente para preencher todas as vagas de emprego.

O problema, de acordo com a psicóloga Judith Harackiewicz, é que os pais ocidentais não estão ajudando os filhos a associar o estudo essas áreas agora à entrada na força de trabalho da nação mais tarde. No entanto, os alunos do ensino médio sonham com carreiras que se adéquem às suas preferências adolescentes, em vez de direcionar seu empenho a carreiras que ao mesmo tempo satisfaçam a seus desejos e às necessidades de sua sociedade. Para resolver esse problema, Harackiewicz e sua equipe conceberam uma intervenção original. Eles escolheram aleatoriamente os pais de 181 adolescentes de escolas de ensino médio, espalhadas por todo o estado de Wisconsin, para receber informações que associavam a matemática e as ciências às metas atuais e futuras dos adolescentes. (Os pais do grupo de controle não receberam esses materiais.) Por exemplo, um dos livretos oferecia aos pais dicas para ajudar os filhos adolescentes a perceberem a relevância da matemática e das ciências em atividades como jogar videogames, usar celulares e dirigir carros.

O pacote informativo era pequeno, continha apenas dois livretos e um site, mas teve tremendo impacto. Estudantes cujos pais receberam os materiais fizeram um semestre adicional de matemática ou ciências em relação àqueles cujos pais não receberam os materiais. As informações encorajaram os pais a ajudar os filhos a escolherem um caminho mais difícil no curto prazo, porém mais lucrativo no longo prazo. Apesar de os pais não desconsiderarem completamente as escolhas dos filhos, como seria aceitável em muitos contextos interdependentes, eles os direcionarem mais do que costuma ser feito em mundos independentes.[22]

Desenvolva a determinação

Outra prática interdependente que beneficiaria tanto as crianças quanto os adultos ocidentais é começar a tratar uns aos outros e a nós mesmos como as criaturas dinâmicas e vigorosas que somos. Em seu best-seller *Por que algumas pessoas fazem sucesso e outras não* (Fontanar, 2008), a psicóloga Carol Dweck documenta que as pessoas que veem sua mente como algo que cresce constantemente (como uma planta) se empenham mais, aprendem mais, correm mais riscos e lidam melhor com os contratempos que as pessoas que veem sua mente como uma entidade fixa (como uma máquina). Essas duas atitudes mentais mapeiam os diferentes estilos para explicar o comportamento (situacional *versus* disposicional), que discutimos na introdução. As pessoas que apresentam uma mentalidade de crescimento tendem a acreditar que as causas situacionais, como o empenho e a rede social de apoio, impulsionam as realizações, ao passo que as que possuem uma atitude mental fixa tendem a achar que são as causas disposicionais, como talento e inteligência, que geram o sucesso. Talvez não seja surpreendente que uma mentalidade de crescimento seja mais popular entre as pessoas de tradição oriental, ao passo que uma mentalidade fixa é mais difundida entre pessoas de tradição ocidental.[23]

Bastam algumas poucas práticas diárias para inculcar uma mentalidade de crescimento ou fixa. Você quer que seu filho, parceiro ou colega de trabalho se veja como uma pessoa restrita por seus atributos permanentes? Então elogie-a pelas aptidões que as tornam "especial", critique-a pelos fracassos que revelam falhas supostamente inerentes e, de vez em quando, seja mais complacente para proteger sua autoestima vacilante. Quer que seu filho, parceiro ou colega de trabalho atinja seu máximo potencial? Então elogie a pessoa pelo empenho, ajude-a a desenvolver uma percepção realista de seus fracassos e trabalhe com ela para atingir altos padrões.[24]

A psicóloga Angela Duckworth oferece sugestões similares. Nos vários anos em que atuou como educadora, Duckworth notou que não eram as crianças com QIs elevados que se destacavam, mas aquelas que mergulhavam com afinco e determinação em uma missão pessoal, decididas a cumpri-la independentemente dos obstáculos que poderiam encontrar. Para representar essa capacidade de perseverar, ela desenvolveu um simples "Teste de Determinação", com 12 itens, incluindo "Sou esforçado" e "Atingi uma meta que me levou anos de trabalho". Posteriormente, ela e seus colegas constataram que a determinação é um fator preditivo para tudo, desde quais cadetes de uma rigorosa academia militar sobreviverão ao primeiro ano a quem vencerá o concurso nacional de soletração.[25]

Inculcar mentalidades de crescimento e determinação requer mais interdependência que cultivar mentalidades fixas e uma autoestima infundada. Não é possível estabelecer um padrão elevado e esperar que tudo se resolva por si só; é necessário desenvolver e manter um relacionamento forte para cultivar o empenho de uma pessoa. "O que os pais chineses sabem", escreve Chua, "é que nada é divertido enquanto você ainda não o faz bem. Para ser bom em qualquer atividade, é preciso trabalhar, e as crianças, se puderem escolher, nunca vão querer trabalhar. Por isso, é crucial se impor às preferências delas".[26] Embora a completa eliminação das escolhas não seja uma tática eficaz para os selves independentes, ajudar as pessoas a identificar seus pontos fracos e se empenhar para melhorá-los pode beneficiá-las.

Queime o teto de bambu

Apesar de o Ocidente estar começando a entrar em contato com seu lado interdependente em prol da própria vantagem competitiva, também seria interessante estender parte dessa interdependência ao Oriente. Em um estudo de 2011, realizado pelo Center for Work-Life Policy, os respondentes asiático-americanos foram os que relataram se sentir menos à vontade "sendo eles mesmos" no trabalho. Menos da metade afirmou ter um mentor profissional, em comparação com mais da metade dos euro-americanos. Os respondentes asiático-americanos também sentiam que a liderança de suas organizações não reconhecia suas contribuições. Por essas e outras razões, os asiático-americanos atingem um "teto de bambu" a caminho de ascender pela hierarquia profissional e têm pouca representatividade nos mais elevados escalões dos setores público e privado.[27]

Para ajudar os orientais a romper o teto de bambu, os ocidentais deveriam arriscar mais e dar uma chance aos líderes asiáticos. Apesar de correrem o risco de escorregar ladeira hierárquica abaixo, as pessoas de tradição europeia ainda controlam a maioria das instituições no Ocidente, de forma que têm mais poder de mudar essas instituições que as pessoas de tradição asiática. Estender um pouco de ação afirmativa e promover os asiáticos a posições de liderança beneficiaria muito o moral, a criatividade e a produtividade dos funcionários asiáticos e também permitiria que os líderes asiáticos aplicassem seus pontos fortes em escala mais ampla. E, como as organizações que contam com uma liderança diversificada tendem a apresentar desempenho melhor que as com liderança mais homogênea, elevar os asiáticos na hierarquia provavelmente também contribuiria para melhorar os resultados financeiros corporativos.[28]

As organizações ocidentais também deveriam se empenhar mais para conciliar os estilos de trabalho dos descendentes de orientais. É difícil para muitas pessoas se expressar em um grupo, mas, como vimos no Capítulo 1, é ainda mais difícil para selves interdependentes, acostumados a ficar em silêncio para se sintonizar melhor com os outros. Falar em grupos também é mais fisicamente cansativo para os asiático-americanos. Estudos demonstram que os asiático-americanos apresentam níveis mais elevados de cortisona (hormônio do estresse) quando se expressam em ambientes formais que os euro-americanos. Dar aos funcionários a chance de contribuir com ideias por escrito ou em ambientes informais pode permitir que eles brilhem sem lhes impor um estresse desnecessário.[29]

As interações cotidianas entre pessoas de tradição oriental e ocidental também se beneficiariam de alguns ajustes. Até asiático-americanos nascidos nos Estados Unidos se sentem estrangeiros em seu próprio país por ainda ter de encarar perguntas como "Onde você nasceu, *de verdade*?" Os psicólogos Sapna Cheryan e Benoît Monin decidiram investigar o que acontece quando os euro-americanos fazem os asiático-americanos se sentirem como se ainda não fizessem parte do clube. Munidos de pranchetas, eles abordaram estudantes universitários asiático-americanos e perguntaram: "Você sabe falar inglês?" Depois, pediram que os alunos tentassem lembrar o maior número possível de programas de televisão americanos dos anos 1980.

Sentindo a necessidade de defender sua "americanidade", esses participantes passavam muito mais tempo na tarefa dos programas de televisão que os respondentes asiático-americanos, que não foram questionados se sabiam falar inglês. Como demonstraremos nos capítulos a seguir, esse tempo dedicado a defender o self contra ameaças constitui um tempo *não* dedicado a atingir objetivos mais pessoais e socialmente benéficos. No longo prazo, esses pequenos ataques ao self podem prejudicar o desempenho e a motivação das pessoas, privando todos das contribuições que elas poderiam ter realizado.[30]

Dê voz às suas opiniões

Para prosperar em contextos ocidentais, os selves interdependentes do Oriente também podem ajustar seus ciclos culturais, adotando interações e eus mais independentes. De volta à Lynbrook High School, Gail Davidson se dedica a trabalhar com professores, alunos e pais para fazer justamente isso. Muitos alunos asiático-americanos da escola e seus pais se apegam firmemente ao único modelo de sucesso que conhecem: um modelo interdependente, no qual corresponder às expectativas é o caminho mais seguro para a felicidade. Apesar de seu desejo de se destacar e contribuir, as escolas ocidentais seguem regras bastante diferentes.

Os professores já tentaram várias estratégias para incentivar os estudantes a falar mais em sala de aula. No entanto, não é possível exigir que esses alunos, que cresceram sem se expressar muito, de repente comecem a falar descontraidamente. Expressar opiniões requer acreditar que você deveria dizer algo e que, de fato, tem algo a dizer, e ambas as crenças requerem empenho para serem desenvolvidas. Encontrar a própria voz, ao estilo ocidental, é uma tarefa que começa nas atividades de "mostrar e contar", no jardim da infância, e avança por uma sucessão de projetos individuais, até chegar à faculdade. O ciclo cultural independente impulsiona esse processo em milhões de outras pequenas maneiras, muitas delas invisíveis.

Para revelar o funcionamento desse ciclo cultural, Davidson e sua equipe conduziram uma série de reuniões com professores, pais e alunos para conversar a respeito das ideias diferentes das culturas ocidentais e orientais no que diz respeito à educação. Eles convidaram palestrantes de fora para apresentar suas pesquisas sobre cultura e aprendizado e aprenderam que, apesar de falar não equivaler necessariamente a pensar, os estudantes precisam ser capazes de se expressar para que possam ter sucesso no mundo ocidental, inclusive na faculdade e na vida profissional.

Davidson e sua equipe também desenvolveram práticas para ajudar os alunos a se expressar em sala de aula. Em vez de fazer uma pergunta de surpresa aos alunos durante a aula, de acordo com o método socrático, agora os professores os avisam com antecedência para que eles possam elaborar com calma o que pretendem falar. E, para reduzir a intimidação resultante de 30 pares de olhos e ouvidos esquadrinhando tudo o que você diz e faz, eles também passaram a dividir os alunos em grupos menores.

Que tal ousarmos ser diferentes e unir nossas forças?

Aquecimento global e crise financeira global; epidemias e conflitos étnicos; escassez de alimentos e infraestrutura decadente – os problemas mais tenebrosos diante dos seres humanos modernos não são locais. Com efeito, muitos deles decorrem do fato de que o nosso mundo está ficando cada vez menor, mais plano e mais quente que nunca. No entanto, ao buscar soluções, muitas vezes nos restringimos à sabedoria do sábio da vila (ou, ocasionalmente, à loucura do idiota da vila).

Em vez de nos atermos aos velhos métodos e permitirmos que nossas diferenças falem mais alto, chegou a hora de nós, seres humanos, canalizarmos nossos diversificados ciclos culturais para o lado positivo. Programada no DNA da nossa espécie, está nossa capacidade de emular e perpetuar culturas. Apesar de tendermos a favorecer as ideias, instituições e modos de interagir do nosso próprio povo, somos primatas engenhosos e somos capazes de aprender com os outros e impelir nossos ciclos culturais em novas direções.

Também podemos olhar para trás para descobrir o melhor caminho para avançar. O pai da psicologia moderna, William James, nunca chegou à Ásia, mas suas extensas viagens pelas Américas e pela Europa lhe revelaram as muitas maneiras – e suas vantagens – de ser um self. "Todo o percurso de minha educação", ele escreveu em sua obra mais famosa, *Princípios de psicologia*, "me convence de que o mundo da nossa atual consciência não passa de mais um dos muitos mundos de consciência existentes, e que esses outros mundos hão de conter experiências que também têm significado para nossa vida."[31]

Uma interpretação contemporânea dos textos de James pode ser encontrada em uma combinação dos pôsteres favoritos de Krysia e Lila no jardim da infância: vamos ousar ser diferentes e unir nossas forças. Nos capítulos a seguir, mostraremos como pessoas de diferentes gêneros, raças, classes, regiões, religiões, ambientes de trabalho e hemisférios do globo estão reajustando seus ciclos culturais para atingir esse fim.

CAPÍTULO 3

Homens são da Terra, mulheres são da Terra

As culturas de gênero

Atenção, Estados Unidos! As mulheres estão dominando o pedaço. Atualmente, elas ocupam mais posições gerenciais e especializadas do que os homens[1] e, nas cidades, as com menos de 30 anos agora ganham mais que seus colegas do sexo masculino solteiros e sem filhos.[2] Para ascender pela hierarquia socioeconômica, o sexo frágil está se valendo de trampolins definitivamente americanos: educação e empreendedorismo. Atualmente, as mulheres obtêm mais diplomas de bacharelado, mestrado e doutorado que os homens e se equiparam com eles ou os superam quantitativamente em termos de diplomas especializados na maioria das áreas.[3] Já na frente do empreendedorismo, as mulheres são proprietárias totais ou parciais de 47% de todas as empresas americanas.[4]

Enquanto isso, os homens americanos parecem se arrastar penosamente. A Grande Recessão, de 2007 a 2009, atingiu mais os homens do que as mulheres – tanto que os blogueiros americanos apelidaram a crise econômica de "he-cession". Como os setores da manufatura, construção e finanças, dominados por homens, sofreram os piores golpes da recessão, 5,4 milhões de homens americanos perderam o emprego, em comparação com 2,1 milhões de mulheres.[5]

Hoje, os homens arcam não apenas com as consequências da recessão, mas também carregam a culpa. "O comportamento de risco e agressivo que possibilitou aos homens consolidar seu poder – o culto do macho – tem se comprovado destrutivo e insustentável em um mundo globalizado", escreveu o comentarista político Reihan Salam, na revista *Foreign Policy*.[6] Os islandeses e lituanos concordam; na esteira do colapso financeiro, tanto a Islândia quanto a Lituânia elegeram mulheres para liderar seus governos.

Os membros mais jovens do grupo XY também não estão se dando tão bem. No mesmo período em que as garotas realizaram muitas conquistas na área acadêmica, os garotos abandonaram o ensino médio em números recordes. As notas das garotas em exames padronizados continuaram a subir em uma curva inclinada para a direita, ao passo que as notas dos garotos caíram em um mergulho inclinado para a esquerda, ampliando ainda mais a diferença entre os gêneros no âmbito da educação.[7]

Mesmo com todos os seus triunfos, conquistados com tanto empenho, as mulheres – a despeito da idade – não estão exatamente comemorando a vitória na linha de chegada. Elas sempre sofreram mais de depressão que os homens, mas agora adoecem cada vez mais cedo, como documenta o psicólogo Stephen Hinshaw em *The Triple Bind*. Hoje em dia, automutilação, transtornos alimentares, depressão, violência e suicídio põem em risco 25% das adolescentes americanas.[8]

Por trás dessa intensificação do sofrimento, detectamos o confronto entre a independência e a interdependência. Como revelaremos neste capítulo, o self, os estilos e os mundos das mulheres são mais interdependentes, enquanto que os dos homens são mais independentes. Agora que homens e mulheres compartilham domínios em uma extensão jamais vista desde antes da Revolução Industrial, seus ciclos culturais estão em rota de colisão.

Vamos dar uma olhada nas garotas do ensino médio. Ao longo da adolescência, espera-se que as garotas cultivem suas "aptidões femininas", que Hinshaw descreve como "deixar as pessoas à vontade, descobrir do que os outros precisam e dar isso a eles".[9] No entanto, elas também são cada vez mais pressionadas a triunfar em atividades tradicionalmente consideradas "de garotos" – como se destacar na escola, nos esportes e em atividades extracurriculares para poder entrar em boas faculdades e garantir a segurança e a realização profissional. Essa combinação coloca as garotas em uma situação impossível: elas devem vencer a concorrência sem magoar ninguém, ao mesmo tempo que se adéquam a noções cada vez mais rigorosas de beleza – a terceira restrição descrita por Hinshaw. Como a velha piada sobre Ginger Rogers, que executava os mesmos passos de dança que Fred Astaire, mas de costas e de salto alto, as jovens mulheres devem não apenas se sobressair na independência, mas de modo interdependente e sempre impecavelmente vestidas e bem cuidadas.

Entre os homens, o confronto da independência com a interdependência também constitui fonte de grande angústia. Quando a base das economias das nações ricas foi transferida da manufatura e construção para o âmbito dos serviços e informações, as exigências de mão de obra também migraram do domínio masculino para o feminino. "Uma economia de colarinho-branco valoriza a potência intelectual bruta, que homens e mulheres possuem em quantidades iguais", explica a jornalista Hanna Rosin. "Uma economia como essa também requer habilidades de comunicação e inteligência social, áreas nas quais as mulheres, de acordo com muitos estudos, apresentam ligeira vantagem."[10] Mesmo antes de entrar na força de trabalho, os homens já começam a perder na corrida para subir na hierarquia socioeconômica quando seus selves independentes não conseguem mais florescer em salas de aula dominadas pela forma feminina de interdependência.[11] Como veremos a seguir, esse modo de ser interdependente não é idêntico à interdependência dos asiáticos, que discutimos nos capítulos anteriores. Inclusive, ao longo do livro mostraremos as várias formas diferentes que a independência e a interdependência podem assumir. Em seu núcleo, contudo, as pessoas independentes no mundo veem seu self com algo distinto e que antecede seus relacionamentos, ao passo que os selves interdependentes consideram seus relacionamentos parte fundamental de quem são.

Homens e mulheres ainda não estão completamente integrados. Algumas profissões tradicionalmente femininas – como a enfermagem, o ensino, a assistência social – permanecem redutos estrogênicos, apesar dos salários razoáveis que essas áreas pagam a homens dispostos a cruzar a fronteira entre os gêneros. Enquanto isso, os níveis mais elevados do governo, das corporações e da academia continuam domínios da testosterona. Apenas 17% dos representantes e senadores americanos são mulheres – menor proporção em relação a qualquer nação industrializada[12] – e só 3,6% dos CEOs da lista da *Fortune 500* são mulheres.[13] Os homens ainda dominam nas áreas da Física e da Engenharia, as ciências mais lucrativas de todas. Em parte por ainda serem excluídas desses escalões de elite, as mulheres ainda ganham apenas US$0,77 para cada dólar embolsado por um homem.[14] Para elas, ainda é muito difícil cruzar essa barreira.

Contudo, as mulheres estão rapidamente reduzindo as diferenças, e os homens, aos poucos, estão dando espaço à invasão feminina. Para que ambos os grupos tenham sucesso neste mundo cada vez mais desordenado, confuso e agitado, cada um precisará se ajustar ao self do outro – isto é, os homens precisarão estender seu lado interdependente, ao passo que as mulheres precisarão exercitar seu lado independente. Evocar seu melhor self de acordo com a situação não é tão difícil quanto pode parecer. Munido de seu novo conhecimento do ciclo cultural, você poderá mover instituições, interações e eus para ajudar a diminuir o abismo entre os gêneros.[15]

As dificuldades de ser heterogêneo

Se solicitadas a listar os ambientes mais propícios à revolução dos gêneros, provavelmente poucas pessoas mencionariam uma orquestra sinfônica. No entanto, foi justamente a esse contexto que os psicólogos Jutta Allmendinger e J. Richard Hackman se voltaram para investigar o que acontece quando as mulheres entram em instituições dominadas por homens – especialmente as de elite, cujo sucesso depende de pessoas que atuem bem em conjunto.[16]

Os pesquisadores analisaram 78 orquestras sinfônicas profissionais nos Estados Unidos, Reino Unido e nas antigas Alemanha Oriental e Ocidental. Apesar do fantástico talento individual de seus membros, o clima das sinfonias se degradava com a entrada de mulheres. À medida que a proporção de mulheres em uma orquestra aumentava, as atitudes, relacionamentos e desempenho dos membros decaíam. Esses lastimáveis padrões se mantiveram independentemente do prestígio da orquestra ou de seu país de origem.

No entanto, algo curioso acontecia quando as orquestras contratavam um número de mulheres suficiente para compor 40% do grupo: tanto homens quanto mulheres começavam a gostar mais do trabalho e dos colegas. Eles passavam a considerar sua situação financeira confortável e sua posição, mais estável, e também achavam que sua performance era mais musical.

Por que o acréscimo de algumas poucas mulheres desgasta o clima de orquestras inteiras? E o que acontecia no ponto crucial dos 40% para fazer tanto homens quanto mulheres se sentirem mais satisfeitos?

Cerca de trinta anos de pesquisas demonstram que o fenômeno não é uma exclusividade de orquestras. Não importa a organização, indústria ou setor, quando as mulheres fazem sérias incursões nas organizações, a situação se torna instável.[17] Parte do problema reside na própria natureza humana; fazemos parte de uma espécie conservadora, que gosta de deixar claros seus papéis sociais. Em muitas culturas, nos últimos milênios, o trabalho era dividido de forma que os homens ganhavam o pão e as mulheres cuidavam de cada. (No entanto, como relevaremos mais adiante neste capítulo, muitas outras culturas dividiram o trabalho entre os gêneros de maneira mais imparcial, com efeitos surpreendentes.) Perturbar esse antigo e conhecido padrão é estressante para todos.

No nível econômico, os homens veem, justificadamente, a entrada das mulheres em seu ambiente de trabalho como ameaça a seus ganhos. Em diversos setores, a ascensão das mulheres implica reduções salariais, porque elas trabalham por salários mais baixos, de forma que sua entrada em uma área reduz a média salarial do setor.[18]

Para as mulheres que invadem o território masculino, também não é nada divertido ser as novatas do pedaço. As pioneiras são recebidas com menos apoio social e maior isolamento que os homens.[19] Também são mais pressionadas a apresentar bom desempenho, em parte para contestar o estereótipo de que são menos competentes que os homens – estereótipo difundido em artefatos culturais, como a Barbie adolescente que fala. Pressione um botão nas costas da boneca e ela exclama, com uma vozinha frívola: "Matemática é *difícil*!"

As tentativas das mulheres de derrubar estereótipos como esses muitas vezes saem pela culatra, como constataram os psicólogos Michael Inzlicht e Avi Ben-Zeev. Esses pesquisadores alocaram aleatoriamente universitárias para fazer um teste de matemática na presença de dois homens (uma tríade composta de apenas 33% de mulheres) ou na presença de duas mulheres (uma tríade 100% feminina). Eles descobriram que, da mesma forma como as orquestras com menos de 40% de mulheres, as mulheres nas tríades com 33% de mulheres apresentaram desempenho pior no exame de matemática que as que participaram das tríades 100% femininas. A maioria masculina desconcertou as mulheres, que ficaram tão ansiosas com a possibilidade de confirmar o estereótipo de que as mulheres não conseguem competir que acabaram indo muito mal no teste.[20] O psicólogo Claude Steele chama esse medo de confirmar as crenças negativas sobre o grupo de "ameaça dos estereótipos".[21] Como veremos aqui e nos capítulos a seguir, quando as pessoas se distraem com as ameaças dos estereótipos, elas não conseguem dedicar 100% do cérebro para responder um teste, por exemplo. Em consequência, seu desempenho é prejudicado, e elas ironicamente acabam validando o estereótipo que se empenharam tanto para contestar.

Uma vez que a proporção de mulheres em uma organização atinge uma massa crítica, contudo, a situação muda não apenas para ela, mas também para a organização em geral. Por exemplo, os psicólogos Anita Woolley, Thomas Malone e seus colegas demonstraram que, quanto mais mulheres um grupo tiver, melhor será seu desempenho em uma ampla variedade de tarefas – uma aptidão que os pesquisadores chamam de *inteligência coletiva*.[22] Em seus experimentos de laboratório, grupos com mais mulheres pensaram em soluções melhores para um problema de design arquitetônico, fizeram mais pontos contra um adversário computadorizado no xadrez e demonstraram mais habilidade em outras tarefas que envolviam raciocínio lógico, negociação e criatividade.

As organizações já podem se beneficiar da inteligência coletiva das mulheres. A economista Judith Hellerstein e seus colegas constataram que, dentre fábricas com considerável poder de mercado (isto é, influentes o suficiente para afetar o preço dos produtos), quanto mais mulheres houver na força de trabalho, mais lucrativa será a fábrica.[23] De maneira similar, o sociólogo Cedric Herring verificou que, quanto mais equilibrada for a organização em termos de proporção de homens e mulheres na força de trabalho, maiores serão as receitas provenientes de vendas, a base de clientes e os lucros.[24]

Um número menor de estudos se volta a analisar o que acontece quando os homens se infiltram em áreas tradicionalmente femininas, em grande parte porque eles raramente cruzam a fronteira entre os gêneros. No entanto, como veremos, alguns estudos sugerem que as mulheres se vingam e passam a discriminá-los. Homens em contextos femininos também enfrentam um problema peculiar, que a socióloga Christine Williams chama de "escada rolante de vidro".* Mesmo se esses homens quiserem se manter nas linhas de frente, eles serão "empurrados para cima", para posições mais bem pagas, de status mais elevado e tradicionalmente masculinas.[25]

Além desses obstáculos organizacionais ao atingimento do equilíbrio entre os gêneros, vemos uma dificuldade psicológica mais profunda: os selves de mulheres e homens são ligeira, porém significativamente, diferentes. Nas próximas seções, exploraremos quais são essas diferenças psicológicas, onde elas se originam, por que colidem e como amalgamá-las de maneira mais pacífica.

A verdade sobre as diferenças

Ao longo do último milênio, mais ou menos, um passatempo popular tem sido relacionar as várias maneiras nas quais homens e mulheres diferem. Alega-se que as mulheres são menos inteligentes, menos matemáticas, menos lógicas, menos assertivas, menos racionais e mais "venusianas" que os homens; os homens são menos atenciosos, verbalizam menos, são menos emotivos, menos delicados, menos intuitivos, mais "marcianos"

---

* *Nota da Tradutora*: Em inglês, glass escalator, referência à expressão glass ceiling (teto de vidro), que diz respeito à discriminação não oficial (ou invisível) da mulher no trabalho.

que as mulheres. Com frequência, incorporada a esse jogo, está a premissa de que essas diferenças são inatas, configuradas no nosso cérebro, fundamentais e *biológicas*.

Nos últimos anos, alguns desmancha-prazeres vêm tentando desfazer esse cenário, argumentando que as supostas diferenças de gênero não passam de estereótipos e que, eles declaram, são apenas constructos sociais, meras invenções da imaginação coletiva, nas quais as pessoas podem escolher acreditar ou não.

Os dois grupos estão errados, mas também um pouco certos. Mulheres e homens, de fato, são biologicamente diferentes, mas não tanto quanto os estereótipos sugerem. E esses estereótipos não são meras fantasias que podemos desconsiderar ou evocar sem mais nem menos. Na verdade, são produtos criados pelos seres humanos, que ajudam a orientar o ciclo cultural. Com o tempo, à medida que se insinuam nos eus, nas interações, nas instituições e nas grandes ideias dos ciclos culturais, os estereótipos influenciam a vida de homens e mulheres, com poderosa força.

É bem verdade que os homens são maiores e mais fortes que as mulheres e que só elas podem engravidar, dar à luz e amamentar os bebês. Essas diferenças biológicas podem gerar algumas diferenças psicológicas, mas não muitas, de acordo com a psicóloga Janet Shibley Hyde.[26] Para realizar um levantamento da vertiginosa montanha de pesquisas sobre as diferenças entre os sexos, Hyde reviu todas as metanálises existentes sobre o tema. (Uma metanálise é um poderoso teste estatístico, que combina as conclusões de muitos estudos, de forma que os pesquisadores possam identificar quais efeitos são "realmente reais" e quais não passam de casos isolados sem fundamento.) Em sua extensa análise, ela só encontrou duas características psicológicas com diferenças muito grandes entre os gêneros: desempenho motor e sexualidade. Em particular, os homens conseguem arremessar um objeto mais rapidamente e mais longe e têm mais firmeza na mão. Eles também se masturbam mais e se sentem melhor com o sexo casual.

Não são exatamente resultados revolucionários. Das outras diferenças de gênero, 78% foram pequenas ou próximas de zero. Só 21% caíram na faixa de diferenças moderadas a grandes. Nesses 21%, vemos duas características que refletem diferenças nas percepções do self. Não importa a medida ou o contexto, os homens tendem a se mostrar mais agressivos, o que, de certa forma, reflete um self mais independente.[27] Por outro lado, as mulheres são mais conciliadoras (demonstram que confiam mais nos outros e são mais afáveis), qualidade mais indicativa do self interdependente.

Os outros efeitos moderados sugerem a frequente constatação de que as mulheres são mais eloquentes, ao passo que os homens dominam mais as habilidades visuais e espaciais. No entanto, como veremos mais adiante, muitas dessas supostas diferenças de habilidade desaparecem quando os examinadores contestam estereótipos e asseguram às mulheres que elas, na verdade, não nasceram burras e, aos homens, que eles, na verdade, não são brutamontes insensíveis por natureza.

O estudo de Hyde não levou em consideração as diferenças de gênero de acordo com a estrutura conceitual da independência e da interdependência, porque a metanálise dos gêneros e dos selves ainda não foi desenvolvida. Entretanto, um crescente volume de pesquisas sugere que as mulheres exercitam com mais frequência um self interdependente – isto é, seu lado relacional, similar, flexível, enraizado e hierarquicamente organizado. Enquanto isso, os homens exibem com mais frequência um self independente – isto é, um eu individual, especial, influente, livre e equitativo (e, mesmo assim, notável!).

Em um dos maiores estudos interculturais dos selves de homens e mulheres, por exemplo, o psicólogo australiano Yoshihisa Kashima e sua equipe descobriram que universitárias da Austrália, Estados Unidos, Japão e Coreia apresentaram uma pontuação mais alta que os colegas de classe do sexo masculino no critério "grau de relacionamento", constructo que reflete ideias como: "Tenho vontade de ajudar pessoas em dificuldade porque quase posso sentir seu sofrimento."[28]

Para investigar com mais profundidade esse aspecto relacional da interdependência, a psicóloga Susan Cross criou a escala RISC (Relational Interdependent Self-Construal Scale – Escala de Autointerpretação Interdependente Relacional). Aproximando-se mais da noção da interdependência em comparação com muitas outras escalas existentes, a escala RISC pergunta aos respondentes até que ponto eles concordam com afirmações como: "Quando penso sobre mim mesmo, muitas vezes penso também em meus melhores amigos ou em minha família e meus relacionamentos mais próximos são um reflexo importante de quem sou." Estudos subsequentes revelaram que as mulheres tendem a apresentar pontuação mais elevada que os homens nessa escala.[29]

Por sua vez, os homens tendem a apresentar pontuações mais altas em medidas de independência. Quando descrevem a si mesmos, eles enumeram aptidões ("Sou inteligente"), preferências ("Gosto de basquete") e características ("Sou alto) mais distintivas e internas que as mulheres, que tendem a especificar mais funções e relacionamentos.[30]

Naturalmente, como todos os seres humanos, os homens – e não só as mulheres – são animais inerentemente sociais. O projeto de construir um self independente implica outras pessoas das quais se individuar, com as quais se comparar e às quais influenciar. Além disso, os indivíduos devem se unir para criar as interações, instituições e ideias que sustentam a independência e dela resultam. Não é possível ser um self – nem mesmo um self independente – sozinho.

Essas mulheres incompreendidas...

Para as mulheres, pensar, sentir e agir são atos que reverberam e atingem outras pessoas. Lembre-se da constatação da equipe de Woolley e Malone que, quanto mais mulheres um grupo possui, mais elevada é a inteligência coletiva do grupo. Suspeitando que o que impulsiona a inteligência coletiva fosse a sensibilidade social, os pesquisadores pediram que os participantes fizessem o teste Reading the Mind in the Eyes. No teste, os participantes viam fotos da área dos olhos de diferentes atores e escolhiam qual das quatro palavras apresentadas melhor descrevia o pensamento ou sentimento do retratado. Desenvolvido pelo psicólogo Simon Baron-Cohen – que, a propósito, é primo do comediante Sacha Baron-Cohen, do filme *Borat* –, esse teste traça uma distinção confiável entre pessoas portadoras de autismo (que, muitas vezes, não são muito socialmente sensíveis) e pessoas que não sofrem desse problema. A equipe de Malone descobriu não apenas que as mulheres apresentavam maior pontuação no teste, como também que a maior sensibilidade social dessas representantes do sexo frágil era responsável pelo fato de grupos com mais mulheres terem melhor desempenho que os com menos mulheres. Em outras palavras, era a sensibilidade social que melhorava o desempenho dos grupos que contavam com mais mulheres.

Essas conclusões são apenas as mais recentes de uma longa sucessão de estudos que demonstram que as mulheres interpretam com mais precisão os pensamentos e sentimentos dos outros.[31] Em várias demonstrações clássicas, por exemplo, o psicólogo William Ickes e seus colegas reuniam duas pessoas desconhecidas (em duplas do mesmo sexo ou de sexos diferentes) por cinco minutos de interação, discretamente gravada em vídeo pelos pesquisadores. Passados os cinco minutos, os pares se separavam, e cada participante assistia ao vídeo da conversa enquanto anotavam seus próprios pensamentos e sentimentos, momento a momento, e os de seus parceiros. Os pesquisadores descobriram que as mulheres, em comparação com os homens, descreveram com mais precisão os pensamentos e emoções dos parceiros enquanto viam o vídeo. Essa capacidade telepática demandava esforço; as mulheres se sentavam mais perto dos parceiros e olhavam mais para eles que os homens. Elas também sorriam e gesticulavam mais.[32]

À atenção se segue a memória, de forma que não surpreende que sucessivos estudos tenham constatado que as mulheres têm melhor memória para nomes, rostos, cortes e cores de cabelo e roupas, tanto de desconhecidos quanto de amigos.[33] As esposas também tendem a ter memórias mais vívidas de momentos importantes do relacionamento conjugal que os maridos.[34]

O interesse das mulheres em outras pessoas não é um exercício meramente acadêmico. O coração e a saúde feminina tendem a refletir o que as pessoas mais próximas sentem. Quando amigos ou parentes sofrem, o bem-estar das mulheres é mais afetado que o dos homens. De maneira similar, um divórcio ou outros tipos de conflito relacional constituem maior golpe para a psique e o corpo das mulheres que dos homens, ao passo que o casamento e novas amizades dão às mulheres mais ânimo que aos homens.[35] Na tentativa de desatar os nós de sua rede social, as mulheres se desculpam com mais frequência que os homens.[36] E, diante de ameaças, o primeiro impulso das mulheres não é lutar ou fugir, como tem sido o mantra dos cientistas (em sua grande maioria, homens) dedicados a estudar os conflitos. Na verdade, a psicóloga Shelley Taylor descobriu que o primeiro instinto das mulheres é "cuidado e intimidade" – isto é, buscar firmar alianças e dar início a uma ação coordenada.[37]

Em virtude da maior interdependência das mulheres, se você quiser saber como vai uma mulher, deve analisar tanto sua autoestima quanto a situação de seus relacionamentos. Quanto mais harmonioso for seu mundo social, melhor será sua saúde física e mental. Por outro lado, se você quiser avaliar o bem-estar de um homem, basta analisar sua autoestima – medida na qual os homens costumam apresentar níveis mais elevados que as mulheres.[38]

Quando as mulheres sobem ao topo da hierarquia corporativa, elas não deixam sua interdependência para trás, mas adotam um estilo mais participativo, democrático ou, no termo utilizado pela psicóloga Alice Eagly, "transformacional". Pessoas que possuem esse estilo de liderança comunicam valores, levam novos pontos de vista em consideração e atentam às necessidades individuais de seus subordinados. Por outro lado, os homens empregam com mais frequência um estilo mais voltado para o comando e controle, mais "transacional", por meio do qual eles se concentram em recompensar os sucessos e punir os erros. As pesquisas de Eagly e seus colegas também sugerem que os líderes transformacionais são mais eficazes que os transacionais, inspiram mais empenho por parte dos subordinados, levam a melhores avaliações por parte dos superiores e melhoram os resultados de suas equipes.[39]

Luta pela independência

Os homens, naturalmente, não são robôs que apenas olham para o próprio umbigo e contemplam o quanto seu self solitário é incrível. Na verdade, enquanto as garotas sorriem, gesticulam e leem a mente dos outros, os rapazes se exibem para os outros, se diferenciam deles e os avaliam. Em outras palavras, eles monitoram e transmitem sinais de seu self independente.

A maneira mais evidente pela qual os homens se individuam e influenciam os outros é pela agressão. Em diferentes culturas, situações, ambientes, eras, idades, medidas e modos (físicos ou verbais, diretos ou indiretos), os homens constituem a metade mais agressiva da espécie. Sua beligerante vantagem surge já na infância, com brincadeiras mais brutais, já aos 2 anos, e mais agressão verbal, como insultos, xingamentos e zombarias se seguindo rapidamente. (Alguns teóricos argumentaram que as meninas são mais cruéis e infligem agressão mais indireta, apesar de as pesquisas não confirmarem essa alegação.) As tendências violentas dos homens atingem seu auge entre os 18 e 30 anos, como uma rápida olhada em qualquer prisão, pista de hóquei e guerra civil poderá atestar. Mesmo quando os homens amolecem na meia-idade e na idade avançada, eles nunca perdem a vantagem sobre as mulheres no que se refere à agressividade e continuam registrando índices mais elevados de homicídio e outros crimes violentos até a senilidade, quando têm mais probabilidade de cometer suicídio que as mulheres.[40]

Os seres humanos do sexo masculino não estão sozinhos na tendência à combatividade. Na maioria das espécies de mamíferos, os machos constituem a metade mais agressiva. Isso ocorre porque os machos reprodutores de bebês são comuns e em maior número, ao passo que as fêmeas férteis são mais escassas e raras. Para ter alguma chance de se reproduzir, os homens devem, com frequência, competir fisicamente pelo acesso às fêmeas, e seu tamanho e força os ajudam nessa empreitada.

Diferentemente de outros mamíferos, contudo, os machos humanos também evoluíram um self psicológico, capaz de planejar para o futuro, refletir sobre o passado e seguir costumes sociais no presente. Praticar a violência da maneira exigida pela evolução requer um self mais independente, capaz de suspender a empatia e valorizar mais os próprios interesses que os dos outros.[41] Experimentos em laboratório confirmam que, quando os homens são induzidos a pensar sobre si mesmos como mais independentes que o normal, eles tendem a expressar ainda mais dominância sobre outros grupos.[42] Dentro e fora do laboratório, tanto experimentos quanto estudos observacionais demonstram que, quanto mais elevada for a autoestima de um homem, mais facilmente ele pode ser levado a agir com violência. Os *bullies*, que antes se acreditava sofrerem de baixa autoestima, na verdade, são os que apresentam os níveis mais elevados de autoestima. Provoque um *bully*, contudo, e ele invariavelmente irá se opor, constatou o psicólogo Roy Baumeister. Os *bullies* (categoria que inclui mais homens) reagem com mais prontidão a ataques a seus egos.[43]

Tão iradas quanto os homens,[44] as mulheres também contam com os próprios métodos belicosos: maledicência, boatos e ostracismo são as armas preferidas do sexo frágil. As mulheres, nas relações mais íntimas, também não deixam de dar seus golpes.[45] Contudo, no que diz respeito a níveis absolutos de agressão, os homens apresentam muito mais chances que as mulheres de se colocarem na linha de frente do campo de batalha.

Os homens também são mais propensos a se envolver em formas mais sutis de risco.[46] O comportamento de risco de rapazes adolescentes, como beber demais, dirigir sem cautela e fazer sexo desprotegido, justifica às seguradoras o desproporcional aumento das margens de lucro. Muitos rapazes que sobrevivem à adolescência posteriormente capitalizam sua propensão a correr riscos ao escolher profissões de alto risco e altos salários, nas áreas de investimentos financeiros ou *trading*, por exemplo. Porém, o que o risco fornece, ele também pode tirar, concluem os economistas Brad M. Barber e Terrance Odean. Ao analisarem seis anos de dados referentes a cerca de 35 mil domicílios, os pesquisadores descobriram que os homens faziam mais investimentos de risco no mercado de ações que as mulheres. O excesso de confiança dos homens em sua capacidade de negociar no mercado de ações também os levou a negociar ações com uma frequência 45% maior que as mulheres. O mercado retribuiu ao excesso de confiança e ao comportamento de risco homens com retornos 0,93 ponto percentual *menores* que os das mulheres.[47]

Tendo construído sua independência por meio da agressão e do comportamento de risco, os homens americanos ainda acrescentam seu próprio toque especial: o viés em causa própria (*self-serving bias*). Em comparação com pessoas de culturas asiáticas, os americanos recorrem com mais frequência aos truques psíquicos que fazem seu self parecer melhor, inclusive o viés de atribuição em causa própria (*self-serving attribution bias* – parabenizar-se por seus sucessos, mas culpar a situação pelos fracassos) e o viés da singularidade falsa (*false uniqueness bias* – considerar-se melhor que a maioria).[48] Além disso, os homens americanos superam as mulheres americanas no que diz respeito a se ver como lendas. Desde a infância, os meninos, mais do que as meninas, se vangloriam das próprias aptidões.[49] Os alunos do ensino médio sistematicamente avaliam melhor as próprias habilidades em matemática do que as garotas do mesmo ano

– tendência que explica por que mais garotos escolhem estudar Cálculo, em comparação com as garotas.[50] Na idade adulta, as mulheres abandonam seus vieses em causa própria, enquanto os homens mantêm por toda a vida a tendência a superestimar as próprias aptidões.[51]

Do berço ao gênero

No mundo todo, grupos de status elevados são vistos como mais agênticos – isto é, mais assertivos, independentes e masculinos – enquanto grupos de status inferior são vistos como mais comunais – isto é, mais relacionais, interdependentes e femininos.[52] Seria coincidência? Acreditamos que não. Na verdade, vemos que os diferentes selves de mulheres e homens ao mesmo tempo refletem e sustentam os ciclos culturais de mundos nos quais os homens historicamente usufruíram de um status mais elevado do que as mulheres. Em outras palavras, as mulheres empregam a interdependência com mais frequência por ser o que muitas pessoas de status inferior fazem – isto é, dar suporte às pessoas de status superior. Os homens fazem o contrário: empregam a independência com mais frequência por ser o que muitas pessoas de status superior fazem – isto é, controlar as de status inferior e ganhar maiores salários por isso (Falaremos mais sobre o status e classes sociais no próximo capítulo. Fique atento!).

No entanto, o status superior e a independência dos homens não são direitos biológicos natos; nem o status inferior e a interdependência das mulheres são inevitabilidades genéticas. Se você achava que as diferenças de gênero em termos de selves e status resultavam, em grande parte, de fatores biológicos, está desculpado. Nas últimas centenas de anos, cientistas e filósofos se ocuparam de localizar, no corpo, as origens das diferenças de gênero. A cada suposta origem das diferenças entre os sexos que se desfizesse sob um escrutínio científico mais rigoroso, outra origem provável surgia para substituí-la.

Essa caça às origens biológicas das diferenças de gênero prossegue com força total, como relata a psicóloga Cordelia Fine, em seu incisivo e espirituoso livro *Homens não são de Marte, mulheres não são de Vênus* (Cultrix, 2012).[53] Para cumprir a tarefa de substituir as antigas medidas e escalas, novas tecnologias se apresentam: aquisição de imagens por ressonância magnética funcional, exames hormonais, sequenciamento genético e outras pomposas ferramentas. No entanto, apesar de toda a pesada artilharia da biotecnologia moderna, muitas das ciências mais "severas" ainda sofrem de inferências amplamente tendenciosas. O resultado, Fine argumenta, não é uma nova e melhorada neurociência das diferenças entre os sexos, mas sim a velha história sem fundamento do "neuromachismo" vestida com as novas máquinas do imperador.

Enquanto isso, as ciências mais "flexíveis" da psicologia social e cultural acumulam o próprio arsenal de explicações para as diferenças entre mulheres e homens. Em vez de correr pelas veias, saltar pelas sinapses ou ativar os lóbulos cerebrais de homens e mulheres, as causas residem nos produtos e nas práticas da vida cotidiana de ambos. Em outras palavras, são culturais. Essas interações cotidianas não apenas nos mostram o jeito bom e certo de ser um homem ou uma mulher como também se transformam em profecias autorrealizáveis, ao mesmo tempo descrevendo e prescrevendo as diferenças entre os gêneros que vemos no mundo.

As diferentes expectativas dos pais para meninos e meninas surgem antes mesmo do nascimento dos bebês. Conversando com futuras mães no último trimestre de gravidez, a socióloga Barbara Rothman observou que as mulheres que sabiam que o bebê era um menino descreveram os movimentos do feto como "vigorosos" e "fortes", ao passo que as mães que esperavam uma menina defendiam os chutes e socos das filhas ainda não nascidas usando termos como "não violentos, não excessivamente enérgicos e não terrivelmente ativos". As mães que desconheciam o sexo dos bebês, por outro lado, descreveram a agitação do feto no útero de maneiras similares, independentemente do sexo do bebê.[54]

Quando os recém-nascidos chegam ao mundo, os adultos já estão de prontidão para moldar o self dos bebês de acordo com o sexo. Em um estudo clássico, o casal de psicólogos John e Sandra Condry pediram que estudantes universitários assistissem a um vídeo com imagens de um bebê de 9 meses. Metade dos participantes era informada que o bebê era um menino chamado "David"; a outra metade, que o mesmo bebê era uma menina chamada "Dana". No vídeo, David/Dana se assusta, chora e grita quando um boneco-palhaço salta de uma caixa. Os estudantes que acreditavam estar vendo um menino chamado "David" o consideraram mais zangado, mais ativo e menos temeroso que os que achavam que assistiam a uma menina chamada "Dana".[55]

Em um experimento complementar, os Condry constataram que estudantes do ensino médio reagiram com mais rapidez ao choro de "Andrea", um bebê de 4 meses, que ao ver exatamente o mesmo bebê, mas que pensavam se chamar "Jonathan". (Os garotos do ensino médio tiveram uma reação igualmente lenta aos bebês supostamente do sexo masculino e feminino, questão à qual retornaremos mais adiante.)[56] Diante da *tabula rasa* desses bebês experimentais, os adultos já projetavam a crença de que os meninos são mais independentes, e as meninas, mais relacionais.

No mundo real, fora do laboratório, as mães também dão às filhas um tratamento mais interdependente. Elas falam mais com as meninas que com os meninos, apesar de os bebês do sexo masculino serem tão receptivos à fala quanto os do sexo feminino.[57] As mães também conversam mais sobre emoções com as filhas que com os filhos.[58]

Os brinquedos que os adultos dão às crianças também lhes sugerem a que grupos elas devem pertencer e como devem se comportar. Bonecas, eletrodomésticos e outros "brinquedos do lar" imperam nas brincadeiras das meninas, ao passo que carrinhos, máquinas e outros "brinquedos do mundo" transitam pelos espaços recreativos dos meninos.[59] Os pais também reforçam quais brinquedos são apropriados para meninos ou meninas – especialmente para os meninos, mais criticados pelo não cumprimento das regras relativas a seu gênero.[60]

A mídia também ajuda a marcar essas diferenças. Um refrão popular entre os pais modernos, que se consideram mais igualitários, é "*Nós* não criamos nossa filha (ou filho) para ser uma princesa de vestido cor de rosa (ou um brutamontes). Ela (ele) já deve ter nascido assim!" A desanimadora realidade, naturalmente, é que os pais constituem apenas uma parte do ciclo cultural. Como a jornalista Peggy Orenstein relata em seu livro *Cinderella Ate My Daughter*, a mídia aprega o "jeito certo" de ser um menino ou uma menina.[61] Você já reparou que todos os personagens principais do escritor Dr. Seuss são do sexo masculino? A maioria dos livros, programas de televisão e filmes para crianças apresenta personagens principais do sexo masculino. Os videogames, em sua grande maioria, também exibem meninos ou homens salvando o mundo da destruição. Até os comerciais voltados para crianças representam os meninos como mais inteligentes, ativos e eficazes que as meninas. Enquanto isso, nessas mesmas mídias, a maioria das representações de meninas e mulheres as coloca em papéis tradicionais de protetoras ou objetos sexuais. Essas representações de mulheres reforçam a ideia de que seu valor reside não no conteúdo de suas psiques, mas nas curvas de seus corpos e no cuidado que dedicam aos outros.[62] Observe que não estamos nos referindo apenas a *sitcoms* dos anos 1950; a maior parte dessa pesquisa foi conduzida nos últimos 10 anos.

Separados e desiguais

Nos últimos séculos, meninos e meninas ocidentais percorreram esses caminhos paralelos de modo relativamente pacífico, cultivando e reforçando seus selves complementares. Ao chegar à idade adulta, as mulheres levavam sua interdependência à esfera doméstica (ou, se trabalhassem fora, atuavam como professoras, enfermeiras ou em outras áreas tradicionalmente femininas), enquanto os homens exercitavam sua independência no mundo do trabalho. Entretanto, após várias guerras, movimentos sociais e outras importantes agitações culturais, as mulheres passaram a se infiltrar nos domínios independentes dos homens e, em menor extensão, alguns deles se desgarraram e adentraram nas esferas das mulheres. Nesses ambientes, os dois sexos deparam com ciclos culturais que não reforçam ou refletem seus selves.

Na faculdade, por exemplo, muitas mulheres descobrem que as áreas da Ciência, Tecnologia, Engenharia e Matemática (CTEM) definitivamente não as recebem de braços abertos. Dessa forma, elas são desencorajadas a entrar nas áreas CTEM, que oferecem alguns dos empregos mais estáveis e lucrativos da nova economia. Parte do problema é que essas áreas específicas são representadas como empreitadas independentes – território de talentos solitários e gênios implacáveis, capazes de abstrair teorias com base em aplicações e identificar sinais em meio ao ruído. Como as mulheres se desenvolvem mais por meio das conexões sociais, elas recorrem automaticamente à cooperação e, como se presume (apesar de isso ainda não ter sido provado) que elas tendem a pensar de modo mais prático que abstrato, as mulheres e as áreas CTEM parecem não se "ajustar", culturalmente falando.

As mulheres também supostamente não têm o dom para atuar nas áreas CTEM. Como mencionamos no início deste capítulo, uma das maiores e mais homogêneas constatações na longa tradição de pesquisas sobre as diferenças entre os sexos é que as mulheres se destacam em tarefas verbais enquanto os homens se sobressaem em tarefas espaciais. No entanto, na última década, uma série de estudos tem demonstrado que as mulheres apresentam desempenho igual e, muitas vezes, melhor que os homens quando os examinadores dedicam um tempo antes da aplicação dos testes para refutar o estereótipo de que as mulheres têm pouco talento natural para as áreas CTEM. Por exemplo, quando orientações para a seção de matemática do GRE (Graduate Record Examination – exame para candidatos a pós-graduação) afirmam que o teste nunca detectou qualquer diferença de gênero, as mulheres chegaram a tirar notas superiores às dos homens. Entretanto, as mulheres vacilam diante de uma ameaça estereotípica quando informadas (como em muitos testes padronizados) que o GRE foi elaborado para investigar por que algumas pessoas são melhores em matemática que outras.[63]

Mesmo quando educadores cuidadosos tentam neutralizar esses ameaçadores estereótipos, os artefatos da vida cotidiana continuam transmitindo a mensagem de que as mulheres não pertencem às áreas CTEM. Por exemplo, na tentativa de entender as razões pelas quais tão poucas mulheres entram no campo das ciências da computação – que nasceu como um "trabalho de mulher" –, a psicóloga Sapna Cheryan e seus colegas analisaram um laboratório típico da área. Suspeitando que as embalagens vazias de junk-food, os eletroeletrônicos desmontados, os pôsteres de *Jornada nas estrelas* e as revistas técnicas não constituíam um bom comitê de recepção para as potenciais recrutas do sexo feminino, os pesquisadores criaram um ambiente de laboratório alternativo, com lanches saudáveis, canecas de café, pôsteres de arte e revistas de interesse geral. Eles descobriram que as universitárias aleatoriamente escolhidas para participar de uma avaliação vocacional no laboratório alternativo expressaram mais interesse em ciência da computação que as mulheres que fizeram a avaliação em um "laboratório nerd", com todos os elementos típicos de um laboratório da área. Com efeito, as mulheres expostas ao laboratório alternativo demonstraram tanto interesse em ciência da computação quanto os homens demonstraram em ambos, tanto no alternativo quanto no nerd.[64]

As áreas CTEM não são o único domínio cujos mecanismos tendem a afastar as mulheres. Os requisitos presumidos do empreendedorismo também parecem incompatíveis com o self mais interdependente do sexo feminino. A cultura popular em grande parte retrata os empreendedores como homens agressivos, que correm riscos e se mantêm envolvidos na autopromoção. No entanto, não foram encontradas evidências de que essas qualidades masculinas estereotípicas sejam, de fato, necessárias para o sucesso no empreendedorismo. Com efeito, generosos e modestos bilionários como Jeff Skoll, do eBay, e Tony Hsieh, da Zappos, são excelentes exemplos de que o modelo do empreendedor calhorda não é o único a ser seguido.

Porém, poucas mulheres sabem disso, de acordo com o professor de Administração Vishal K. Gupta. Quando ele e seus colegas escolheram aleatoriamente mulheres formadas em Administração para ler um artigo sobre empreendedorismo sem qualquer menção ao gênero, essas jovens mulheres mostraram pouco interesse em abrir o próprio negócio. No entanto, quando leram um artigo que explicitamente argumentava que o sucesso empreendedor requeria características que transcendiam o gênero (como ser criativo, bem informado e generoso), as ambições empreendedoras das mulheres se intensificaram.[65]

As mulheres que ambicionam atingir posições de liderança também tropeçam em ciclos culturais independentes que colidem com seu self interdependente. Com muita frequência, os empregadores deixam de promovê-las a posições de poder por não considerá-las assertivas, competitivas ou confiantes o suficiente.[66]

Apesar desses obstáculos, algumas mulheres conseguem chegar ao topo da hierarquia corporativa. Uma vez lá, contudo, muitas deparam com uma discriminação sutil, porém mais vigorosa, fundamentada no fato de que os mesmos comportamentos que levam ao sucesso dos homens as fazem ser odiadas. Uma manifestação repugnante dessa hostilidade é o assédio sexual. Como os fãs da série televisiva "Mad Men" bem sabem, não é a queridinha do escritório, a secretária Joan Harris, o alvo das investidas e propostas mais repulsivas, mas a novata da empresa, a redatora Peggy Olson. A psicóloga Jennifer Berdahl encontrou o mesmo padrão no mundo real. Os homens assediam mais as mulheres que se descrevem como assertivas, dominadoras e independentes do que as que se descrevem como afetuosas, modestas e respeitadoras. Eles também tendem a assediar mais as que atuam em áreas tradicionalmente masculinas do que as que trabalham em ocupações tradicionalmente femininas.[67]

O valor (ou o desvalor) das palavras

Apesar de a situação estar mudando, os homens ainda obtêm mais status e recursos do que as mulheres na maioria dos âmbitos, de forma que eles têm mais poder de criar e manter as interações e instituições de uma cultura. No entanto, o ciclo cultural gira dos dois lados. Quando as mulheres têm acesso a mais status em determinado ambiente, por vezes também criam mundos hostis à outra metade da espécie. O exemplo mais evidente disso é a sala de aula, onde os descompassos entre as expectativas das professoras e as inclinações dos alunos do sexo masculino deixam muitos garotos frustrados, perplexos e sem vontade de participar das aulas e atividades.

Ao longo dos últimos 20 anos, a área do ensino tem se tornado um domínio mais feminino do que nunca, como conta Peg Tyre em seu best-seller de 2008, *The Trouble with Boys*.[68] A porcentagem de professores do sexo masculino nas escolas de ensino fundamental dos Estados Unidos caiu de 18%, em 1981, a 9% hoje. Em escolas de ensino médio, atualmente os homens constituem apenas 35% dos professores. Essa situação resulta não apenas em uma falta de modelos masculinos como também em uma escassez de vozes masculinas para decidir melhores maneiras de atender às necessidades dos meninos.

Com a força de trabalho predominantemente feminina, é cada vez mais difícil para os homens encontrar empregos nas escolas. Da mesma forma como os homens nas áreas CTEM e no mundo corporativo veem a interdependência das mulheres como incompatível com as demandas do ambiente de trabalho, as mulheres consideram a independência dos homens uma característica incongruente com o ensino. Por exemplo, em um pequeno experimento relatado por Tyre em seu livro, um comitê de contratação, em grande parte composto de mulheres, avaliou as respostas de vários homens candidatos a professor em uma entrevista de emprego. O comitê considerou as respostas confrontadoras demais e não suficientemente colaborativas, de forma que não recomendou os candidatos à segunda rodada de entrevistas. Mal sabiam os membros do comitê que eles estavam avaliando os professores – do sexo masculino – mais talentosos e queridos de seu próprio distrito.

As práticas das salas de aula atuais também colocam os garotos em desvantagem. Em parte, para fazer as meninas se sentirem menos intimidadas, os professores tendem a adotar uma linha dura em relação aos atos aleatórios de exuberância que tipificam o comportamento dos meninos. Ao mesmo tempo, os decretos nada divertidos da lei No Child Left Behind reduziram o tempo de recreio, de aprendizado prático e o tempo livre para brincar a apenas alguns minutos por dia. Sem ter como dar vazão a seu excesso de energia, agora os meninos têm muito mais dificuldade de prestar atenção a um currículo cada vez mais rigoroso e restrito.

A leitura também não alivia a situação. Como as meninas desenvolvem mais cedo as habilidades verbais, os meninos aprendem rapidamente que leitura é "coisa de menina". As professoras também não ajudam muito quando desencorajam os meninos a ler revistas e gibis tolos, repletos de ação e, por vezes, violentos, aos quais eles costumam ser atraídos. Como relata Tyre: "É sempre desconcertante quando uma professora sugere a leitura de *Uma casa na floresta*, de Laura Ingalls Wilder (BestBolso, 2012), e, em vez disso, os meninos optam por ler *Aventuras na escola: revolta robótica*, de Andy Griffiths (Fundamento, 2011)."[69]

Enquanto os meninos fracassam primeiro na leitura e depois na escrita e em outras matérias, os adultos os classificam em patologias com mais frequência do que o fazem às meninas. Os professores reprovam o dobro de meninos em relação às meninas, e os médicos os diagnosticam com distúrbios de déficit de atenção e dificuldades de aprendizado quatro vezes mais do que as meninas. Os meninos têm menos chances de se recuperar desses pequenos deslizes ao longo da trajetória educacional, de forma que os empecilhos que encontram no ensino fundamental repercutem em toda sua vida acadêmica. Isso não prejudica apenas os meninos, mas também as meninas, que se casarão com eles no futuro, como alegam o acadêmico jurídico Richard Banks e a jornalista Kate Bolick. Por desejarem maridos adequadamente instruídos e empregados, cada vez mais mulheres têm abdicado completamente do casamento.[70]

Muito pouco dessa estratificação entre os gêneros é fruto de planejamento. Um estudo após o outro demonstra que, quando questionada, a maioria dos homens e das mulheres afirma que gosta dos representantes do sexo oposto e se consideram iguais. Contudo, indicadores implícitos e comportamentos sutis contam outra história: homens e mulheres americanos acreditam que são diferentes e desiguais, crença que não pode ser detectada pela percepção consciente. Essas crenças inconscientes orientam nossos comportamentos externos, os quais, por sua vez, movimentam o ciclo cultural.[71]

Apesar de antigas e sorrateiras, essas crenças não são naturais nem inevitáveis. Com efeito, como veremos a seguir, elas nem ao menos são universais. Ao contrário da má reputação de muitas culturas dos países em desenvolvimento, muitos deles abrigam menos diferenças de gênero que seus vizinhos mais abastados.

Enxadas ou arados?

Há muito tempo, nossos ancestrais perceberam que conseguiriam comer com mais frequência se cultivassem o próprio alimento, em vez de serem meros caçadores e coletores. Eles também descobriram que havia mais de um jeito de semear um cereal. As pessoas que viviam em lugares com solo pedregoso, inclinado ou baixio tendiam a usar enxadas e ferramentas para perfuração, enquanto as pessoas que viviam em lugares com solo desimpedido, plano e profundo tendiam a usar arados puxados por cavalos ou bois.

Qual ferramenta seus ancestrais usavam? Uma dica: se você tem um prato favorito, feito de milho, painço ou mandioca, e acha que as mulheres têm tanto direito de trabalhar quanto os homens, seus ancestrais provavelmente cultivavam o solo com uma enxada ou ferramenta para perfuração. Mas, se você tem vontade de comer especialidades com trigo, cevada ou arroz, feitas por sua mãe, e/ou se você não se empolga muito com a ideia de mulheres trabalharem fora, é provável que seus ancestrais tenham utilizado um arado. Isso acontece porque a escolha do implemento agrícola de seus antepassados acabou decidindo não apenas quais grãos eles cultivavam e comiam como também determinando se sua mãe e irmãs trabalham fora hoje. E como as pessoas não são criaturas racionais, mas seres racionalizantes, suas atitudes em relação à igualdade de gênero não só resultam do modo como as pessoas dividiram o trabalho no decorrer das eras como o reforçam.

Tudo se resume à força, argumentam Alberto Alesina e seus colegas.[72] Os arados são pesados e de difícil manejo, assim como os animais que os puxam. Dessa forma, as culturas que adotaram o arado alocavam o trabalho no campo aos homens, e o trabalho em casa às mulheres. A equipe de Alesina demonstra que esse padrão persiste até hoje: mesmo em regiões nas quais ninguém cultivou a terra por gerações inteiras – digamos, em grande parte da Europa e no Oriente Médio –, os descendentes dos lavradores que usavam o arado tendem a enviar menos mulheres para participar da força de trabalho. Espelhando e reforçando essa divisão do trabalho, tanto homens quanto mulheres que vivem nessas regiões concordam mais com afirmações como: "Em geral, os homens são melhores líderes políticos do que as mulheres" e "Quando os empregos são escassos, os homens têm mais direito a trabalhar do que as mulheres."

Já as enxadas e ferramentas para perfuração, por outro lado, são suficientemente leves e de fácil manejo para que as mulheres também possam utilizá-los. As enxadas tampouco podem fugir e pisotear uma criança. Dessa forma, as culturas que usavam as ferramentas para perfuração e enxadas enviavam a família inteira ao campo. Milhares de anos mais tarde, essas regiões – África Subsaariana, partes da América Central e América do Sul, Ásia Central e Sibéria – ainda defendem maior igualdade de gênero, tanto no discurso quanto na prática.

Assim, esses acasos na agricultura plantaram a semente, por assim dizer, para modos mais ou menos diferenciados de trabalhar no que se refere aos diferentes gêneros e, em última instância, para as diferenças mais ou menos marcadas entre os selves de homens e mulheres. Com o tempo, outras instituições se uniram ao ciclo cultural para reforçar padrões de maior ou menor desigualdade, inclusive leis que proibiam mulheres de trabalhar fora, frequentar a escola, ter propriedades ou votar. Como dissemos, essas instituições raramente resultaram de pessoas de um sexo arquitetando um plano para fazer a infelicidade do outro. Na verdade, em geral surgiram de mudanças nos ciclos culturais que impeliam histórias e psicologias a uma trajetória diferente.

Mulheres independentes

Não se iluda: os homens são biologicamente mais fortes que as mulheres, e elas, biologicamente melhores do que os homens na tarefa de engravidar e dar à luz. Essas peculiaridades fizeram grande diferença quando as economias dependiam da força física e quando os índices de mortalidade infantil eram elevados. No entanto, a economia e a epidemiologia mudaram. Agora, o que mais importa não são músculos e esqueletos, úteros ou seios. São cérebros. E, como atesta o sucesso das mulheres na academia e nas empresas, elas têm cérebro suficiente.

Para superar os desafios do século XXI, as comunidades devem se utilizar dos talentos de todas as pessoas, inclusive das mulheres. Esse redirecionamento demandará mudanças em todos os níveis do ciclo cultural – instituições, interações, eus individuais e, com o tempo, suas grandes ideias. No nível institucional, os homens ainda dominam de maneira desproporcional, de forma que cabe a eles alterar seus ciclos culturais para conciliar o self das mulheres. A recomendação é clara: entre em contato com o melhor do cavalheirismo, abra a porta e deixe que as mulheres entrem. Pesquisas sugerem que a melhor ferramenta para atrair e manter as mulheres no ambiente de trabalho é a ação afirmativa.[73] Em uma avaliação sistemática de programas de diversidade, a socióloga Alexandra Kalev e seus colegas compararam as práticas de promoção da diversidade em 708 empresas americanas de porte médio, selecionadas aleatoriamente. Eles constataram que programas de mentoring e treinamento em diversidade não ajudaram muito a aumentar o número de mulheres (e de minorias) nesses locais de trabalho ao longo de um período de 31 anos. Na verdade, os programas pareciam até desacelerar a integração, talvez por inspirarem uma reação adversa às próprias pessoas às quais foram elaborados para ajudar. Por outro lado, as organizações que encarregavam uma pessoa ou comitê de estabelecer e monitorar metas de diversidade conseguiram reter mais mulheres.

Para manter as mulheres no quadro de funcionários, as organizações também devem ajustar as interações em seus ciclos culturais. Como demonstra a pesquisa de Cheryan, uma pitada de cuidado e atenção é capaz de fazer milagres. Pensar duas vezes a respeito de quais pôsteres colocar na parede, quais adereços exibir nas prateleiras e quais lanches oferecer aos funcionários ajuda a criar ambientes mais receptivos às mulheres. Desnecessário dizer que políticas de tolerância zero ao assédio sexual são obrigatórias para uma cultura amistosa às mulheres. Ajustar as expectativas no trabalho para conciliar o fato de que as mulheres americanas ainda se encarregam muito mais de cuidar dos filhos e da família que os homens também ajudaria a mantê-las felizes e produtivas no trabalho.

Uma intervenção ainda melhor seria os homens se transformarem em reis do lar por mérito próprio. Em todos os níveis de renda, as mulheres cuidam mais da casa do que os homens. Entretanto, algo assustador acontece quando as mulheres ganham mais que os maridos: elas começam a dedicar ainda mais tempo às tarefas domésticas. Os sociólogos explicam que as mulheres tentam compensar a violação da norma do "homem como provedor", seguindo com mais zelo a norma da "mulher como dona de casa". Humildemente sugerimos que não é justo. Para que as mulheres possam ter uma atuação mais significativa na esfera pública, os homens deveriam se empenhar mais em casa.[74]

Embora a maior parte da responsabilidade por atingir a igualdade de gênero não deva ser imposta à metade menos poderosa da população, as mulheres podem adotar alguns truques de independência para ajudar a redirecionar seus ciclos culturais a uma direção mais equitativa. Como tanto Hinshaw quanto Fine documentam, as mulheres já devem dominar muitos aspectos da independência e da interdependência para ter sucesso acadêmico e profissional, o que resulta em desconcertantes paradoxos e exaustivas contradições.

A parte da independência que as mulheres não exercitam suficientemente, contudo, é reivindicar suas necessidades. Como sugere o título de seu livro *Women Don't Ask*, as economistas Linda Babcock e Sara Laschever constataram que as mulheres iniciam negociações com uma frequência de apenas 25% em comparação com os homens. Quando as mulheres efetivamente dão início a uma negociação, normalmente pedem e recebem menos que os homens – cerca de 30% menos, na verdade. Dessa forma, as diferenças entre os sexos em termos de salários iniciais, aumentos salariais e posições na organização não resultam apenas da discriminação por parte dos homens, mas porque as mulheres se subestimam e, em consequência, não negociam seus direitos com eficácia.[75]

A cautela das mulheres na hora das negociações tem suas razões. Em ambientes experimentais, a professora de políticas públicas Hannah Riley Bowles e seus colegas demonstram que os homens consideram as mulheres que pedem salários mais altos menos agradáveis e mais difíceis de satisfazer do que as que aceitam o salário oferecido sem questionar.[76] Pedir, de fato, tem seu custo social. Entretanto, ao fazer solicitações que visem o melhor para a organização, as mulheres precisam estar atentas à linha tênue entre a independência que buscam e a interdependência que se esperada delas. Essa tática transmite a mensagem de que, apesar de ambicionar subir na vida, ela também se importa com os relacionamentos no trabalho.

Outra tática útil de barganha para elas é imaginar que estão negociando em nome de outra pessoa. Quando a negociação começa a ficar acalorada, as mulheres que evocam sua interdependência para atingir fins independentes persistem mais do que as que recorrem tão somente às motivações independentes.[77]

Um ato final de independência que as mulheres podem utilizar para facilitar sua entrada em domínios independentes é combater os exageros. Ben-Zeev mune os estudantes universitários de antídotos poderosos no primeiro dia de aula ao declarar: "Vocês não podem dizer 'Não sou bom/boa em matemática' na minha aula. Vocês podem dizer: 'Tive experiências ruins com a matemática.'" Se os alunos demonstrarem a atitude errada, Ben-Zeev diz, brincando: "Expulsarei vocês da minha aula e lhes darei um zero bem redondo."[78]

O novo homem da Nova Era

Da mesma forma que os homens precisam ajudar a abrir as portas para as mulheres entrarem em domínios tradicionalmente independentes, as mulheres também devem ajudar os meninos e homens que ambicionam entrar nas esferas femininas. Esse encontro no meio do caminho deveria começar já na creche, onde o jeito dos meninos entra cada vez mais em rota de colisão com os produtos e práticas progressivamente mais voltados para as meninas. Dar aos meninos mais tempo e espaço para brincadeiras mais brutais e experimentação prática ajuda a neutralizar um pouco o lado mais "selvagem" do cromossomo Y.

Quanto à leitura, Tyre recomenda oferecer histórias com um pouco menos de conversa e um pouco mais de ação. Colocar voluntários do sexo masculino nos lugares mais à frente na sala de aula também pode ajudar os meninos a perceber que a escola não é um lugar destinado às meninas.

Porém, argumenta a psicóloga Diana Halpern e seus colegas, as escolas exclusivas para meninos ou meninas são desnecessárias.[79] Muitos defensores dessa abordagem alegam que as escolas devem se voltar para as diferenças biológicas naturais entre os gêneros. Mais uma vez, contudo, os dados científicos que sustentam a existência dessas diferenças são, na melhor das hipóteses, questionáveis. Além disso, estudos de alta qualidade não têm conseguido encontrar quaisquer vantagens estáveis das escolas exclusivas a um só sexo.[80]

Pelo contrário, estudos bem controlados, que incluem a seleção aleatória de participantes, demonstram que separar as crianças por sexo reforça os estereótipos de gênero e priva as crianças de oportunidades de aprender a conviver com o outro sexo.[81] Essas deficiências podem repercutir negativamente na idade adulta; um estudo de grande escala conduzido no Reino Unido, por exemplo, demonstrou que homens entre 40 e 45 anos que frequentaram escolas exclusivas para meninos eram mais propensos ao divórcio do que os que conviveram com meninas na escola.[82]

De maneira similar, mulheres e homens podem se unir para ajudar os homens a entrar em áreas profissionais tradicionalmente femininas. A transição das mulheres a áreas mais masculinas deixou muitas profissões tradicionalmente femininas com carência de pessoal. Essas carreiras incluem não apenas a enfermagem e o ensino como também o trabalho mais difícil e menos enaltecido de todos: ficar em casa cuidando dos filhos. No entanto, como explica a socióloga Jennifer Sherman, em sua etnografia *Those Who Work, Those Who Don't*, alguns homens da classe trabalhadora estão se aventurando nessa perigosa ocupação. Para aceitar melhor seus novos papéis, esses pioneiros reestruturam seus novos comportamentos interdependentes como manifestações de uma variedade mais antiga de independência.

O livro de Sherman documenta o ano em que ela passou em uma comunidade rural do Norte da Califórnia, depois que uma legislação federal para proteger a coruja-pintada fechou madeireiras locais. Essa mudança deixou muitos homens desempregados e forçou muitas mulheres a trabalhar fora. Sherman constatou que as famílias menos conflituosas foram as que conseguiram rever sua noção de masculinidade, de "único provedor" a "pai ativo" – papel que envolve trocar fraldas, ajudar a fazer a lição de casa e assistir a competições esportivas. Para que o novo papel de cuidar dos filhos fosse mais palatável para seu self independente, os homens ajustaram sua percepção do papel, como algo voltado para ensinar os filhos a caçar, pescar e acampar. Em vez de se verem como a vanguarda dos interesses feministas liberais, esses homens passaram a perceber seu novo papel como extensão da tradicional obrigação masculina de trabalhar pesado e cuidar da família.

As instituições mais femininas que desejam atrair mais homens à sua força de trabalho têm muito a aprender com esses madeireiros transformados em pais em período integral. Poucos homens querem ser os pioneiros da revolução dos papéis sexuais, mas muitos deles podem endossar a ideia de prover sua família por meio do trabalho árduo. Difundir essa ideia nos ciclos culturais da enfermagem, ensino e criação de crianças poderia ajudar a aumentar a atratividade dessas áreas para os homens.

O mesmo chefe de sempre?

Por mais repulsivo que possa parecer para as pessoas saudosas dos bons e velhos tempos, quando os homens eram homens e as mulheres sabiam o seu lugar no mundo, o gênio da mistura dos gêneros provavelmente nunca voltará para a sua garrafa. As mulheres ocidentais provavelmente continuarão a subir pela cadeia de comando e se espalhar em áreas tradicionalmente masculinas. Enquanto isso, as melhores chances dos homens ocidentais podem estar em saltar a cerca que divide os gêneros e ocupar os cargos tradicionalmente femininos que as mulheres estão abandonando.

Essas tendências nos levam a um novo tópico de especulação: Será que colocar as mulheres no comando fará do mundo um lugar melhor?

Provavelmente, não, afirma Deb Gruenfeld, psicóloga que estuda como o poder influencia os pensamentos e sentimentos das pessoas. Suas pesquisas demonstram que, quando pessoas de um ou outro sexo são alocadas aleatoriamente a posições de poder, elas agem com mais impulsividade, se sentem mais otimistas e têm mais dificuldade de se colocar na pele dos outros, em comparação com pessoas aleatoriamente alocadas a posições destituídas de poder.[83] "É o poder, e não o gênero", que faz os homens agirem de maneiras assertivas, arriscadas e ligeiramente antissociais, explica Gruenfeld. Assim que as mulheres obtiverem o poder, elas provavelmente seguirão o exemplo dos homens. É como diz a canção do The Who: "Meet the new boss / Same as the old boss" (Conheça o novo chefe/Igual ao antigo).

Outras pesquisas sugerem, contudo, que o dia no qual as mulheres se tornarão tão assertivas, competitivas e autoenaltecedoras quanto os homens ainda está em um futuro distante. Um grande impeditivo às propensões corruptoras do poder é a interdependência habitual das mulheres, que passou vários milênios sendo desenvolvida. Em um conjunto de experimentos, a psicóloga Serena Chen e seus colegas descobriram que o poder intensifica os estados e as características habituais das pessoas. Se as mulheres são habitualmente interdependentes – e a necessidade de engravidar, dar à luz, alimentar e criar filhos provavelmente preservará essa interdependência para muitas delas –, o poder pode efetivamente acentuar sua tendência a se relacionar, o que, por sua vez, pode melhorar sua liderança.[84] Resultados preliminares referentes às competências de liderança das mulheres são promissores o suficiente para levar a experimentos mais extensos. Por exemplo, um estudo mostra que, quando as empresas acrescentam pelo menos uma mulher à alta liderança, elas geram US$40 milhões a mais em valor econômico.[85]

O verdadeiro *Sputnik*

Este momento singular na história das relações entre os sexos poderia muito bem ser o verdadeiro momento *Sputnik* dos Estados Unidos. As pessoas que cresceram na era espacial devem lembrar que *Sputnik* foi o nome do satélite russo cujo lançamento constituiu o pontapé inicial para a corrida espacial entre os Estados Unidos e a União Soviética. O presidente Obama voltou a evocar o termo para inspirar mais investimentos na inovação, para que os americanos não fiquem ainda mais atrás em relação aos concorrentes globais. Em ambos os casos, o termo *Sputnik* passou a simbolizar "o medo de ficar para trás em um mundo perigoso", nas palavras do analista de segurança Frank Kaplan.[86]

Na verdade, contudo, a palavra *sputnik* não tem nada a ver com medo, concorrência ou perigo. Pelo contrário: em russo, a palavra quer dizer "companheiro de viagem", apelido bastante meigo para se referir ao primeiro satélite da Terra. À medida que homens e mulheres embarcam em um frágil futuro, repleto de incertezas econômicas, ecológicas e políticas, também poderiam se tornar companheiros de viagem, em vez de adversários. Com alguns ajustes em seus ciclos culturais, homens e mulheres podem tornar seus mundos mais receptivos uns aos outros.

CAPÍTULO 4

Fronteiras coloridas

As culturas raciais e étnicas

"Estou de saco cheio disso", disse o homem, passando apressadamente os slides de uma apresentação em PowerPoint em seu laptop. "Quero dizer, já temos um presidente negro! O que mais precisamos fazer? Por que, diabos, preciso perder tempo com *isso*?"

Hazel levantou os olhos para ver o que tanto irritava o passageiro à sua esquerda no avião. Olhando para a tela, ela viu os slides de um curso de treinamento em diversidade. Ela também notou que o rosto do homem estava vermelho como um pimentão, acima do colarinho fechado. Uma veia na têmpora começou a pulsar.

"Quer saber? Trato todo mundo no trabalho exatamente do mesmo jeito, a despeito de cor. Nem vejo a cor. Você vê? Será que alguém ainda repara nisso?"

Ele se voltou a Hazel, mas, antes de ela poder responder, ele prosseguiu: "Respeito todo mundo do mesmo jeito e aposto que você também. Mas as pessoas não param de falar sobre a raça. Quando elas vão cair na real e perceber que a *raça não faz mais diferença alguma*?"

Nesse exato momento, o passageiro à direita de Hazel, um homem negro[1] de meia-idade, engravatado, voltou ao seu lugar. O passageiro à esquerda dela ficou em silêncio e voltou a atenção ao laptop.

O passageiro branco furioso tinha suas razões para se sentir dessa forma. No mundo todo, as divisões raciais e étnicas[2] não são mais o que costumavam ser. Nos Estados Unidos, por exemplo, pessoas não brancas hoje ocupam posições de liderança no governo, na mídia e nos esportes. Só nos últimos 10 anos, os americanos testemunharam a eleição do presidente Barack Obama e as nomeações da secretária de Estado, Condoleezza Rice, do secretário de Estado, Colin Powell, e da juíza da Suprema Corte, Sonia Sotomayor. E eles também viram Oprah Winfrey, Denzel Washington, Jennifer Lopez e muitos outros profissionais não brancos da indústria do entretenimento se tornarem algumas das pessoas mais ricas dos Estados Unidos. Os nomes das pessoas não brancas que dominam muitos esportes importantes também são numerosos demais para relacionar aqui, como é o caso dos hispânicos no beisebol.

Aquele ressentido passageiro não é a única pessoa que acredita que a raça não importa mais. Estudos demonstram que a maioria dos brancos acredita que a discriminação contra os negros não constitui grande problema e que mais de dois terços acreditam que os negros tenham oportunidades iguais em termos de emprego, educação e moradia.[3] Alguns brancos chegam a sentir que a situação se inverteu a um ponto em que, agora, são eles os principais alvos de discriminação.[4] "Afinal, quando é o Mês da História *Branca*?", protestou um estudante em uma aula de Hazel.*

Entretanto, nem todo mundo acha que a raça e a etnia caíram da pauta das questões importantes a serem discutidas nos Estados Unidos. Em particular, a maioria das pessoas não brancas – os negros, os hispânicos,[5] os asiático-americanos, os indígenas entre outros – acredita que a raça e a etnia fazem grande diferença, para o bem ou para o mal.[6] É difícil contestar parte das evidências apresentadas para justificar essa crença. A desigualdade racial não foi eliminada. Os negros de fato contam com pior educação e assistência médica, vivem menos e apresentam os mais elevados índices de violência e encarceramento dos Estados Unidos.[7] Os hispânicos, asiático-americanos e os ameríndios também vivem em condições deploráveis em muitas regiões dos Estados Unidos, inclusive no que se refere à moradia e à saúde.[8]

Outros indicativos de que a raça ainda afeta a vida das pessoas são estranhamente ambíguos. Será que a gerente da loja realmente estava perseguindo o adolescente negro ou era imaginação do rapaz? Não há problema quando uma colega de trabalho hispânica pergunta: "Então, o que vocês, hispânicos, acham do Barack Obama?" Como a terceira geração de asiático-americanos deveria se sentir quando um americano branco lhe perguntasse: "Onde você nasceu, *de verdade*?"

No confronto entre pessoas que consideram a raça um fenômeno ultrapassado, do século XX, e aquelas que acreditam que as questões raciais devam ganhar mais destaque na pauta nacional, vemos dois tipos diferentes de self em ação.

De um lado, estão os brancos, orientados para a independência, que em grande parte veem a si mesmos e aos outros como pessoas autopropulsionadas e que venceram pelo próprio esforço. Como vimos no Capítulo 2, os americanos de origem europeia herdaram uma longa tradição de se distinguir de seus grupos, fazendo as coisas de um jeito diferente, controlando seus ambientes, se libertando das obrigações, se beneficiando das oportunidades iguais e se sentindo *muito bem* consigo mesmos. Como membros da maioria predominante, os americanos brancos de fato têm um poder considerável de criar e perpetuar os ciclos culturais que lhes dão independência dos outros. Em consequência, os brancos são propensos a se ver como pessoas sem cor – seres humanos padrão, naturais, *neutros*. Você se lembra do lápis de cor "cor da pele"? Era um pêssego rosado, como se aquela fosse a única cor da pele humana. De maneira similar, até

---

* *Nota da Editora*: O mês da história negra é celebrado nos Estados Unidos e no Canadá, em fevereiro, e no Reino Unido, em outubro. No Brasil, seria o equivalente a perguntar: "Quando é o feriado da consciência branca?"

recentemente, meias-calças "cor da pele" só eram fabricadas nesse tom, e o mesmo vale para os band-aids.[9]

Do outro lado, estão os muitos selves interdependentes não brancos que consideram sua raça e etnia um elemento central de quem são. Esses selves são herdeiros das tradições mais coletivistas da Ásia, África e América do Sul – lugares onde as pessoas são vistas como relacionais, similares, flexíveis, enraizadas e hierarquicamente organizadas. Os ciclos culturais com os quais as minorias raciais e étnicas interagem nos Estados Unidos – ciclos cujos eus mantêm estereótipos, cujas interações revelam preconceitos e cujas instituições submetem os não brancos à discriminação (algumas vezes, involuntariamente) – promovem ainda mais um self interdependente. Afinal, é difícil fingir que a raça ou a etnia não importam se seus ciclos culturais nunca o deixam esquecer essa importância.

Em muito pouco tempo, as tensões entre os selves independentes, cegos para a raça e os selves interdependentes que as veem provavelmente se intensificarão. A creche é um bom indicativo do futuro. Em 2011, pouco mais da metade das crianças americanas com menos de 1 ano não eram brancas. Em 2050, as pessoas não brancas já serão maioria.[10]

Na Califórnia, essa virada – a maioria se transformando em minoria – já ocorreu. Muitas pessoas que cresceram acreditando serem apenas *comuns* agora estão descobrindo que são um tipo específico de pessoa: brancas. Enquanto isso, seus vizinhos não brancos chamam a atenção para o fato de que os selves, as interações, as instituições e as ideias dos brancos não são a única maneira de orientar um ciclo cultural. Na medida em que os brancos recuam para fazer parte da minoria, todos os grupos precisarão trabalhar juntos para construir ciclos culturais que conciliem suas diferentes necessidades e desejos.

Para amenizar o impacto dessas colisões, sugerimos que os selves independentes brancos aprendam com os não brancos interdependentes. Isso implica reconhecer que os Estados Unidos não se tornaram uma sociedade pós-racial, como muitos proclamam, mas continuam sendo uma nação extremamente marcada em termos de cor. Aceitar a diversidade pode reduzir tensões raciais e étnicas; ao mesmo tempo, fingir que a raça e a etnia não importam pode até aprofundar as divisões culturais. Em um estudo, por exemplo, a psicóloga Jacquie Vorauer e seus colegas analisaram conversas entres estudantes universitários brancos e não brancos. Os pesquisadores informaram à metade dos participantes brancos que "em essência, somos todos iguais" e disseram à outra metade que "grupos culturais diferentes imbuem a vida de pontos de vista diferentes". Em uma conversa subsequente com parceiros não brancos, os participantes brancos expostos à mensagem "somos todos iguais" focaram mais em si mesmos, fizeram menos comentários positivos aos parceiros e se sentiram pior durante a interação do que aqueles que receberam a mensagem "a diferença é positiva".[11]

Por sua vez, os não brancos devem acionar com mais habilidade ambos os seus lados, tanto o independente quanto o interdependente. Como veremos a seguir, muitas minorias americanas já desenvolveram selves firmemente independentes que atuam ao lado de seus selves interdependentes. Dessa forma, o desafio dessas pessoas será não reforçar mais um dos selves em detrimento do outro, mas evocar com mais prontidão o self mais adequado à situação. Com sua capacidade de passar rapidamente da independência à interdependência e vice-versa, elas podem ter descoberto o segredo de como ser um self de sucesso neste nosso planeta cada vez mais apertado.

O confronto entre pessoas não brancas e pessoas supostamente não pigmentadas também varia de acordo com o gênero e a classe social, como exploraremos nos Capítulos 5 e 10. Além disso, o confronto não é uma tensão exclusiva dos americanos. Pessoas do mundo todo enfrentam divisões raciais e étnicas: as que possuem mais poder e recursos normalmente reivindicam a categoria de "brancos", e as outras recebem rótulos de negros, mulatos ou cafuzos. Como dizem os brasileiros, "o dinheiro embranquece". Dessa forma, apesar de nos concentrarmos em grande parte na divisão entre negros e brancos nos Estados Unidos, muitas das ideias e sugestões apresentadas neste capítulo se aplicam a confrontos raciais e étnicos que se fazem presentes no mundo todo.[12]

Uma época tensa

De todas as categorias culturais, a raça e a etnia são as que deixam os americanos mais nervosos. Por várias décadas, psicólogos sociais têm se dedicado a estudar e descrever essa ansiedade. Um exemplo recente vem das psicólogas Nicole Shelton e Jennifer Richeson.[13] Em seu experimento, estudantes universitários brancos foram aleatoriamente escolhidos para conversar com um desconhecido negro ou branco. Depois, foram solicitados a realizar uma tarefa cognitiva clássica, chamada Teste de Stroop, que requer que as pessoas digam o nome da cor da tinta com a qual uma palavra foi escrita. Parece fácil, certo? A dificuldade está no fato de a palavra "vermelho", por exemplo, estar escrita com tinta azul ou verde, enquanto a palavra "azul" pode estar escrita em roxo ou laranja. Em outras palavras, a cor que a palavra expressa nunca é a mesma que a cor na qual é escrita. Quando estão distraídas, as pessoas têm dificuldade de ler as palavras com rapidez e precisão.

Com efeito, Shelton e Richeson descobriram que os participantes brancos que conversaram com um parceiro negro cometeram mais erros na tarefa de Stroop que os brancos que conversaram com outro branco. A hipótese dos pesquisadores para explicar esses resultados foi que as interações inter-raciais exigiam tanto dos participantes brancos que comprometiam seu desempenho na tarefa de Stroop.[14] Outros estudos de laboratório mostram que os participantes brancos ficam inquietos, piscam mais, desviam o olhar e se sentam mais distante quando alocados para conversar com um desconhecido negro do que com um branco.[15]

De maneira similar, os negros também se atrapalham ao lidar com pessoas brancas. Uma avaliação estatística (uma metanálise) recente de centenas de estudos sobre interações inter-raciais revela que a maioria das pessoas apresenta desempenho insatisfatório, se mostra menos amigável e se sente pior consigo mesma durante esse tipo de interação.[16]

Interações inter-raciais também afetam o corpo, como constatou o psicólogo Jim Blascovich e seus colegas. Ao conversar com outro branco, a frequência cardíaca dos participantes brancos se acelerava e seus vasos sanguíneos periféricos se dilatavam; seu corpo se "ligava" diante do desafio de conversar com outro ser humano. Entretanto, ao conversar com um negro, o coração dos brancos batia forte, mas seus vasos sanguíneos periféricos se contraíam – reação menos saudável e mais compatível com a atividade de se defender de uma ameaça do que de enfrentar um desafio.[17]

Selves em preto e branco

Antes de começar a ler esta seção, anote rapidamente algumas respostas para a simples pergunta: "Quem sou eu?" Não pense muito, só anote as primeiras respostas que lhe vierem à cabeça.

Agora, leia as respostas a seguir, de dois estudantes universitários:

- Tenho 21 anos, sou afro-americana, mulher, estudante, professora, filha, irmã, neta, melhor amiga e namorada. Sou poeta, dançarina. Sou criativa, uma otimista/realista em busca do amor. Sou filha de Deus.
- Sou especial, estudante, músico e cantor, fascinado pela cultura pop, protetor com meus amigos, uma pessoa generosa, posso ser brilhante quando motivado, sou filho e irmão, uma pessoa com "bons brinquedos", um tanto quanto preguiçoso, excessivamente emotivo, preocupado com as provas.

Os dois selves descritos revelam sinais indicativos de sua formação americana de classe média. Os dois estudantes são focados em seu self individual. Os dois são especiais. No entanto, também são diferentes, de uma maneira notável. A primeira pessoa menciona sua raça ao passo que a segunda, branca, não menciona sua cor. Vários estudos mostram que esse é o padrão habitual: as pessoas pertencentes às minorias normalmente incluem sua raça ou etnia em descrições de si mesmas (autoconceito), enquanto as pertencentes à maioria raramente o fazem.[18] De forma similar, um recente levantamento conduzido com uma amostra representativa de americanos revelou que, embora 50% dos brancos nunca pensem sobre sua raça, apenas 12% dos negros relatam que a sua nunca lhe passa pela cabeça.[19]

Um americano branco que nunca pensa sobre a raça é o comediante Stephen Colbert. Ele conta, com ironia, que só sabe que é branco porque tem o próprio programa de televisão e as pessoas o chamam de "senhor".[20]

Quando a maioria das pessoas não tem a mesma raça ou identidade que você, você se destaca na multidão. Ao se destacar, você se torna mais sensível ao que todos pensam de você. Descartes declarou, em uma célebre frase: "Penso, logo, existo." No entanto, quando pertence à minoria, você percebe rapidamente que sua existência está atrelada à percepção alheia. Com o tempo, os negros e outras minorias acabam incorporando a percepção dos outros à sua própria visão de si mesmos, o que aumenta seu senso de interdependência. No lugar da declaração de existência de Descartes, muitas minorias vivem de acordo com uma declaração de interdependência: "Você pensa, logo, eu existo."

A psicóloga Denise Sekaquaptewa e seus colegas investigaram essa forma de pensar em um estudo no qual informaram aos participantes que o objetivo era a resolução de problemas em grupo. Ao chegar ao laboratório, estudantes negros e brancos foram informados que se uniriam a três outros participantes pela internet. A meta era trabalhar juntos em uma tarefa. Vendo fotos dos colegas de equipe e lendo suas informações biográficas, metade dos estudantes ficou sabendo que participaria de um grupo equilibrado, composto de dois brancos e dois negros. A outra metade soube que participaria de um grupo desequilibrado, do qual seriam o único membro negro ou branco. Na verdade, todos participariam sozinhos do estudo, mas os pesquisadores programaram o computador para dar o mesmo feedback a todos, como se viesse dos outros participantes.

Terminada a tarefa, os participantes responderam a perguntas sobre seus pensamentos e sentimentos. Os pesquisadores descobriram que a composição racial do grupo afetou as respostas dos participantes negros, mas não as dos brancos. Quando os negros faziam parte da minoria, eles se sentiam mais ansiosos quanto ao próprio desempenho e às opiniões dos outros membros do grupo em relação a eles. Eles também viam a raça como algo mais central ao próprio self e se sentiam mais como representantes de sua raça do que quando atuavam em um grupo equilibrado.[21] Uma vida inteira ocupando o status de minoria sensibilizou os negros no que diz respeito a seu lugar em qualquer rede social, até mesmo fictícia. Por sua vez, os brancos se sentiam e pensavam do mesmo jeito, independentemente da composição do grupo. Tendo vivido poucas experiências em um grupo de minoria, eles de fato se mostraram independentes de seus contextos.

Representações

A independência não é um território exclusivo dos brancos. Talvez mais do que qualquer outra cultura que examinamos neste livro, os negros aliam sua interdependência a um lado saudável da independência. No experimento das canetas, descrito no Capítulo 1, por exemplo, os negros tinham ainda mais chances que os brancos de escolher a caneta diferente como recompensa por participar do estudo.[22] A autoestima dos negros também tende a ser mais alta que a dos brancos.[23]

Demonstrando a tendência de se individuar e se sentir muito bem, os negros com frequência se autoavaliam como melhores que seus colegas em uma ampla variedade de competências.[24]

Entretanto, "o ego negro inevitavelmente avantajado não é fruto de seu amor à boa vida", escreve o jornalista Touré. "É, sim, fruto de sua necessidade de autopreservação – uma carapaça contra o mundo que parece ter uma campanha multimídia nefasta e bem financiada, que trabalha dia e noite contra ele."[25]

Será que há *mesmo* uma campanha multimídia bem financiada trabalhando contra os negros? Esse é um tema sujeito a consideráveis controvérsias. O que se sabe com clareza é que as representações dos negros e outras pessoas não brancas nas telas do cinema e da televisão, nas ondas de rádio e nas páginas de revistas, jornais e internet da cultura *mainstream* americana, são decididamente mais homogêneas e negativas que as representações dos americanos brancos.

A televisão e o cinema evoluíram muito em comparação com a época na qual era comum ver bufões negros falando em um linguajar marcadamente racista. Por exemplo, o desenho animado *Dumbo*, o clássico de 1941 da Disney, apresentava equipes de trabalhadores negros cantando sobre o fato de nunca terem aprendido a ler ou escrever e mal poderem esperar para gastar tudo o que ganharam.[26] E quem consegue se esquecer do personagem Rei Louie, de *O livro da selva*, de Rudyard Kipling (Companhia Editora Nacional, 1933), um orangotango cantor de jazz que implorava a Mogli para ajudá-lo a ser mais humano?[27] Ou o Ligeirinho, da Looney Tunes, que se considerava "o rato mais rápido do México", mas que se via constantemente em situações difíceis provocadas pelos amigos mexicanos, lentos e que, muitas vezes, estavam embriagados.[28] Nessas e outras animações, os artistas usaram estereótipos de minorias e as representaram como preguiçosas, simplistas e primitivas, para divertir o público.

Os filmes e programas de televisão no horário nobre agora apresentam muito menos caricaturas raciais negativas e muito mais personagens não brancas. No entanto, a qualidade das representações ainda não acompanha a quantidade. Os negros, por exemplo, em sua maioria, recebem papéis de artistas, atletas, delinquentes, criminosos, braços direitos fiéis e vítimas salvas por um personagem branco.[29]

Mesmo quando os personagens negros são médicos e advogados, suas representações não instigam muita simpatia ou admiração. Em um assustador estudo, por exemplo, a psicóloga Nalini Ambady e seus colegas escolheram 11 programas de televisão americanos do horário nobre, que apresentavam elenco diversificado, com negros em papéis de destaque. A amostra escolhida incluiu seriados populares, como *Grey's Anatomy* e *House*. Em cada seriado, os pesquisadores escolheram vários clipes de 10 segundos, com interações entre personagens brancos e outro personagem qualquer, negro ou branco. Depois, os pesquisadores tiraram o som, editaram os clipes e mantiveram apenas as reações silenciosas dos personagens brancos. Por exemplo, um clipe de *CSI: Miami* mostrava as reações sem som de um personagem branco ao personagem negro Alexx (retirado da cena). Posteriormente, a equipe de Ambady solicitou que estudantes universitários e adultos não familiarizados com os seriados classificassem a extensão na qual o personagem branco se mostrava amistoso, sociável ou hostil.

Em todos os seriados, os participantes consideraram que os atores brancos se mostravam menos amistosos, menos sociáveis e mais hostis ao interagir com personagens negros do que em interações com personagens brancos. Esse resultado se manteve mesmo quando pré-testes mostraram que os participantes consideravam os personagens negros e brancos igualmente atraentes. Estudos subsequentes também revelaram que essas séries televisivas chegavam a *intensificar* os vieses raciais dos expectadores, que pareciam mimetizar as reações negativas dos atores brancos aos negros. Em vez de ajudar o público a ver os negros como pessoas que apresentam características positivas diferenciadas, os programas instigavam atitudes negativas em relação ao grupo como um todo.[30]

Velha guarda

Estereótipos que alegam que os negros e outras minorias são diferentes e piores do que os brancos sobrevivem não apenas nas telinhas e telonas como também em muitos ciclos culturais. Nas salas de aula, esses estereótipos prejudicam o desempenho dos alunos negros. Como vimos no Capítulo 3, quando as mulheres são lembradas do estereótipo de que não são boas em matemática e ciências, elas efetivamente apresentam desempenho pior em testes dessas matérias. De maneira similar, estereótipos preconceituosos que sustentam que os negros são lentos e menos capazes estão entre os mecanismos cotidianos que reduzem suas chances tanto na escola quanto no trabalho.

Em um estudo pioneiro, por exemplo, os psicólogos Claude Steele e Josh Aronson recrutaram estudantes negros e brancos, com notas igualmente altas no SAT (Scholastic Assessment Test, espécie de Enem americano). Para ativar o estereótipo de que os negros são menos academicamente capazes em comparação com os brancos, a equipe informou metade dos participantes que um próximo teste (uma difícil seção do GRE, um exame para candidatos a pós-graduação) avaliaria a habilidade oral. Para a outra metade (o grupo de controle), os pesquisadores não fizeram menção à aptidão e apresentaram o teste como indicativo do modo como os estudantes solucionavam problemas.

Quando os participantes foram levados a acreditar que o teste poderia revelar sua capacidade acadêmica, os estudantes negros tiraram notas piores que os brancos. No entanto, na ausência de estereótipos – nenhuma "ameaça aos estereótipos" –, e quando suas identidades não corriam risco, os estudantes negros tiraram em média a mesma nota que os brancos. Desde então, centenas de estudos replicaram a constatação de que uma sutil evocação do estereótipo de que são intelectualmente inferiores aos brancos prejudica o desempenho até dos estudantes negros mais preparados, talentosos e motivados.[31]

Além disso, os negros sequer precisam *acreditar* no estereótipo. A mera ameaça de que crenças negativas podem estar em ação já basta para elevar seu nível de ansiedade. Em vez de se concentrarem no teste, os estudantes negros temem ser julgados de acordo com o estereótipo de seu grupo ou, pior, que confirmarão o estereótipo. Grande parte disso acontece fora da percepção consciente, de forma que eles nem chegam a ver os demônios contra os quais lutam. Mais cedo ou mais tarde, muitos dos estudantes negros mais talentosos se deixam abater; não devido à pressão do teste, mas em virtude da pressão da ameaça dos estereótipos.

Eleanor Roosevelt, em uma célebre frase, afirmou que ninguém pode fazer você se sentir inferior sem o seu consentimento. Se isso for verdade, por que as pessoas não brancas não conseguem ignorar as opiniões alheias, acionar seu lado independente e arrasar no teste? Acontece que é incrivelmente difícil se manter indiferente ao fragor dos estereótipos – até mesmo para os brancos. Em um experimento, por exemplo, o psicólogo Jeff Stone e seus coautores demonstraram que os participantes brancos informados de que o exercício de golfe que foram solicitados a realizar em um laboratório era um teste de aptidão atlética *natural* (muitos acreditam que o atletismo não é o ponto forte dos brancos) apresentaram desempenho pior do que os brancos que pensavam que o exercício não passava de uma tarefa de psicologia esportiva.[32]

Não importa qual seja a cor de sua pele, quando a ideia de que seu grupo é inferior lhe é inculcada, é difícil ser apenas um self independente. Em vez disso, você sente que deve se lançar em defesa de sua raça ou tentar repudiar ser associado a ela. De uma forma ou de outra, sua raça não sai de sua cabeça. Pelo fato de utilizarem com mais frequência seu self interdependente, muitos negros, hispânicos, asiático-americanos, ameríndios e outros grupos raciais e étnicos também se preocupam com o modo como seu desempenho se refletirá na família, na escola e em seus grupos raciais e étnicos em geral. Todas essas camadas de ansiedade distraem as pessoas e prejudicam seu desempenho.

Discriminações cotidianas

Imagens ilusórias e ameaças infundadas não são as únicas interações cotidianas que reforçam a interdependência dos americanos não brancos. Produtos e processos mais tangíveis do ciclo cultural também transmitem a mensagem de que as minorias raciais e étnicas são, em primeiro lugar, membros de seu grupo; pessoas, só em segundo lugar, se tanto. Como demonstraremos, essas interações cotidianas ajudam a manter o status inferior dos negros e de outras pessoas não brancas e reforçam o lado interdependente de seu complexo self.

As diferenças relevantes começam a se fazer presentes desde a infância, com o fato de muitas escolas oferecerem menos oportunidades para crianças não brancas que para as brancas. Por exemplo, estudantes negros e hispânicos com notas altas são alocados a turmas avançadas com menos frequência do que seus colegas brancos com credenciais similares. Além disso, escolas com maior porcentagem desses estudantes não brancos oferecem menos aulas preparatórias para o vestibular do que escolas de predominantemente brancos. Em consequência, os estudantes da minoria têm menos chances de serem admitidos no ensino superior.[33]

Concluídos os estudos, os negros e hispânicos ainda enfrentam mais obstáculos para conseguir um emprego do que os brancos. Em um experimento, por exemplo, os pesquisadores criaram dois excelentes currículos, um para um homem e outro para uma mulher. Feito isso, eles manipularam os nomes dos supostos donos dos currículos, de forma que metade apresentava nomes que pareciam de pessoas brancas, como Emily Walsh ou Greg Baker, e a outra metade apresentava nomes que soavam como de negros, como Lakeisha Washington ou Jamal Jones. Depois de enviar os currículos a dezenas de potenciais empregadores, os pesquisadores descobriram que os candidatos imaginários com os nomes que pareciam pertencer a brancos apresentaram 50% mais chances de serem chamados para uma entrevista do que os outros, apesar de as qualificações serem idênticas para os dois grupos.[34]

O viés racial também permeia os ambientes de trabalho de colarinho-azul. Em outro experimento, os pesquisadores treinaram operários brancos, negros e hispânicos com credenciais equivalentes para agir do mesmo modo em uma entrevista de emprego. Mesmo com essa preparação, os pesquisadores constataram que os entrevistados brancos receberam mais convites para participar da fase seguinte do processo de seleção do que os negros ou os hispânicos.[35]

Apesar desses obstáculos, as pessoas não brancas estão conseguindo entrar em muitas profissões. No entanto, as portas para os mais elevados escalões da liderança e para o respeito profissional ainda não estão abertas. Por exemplo, apesar de prestigiosos escritórios de advocacia contratarem cada vez mais advogados negros, eles raramente são promovidos a associados. O mesmo vale para as áreas de finanças e propaganda.[36]

O mercado também está repleto de práticas discriminativas. Quando negros telefonam para imobiliárias para obter esclarecimentos de um apartamento anunciado, são informados com mais frequência de que a unidade não está mais disponível do que quando brancos telefonam seguindo o mesmo roteiro, com o mesmo discurso.[37] Os vendedores de automóveis costumam cobrar mais dos negros do que dos brancos pelo mesmo carro.[38] E, para pacientes com a mesma idade e sintomas, os médicos têm mais chances de recomendar tratamentos com maior potencial de salvar vidas, como medicamentos para a dissolução de coágulos sanguíneos, para brancos do que para negros.[39]

De maneira similar, os funcionários públicos também costumam ser menos corteses para com os cidadãos negros. As câmaras municipais abrem lixões e pontos de descarte de lixo tóxico com mais frequência em bairros predominantemente negros do que em outras regiões da cidade.[40] Policiais e autoridades abordam, interrogam, detêm e levam a juízo um número muito maior de negros do que de brancos. Juízes e júris impõem penalidades mais rigorosas (inclusive a pena de morte) aos negros do que aos brancos, pelos mesmos crimes.[41]

Até na quadra de basquete, os negros são discriminados em relação aos brancos. Um estudo conduzido pela National Basketball Association (a principal liga de basquete profissional dos Estados Unidos) analisou 600 mil faltas cometidas em jogos de basquete no decorrer de 13 temporadas. A análise revelou que os juízes marcaram mais faltas contra jogadores negros do que contra os brancos.[42]

Muitos consideram essas formas mais sutis de discriminação males menores do que o flagrante e reacionário racismo do passado. No entanto, o racismo velado tem um efeito colateral traiçoeiro: por ser mais difícil de detectar, mais pessoas subestimam "até que ponto a discriminação contribui para a situação social e econômica insatisfatória dos grupos minoritários", de acordo com as sociólogas Devah Pager e Hana Shepherd.[43] Em consequência, ciclos culturais meramente remendados seguem atuando desimpedidos.

A união faz a força

Para se manter fortes e mentalmente sãos diante de tantas injustiças, os negros criaram as próprias interações cotidianas e instituições culturais, sendo que muitas delas promovem a interdependência e resultam dela: igreja, família e comunidade constituem sólidos pontos de apoio para muitos negros. No entanto, outras instituições e interações impelem a independência e resultam dela. Como atestam seus elevados níveis de autoestima, autossuficiência e autoconfiança, muitos negros se identificam com o título que Herman Cain, pré-candidato negro para as eleições presidenciais americanas de 2010, atribuiu a si mesmo: "Meu próprio CEO."[44]

Uma fonte de interdependência são os ciclos culturais que sobreviveram à diáspora africana. Apesar de os povos da África serem bastante diversificados, muitos compartilham a visão de que todos os seres vivos (e alguns não vivos) são inter-relacionados.[45] Com efeito, antes do contato com os europeus, algumas línguas africanas sequer chegavam a ter uma palavra para "sozinho".[46] Quando os negros foram escravizados e levados ao Novo Mundo, "sua interdependência os ajudou a sobreviver à nova e dura realidade", como relata o psicólogo James Jackson.[47]

As igrejas afro-americanas há muito têm ajudado a manter essa interdependência, atuando como centros comunitários e locais seguros para seus membros. Os negros passam mais tempo em locais de adoração do que os brancos. Eles também cultivam crenças religiosas mais fortes e recorrem com mais frequência à comunidade religiosa para enfrentar adversidades, especialmente no que se refere às dificuldades resultantes da discriminação.[48]

Em família, os negros recorrem à sua interdependência para enfrentar hostilidades raciais. Em comparação com os pais brancos, os pais negros têm três vezes mais chances de conversar sobre questões raciais com os filhos.[49] Algumas dessas conversas são explorações da história e cultura negras, voltadas a estimular o orgulho. Em vez de jogar lenha na fogueira da oposição, essas conversas inspiram bom comportamento, de acordo com a psicóloga Margaret Caughy e seus colegas. Os estudos desses pesquisadores revelam que crianças negras – antes da idade escolar – que conversam com os pais sobre suas origens apresentam menos problemas comportamentais.[50] Outras conversas incluem diálogos mais difíceis sobre os obstáculos que um negro inevitavelmente enfrentará nos Estados Unidos. Apesar de poucas pessoas gostarem de revelar aos filhos até que ponto o mundo pode ser injusto, estudos demonstram que esse tipo de conversa ajuda as crianças negras a lidar melhor com o preconceito e a discriminação.[51]

Uma colega nossa, não branca, recentemente precisou dar início a essas difíceis conversas com os três filhos, de 8, 10 e 14 anos. O que a levou a essa decisão foi um incidente no qual ela e os filhos se encontraram com outra professora negra e seus dois filhos para assistirem juntos a um filme. Ao sair do cinema, as cinco crianças conversavam animadamente e caminhavam abraçadas, seguidas logo atrás pelas mães. Os meninos não gritavam, não corriam e não impediam a passagem das pessoas no corredor.

No entanto, nossa colega viu um segurança gritar e se aproximar rapidamente das crianças. Ela acelerou o passo para se colocar entre os meninos e o segurança e o olhou diretamente nos olhos, para impedir a abordagem. Foi triste para ela perceber que tinha chegado a hora de ensinar aos filhos o que fazer quando fossem abordados de maneira agressiva por um segurança ou policial, mesmo quando estivessem fazendo nada de errado.

Quando a chuva cai

Apesar de toda a ênfase dada à solidariedade, similaridade e estratégias de enfrentamento, os ciclos culturais também impelem os negros a serem únicos, distintos, equitativos e a estarem no controle. As igrejas afro-americanas enfatizam a ideia de que cada pessoa é um filho de Deus, com talentos especiais dados por Ele. Sermões e canções enfatizam que todos os membros da congregação são merecedores de amor e respeito, independentemente de seu sucesso material ou status social. Nas aulas de catecismo, as crianças aprendem que negros e brancos são iguais aos olhos de Deus.[52]

Esses ensinamentos parecem funcionar. Ao explicarem as razões pelas quais sua autoestima é tão elevada, muitos negros citam o amor de Deus. (Os brancos raramente mencionam Deus ao discorrer sobre as origens de sua autoestima.)[53]

Outro produto cultural que promove a independência nos ciclos culturais negros é a música. Por exemplo, o hip-hop encoraja os negros a enfrentar a situação, se defender e expressar suas opiniões – especialmente quando os outros não o fazem. De fato, essa é uma importante função dessa forma de arte, argumentam as linguistas Marcyliena Morgan e Dawn-Elissa Fischer.[54] Em seu rap "Rain", por exemplo, o artista Akrobatik lembra os ouvintes que mesmo "quando a chuva cai", mesmo quando eventos fora de seu controle os alcançam a cada esquina, eles ainda têm uma escolha: "... Cruzar os braços e deixar que seu mundo desmorone ou se defender e colocar as coisas em seu devido lugar".[55]

Em muitos ciclos culturais negros, as HBCUs (Historically Black Colleges and Universities, faculdades e universidades destinadas à comunidade negra) são instituições que reforçam e refletem ainda mais os selves independentes. Cerca de 25% dos negros com formação superior nos Estados Unidos tiraram seus diplomas em uma dessas 107 instituições, que incluem a Howard, a Spelman e a Morehouse. As HBCUs também concederam mais de 75% dos diplomas de doutorado de todos os afro-americanos. Em comparação com os negros que estudam em instituições predominantemente brancas, os alunos das HBCUs relatam que mantêm uma dieta melhor e estilos de vida mais saudáveis.[56]

O palavrão que começa com R

Enquanto muitos negros constroem ciclos culturais em torno de questões raciais e de como lidar com elas, a maioria dos brancos evita completamente esse palavrão que começa com a letra R. Um estudo conduzido com 17 mil famílias com filhos em idade pré-escolar revelou que 75% dos pais brancos nunca ou quase nunca conversam sobre questões referentes à raça. Pelo contrário, eles argumentam que isso deveria ser ignorado e que as pessoas deveriam ser "daltônicas", incapazes de diferenciar as cores.[57]

Pode-se dizer que eles vêm obtendo sucesso com essa linha de pensamento. Uma pesquisa de opinião, conduzida recentemente pela Gallup, revelou que 77% dos brancos afirmam que raramente ou nunca têm pensamentos ou emoções desagradáveis quando encontram pessoas de raças diferentes.[58]

No entanto, a mente inconsciente dos brancos conta uma história diferente, como constataram a psicóloga Mahzarin Banaji e seus colegas. Após ver uma sucessão de levantamentos que demonstram que os brancos não cultivam qualquer inimizade explícita em relação aos negros, Banaji decidiu adaptar um teste para investigar as atitudes implícitas, automáticas e inconscientes dos brancos. O IAT (*Implicit Association Test*) revelou que, em um nível primitivo, básico, "branco" significa "bom", e "negro" significa "mau" para americanos de todas as raças, especialmente para os brancos.[59]

O IAT envolve uma tarefa simples: os participantes devem reagir a imagens ou palavras apresentadas em uma tela e apertar um botão em um teclado o mais rapidamente possível. Uma montanha de informações pode ser inferida a partir do tempo de reação. Quando solicitados a usar uma das mãos para reagir a palavras que tivessem alguma relação com "negro" ou "mau" e a outra para palavras que tivessem alguma relação com "branco" ou "bom", os participantes apresentaram reflexos rápidos. Depois de milhões de exposições e anos de prática, as pessoas relacionam automaticamente "negro" com "mau", e "branco" com "bom". As reações dos participantes são rápidas porque eles não precisam pensar. Outros estudos revelam que as pessoas também relacionam prontamente "negro" com "crime", "animal" e "macaco".[60]

Entretanto, quando as palavras "negro" e "bom" são atribuídas a uma das mãos, enquanto "branco" e "mau" são atribuídos à outra, o tempo de resposta diminui consideravelmente. Nossos mundos culturais nos expõem com menos frequência à ideia de que o negro é belo e que o branco é ruim, e nossa mente inconsciente reflete essa realidade. Dessa forma, os vínculos mentais entre "negro" e "bom" são relativamente fracos, bem como as relações mentais entre "branco" e "mau".

Essas assimetrias nos tempos de resposta não são meras peculiaridades encontradas em laboratório, mas também norteiam o comportamento no mundo real. Algumas pessoas exibem maior viés racial no IAT que outras, com reflexos mais rápidos para os pares negro/mau e branco/bom e respostas mais lentas para os pares negro/bom e branco/mau. Essas pequenas demoras podem fazer diferença entre vida e morte em um pronto-socorro, onde, quanto mais tendencioso um médico se apresenta no IAT, mais chances ele tem de errar no diagnóstico e no tratamento de doenças cardíacas em pacientes negros. De maneira similar, atitudes implícitas determinam decisões explícitas também nas urnas de votação, em que um maior viés levou o eleitor a votar para McCain e não para Obama nas eleições presidenciais de 2008. Em *campi* universitários, quanto mais racismo implícito um estudante apresentar no IAT, mais longe de um desconhecido negro essa pessoa se sentará e mais prontamente cortará verbas para grupos estudantis negros em sua universidade.⁶¹

Apesar de instrumentos sutis, como o IAT, poderem ser necessários para detectar o viés racial em adultos, levantamentos diretos são igualmente eficazes com crianças. Isso acontece porque as crianças ainda não aprenderam a postura de que a raça e a etnia não importam. Apesar de toda a retórica politicamente correta dos pais, as crianças não são cegas. Elas estão imersas nos produtos e nas práticas que as cercam e despreocupadamente relatam que as pessoas negras não são boas, bonitas, curiosas nem honestas (mas que os brancos são).⁶²

Diante de resultados como esses, a psicóloga Birgitte Vittrup e seus colegas conceberam uma intervenção. Eles solicitaram que as famílias assistissem a vídeos que mostravam narrativas multiculturais, como uma cena de *Vila Sésamo* na qual os personagens visitam uma família negra, ou um episódio de *Little Bill* no qual todas as pessoas de um bairro racialmente diversificado fazem um mutirão para limpar o parque. Depois de os participantes assistirem aos vídeos, os pesquisadores escolheram aleatoriamente metade das famílias para conversar sobre questões raciais e amizades inter-raciais.

No entanto, a intervenção concebida pelos pesquisadores não foi para frente porque muitos pais se recusaram a seguir as instruções do estudo.⁶³ Ecoando aquele passageiro frustrado no avião, eles se recusaram a conversar sobre as questões raciais, levantando objeções como: "Somos todos iguais" e "Somos todos filhos de Deus." Eles também se preocupavam com a possibilidade de dizer algo errado aos filhos nessas conversas.

A raça da cegueira

Por que um adulto branco se recusaria a reconhecer o que é claro como o dia para seu filho de 5 anos – sem mencionar para uma parcela crescente de vizinhos americanos? Para responder a essa pergunta, devemos subir um nível no ciclo cultural e avaliar as instituições. Sob essa perspectiva, vemos que muitas instituições, inclusive a ciência, a religião, a economia e o governo, ajudam a direcionar não apenas o self independente branco como também impulsionam a insistência de muitos brancos de que raça e etnia não influenciam a psique das pessoas.

No século XV, os europeus começaram a explorar outros continentes e encontraram outras civilizações, com seres de aparência distinta. Seriam animais ou pessoas? E, se fossem pessoas, seriam livres ou escravos? A essas questões, os europeus aplicaram tanto a religião quanto a ciência. A religião lhes dizia que o desejo de Deus era que eles cristianizassem os selvagens recém-descobertos. Posteriormente, a ciência lhes disse que o que tornava aquelas pessoas não brancas diferentes era uma qualidade biológica chamada *raça*. Com base na noção europeia de que uma pessoa é uma entidade independente, eles passaram a ver a raça como propriedade interna, que especifica não apenas a aparência como também o comportamento. O naturalista sueco Carolus Linnaeus "descobriu", por exemplo, que os ameríndios "vermelhos" eram teimosos, negligentes e governados por caprichos; que os asiáticos "amarelos" eram gananciosos, presunçosos e governados por opiniões; mas que os europeus "brancos" eram argutos, inventivos e governados por leis.[64] Muitos outros cientistas de origem europeia "descobriram", de maneira similar, que sua própria raça, a branca, era a que possuía as melhores características.

À medida que os europeus brancos se espalhavam pelo mundo, esses parâmetros de avaliação racial se revelaram bastante convenientes. Com base nisso, eles justificavam se apoderar de territórios, saquear recursos e escravizar pessoas *comprovadamente inferiores*, de acordo com a ciência. Com tantos benefícios sociais e materiais vinculados à crença de que a natureza, e não as pessoas, criava a hierarquia racial, poucos brancos sentiam necessidade de questionar a ciência que fundamentava essa mentalidade.[65]

Até Thomas Jefferson, um dos fundadores dos Estados Unidos, que se orgulhava de ser um homem da ciência, aparentemente não se incomodava com o fato de ter iniciado a Declaração de Independência com a frase "Consideramos essas verdades evidentes por si mesmas, que todos os homens são criados iguais" e posteriormente ter elaborado o Compromisso dos Três Quintos, que sustentava que os escravos negros contavam apenas como três quintos de uma pessoa.[66] "A inferioridade deles não é um efeito meramente de sua condição de vida", ele explica em outro documento. É também o efeito da "natureza, que produziu a distinção".[67]

Mais de dois séculos mais tarde, as pessoas de tradição europeia empreendem menos aventuras coloniais, a escravidão se encontra oficialmente banida e a maioria dos cientistas concorda que os fatores biológicos não levam às diferenças comportamentais que as pessoas percebem entre grupos raciais e étnicos. As pessoas não desenvolveram do nada sua noção de raça. Os genes de fato levam às características físicas (por exemplo, cor da pele e textura dos cabelos) que variam em diferentes grupos humanos. No entanto, essas diferenças genéticas não explicam diferenças de comportamento, capacidade e realização. Por exemplo, a realização acadêmica tem muito mais relação com o status socioeconômico, o apoio dos pais e o empenho pessoal do que com o que conhecemos por raça. Nos casos em que a raça de fato atua como fator preditivo do sucesso acadêmico, isso ocorre porque ela substitui outros fatores sociais, culturais e econômicos.[68]

Em outras palavras, grande parte da comunidade científica agora concorda que a raça e a etnia são o que chamamos de constructos sociais – isto é, algo construído pelas pessoas. No entanto, o simples fato de algo ser um constructo social não significa que não seja real. Pelo contrário: como demonstram nossas análises dos ciclos culturais, os constructos sociais influenciam e refletem profundamente os pensamentos, sentimentos e ações das pessoas. Além disso, nossa capacidade de criá-los e recriá-los é adaptativa, naturalmente selecionada e biologicamente fundamentada. Como dissemos na introdução, essa capacidade é um dos nossos engenhosos mecanismos humanos.

A desculpa da raça

Nos dias de hoje, muitos brancos se mostram ansiosos para enterrar de vez seu passado racista e etnocêntrico. Apesar de esse impulso ser louvável, a estratégia que eles utilizam não é. Fingir que a raça e a etnia não existem ou que hoje vivemos em uma sociedade pós-racial só presta um desserviço às muitas pessoas não brancas, cujos ciclos culturais inevitavelmente giram ao redor da raça e da etnia. Para esses selves mais interdependentes, a raça e a etnia ajudam a responder a grandes questões, como: "Quem sou eu?" e "Quem somos nós?"

As pessoas não brancas não são as únicas que se voltam a seus grupos para ajudar a definir seus selves. Todos os seres humanos precisam se sentir conectados. Ansiamos por pertencer a um grupo, e eles, por sua vez, nos informam como pensar, sentir, agir e ver o mundo.

As pessoas brancas não são exceção a essa regra, mas, em vez de criar selves em torno dos grupos que lhes são atribuídos (como raça, etnia e gênero), os brancos constroem seus selves com mais frequência ao redor dos grupos que escolhem: as cidades ou bairros para onde se mudam, as profissões que escolhem, os hobbies que adotam e os times esportivos para os quais torcem. Com efeito, a ideia de que as pessoas podem não ter como escolher quais grupos as definem – a realidade de muitos não brancos – pode ser vista como ameaça pelos selves independentes. Quando não brancos observam que a raça e a etnia podem ter algo a ver com as maiores dificuldades de sua vida, muitos brancos protestam, dizendo: "Parem de usar a desculpa da raça!"

No entanto, não há nada de errado em reconhecer a raça e a etnia dos outros (ou reivindicar a própria raça e etnia), porque não há nada de inerentemente negativo nos agrupamentos raciais ou étnicos. De fato, raça e etnia muitas vezes são forças que impelem a excelência. Em um estudo, por exemplo, Tiffany Brannon e Hazel mostraram a estudantes negros e brancos ícones negros positivos (como a bandeira da Howard University,* a capa do livro *A cor púrpura* (José Olympio, 2009), de Alice Walker, a logomarca da Black Entertainment Television** ou ícones positivos do *mainstream* americano (como a bandeira da Harvard University, a capa do livro *O velho e o mar* (Bertrand Brasil, 2005), de Ernest Hemingway, a logomarca da MTV). Entre os estudantes negros, aqueles expostos aos ícones negros positivos apresentaram melhor desempenho em testes de matemática e criatividade do que os que viram os ícones positivos do *mainstream* americano. (Os brancos apresentaram o mesmo desempenho, independentemente dos ícones aos quais foram expostos.)[69]

As profundas raízes do racismo

O errado de fato é usar a raça e etnia para impor níveis injustos de valor, poder e privilégio a grupos diferentes. Quando a discriminação interfere nas instituições de um ciclo cultural, é difícil extirpá-la, especialmente quando a cultura dominante é independente

---

* *Nota da Tradutora*: Uma das HBCUs mais proeminentes dos Estados Unidos, localizada em Washington, D.C.
** *Nota da Tradutora*: Emissora americana a cabo, com programação voltada para o público afro-americano.

(o que costuma ser o caso, como explicaremos no próximo capítulo). Os selves independentes podem ter dificuldade de aceitar a ideia de que as instituições podem ser racistas ou etnocêntricas. Seus ciclos culturais os concentram nas causas individuais do comportamento (como talento, motivação ou perversidade), e não nos fatores situacionais (como oportunidade, discriminação ou história). Um estudo conduzido pelo Pew Research Center revela que dois terços dos americanos acreditam que são os fatores pessoais, e não institucionais, históricos ou econômicos, que explicam a dificuldade de algumas pessoas para vencer na vida.[70]

"Ensinaram-me a ver o racismo só em termos de atos individuais de maldade, não em termos de sistemas invisíveis que concedem a dominância ao meu grupo", confessa a ativista Peggy McIntosh, em seu artigo "White Privilege: Unpacking the Invisible Knapsack" ("Privilégio branco: desfazendo a bagagem invisível"). Em seguida, ela lista 50 "privilégios" dos quais, por ser branca, usufrui e aos quais seus colegas, amigos e conhecidos negros não têm acesso. Entre os privilégios enumerados estão: "Minhas maiores preocupações em relação a meus filhos não envolvem as atitudes dos outros no que diz respeito à raça deles" e "Se eu afirmar que há ou não uma questão racial em jogo, o fato de ser branca atribuirá mais credibilidade à minha defesa, em comparação com uma pessoa não branca, a despeito da posição que eu tomar."[71]

Algumas interações e pessoas que perpetuam a ideia de que não brancos são menos competentes e menos merecedores que os brancos refletem e reforçam as instituições racistas.[72] Quando uma escola de ensino médio predominantemente negra ou hispânica não oferece turmas especiais avançadas, muita gente conclui que os estudantes não devem precisar desse tipo de programa ou não querem participar dele. Quando um número maior de negros americanos recebe a pena de morte, em comparação com os brancos, a mídia retrata os crimes dos negros como mais atrozes. Quando empresas de publicidade têm menos sócios negros, os grupos do setor presumem ser porque os negros não conseguem dar conta do trabalho – ou não o curtem muito.

Abra a porta

Atenuar as colisões entre os selves independentes, que acham que raça e etnia não passam de relíquias do passado, e os selves interdependentes, que acreditam que a raça e a etnia nunca foram tão relevantes, é uma tarefa que requer mudanças em todos os níveis do ciclo cultural. Como os brancos são o grupo mais poderoso na maioria das sociedades multiculturais, são eles que deveriam dar o primeiro passo e incorporar mais interdependência a suas instituições, interações e eus. Os não brancos, por sua vez, podem recorrer tanto à sua independência quanto à interdependência para criar ciclos culturais que satisfaçam melhor suas necessidades e se beneficiem mais de seus pontos fortes.

O primeiro item na lista de afazeres das instituições do *mainstream* é diversificar. Apesar de a expressão atualmente ser considerada palavrão por muitos americanos, a *ação afirmativa* constitui uma maneira comprovadamente eficaz de incluir mais não brancos nas instituições. O termo "ação afirmativa" significa apenas levar explicitamente em consideração a raça e a etnia nas decisões de contratação, admissão e promoção. Estudos demonstram que essa ação não apenas concede aos negros e outras minorias as oportunidades necessárias para ter sucesso como também ajuda os brancos a desenvolver as aptidões das quais precisarão para competir em um mundo multicultural. Por exemplo, em um dos maiores estudos sobre a ação afirmativa no ensino superior, os educadores William Bowen e Derek Bok analisaram cerca de 4 mil negros que frequentaram 28 universidades de elite do fim dos anos 1970 ao início dos anos 1990. Os estudantes admitidos nessas seletas universidades pela ação afirmativa tiveram mais chances de continuar os estudos e entrar em cursos de especialização e pós-graduação do que os negros que se formaram em instituições menos exigentes. Além disso, os formandos negros de universidades de elite tiveram mais chances do que os colegas brancos de liderar organizações profissionais, artísticas e ambientais.[73]

Os estudantes brancos também se beneficiam de uma experiência educacional mais diversificada. Em um importante estudo que incluiu 10 universidades, por exemplo, grupos racialmente diversificados de estudantes participaram de um seminário semanal com duração de um semestre, no qual se dedicaram a explorar suas semelhanças e diferenças. O objetivo do curso era "desenvolver uma compreensão aprofundada da situação do outro", nas palavras da psicóloga Patricia Gurin, a líder do estudo. A intervenção se mostrou um sucesso. Em comparação com os estudantes que ficaram em uma lista de espera, os participantes do seminário (inclusive os brancos) desenvolveram mais empatia em relação a pessoas de grupos diferentes e demonstraram maior compreensão de como o próprio grupo social influenciava seus pensamentos, sentimentos e ações. Eles também desenvolveram um entendimento mais sofisticado de como os ciclos culturais são capazes de impelir ou refrear as pessoas.[74]

O sistema judiciário também poderia se beneficiar do recrutamento de um corpo mais diversificado de jurados, como constataram o psicólogo Sam Sommers e seus colegas. A equipe de pesquisa criou júris simulados exclusivamente brancos ou racialmente diversificados (quatro brancos e dois negros) para deliberar sobre um caso real cujo réu era negro. Em comparação com os júris brancos, os grupos racialmente diversificados trocaram mais informações, mencionaram mais fatos do caso, cometeram menos erros e foram mais indulgentes com o acusado negro. Não foram só os participantes negros que levaram a essas diferenças; os brancos dos júris compostos de diversas raças também apresentaram o mesmo desempenho superior.[75]

Crie um ambiente seguro

O mundo corporativo vem conduzido os próprios experimentos com a diversidade inspirado por pesquisas que demonstram que funcionários em ambientes de trabalho multiculturais apresentam moral mais elevado.[76] Entretanto, a mera contratação de pessoas não brancas não basta para canalizar o poder da diversidade. As instituições devem alterar suas interações para que todos se sintam bem recebidos e à vontade. Isso implica em acabar com o mito do daltonismo e reconhecer que raça e etnia de fato importam. Por exemplo, em um estudo, a psicóloga Valerie Purdie-Vaughns e sua equipe solicitaram que profissionais negros lessem um livreto sobre um ambiente de trabalho (fictício) e se imaginassem nele. Um dos livretos apresentava fotos racialmente equilibradas e citações como: "Acreditamos que acolher a nossa diversidade enriquece nossa cultura." O outro livreto apresentava fotos de pessoas brancas e citações como: "Focar as semelhanças cria um ambiente de trabalho mais unido, empolgante e colaborativo." Os pesquisadores descobriram que os profissionais negros preferiam as empresas com livretos multiculturais e confiavam mais nelas do que nas com mensagens daltônicas.[77]

Adotar um espírito multicultural pode não apenas reforçar a confiança como também aumentar os lucros. Em um estudo envolvendo aproximadamente 4 mil funcionários de 17 empresas diferentes, a psicóloga Victoria Plaut e sua equipe compararam grupos de trabalho que seguiam uma política de daltonismo com outros que reconheciam e celebravam as diferenças raciais e étnicas. Eles constataram que os funcionários pertencentes às minorias se mostravam mais empolgados e comprometidos com o trabalho quando os colegas brancos reconheciam as diferenças raciais e étnicas e as políticas organizacionais respaldavam o multiculturalismo. Como funcionários comprometidos produzem mais e geram menos *turnover*, uma mentalidade multicultural pode levar a maiores lucros.[78]

Como as pessoas brancas também têm sentimentos, os elaboradores das mensagens multiculturais não devem negligenciar esse público. Em outro conjunto de estudos, Plaut demonstrou que muitos brancos que reagem negativamente às iniciativas voltadas para a diversidade o fazem porque se sentem excluídos.[79] Eles querem saber: "E eu?" Ao incluir os brancos em suas imagens e textos e ao lembrar as pessoas que eles também têm suas culturas, as organizações podem evitar indispor os empregados do *mainstream*.

Algumas escolas estão se empenhando para criar o que a educadora Dorothy Steele e seus colegas chamam de "espaços seguros para as identidades" (*identity-safe spaces*), salas de aula nas quais os alunos confiam uns nos outros e não têm medo de serem vistos através das lentes dos estereótipos. Nas salas de aula seguras para as identidades, os professores mantêm expectativas elevadas para todos os estudantes, desenvolvem bons relacionamentos com cada aluno e conversam abertamente sobre questões relativas a raça e etnia. Em vez de evitar temas racialmente carregados, quando estes surgem, os professores encorajam os alunos a expressar e tentar entender seus diferentes pontos de vista. Essas discussões ajudam a desenvolver tanto corações quanto mentes. Em um estudo em 18 escolas de ensino fundamental racialmente diversificadas, por exemplo, Steele e seus colegas descobriram que os alunos em salas de aula seguras para as identidades gostavam mais da escola e tiravam notas mais altas em testes padronizados de fim de ano do que os alunos de escolas tradicionais.[80]

Procure as palavras certas

Melhorar as interações fora da escola e do trabalho pode amenizar as tensões entre brancos e não brancos. As mídias de massa, como a televisão e o cinema, precisam se dar conta de que não basta mais colocar personagens negros, hispânicos ou asiáticos diante das câmeras. Os diretores também precisam atentar para como esses personagens são representados e como os personagens brancos reagem a eles. As câmeras captam e perpetuam até os sinais mais sutis de racismo.

Quando isso acontece, as famílias brancas deveriam ficar de prontidão para ajudar seus membros mais jovens a entender o mundo codificado por cores que se irradia pela sala de estar. Se os pais não tomarem a iniciativa e conversarem sobre questões raciais, seus filhos muitas vezes presumirão que o tópico é proibido e que não se deve falar a respeito. Se acreditam nisso, as crianças acabam recorrendo à mídia, aos amigos e outras fontes menos ideais em busca de informações. Em vez de evitar a discussão, os pais podem usar representações na mídia como pontos de partida para conversas sobre raça, etnia, racismo e etnocentrismo.

Ao conversar sobre questões raciais, tanto brancos quanto negros podem se ver com dificuldade de encontrar as palavras certas. O que, diabos, é a raça, afinal? De onde veio isso? E por que ela não desaparece? A dramaturga Lorraine Hansberry tem algumas respostas. Em sua peça *Les Blancs*, dois americanos, um negro e um branco, falam de raça como "um mecanismo, uma invenção para justificar o domínio de alguns homens sobre os outros", que "uma vez inventado, ganha vida e realidade próprias". Essa única metáfora combate as duas ideias conflitantes, porém equivocadas, de que a raça é *ou* essencial e biológica *ou* superficial.[81]

Encontrar as palavras certas para a raça pode inspirar comportamentos melhores no que se refere às questões raciais. Para demonstrar essa ideia, as psicólogas Melissa Williams e Jennifer Eberhardt elaboraram dois artigos de jornal bastante similares. O primeiro apresentava a raça como categoria biológica, e o segundo a retratava como processo social. Estudantes universitários de todas as raças aleatoriamente escolhidos para ler o segundo artigo, posteriormente relataram que tinham mais chances de fazer amizade com uma pessoa de outra raça do que os que leram o artigo da raça como fator biológico.[82]

Faça amizades

Fazer amizade com uma pessoa de outra raça, por sua vez, é uma excelente maneira de derrubar barreiras raciais e étnicas. "Se você analisar extensivamente todas as soluções propostas pelos cientistas ao longo dos anos para combater o preconceito e o racismo", escreve a psicóloga Rudy Mendoza-Denton, "será difícil encontrar um antídoto mais eficaz que a amizade intergrupal."[83]

Em um estudo, por exemplo, a psicóloga Elizabeth Page-Gould e seus colegas organizaram aleatoriamente estudantes universitários brancos e hispânicos (alguns extremamente preconceituosos, outros, nem tanto) em duplas com uma pessoa da mesma etnia ou de etnia diferente. As duplas de participantes se reuniram várias vezes para concluir uma série de tarefas voltadas a criar laços de amizade, como aprofundadas discussões sobre a criação e a história de cada um e uma partida de Jenga (cujo objetivo é que os jogadores construam uma torre juntos, usando blocos de madeira). Depois dessa fase de formação de vínculos de amizade, os participantes foram solicitados a escrever um diário na internet todos os dias, durante 10 dias. Nesses diários, os pesquisadores identificaram uma surpreendente tendência: os participantes preconceituosos que fizeram um novo amigo inter-racial acabaram iniciando mais interações diárias com pessoas de outras raças. Aparentemente, uma vez superada a barreira da amizade inter-racial, esses participantes se inspiravam a buscar outras amizades.[84]

Para muitas pessoas, contudo, essa primeira conversa que ultrapassava uma fronteira racial acaba sendo uma experiência extremamente tensa e estressante. Como não dar a impressão de ser racista? Para início de conversa, você deveria se preocupar menos com a possibilidade de aparentar ser um racista e mais em prestar atenção a seu novo amigo potencial. Você não apenas curtirá mais a primeira conversa como também deixará o outro mais à vontade.[85] Você também deveria manter em mente que o que você espera ganhar com a conversa não é necessariamente o que o outro deseja. Observando interações sociais em laboratório, a psicóloga Hilary Bergsieker e seus coautores descobriram que, enquanto os brancos querem ser apreciados, os negros e os hispânicos querem ser respeitados.[86]

Instruir-se sobre questões relativas a raça, etnia e discriminação é outra maneira de manter a conversa fluindo. Estudos demonstram que as pessoas que participaram de um curso sobre preconceito ou conflito intergrupal posteriormente apresentam pontuações mais baixas em testes de preconceito, tanto explícito quanto implícito.[87]

Resolva o problema

"Não cabe a mim resolver o problema do racismo", diz a artista negra performática damali ayo. "Na verdade, cabe aos brancos." Ela brinca que os brancos deveriam ser capazes de cumprir essa missão, porque "Ouvi dizer que são muito competentes".[88]

Mesmo assim, ayo e muitas outras pessoas não brancas recorrem tanto a seu self independente quanto ao self interdependente para conduzir os ciclos culturais do *mainstream* a direções mais justas e pacíficas. Trabalhando no nível das interações, por exemplo, ayo criou um panfleto gratuito intitulado: *"I Can Fix It! Vol. 1: Racism"* ("Eu posso resolver o problema! Vol. 1: Racismo"). Observando que os americanos possuem um entendimento no mínimo precário das questões raciais, ayo incluiu várias ilustrações e diagramas no panfleto. O lúdico projeto resulta de uma empreitada mais séria: um levantamento realizado com 2 mil pessoas solicitadas a listar cinco ações para acabar com o racismo. Após consolidar os resultados, ela agrega as respostas em instruções tanto para os brancos quanto para os não brancos, misturando práticas independentes e interdependentes.

Uma das recomendações independentes de ayo para as pessoas não brancas, por exemplo, é falar abertamente sobre questões relativas à raça e ao racismo, especialmente quando ouvem um comentário maldoso ou piada sobre essas questões. "Seu silêncio indica que você acha o racismo apropriado." De forma mais interdependente, ela aconselha os não brancos a "formar vínculos" cruzando fronteiras raciais. "Unam-se como indivíduos que fazem parte do grupo 'não brancos'", ela recomenda. "Você sabe qual mulher asiático-americana segurou a mão de Malcolm X quando ele estava morrendo?"[89]

(Entre suas recomendações para os brancos, ayo sugere: "Seja um branco... Admita que branco é uma cor e uma raça. Reconheça que um racismo bastante concreto e ainda presente resultou de práticas racistas sociais e institucionalizadas... Observe como essas práticas são mantidas e como você participa delas.")[90]

Na Califórnia, uma empresa de Oakland está colocando em prática algumas das diretrizes recomendadas por ayo. Batizada de dangerousNEGRO (negro perigoso) – em uma ocasião, o FBI rotulou Martin Luther King Jr. como "o negro mais perigoso dos Estados Unidos"[91] –, a empresa cria camisetas, bonés e outras peças de vestuário "para promover a cultura africana e o Black Empowerment Movement (movimento social negro) por meio da divulgação de mensagens positivas", de acordo com seu site. Para combater o estereótipo de mulheres negras como "caçadoras de maridos ricos" ou modelos, por exemplo, uma cliente do site pode ostentar uma camiseta que a rotula como "caçadora de metas" ou "O exemplo a ser seguido pelos Estados Unidos". Os homens podem privilegiar o cérebro, em vez da força bruta, com uma camiseta que proclame "A inteligência é o novo gânsger" ou protestar contra o incidente na Flórida, no qual o jovem negro Trayvon Martin foi morto a tiros,* usando um agasalho com capuz, com os dizeres "Não atire" nas costas.[92]

Ligue os pontos

As escolas podem alavancar tanto a independência quanto a interdependência para ajudar os estudantes negros a ter sucesso. Em uma intervenção simples, porém extremamente eficaz, o psicólogo Geoff Cohen e seus colegas pediram que estudantes negros e brancos dos três últimos anos do ensino fundamental passassem 20 minutos no início do ano escolar escrevendo sobre algo que valorizassem. Alguns descreveram seus pontos fortes e talentos especiais; outros escreveram sobre a família, os amigos ou outros relacionamentos. Os pesquisadores constataram que, em comparação com os estudantes negros que não escreveram sobre seus valores, os negros que o fizeram tiraram notas mais altas no fim do ano letivo. Um estudo de acompanhamento mostrou que esses ganhos acadêmicos se mantiveram por dois anos.[93] Ao propor esse simples exercício de redação, as escolas transmitiram a mensagem de que valorizavam o self dos alunos, fosse independente ou interdependente, o que, por sua vez, ajudou os estudantes a confiar mais na escola e se sentir acolhidos por ela.[94] (A intervenção não prejudicou nem ajudou as notas dos estudantes brancos, presumivelmente porque a maioria deles já se sentia acolhida pela escola.)

---

* *Nota da Tradutora*: Em fevereiro de 2012, Trayvon Martin, que visitava um conhecido em um condomínio fechado, foi morto por um segurança hispano-americano, que suspeitou que o jovem estivesse invadindo o condomínio e posteriormente alegou legítima defesa.

Vincular os selves independentes e interdependentes dos estudantes negros é outra maneira de melhorar seu desempenho na escola. Em um conjunto de estudos, a psicóloga Daphna Oyserman e seus colegas deram, a estudantes negros do ensino fundamental, aulas comunicando a mensagem de que uma importante parte de ser negro é se destacar academicamente. Em comparação com os alunos que receberam um programa diferente de aulas, aqueles cujas aulas vinculavam a realização pessoal à identidade negra tiraram notas mais altas e faltaram menos na escola.[95]

Uma recomendação final para como os não brancos podem individualmente ajudar a construir ciclos culturais que não colidam tanto é uma sugestão completamente interdependente: fazer amizade com um branco. Isso requer paciência, adverte o comediante afro-americano Baratunde Thurston em seu livro *How to Be Black*. "Você terá de responder a muitas perguntas", afirma.

> Muitas dessas perguntas serão idiotas. Respire fundo, conte até 10 e se concentre em ouvir seus amigos. Quando eles perguntarem: "Por que os negros não trabalham pesado, como os imigrantes?", não presuma que estejam mal-intencionados. Pare. Respire. Pense. A pergunta não é necessariamente racista. Eles estão perguntando isso a você porque confiam em você e precisam que você os ajude a entender. Se você se afastar deles, incentivará uma preocupante alternativa. Eles continuarão vivendo na ignorância, o que acabará se refletindo nos novos programas que produzirão na televisão ou na legislação que aprovarão. Uma boa dose de paciência, no papel do Amigo Negro, é capaz de fazer milagres e ajudar todos os negros de maneiras invisíveis.[96]

Fazer amizade com um branco também pode ajudar as pessoas não brancas de maneiras mais visíveis. Em um estudo longitudinal de três anos, Mendoza-Denton e seus colegas descobriram que, quanto mais amigos brancos os estudantes universitários negros tinham, mais satisfeitos se sentiam com sua experiência na universidade.[97]

Amigos influentes

Naquele longo voo de San Francisco a Nova York, Hazel observou, pelo canto dos olhos, o irado profissional branco terminar de ler os slides de PowerPoint do treinamento em diversidade e voltar sua atenção a um documento jurídico. Ela notou que o profissional negro à sua direita também estava absorto na leitura de um documento jurídico. Ela se perguntou o que os dois homens poderiam dizer um ao outro a respeito de raça e racismo. Ela até chegou a considerar a ideia de intermediar o diálogo.

Enquanto isso, mais de 10 mil metros abaixo, as discussões sobre raça e etnia se silenciavam. Em abril de 2010, o legislativo do estado do Arizona baniu o ensino de estudos étnicos. Para justificar a decisão, o superintendente do estado, Tom Horne, explicou: "Tradicionalmente, o sistema público escolar americano reúne estudantes de diferentes formações e lhes ensina a ser americanos e tratar uns aos outros como indivíduos e não com base em sua etnia."[98] John Roberts, chefe de justiça da Suprema

Corte, também declarou: "O melhor jeito de dar fim à discriminação racial é parar de discriminar com base na raça."[99]

Discordamos e nos colocamos ao lado de outro chefe de justiça da Suprema Corte. Em 1978, Harry Blackmun escreveu: "Para transcender o racismo, devemos, antes de tudo, levar em consideração as questões raciais."[100] A esse insight, acrescentamos que devemos levar essas questões em consideração em todos os níveis do ciclo cultural e parar para ponderar como elas influenciam nossos selves e as interações, instituições e ideias que os formam e os espelham. Também devemos adaptar os selves dos outros, aplicando o nosso lado independente e interdependente de maneira mais ponderada e consciente.

CAPÍTULO 5

O mundo dividido em classes

As culturas socioeconômicas

No dia 17 de setembro de 2011, cerca de mil pessoas se reuniram no Zuccotti Park, na Lower Manhattan, para protestar contra... Bem, muitos assuntos: a omissão do governo em responsabilizar os bancos pela crise financeira global, o alto índice de desemprego, o péssimo sistema de saúde pública, a desenfreada distribuição desigual de renda e a interferência corporativa na política, para listar apenas alguns dos pontos levantados. Apesar da disparidade das reclamações, os manifestantes se uniram sob um único slogan: "Somos os 99%", e direcionaram sua fúria ao 1% dos americanos mais ricos, que detêm cerca de 43% da riqueza da nação.[1]

Apesar dos interesses nebulosos, o movimento Occupy Wall Street se espalhou rapidamente, levando a centenas de manifestações ao redor do mundo. Um ano mais tarde, muitas dessas manifestações ainda estão cozinhando em fogo baixo.

O amplo apelo do movimento demonstra que o confronto entre ricos e pobres está ficando ainda mais vociferante. No entanto, nos Estados Unidos, o abismo mais profundo não é entre os 99% e o 1%, mas sim entre os 70% e os 30% – isto é, os 70% dos americanos sem formação superior *versus* os 30% que têm.[2] Os americanos com formação superior têm melhores empregos, ganham mais, usufruem de mais tempo livre, adoecem menos – física e psicologicamente – e vivem mais do que os que não possuem.[3]

Seu grau de escolaridade afeta sua vida de muitas outras maneiras, grandes e pequenas. Você se casará? Se sim, quando? Você se divorciará? Quantos filhos terá? Lutará em uma guerra? Como votará nas próximas eleições? Para onde viajará nas férias? Que música ouvirá amanhã de manhã? O que comerá no jantar amanhã? As respostas para essas perguntas dependem muito da faculdade na qual você se formou.[4]

O mesmo se aplica a muitos outros países industrializados, onde o número de diplomas pendurados na parede é o fator preditivo mais poderoso do lugar na hierarquia social que a pessoa alcançará. Renda e profissão também são medidas de status socioeconômico. No entanto, o histórico acadêmico é o fator que mais contribui para decidir como será sua vida.⁵ Mais especificamente, a formação superior é o momento decisivo que divide os bem-sucedidos dos que lutam só para sobreviver.⁶

Muitos estudiosos segmentam o status socioeconômico em subdivisões, como a classe dos destituídos, os pobres trabalhadores, a classe profissional, a classe capitalista e assim por diante. Neste capítulo, nos concentraremos em apenas uma distinção: pessoas sem formação superior (que chamaremos aqui de *classe trabalhadora*) e com formação superior (que chamaremos de *classe média*). Naturalmente, algumas pessoas sem formação superior se consideram membros da classe média e até da classe alta, enquanto outras, com formação superior, se consideram parte de todo tipo de grupo. No entanto, como a formação superior se tornou um fator tão crucial, utilizamos esse critério como importante linha divisória.

Um diploma de bacharelado nunca foi tão importante. Em 1979, pessoas formadas ganhavam apenas 40% a mais que os americanos que tinham apenas o segundo grau completo; hoje, elas ganham 74% a mais.⁷ Com a transição da economia, de manufatura e construção a serviços e informações, as pessoas sem formação superior viram seus empregos serem terceirizados para o exterior ou desaparecerem. Já as pessoas que possuíam um diploma de bacharelado tinham as habilidades necessárias para lhes garantir um salário. Hoje, os americanos que terminaram o ensino superior ganham em média US$56.665 por ano, em comparação com os US$30.627 anuais recebidos por quem tem somente o segundo grau completo.⁸

Nos capítulos anteriores, observamos que o crescimento populacional e as inovações tecnológicas mais do que nunca estão forçando pessoas de diferentes culturas a interagir. No entanto, a história das classes sociais é outra: os mundos das pessoas com e sem formação superior estão ficando cada vez mais fragmentados. Atualmente, os Estados Unidos são a quarta nação mais desigual em relação aos membros da OCDE (Organização para a Cooperação e Desenvolvimento Econômico), consórcio formado pelas 34 democracias mais ricas do mundo. Só a Turquia, o México e o Chile apresentam maior desigualdade.⁹ Também ficou mais difícil vencer na vida nos Estados Unidos. Antes conhecida como a terra das oportunidades, hoje é a terceira nação da OCDE com *menos* mobilidade social, superada apenas pela Itália e Grã-Bretanha.¹⁰ Os Estados Unidos também perderam a liderança como o país com mais jovens na faculdade; hoje, a nação ocupa a 16ª posição na OCDE no que diz respeito à porcentagem de jovens, de 25 a 34 anos, que concluem o terceiro grau.¹¹

O abismo cada vez maior entre pessoas com e sem formação superior constitui um problema não só para os pobres. A desigualdade prejudica todos. Quanto maior for a desigualdade entre os ricos e os pobres de uma sociedade, mais disfunções – inclusive criminalidade, depressão, ansiedade, consumo de drogas, evasão escolar e morte precoce – afetarão os cidadãos de todas as classes sociais.¹² Um estudo, que se estendeu de 1972 até 2008, constatou que os americanos são menos felizes e propensos a confiar nos outros quanto maior for a desigualdade na distribuição de renda.¹³ Os acadêmicos liberais não são os únicos a se preocupar com a desigualdade. Ninguém menos que

Charles Murray, o grande libertário, famoso pela obra *The Bell Curve*, lançou recentemente um livro documentando o modo como as diferenças entre as classes sociais estão dividindo os Estados Unidos em dois.[14]

Uma comprovada maneira de reduzir a desigualdade é colaborar para que mais pessoas se formem na faculdade.[15] Isso ajudaria não apenas os pobres, mas toda a nação. Nos Estados Unidos, mais de 70% dos empregos requerem habilidades especializadas não ensinadas no ensino médio.[16] Diante da escassez de trabalhadores qualificados, muitas empresas americanas agora se veem forçadas a importar trabalhadores ou transferir suas operações ao exterior.[17] Essa situação provavelmente só se agravará. Em 2025, os Estados Unidos precisarão de 20 milhões de trabalhadores com formação superior a mais do que deverão produzir, se a tendência permanecer inalterada.[18]

As classes na sala de aula

No entanto, educar um número maior de pessoas requer atenuar outro confronto cultural, desta vez entre os selves dos educadores e os das pessoas que mais precisam de educação. Os educadores estão longe de constituir o grupo mais abastado dos Estados Unidos. Entretanto, munidos das conexões e da renda que um diploma universitário e conhecimento cultural lhes proporcionam, eles tendem a se ver como distintos, especiais, influentes, livres e equitativos. Em outras palavras, os professores com formação superior tendem a usar seu self independente.

Já os alunos, criados pela classe trabalhadora, são mais propensos a recorrer ao self interdependente. Para os americanos da classe trabalhadora, a interdependência é muito mais que uma mera posição filosófica interessante, mas, sim, uma estratégia útil para sobreviver à escassez de recursos. Relacionar-se com os outros e se adequar a eles ajudam a desenvolver redes sociais capazes de proporcionar não apenas apoio emocional, mas ajuda material quando necessário. Ajustar-se à situação faz muito sentido quando a capacidade de mudá-la está fora do alcance de seu nível salarial. Enraizar-se nas tradições e em uma região geográfica também é uma boa maneira de sobreviver em um mundo relativamente caótico. E, quando você está abaixo na pirâmide social, é interessante prestar atenção a quem está acima e abaixo de você. Em consequência, as pessoas da classe trabalhadora tendem a ver seu self como mais relacional, similar, flexível, enraizado e hierarquicamente organizado.

A interdependência da classe trabalhadora não é idêntica à asiática, feminina ou outras formas de interdependência, e o modo de ser interdependente das mulheres euro-americanas da classe trabalhadora é diferente do dos homens brancos da mesma classe. Com efeito, apesar de as professoras poderem tornar as salas de aula desconfortavelmente interdependentes para os meninos, como vimos no Capítulo 3, a independência dos educadores de classe média muitas vezes colide com a interdependência de seus alunos da classe trabalhadora. Quando independência e interdependência se confrontam na sala de aula, muitos alunos da classe trabalhadora concluem que a escola não é para eles.[19]

Alguns educadores acabam concordando com eles e rotulam seus alunos da classe trabalhadora como desmotivados, não cooperativos ou incapazes. Essa é uma derrota não apenas para a educação, como também para o Sonho Americano – "um sonho simples, porém poderoso", na descrição do presidente Bill Clinton, segundo o qual, "se você trabalhar com empenho e seguir as regras, terá a chance de ir até onde seu talento concedido por Deus o levar".[20]

Essa descrição precisa ser corrigida: agora, você precisa não apenas trabalhar com empenho e seguir as regras, como também deve ter formação superior. E, apesar de haver exceções, são tão raras que só confirmam a regra – por exemplo, Steve Jobs foi adotado por uma família da classe trabalhadora, largou a faculdade por ser cara demais e, mesmo assim, conseguiu fundar e conduzir ao sucesso uma empresa de computadores da qual imaginamos que você já tenha ouvido falar.

Para incluir mais pessoas na comunidade acadêmica e criar mais prosperidade para todos, os educadores devem atentar para o self interdependente de seus estudantes da classe trabalhadora. Ao mesmo tempo, para se beneficiar das oportunidades educacionais e ascender na hierarquia social, esses alunos devem cultivar um self mais independente. Esse meio-termo exigirá mudanças por todo o ciclo cultural: instituições, interações e eus e, por fim, nossas grandes ideias sobre como dividir o dinheiro, a educação e as oportunidades.

Apesar de nos fundamentarmos principalmente em pesquisas e exemplos americanos, nossa recomendação se aplica a muitos outros contextos. Ao longo das três últimas décadas, governos do mundo todo cortaram as verbas de programas voltados a ajudar as pessoas menos afluentes a subir na pirâmide social. A Grande Recessão só exacerbou essa tendência. Agora, a educação carrega sozinha a maior parte do fardo de garantir a mobilidade social. Para reduzir a desigualdade, as nações do mundo precisarão, mais do que nunca, se voltar a questões de classes na sala de aula.

A universidade da independência

"Então, por que vocês escolheram fazer este curso?", Hazel perguntou no primeiro dia do seminário sobre Psicologia. Ela passou os olhos pela turma e convidou John Hopper a responder.[21] Como todos os outros estudantes, ele usava o "uniforme" universitário da Costa Oeste: jeans, camiseta e chinelos de dedo.

"Meu orientador disse que eu deveria fazer um seminário para calouros e este curso se encaixava na minha agenda", Hopper respondeu, olhando para as mãos espalmadas sobre a mesa de conferência.

Em seguida, Hazel chamou Matthew Reynolds,[22] outro calouro bronzeado e informalmente vestido.

"Escolhi este curso porque sempre me pareceu que a mente e o corpo trabalham em sincronia", ele começou, olhando Hazel nos olhos e fazendo contato visual com os colegas. "Então, acredito que eles devam ser analisados juntos, não separadamente. Essa é a minha filosofia, e agora quero descobrir se estou certo."

Algumas semanas mais tarde, John Hopper compareceu ao escritório de Hazel para uma reunião convocada por ela. Ele chegou preparado para conversar sobre um trabalho que estava para entregar, mas, à medida que a conversa esquentava, ele arriscou uma pergunta, claramente difícil para ele. "Todos aqueles alunos que falam o tempo todo na aula...", ele começou, "como eles conseguem? Como já têm tantas ideias e opiniões formadas?"

Foi a melhor pergunta que Hazel ouviu o ano todo e que a levou a tentar conhecer seus alunos ainda mais do que de costume. Ela descobriu, por exemplo, que Hopper era o primeiro de sua família a ir à faculdade. Seu pai tinha sido um competente eletricista (que abandonou a família quando John ainda era bebê), e sua mãe trabalhava como assistente administrativa em uma microempresa. Hopper estudara muito no ensino médio, tirara notas altas, praticamente gabaritara os SATs, conquistara troféus para dois times esportivos e dominara o espanhol.

Reynolds também tinha um currículo impressionante, com excelentes notas e um prêmio em uma feira nacional de ciências. Todos os seus irmãos e primos faziam faculdade ou já haviam se formado. Seu pai era um advogado, e a mãe era administradora de um hospital. Hábil nadador, Reynolds também cantava e tocava violão em uma banda que formava em seu dormitório.

Ao longo do primeiro trimestre, Hazel notou que Reynolds sempre fazia perguntas e comentários, alguns bastante profundos. Mesmo quando suas observações não eram particularmente argutas, ele sempre falava com confiança. Na sala de Hazel, que Reynolds visitava com frequência, ele confessou que tinha um grande desejo de se destacar "da multidão" e pediu sua ajuda. Ele quis saber sobre a possibilidade de fazer um estágio de verão no laboratório dela. As ações dele ecoavam décadas de conclusões de pesquisas: as pessoas do topo das hierarquias têm mais chances de expressar suas atitudes e opiniões, de correr riscos, de elaborar metas de longo prazo e violar normas sociais para atingi-las.[23]

Por sua vez, Hopper só falava em sala de aula se fosse chamado. Hazel descobriu que ele também tinha muitas ideias interessantes, mas ainda não sabia quais eram boas e, enquanto não soubesse, preferia não se expor a uma possível humilhação. O conselho de sua avó reverberava em sua cabeça: "É melhor ficar quieto e parecer burro que abrir a boca e confirmar isso."

Hazel sabia, contudo, que até se formar Hopper aprenderia a expressar muito melhor as próprias ideias, não apenas por ser um jovem brilhante como também porque as instituições de ensino superior são feitas para cultivar um self independente. Além de grandes doses de informações sobre o genoma humano, as leis da economia e o Sacro Império Romano-Germânico, as universidades também dedicam um bom tempo a um projeto bastante especial: o desenvolvimento do eu interior. Quem é você? Quais são seus interesses e talentos? Quais são suas crenças e por quê? Depois de quatro anos com poucas obrigações em relação aos outros e com seu self recebendo tanta atenção, os estudantes universitários cultivam a visão de que a vida gira em grande parte ao redor de seus pensamentos, sentimentos, realizações e escolhas.[24]

Fale um pouco mais sobre seu self

Em entrevistas realizadas com milhares de adultos americanos, ouvimos o conhecido refrão da independência ressoar entre americanos da classe média e ecos de interdependência entre os da classe trabalhadora. Por exemplo, quando solicitado a se descrever, um homem de 45 anos, com formação superior, disse: "Sou inteligente, talvez não brilhante, mas sou bem organizado e um bom perdedor. Planejo o futuro e faço escolhas com base no que quero, no que sinto e em quem quero ser." Note a ênfase na singularidade, no controle e na escolha – facetas do self independente.[25]

Agora veja a descrição (autoconceito) a seguir, de um homem de 47 anos da classe trabalhadora: "Sei o que é certo e errado. Sou gentil com as pessoas. Nunca humilho ou menosprezo ninguém e nunca falo das pessoas pelas costas."[26] Note sua ênfase em se enraizar na moralidade, em se relacionar com os outros e (des)considerar a hierarquia[27] – aspectos do self interdependente. Um operário de 38 anos da construção civil salienta, de maneira similar, a importância de se relacionar e se ajustar: "O mais importante é resistir, é não desistir, só ficar lá, do lado dos amigos quando estão em apuros, e aguentar firme."[28] Nos mundos da classe trabalhadora, família e amigos muitas vezes constituem uma prioridade mais alta que a realização individual.[29]

Os diferentes selves dos americanos da classe trabalhadora e da classe média se evidenciam não apenas nas palavras, mas também nas ações. Como vimos nos capítulos anteriores, os selves independentes adoram a liberdade de escolha porque lhes permite ostentar as cinco facetas de sua independência. Com efeito, milhares de estudos demonstram que, quando as pessoas da classe média têm a chance de fazer escolhas, são mais felizes e saudáveis, produzem mais, persistem mais e apresentam melhor desempenho do que quando destituídas dessa possibilidade.[30]

Já os americanos da classe trabalhadora têm uma visão diferente da escolha, como Alana e Hazel constataram. A equipe de pesquisa convidou consumidores em shopping centers para participar de um suposto estudo de marketing sobre canetas, em troca, eles receberiam uma de brinde. Metade dos participantes pôde escolher qual das cinco diferentes canetas avaliadas poderiam levar para casa, e a outra metade avaliou e ganhou uma escolhida pelo pesquisador. Como estudos realizados com estudantes universitários já haviam revelado, os participantes da classe média que puderam escolher a caneta ficaram mais satisfeitos que os participantes da classe média que ganharam uma. No entanto, os da classe trabalhadora (que raramente são incluídos em experimentos de ciências sociais) gostaram igualmente de suas canetas, independentemente de a terem escolhido ou não. Eles ficaram encantados com o fato de ganhar uma.[31]

Os americanos de classe média não apenas valorizam mais o ato da escolha que os da classe trabalhadora como também acreditam que um número maior de suas ações foi fruto disso. Hazel e suas colegas Nicole Stephens e Stephanie Fryberg solicitaram a estudantes universitários da classe trabalhadora e da classe média que relacionassem todas as escolhas que fizeram no dia, a partir do momento em que levantaram da cama de manhã. Apesar de os detalhes da vida cotidiana dos participantes parecerem bastante similares, os estudantes da classe média listaram em média o dobro de itens em comparação com os da classe trabalhadora. Para os da classe média, "sair da cama", "tomar banho" e "vestir-se" não são meras ações de uma rotina matinal, mas atos que eles escolhem realizar ou não, dependendo dos caprichos de um self independente.[32]

Estudos conduzidos no laboratório de Hazel também demonstram que os participantes da classe trabalhadora ficam menos incomodados quando não têm a possibilidade de escolher, têm menos chances de ativamente buscar oportunidades de escolha e fazem mais associações negativas com o ato de escolher que os participantes da classe média.[33]

O eu de olho nos outros

Como não é possível ser passageiro e motorista ao mesmo tempo, os americanos da classe trabalhadora dominam outras habilidades além de escolher e controlar, inclusive se ajustar e se relacionar. Pessoas sem formação superior, ao contrário das com terceiro grau completo, concordam com afirmações como: "Quando algo acontece, tento me ajustar, porque é difícil mudar sozinho a situação."[34] Os americanos da classe trabalhadora também se empenham mais para se relacionar com as pessoas ao redor. Em comparação com adultos da classe média, por exemplo, os adultos da classe trabalhadora que conversam com um desconhecido concordam com a cabeça, levantam as sobrancelhas e olham para o rosto do desconhecido com mais frequência. Por sua vez, pessoas de status social mais elevado passam mais tempo cuidando da própria aparência, rabiscando no papel e verificando o celular.[35] Os adultos da classe trabalhadora também são melhores em prever os sentimentos tanto de desconhecidos quanto de amigos.[36]

Talvez pelo fato de sua própria vida emocional ser tão estreitamente ligada à dos outros, os americanos da classe trabalhadora investem mais na felicidade alheia. Por exemplo, em 2001, os americanos com renda familiar de US$75 mil anuais ou mais contribuíram com 2,7% de sua renda para instituições de caridade, ao passo que os que ganharam US$25 mil anuais ou menos doaram 4,2% de sua renda.[37] Para obter uma visão mais aprofundada dessa generosidade na prática, os psicólogos Paul Piff, Dacher Keltner e sua equipe deram aos estudantes universitários um presente que eles podiam compartilhar, se quisessem, com um parceiro anônimo em um experimento em laboratório. Os participantes que se consideravam mais abaixo na hierarquia social deram 44% a mais ao parceiro, em comparação com os que se posicionavam mais acima na hierarquia.[38] Estudos realizados no laboratório de Keltner também revelaram que os participantes de status inferior tomam decisões mais éticas, são mais honestos nas negociações e competem de maneira mais justa que os de status superior.[39]

Manter-se atento aos pensamentos, sentimentos e ações dos outros é uma inteligente estratégia quando pessoas de status superior controlam o destino alheio. No entanto, a interdependência pode afetar negativamente tanto o corpo quanto a mente. Quando os outros são exigentes ou desrespeitosos e manifestam desprezo, e você ocupa uma posição subordinada, você sente a dor com mais pungência que as pessoas em posições mais elevadas. Em um estudo, por exemplo, as psicólogas Edith Chen e Karen Matthews leram para crianças da classe trabalhadora e da classe média uma lista de situações humilhantes, como ouvir um colega de turma rir do seu comentário na aula (como John Hopper, o aluno de Hazel, tanto temia). As pesquisadoras descobriram que as crianças da classe trabalhadora levavam muito a sério os insultos, apresentando maior alteração na pressão arterial que as crianças de classe média.

Tomar conta da vida alheia também pode impedir os selves interdependentes de ascender na hierarquia social. Por exemplo, em vários estudos, o psicólogo Joe Magee e seus colegas pediram que metade de sua amostra de estudantes de MBA pensasse em uma situação na qual tiveram poder sobre os outros (condição de status superior) e que a outra metade pensasse em uma circunstância na qual alguém teve controle sobre eles (condição de status inferior). Os participantes alocados à condição de baixo status negociaram acordos piores, correram menos riscos e, em geral, agiram de maneira mais "beta" que seus colegas aleatoriamente alocados para compor o grupo "alfa". Por sua vez, os participantes alfa agiram com mais rapidez em uma variedade de situações de negócios – prontidão que ajuda a manter a lacuna entre pessoas de status superior e inferior e, em última instância, a ampliar essas diferenças.[40]

Aprenda qual é o seu lugar no mundo

O desenvolvimento do self apropriado à classe começa desde cedo, como constatou a antropóloga Adrie Kusserow. Ela observou as interações cotidianas de mães e seus bebês, no elegante bairro nova-iorquino do Upper East Side de Manhattan e em duas comunidades de classe trabalhadora no Queens.[41] Para ajudar os filhos a ter sucesso nesses mundos tão distintos, os pais buscam cultivar selves bastante diferentes.

No Queens, o mundo é um lugar inóspito, que requer um self interdependente. Para proteger os filhos da corrupção que os cerca, a principal prioridade dos pais é enraizá-los às morais tradicionais. "Você precisa dar a eles uma formação muito sólida", disse uma mãe, "princípios nos quais se basear e... Mostrar a eles o certo e o errado."[42]

Os pais da classe trabalhadora também se certificam de que os filhos saibam qual é seu lugar no mundo. Para mostrar quem está no comando, eles usam com mais frequência provocações, gritos, surras e comandos diretos do que os pais da classe média. Essas práticas ajudam a preparar as crianças para empregos da classe trabalhadora, que muitas vezes requerem se conformar e seguir as ordens meticulosamente, sob rigorosa supervisão.[43] Os pais também dão aos filhos mais tempo livre com outras crianças para aprenderem a negociar o status por conta própria. "Odeio quando eles não se defendem", disse uma mãe. "Tenho uma filha chorona. Não quero que ela fuja correndo para casa. Digo: 'Você precisa se defender e lutar até o fim.'"[44]

Enquanto isso, no Upper East Side, abastado e instruído, o mundo é um lugar seguro, acolhedor e repleto de possibilidades. Nele, a principal tarefa dos pais é conduzir o self independente dos filhos ao pleno potencial. Os pais são afetuosos e carinhosos e oferecem aos filhos oportunidades de descobrir do que gostam e o que fazem bem. Como vimos no caso de Hazel e sua filha, no Capítulo 2, a vida avança na forma de uma série de perguntas: "Você quer ler uma história antes ou depois de vestir o pijama? Que livro você quer ler? Do que você gostou no livro?" Até a disciplina vem na forma de perguntas: "Você precisava mesmo pular no sofá agora? Você não acha que deveria parar de bater no seu irmão?"

Os pais da classe média também recebem histórias improváveis com um ponto de interrogação, como constataram a psicóloga Peggy Miller e seus colegas. Uma criança que sustenta que, digamos, o Papai Noel vem na Páscoa será recebida com perguntas do tipo: "É mesmo? Tem certeza? Como assim?" Ao montarem uma rede de segurança, os pais da classe média podem encorajar o comportamento de risco e o questionamento das tradições e convenções. Em acentuado contraste, os pais da classe trabalhadora tendem a contestar as mesmas confabulações com um simples: "Não, não é verdade. Não seja burro", transmitindo aos filhos a mensagem de que não cabe a eles inventar a realidade.[45]

Quando conversam com os filhos, muitos pais da classe média se abaixam até a altura das crianças e olham nos olhos delas, comunicando a mensagem: "Temos o mesmo valor, eu e você; somos iguais." Já os pais da classe trabalhadora não se curvam para conversar com os filhos.

"Os pais da classe média alta ensinam os filhos, consciente e inconscientemente, a se comunicar com os professores e outros adultos em posição de poder", escreve Kusserow. "Em consequência, quando [os filhos] chegam para o primeiro dia de aula, já dominaram uma grande parcela, apesar de implícita, do currículo escolar. Esses comportamentos, por sua vez, recebem os rótulos de 'talento', 'sensibilidade', 'inteligência', 'imaginação' e outras características supostamente inatas e necessárias para o sucesso acadêmico – em vez de um conhecimento com base em classes."[46]

Os pais mais abastados proporcionam aos filhos ainda outra vantagem, ao mergulhá-los no que a socióloga Annette Lareau chama de "fluxo estável de discurso". Em apenas uma hora, as crianças da classe média ouvem os pais falarem o dobro de palavras (2.153 palavras), em comparação com as crianças da classe trabalhadora (1.251 palavras) e mais que o triplo que as crianças pobres (616 palavras) ouvem dos pais. Os pais da classe média também leem mais para os filhos e os encorajam mais a expressar o que sentem e o que aprenderam.[47] Assim, quando as crianças da classe média entram na pré-escola, já chegam com um vocabulário maior e maior capacidade de compreensão que os colegas menos abastados.[48]

Você é a sua mídia

As interações cotidianas dos adultos das classes trabalhadora e média também promovem diferentes noções do self, ao mesmo tempo que as refletem. Anúncios publicados em revistas voltadas a leitores com segundo grau completo (como a *Seleções Reader's Digest*), por exemplo, apresentam representações muito diferentes do self ideal em comparação com anúncios divulgados em revistas direcionadas ao público com formação superior (como a revista *Time*). No anúncio de uma revista voltada à classe trabalhadora, por exemplo, uma esposa seduz o marido com um belo pedaço de bolo de chocolate, sob os dizeres *"Mama said there'd be cake like this"* ("Bem que a minha mãe dizia que haveria bolos como este").* Uma meticulosa análise de centenas de outros anúncios publicados em revistas da classe trabalhadora revela o tema proeminente de curtir a vida com a família. Por outro lado, em revistas da classe média, o tema predominante é a expressão de sua singularidade. Um anúncio de um MP3, por exemplo, mostra uma mulher magra, sentada descontraidamente em um sofá de couro, sob a chamada: "Você é sua trilha sonora."[49]

A música popular também divulga diferentes mensagens sobre como ser um self. Os variados gêneros musicais apresentam fortes associações com diferentes classes sociais. Se você for americano, quanto mais elevado for seu grau de instrução, mais chances terá de gostar de rock e, quanto mais baixo for o seu nível de escolaridade, mais chances terá de gostar de música country – não importa em que região do país more. Em uma comparação sistemática das canções mais vendidas de rock e country nos últimos 40 anos, descobrimos que mais canções de rock bradavam sobre a expressão da singularidade e o controle do próprio mundo, ao passo que mais canções de música country discursavam, em voz fanhosa, sobre manter a integridade e controlar o próprio self. A banda de rock Steppenwolf está "lookin' for adventure" (em busca de aventura) por ser "born to be wild" (nascida para ser selvagem), mas o cantor de música country Johnny Cash só está "a close watch on this heart of mine" (de olho neste meu coração). O ícone do rock, Led Zeppelin, compra a escada para o céu ("Stairway to Heaven"), enquanto a estrela da música country, Tammy Wynette, recomenda ficar ao lado de seu homem, no clássico "Stand by Your Man".[50]

Um beco sem saída

Depois de 18 anos de interações diárias com práticas e produtos distintos, estudantes universitários, como John Hopper e Matthew Reynolds, acabam com selves distintos. Seus diferentes selves, por sua vez, reagem de variadas maneiras às instituições, interações e eus que encontram na faculdade.

Por exemplo, antes de entrar na Stanford, os dois jovens foram aceitos na University of California, em Berkeley. A carta de admissão, que cada um deles recebeu em um grande envelope, dizia:

---

* *Nota da Tradutora*: Brincadeira com a expressão "Mama said there'd be days like this", algo como "Bem que a minha mãe dizia que haveria dias como este."

Não existe lugar como a Berkeley. Em nenhum lugar do mundo. E você conquistou seu lugar aqui. Acreditamos que você seja capaz de usar sua empolgação para se destacar no mundo; de pegar as ideias do mundo e formar novas; de aprender; de imaginar; de tentar; de criar; de mudar o mundo. Você isso é capaz e será ainda mais aqui. Sabemos que você consegue! Escolha a Berkeley.[51]

Para Reynolds, as palavras eram reconfortantes e lhe diziam: "Continue expressando sua singularidade, se distinguindo de sua família e fazendo escolhas para manifestar seu self independente no mundo, da mesma forma como vem fazendo nos últimos 18 anos."

No entanto, para Hopper, a mensagem era desconcertante. "Em que tipo de pessoa devo me transformar para ter sucesso em um lugar como esse?", ele pensou. Os temas interdependentes de se enquadrar, se relacionar e se ajustar não eram encontrados em lugar algum.

As mensagens que Hopper recebeu de outras universidades também não o ajudaram a se tranquilizar. O livreto de uma delas se gabava do fato de seus estudantes terem "a liberdade de escolher e combinar especializações em mais de 60 áreas de estudo".[52] Outra faculdade declara: "Não cabe a um orientador acadêmico lhe dizer o que fazer... o orientador é uma bússola, não um mapa para seu futuro."[53]

O descompasso entre o self interdependente dos estudantes da classe trabalhadora e os ciclos culturais independentes das universidades constitui um beco sem saída: para ascender à classe média, você precisa ter um diploma universitário. No entanto, para ter sucesso na faculdade, você já deve saber como agir de acordo com as regras da classe média.

Pior ainda, as universidades não fazem questão de revelar o manual de normas. Muitas faculdades já reconhecem que os não brancos podem se sentir deslocados, de forma que criam programas para ajudá-los. No entanto, "Se você for branco e vier de uma família pobre ou da classe trabalhadora, você vai vir a esses *campi* e será surpreendido centenas de vezes por dia. Sua realidade nunca será notada ou validada por ninguém", observou a falecida ativista Felice Yeskel.[54]

As dificuldades dos membros da primeira geração

Dessa forma, obter um diploma universitário é uma tarefa decididamente mais desafiadora para um estudante da classe trabalhadora, como Hopper, do que para um aluno da classe média, como Reynolds. Para Reynolds, a faculdade não passa de um próximo estágio no plano que ele já vem seguindo desde o nascimento. Como 82% dos estudantes que têm pelo menos um dos pais com diploma universitário ou superior, Reynolds entrou na faculdade imediatamente depois de concluir o ensino médio.[55] Para tanto, seus pais o ajudaram em buscas na internet e visitaram faculdades com ele, revisaram suas redações de apresentação, consultaram amigos e parentes, providenciaram US$200 mil e ajudaram o filho a escolher e se mudar para o novo lar. Agora, ele pode se lançar na tarefa de desenvolver sua voz, seguir suas paixões, se destacar, fazer boas escolhas e mudar o mundo. Ele até tem uma filosofia a ser testada e uma rede crescente de professores para ajudá-lo em sua missão.

Por sua vez, Hopper é como um atleta sem técnico. Sua mãe morre de orgulho do filho e faria de tudo para ajudá-lo, mas não sabe muito bem como. Por não conhecer muitas pessoas com ensino superior, ela não tem a quem pedir conselhos, e os orientadores da grande escola pública de ensino médio estão sobrecarregados e não podem ajudar muito. Diante dessa situação, Hopper teve de descobrir sozinho como se candidatar a faculdades próximas da cidade onde morava, no Norte da Califórnia. Como muitos americanos da classe trabalhadora, ele não queria se distanciar muito de casa. Como observa a socióloga Michèle Lamont, as pessoas da classe trabalhadora tendem a ficar "imersas em redes estreitas de sociabilidade, em parte porque sua família estendida muitas vezes mora a apenas alguns quilômetros de distância uns dos outros".[56] Hopper também solicitou sozinho financiamentos estudantis e bolsas de estudo e fez bicos limpando piscinas durante as férias para ganhar um dinheiro extra. Pelo próprio empenho, terminou o ensino médio, foi direto à faculdade e resistiu a uma tradicional tendência: menos da metade dos filhos de pais sem formação superior se matricula na faculdade imediatamente depois de concluir o ensino médio.[57]

Como muitos estudantes da classe trabalhadora, uma das principais motivações de Hopper para entrar na faculdade era a retribuição à família e à comunidade.[58] Entretanto, nas primeiras semanas na Stanford, ele não conheceu ninguém que tivesse as mesmas metas que ele. Ele tem dificuldade de encontrar as palavras para explicar por que se sente tão deslocado. No entanto, ciente do estereótipo de que os americanos da classe trabalhadora não são tão inteligentes quanto os da classe média, ele teme pedir ajuda e correr o risco de confirmar o estereótipo. Assim, começa a questionar se realmente está no lugar certo.

Hopper não é o único a se sentir assim. Um em cada seis estudantes universitários é o primeiro da família a entrar em um curso superior de quatro anos. Em geral, ficam para trás em relação aos que possuem pelo menos um dos pais com formação superior. Esses estudantes de primeira geração tiram notas mais baixas, fazem menos créditos e têm índices de evasão mais elevados. Eles relatam que os professores e os outros alunos os consideram diferentes, passivos e até menos inteligentes. Eles têm menos chances de participar de organizações estudantis ou desenvolver relações estreitas com os colegas e os membros do corpo docente.[59]

A interdependência dos estudantes da classe trabalhadora entra em conflito com o ensino superior também de outras maneiras. Alguns deles se preocupam com a possibilidade de a entrada na faculdade enfraquecer os vínculos com a família e os amigos. "Acabarei diferente da minha mãe e de meus amigos, e para quê?", uma aluna de primeira geração que participou do estudo desabafou com Hazel. Outros se sentem pouco à vontade com toda a atenção que recebem. "Sinto-me tão egoísta aqui, com todo esse estardalhaço sobre quem sou e o que quero da vida", outro aluno confidenciou.[60]

A outra mão invisível

À medida que os custos da educação se elevam cada vez mais, e as salas de aulas ficam cada vez menos acolhedoras para os americanos da classe trabalhadora, a estrutura de classe se torna cada vez mais complexa. Essa perda de mobilidade social representa um mau presságio para o país como um todo. Os vários desafios do século XXI requerem cidadãos instruídos e unidos. No entanto, os americanos, do mesmo modo como os cidadãos de muitas outras nações, se dividem em classes por falta de acesso a uma boa educação.

Certo nível de desigualdade social pode ser inevitável.[61] Da mesma forma como nossos parentes primatas, nós, seres humanos, nos organizamos espontaneamente em hierarquias. Coloque um grupo de pessoas em uma sala, e em pouco tempo, elas estabelecerão uma hierarquia social.[62] Até os americanos, famosos por negar a existência das classes sociais, sabem com clareza seu lugar na hierarquia. Em vários estudos, por exemplo, a psicóloga da saúde Nancy Adler e seus colegas mostram aos participantes uma ilustração simples de uma escada e pedem que indiquem onde se posicionam em relação aos outros. Os pesquisadores descobriram não apenas que as pessoas conseguem realizar essa tarefa de maneira confiável como também que a posição que indicam revela um enorme volume de informações. Quanto mais elevada é a posição escolhida pela pessoa, melhor é sua saúde em uma série de indicadores.[63]

Parte dessa desigualdade se fundamenta em fatores biológicos. Afinal, muitas vezes, as benesses vão para os maiores, mais fortes e mais espertos. No entanto, muitos seres humanos criam culturas que intensificam as consequências dessas hierarquias. Com isso, o ciclo cultural atua com tanta destreza que acaba ocultando as mentes e mãos humanas que originalmente criaram essas distinções. Como resultado, as pessoas passam a considerar o status, as classes, as castas e suas consequências algo natural e inevitável, em vez de um mecanismo humano que pode ser mudado.

Melhor alocação de verbas

Diferentemente de nossos parentes primatas mais peludos, nós, seres humanos, também usamos os ciclos culturais para reduzir a inclinação e a distância entre os patamares de nossas pirâmides sociais. Uma abordagem clara para nivelar as hierarquias e melhorar a vida das pessoas é disponibilizar boa educação, atraente para todos. Muitos países, inclusive o Japão e a Dinamarca, têm utilizado esse alavancador institucional para reduzir a desigualdade e melhorar a saúde e o bem-estar dos cidadãos.[64]

Contudo, nos Estados Unidos, a possibilidade de obter uma boa educação é cada vez mais reservada a famílias do topo da pirâmide socioeconômica. O problema começa muito antes da faculdade. Como as verbas alocadas às escolas públicas do ensino fundamental e médio normalmente são vinculadas a impostos prediais locais, os distritos escolares americanos que contam com moradores mais abastados podem gastar até US$40 mil anuais por aluno, ao passo que distritos com residentes mais pobres podem gastar apenas US$4 mil por estudante.[65] Discrepâncias tão grandes na alocação de fundos não são comuns em nações industrializadas. No Canadá, por exemplo, as províncias alocam a mesma verba a todas as escolas. Em consequência, as crianças de bairros canadenses pobres muitas vezes têm acesso a professores, currículos e materiais com a mesma qualidade dos recebidos pelas de bairros ricos.[66]

Nos Estados Unidos, contudo, a riqueza desigual muitas vezes implica em educação desigual. Como as regiões habitadas pela classe trabalhadora pagam menos aos professores que os distritos mais abastados, elas não têm como atrair e reter os professores mais qualificados. Os alunos de professores menos qualificados, por sua vez, abandonam mais a escola do que os de professores melhores. As escolas pobres também não contam com currículo reforçado, bibliotecas multimídia nem laboratórios de ciências bem equipados, usufruídos pelas escolas mais ricas. Com tão pouco incentivo para se manterem na escola, os estudantes da classe trabalhadora têm mais chances de se unir ao êxodo em massa que atualmente aflige o ensino médio nos Estados Unidos. Nas 50 maiores cidades da nação, mais da metade dos estudantes não conclui o ensino médio.[67]

"Como podemos sustentar um economia no século XXI com esse índice de evasão?", pergunta a educadora Linda Darling-Hammond.[68]

O estado de Connecticut tem uma resposta: alocar verbas suficientes e justas às escolas públicas. Com a Education Enhancement Act (Lei da Melhoria da Educação) de 1986, o estado aumentou e equiparou os salários dos professores, elevou os padrões para a educação deles e investiu mais no seu desenvolvimento profissional. Em 1998, o número de alunos do quarto ano do ensino fundamental em Connecticut já superava a concorrência em todos os outros estados em interpretação de texto e matemática, e os alunos do oitavo ano tiraram as maiores notas da nação em matemática, ciências e redação.[69]

Entretanto, o simples recurso de rever o sistema de alocação de verbas à educação não resolverá o problema. Como o educador W. Norton Grubb explica em *The Money Myth*, a relação entre a verba recebida por uma escola e o desempenho dos alunos é fraca.[70] Apesar de o dinheiro, por si só, não ser necessariamente suficiente para eliminar as diferenças entre os estudantes das classes trabalhadora e média, ele pode ajudar em aspectos que de fato fazem diferença, inclusive educação pré-escolar e programas de empréstimos estudantis com juros baixos e subsidiados pelo governo. O dinheiro também atrai professores competentes, diretores experientes e currículos estimulantes, que Grubb menciona como os grandes pilares de uma boa educação. Em resumo, no nível institucional do ciclo cultural, uma injeção de dinheiro, aplicada e distribuída com sabedoria, pode ajudar a colocar os estudantes da classe trabalhadora no caminho para o sucesso.

Junte as peças do quebra-cabeça

Uma vez nas salas de aulas, os professores mais bem pagos e treinados devem recorrer à interdependência dos estudantes da classe trabalhadora para melhorar o desempenho da turma toda. Uma das melhores técnicas para alavancar a interdependência na escola é a chamada *sala de aula colaborativa* (*jigsaw classroom*) criada pelo psicólogo Elliot Aronson, no Texas, no início dos anos 1970. Na época, a dessegregação racial nas escolas gerava hostilidades nos estados do Sul dos Estados Unidos. Alegando que as técnicas competitivas utilizadas por muitos professores na verdade só fomentavam as tensões, Aronson e sua equipe perguntaram: "Por que não tentar a colaboração?"

Trabalhando com os professores, os pesquisadores dividiram as turmas em grupos de cinco a seis crianças, de forma que cada grupo incluísse uma grande diversidade de gênero, racial e socioeconômica. Depois, os professores dividiram as lições em cinco a seis partes inter-relacionadas, atribuindo cada uma a um estudante de cada grupo. Por exemplo, para uma lição sobre a Segunda Guerra Mundial, um aluno pesquisava a ascensão de Hitler ao poder, outro estudava os campos de concentração, outro lia sobre a entrada do Japão na guerra e assim por diante. Depois de pesquisar sua parte e conversar com os alunos de outros grupos que estudaram o mesmo tópico, os estudantes apresentavam seu relatório ao próprio grupo. Mais tarde, um exame era aplicado ao grupo inteiro para avaliar o conhecimento de todos os tópicos.

No início, os alunos caçoavam dos estudantes "mais lentos" por seus relatórios e estilos discursivos menos refinados. Entretanto, assim que descobriram que suas notas dependiam do desempenho de todos, os estudantes uniam forças para reduzir os pontos fracos de cada um e capitalizar os pontos fortes. Ao final da intervenção de oito semanas, os estudantes aleatoriamente escolhidos para participar das salas de aula colaborativas tiraram notas mais altas nos exames, passaram a gostar mais da escola e apresentaram menos preconceito racial que os alunos aleatoriamente escolhidos para participar dos grupos de controle.[71]

Para se beneficiar ainda mais do poder da interdependência, os educadores devem direcionar os materiais (leituras, vídeos, cartas etc.) aos selves dos estudantes da classe trabalhadora. Em um estudo em laboratório, por exemplo, a psicóloga Nicole Stephens e seus colegas convidaram estudantes universitários de primeira geração a avaliar os novos materiais de boas-vindas para calouros da universidade. Metade viu materiais com uma inclinação independente: a carta do presidente, a brochura e os folhetos retratavam a universidade como um lugar para explorar os interesses pessoais dos alunos. A outra metade viu um pacote com um viés interdependente, que apresentava a universidade como um lugar no qual os estudantes podem colaborar uns com os outros e participar de uma comunidade. Os estudantes de primeira geração expostos ao material independente posteriormente apresentaram pior desempenho em tarefas espaciais e verbais, em comparação com os de primeira geração que viram o material interdependente.[72] Um segundo estudo sugere as razões para esse resultado: os estudantes de classe trabalhadora que viram os materiais independentes tiveram acentuado aumento no nível de cortisona, o que indica que estavam estressados ao realizar as tarefas. Já os da classe média não foram afetados por qualquer das duas condições do estudo.[73]

As universidades podem usar a ênfase comunitária da classe trabalhadora não apenas para receber os alunos na instituição, mas também para mantê-los nela. A Posse Foundation,* organização sem fins lucrativos com sede na cidade de Nova York e filiais em nove cidades americanas, identifica alunos do ensino médio de baixa renda com grande potencial acadêmico e de liderança, os agrupa em equipes de 10, lhes proporciona oito meses de cursinho pré-vestibular e lhes concede bolsas integrais para estudarem *juntos* em uma universidade de elite. Uma vez na faculdade, os participantes do programa da Posse Foundation se ajudam a transitar pelo desconhecido e, por vezes, hostil território da vida universitária.

A educadora Deborah Bial ajudou a criar a organização depois que um promissor estudante de baixa renda lhe disse: "Eu nunca teria largado a faculdade se tivesse minha turma comigo". Desde a fundação, em 1989, o programa enviou 4.245 estudantes a cerca de três dúzias de universidades parceiras, inclusive a Vanderbilt University, a University of Pennsylvania e a Northwestern. E o programa funciona: 90% dos alunos participantes da Posse Foundation saem com o diploma em mãos.[74]

Educadores de todos os anos e estágios educacionais podem ajudar seus estudantes da classe trabalhadora ao reduzir a ameaça dos estereótipos, que tantas dificuldades impõe a esses alunos. Dois psicólogos, Jean-Claude Croizet e Theresa Claire, descobriram que, quando participantes da classe trabalhadora eram informados de que um exame fora elaborado para avaliar a capacidade intelectual, eles apresentavam pior desempenho que quando sabiam que o teste avaliaria a prontidão para se concentrar em uma tarefa. Isso ocorria porque, na versão da capacidade intelectual, os alunos ficavam ansiosos com a possibilidade de confirmarem o estereótipo de que seu grupo era burro e preguiçoso. Essa ansiedade os distraía da tarefa em questão e piorava seu desempenho em relação ao grupo informado de que o teste não avaliaria qualquer qualidade profunda e fixa. Como vimos nos capítulos anteriores, a ameaça dos estereótipos afeta negativamente muitas pessoas em posições de status inferior, inclusive negros e mulheres. No entanto, como esse estudo também demonstra, reduzir a ameaça dos estereótipos por vezes não passa de uma questão de ajuste de direção.[75]

Acrescente um pouco de independência

O sucesso acadêmico requer mais que a interdependência, contudo. Os estudantes da classe trabalhadora também devem cultivar seu lado independente. A história da KIPP (Knowledge Is Power Program – Programa Conhecimento é Poder) Academies ilustra as razões pelas quais a interdependência não basta para garantir o sucesso nos mundos *mainstream* da classe média.

---

* *Nota da Tradutora*: A palavra posse, em inglês, significa bando, turma, grupo.

A KIPP é uma rede que engloba 20 estados americanos e 109 escolas *charter** que atendem a estudantes afro-americanos e hispânicos, principalmente de baixa renda. A maioria das KIPP Academies é composta de escolas dos três últimos anos do ensino fundamental. Lançado em 1994, o programa possibilitou que uma porcentagem impressionante de 84% de seus 33 mil formandos entrasse em um curso superior de quatro anos. Entretanto, diferentemente da Posse Foundation, o programa não conseguiu manter os alunos lá: apesar de os participantes KIPP terem apresentado desempenho acima da média para estudantes de baixa renda, apenas 36% deles conseguiram se formar na faculdade seis anos depois de concluir o ensino médio. Essa porcentagem é apenas ligeiramente superior à média nacional de 31% de americanos entre 25 e 29 anos.[76]

O foco praticamente exclusivo da KIPP nas habilidades interdependentes só protela a ascensão meteórica desses estudantes. No centro do currículo da KIPP, se encontra um protocolo chamado de SLANT – acrônimo de *"Sit up straight, Listen, Ask and answer questions, Nod your head, and Track the speaker with your eyes"*, algo como: "Sente-se direito, Ouça, Faça e responda perguntas, Concorde com um aceno de cabeça e Faça contato visual com seu interlocutor", em tradução livre. O SLANT neutraliza muitos dos problemas comportamentais que afligem as escolas de baixa renda e ajuda estudantes e professores da KIPP a sobreviver a quase nove horas por dia na escola e cursos compulsórios nas férias – muitas dessas horas, dedicadas a praticar exames padronizados.[77]

No entanto, a maioria das faculdades deseja estudantes capazes de fazer mais do que se comportar e gabaritar o vestibular e exige que eles possam identificar problemas, contestar as doutrinas, conceber soluções, comunicar ideias e refinar criações com base no feedback dos colegas. Para atingir esses objetivos, a Posse Foundation passa meses treinando os participantes a desenvolver e expressar suas opiniões com pessoas de diferentes classes, gêneros e etnias. Em outras palavras, a fundação satisfaz as necessidades interdependentes dos estudantes classe trabalhadora e os ajuda a cultivar a independência da qual precisarão para se destacar na faculdade.

Não é muito justo comparar a Posse Foundation com as KIPP Academies. A fundação seleciona meticulosamente seus participantes, enquanto a KIPP aceita todos os alunos cujos pais concordem em assinar um termo de compromisso. A fundação desenvolve os participantes em pequenos grupos, enquanto a KIPP administra escolas públicas inteiras. Entretanto, os fundadores da KIPP, Dave Levin e Mike Feinberg, concordam que seus índices de evasão precisam melhorar. "Nossa maior ambição é que os alunos se formem em cursos superiores de quatro anos na mesma proporção que os das famílias de renda mais alta da nação, lhes dando as mesmas oportunidades de serem autossuficientes", escreveram em um relatório de 2011.[78] Esse mesmo relatório mostra uma foto da mais recente turma de 47 alunos da KIPP e um cartaz com os dizeres:

---

* *Nota da Tradutora*: Tipo de escola pública independente dos Estados Unidos, não administrada por um distrito escolar.

"Uma equipe é sempre melhor que um indivíduo." Talvez reforçar esses indivíduos com uma dose saudável de independência ajudaria os estudantes da KIPP a encontrar o sucesso nos mundos da classe média, onde muitos acreditam que o indivíduo algumas vezes, deveria ser melhor que a equipe.

Seguindo esse raciocínio, a psicóloga Daphna Oyserman e sua equipe desenvolveram uma tática para induzir a independência. Observando que muitos estudantes da classe trabalhadora possuem grandes sonhos, mas não têm uma ideia clara de como realizá-los, a equipe de pesquisa criou um programa de 11 semanas, "da escola até o emprego", para ajudá-los a desenvolver uma percepção mais precisa de si mesmos como pessoas que fazem escolhas, controlam seu futuro e seguem o caminho mais adequado para elas. Para testar o programa, os pesquisadores dividiram aleatoriamente 280 estudantes de baixa renda dos três últimos anos do ensino fundamental em uma turma convencional e outra de *selves possíveis*, que se encontravam duas vezes por semana.[79] Os alunos da turma dos selves possíveis viram fotos com imagens do tipo de adultos que eles queriam ser quando crescessem. Depois, elaboraram linhas temporais, partindo de seus selves atuais até chegar a seus selves possíveis, incluindo os prováveis empecilhos que poderiam encontrar pelo caminho e maneiras de lidar com eles. Alavancando sua interdependência, os estudantes também se reuniram com parentes e membros da comunidade para conversar sobre o almejado futuro e conquistar seu apoio.

Dois anos mais tarde, Oyserman e seus coautores descobriram que os estudantes que representaram seu futuro na linha temporal tiraram notas mais altas em testes padronizados e em exames em geral, faltaram menos na escola e sofreram menos depressão do que os do grupo de controle. Um self independente reforçado parece estar no centro do sucesso do programa. "Os estudantes começam a enxergar escolhas que antes lhes eram invisíveis e a se ver como os arquitetos do próprio futuro", explica Oyserman.[80]

Para reforçar a independência no nível universitário, as psicólogas Nicole Stephens e MarYam Hamedani desenvolveram uma intervenção voltada a estudantes da classe trabalhadora. As pesquisadoras alocaram metade de sua amostra de calouros de primeira geração para ouvir homens de classe alta da primeira geração descrevendo como seu estilo interdependente (por exemplo, medo de fazer perguntas em sala de aula) inicialmente lhes causou dificuldades, mas também como aprenderam estratégias independentes mais eficazes (por exemplo, se expressar em sala de aula ou pedir ajuda). A outra metade da amostra ouviu alguns homens da classe alta falando sobre algumas táticas genéricas para estudar melhor. Stephens e Hamedani descobriram que os alunos de primeira geração que aprenderam a ser independentes sentiram menos estresse e ansiedade e tiraram notas mais altas no primeiro ano de faculdade que os de primeira geração que participaram no grupo de controle.[81]

Reconheça sua classe social

Uma pessoa sozinha também pode ajudar a mudar seus ciclos culturais para fazer a ponte entre diferentes classes sociais. Para começar, a classe média pode estender a mão interdependente aos membros da classe trabalhadora e reconhecer o poder das classes sociais. Os americanos são particularmente lentos em reconhecer a estruturação socioeconômica da própria cultura, apesar de os Estados Unidos serem, há muito tempo, um dos países industrializados mais estratificados do planeta. A crença de que os Estados Unidos são um país igualitário é uma noção independente, que permite que os mais abastados acreditem que tiveram sucesso unicamente devido ao próprio empenho e talento, e não em função de milhares de idiossincrasias que pavimentaram o caminho que os levou à abastança.

Muitas pessoas da classe média que receberam uma injeção de interdependência percebem que a própria educação, renda e profissão têm mais relação com a educação, a renda e a profissão de seus pais,[82] com leis tributárias, com sua excelente relação com aquela professora de ciências do ensino fundamental, e com outras instituições e interações do que com seu próprio brilhantismo inato. Eles também percebem que esse status vem acompanhado de um estilo especial e independente de ver o self, não mais natural, correto ou inevitável que sua posição na sociedade. Em consequência dessa nova percepção, muitos desses pioneiros interclasses se voltaram a descobrir modos mais interdependentes de ser – que, em vez de morosos ou fracos, na verdade, constituem a maneira como a maioria das pessoas nos Estados Unidos e no mundo vive.

Para desenvolver uma visão mais clara da interdependência, a psicóloga Barbara Jensen recomenda que os americanos da classe média façam uma incursão ao outro lado da fronteira. Os mundos da classe trabalhadora têm "integridade própria", ela observa, "o que significa que você precisa vivenciá-la por si só". E quem sabe? Você pode até gostar do que encontrar, já que as culturas da classe trabalhadora têm muito a ensinar. Em comparação com as pressões impostas pela classe média, de individuar, escolher, controlar e planejar, os mundos da classe trabalhadora podem oferecer "um senso de si mesmo como parte de uma comunidade, do mundo em que vivemos, da vida – um senso básico de pertencimento que é seu por direito e não precisa ser conquistado", ela escreve.[83]

Dentro de seu próprio mundo, dê uma parada para conversar com as pessoas da classe trabalhadora que encontra todos os dias, recomenda a ativista e autora Betsy Leondar-Wright, em seu livro *Class Matters*. No trabalho, por exemplo, ela sugere perguntar às pessoas mais abaixo na hierarquia "o que elas acham da organização". Você provavelmente descobrirá que a percepção delas é bem diferente da sua. "Continue perguntando e ouvindo, já que a primeira resposta pode não contar a história toda", acrescenta.[84]

As pessoas da classe trabalhadora também podem cruzar as fronteiras entre as classes ao reforçar sua independência. Um primeiro objetivo é reconhecer que você tem mais opções do que inicialmente pode pensar. Apesar de as comunidades e os empregos da classe trabalhadora oferecerem objetivamente menos oportunidades de escolha e controle que os mundos da classe média, os membros da classe média provavelmente não têm tantas escolhas quanto pensam. No entanto, acreditar que você está no controle, mesmo quando não é o caso, é um dos truques que as pessoas mais poderosas usam para se manter otimistas, saudáveis e orientadas para a ação.[85]

Apesar de tapar o sol com a peneira provavelmente não fazer bem a ninguém, algumas ilusões de controle a mais podem lhe dar a independência adicional da qual você precisa para ter sucesso nos mundos da classe média.

Reduza as diferenças

Atualmente, a disparidade de realizações entre famílias de baixa e alta renda é duas vezes maior que a diferença entre negros e brancos – uma reviravolta completa do padrão há 50 anos.[86] Reduzir as disparidades raciais dos anos 1950 e 1960 exigiu mudanças em todos os níveis do ciclo cultural. De maneira similar, fechar o crescente abismo entre as classes sociais exigirá uma completa reestruturação de nossas instituições, interações, eus e, em última instância, nossas ideias sobre como dividir os cada vez mais escassos recursos do planeta.

Uma ideia particularmente importuna é que os ricos conquistaram o direito de deter mais riqueza e benesses da sociedade. O sociólogo francês Pierre Bourdieu chama esse modo de pensar de "a alquimia social que transforma os privilégios de classe em méritos".[87] Bourdieu foi um dos primeiros cientistas sociais a desvendar o modo como os ciclos culturais – especialmente, as instituições educacionais e interações – constroem e ecoam as fronteiras entre as classes. Ele documenta que um status social mais elevado é menos uma questão de dinheiro e mais uma questão de ter os pensamentos, sentimentos e ações certos – ou, nos termos que utilizamos aqui, o self certo –, que mostram que você pertence aos escalões superiores.[88]

Julgando seus jovens estudantes com base nesses critérios, as escolas, sem querer, conduzem as crianças da classe trabalhadora aos mesmos empregos difíceis que seus pais tiveram, em vez de ajudá-las a desenvolver o self do qual precisarão para ter uma vida melhor. Isso se aplica tanto aos Estados Unidos quanto à França: você precisa de um self independente para ter sucesso na escola, mas seus pais antes precisariam ter uma boa educação para lhe dar esse self independente. Nas duas nações, e em muitas outras do mundo, as escolas, assim, perpetuam o mito de que os ricos são ricos porque merecem.

No entanto, a educação não precisa ser o obstáculo que mantém os pobres em seu "devido lugar". Citando Bourdieu, "o esclarecimento está no lado daqueles que voltam os holofotes aos nossos olhos".[89] Ao voltar os holofotes aos confrontos silenciosos entre independência e interdependência em todos os níveis do ciclo cultural, poderemos transformar as escolas nos impulsionadores da mobilidade social que a maioria das pessoas gostaria que elas fossem.

CAPÍTULO 6

Estados de espírito nos diferentes estados

As culturas regionais dos Estados Unidos

Se você visse Lisa Radloff cruzar a linha de chegada em uma maratona ou derrotar uma adversária na quadra de raquetebol, jamais imaginaria que, há apenas quatro anos, ela pesava 127 quilos. "É o peso de um jogador de futebol americano", ela observa.

Alguns anos depois de se mudar para a região da Baía de San Francisco (na Costa Oeste dos Estados Unidos), Lisa, nascida em Palatine, Illinois (no Meio-Oeste americano), viu o sinal dos tempos: "De repente, eu estava cercada de garotas atléticas e magras. Se eu quisesse vencer lá, precisaria perder peso."

Assim, em 11 meses, a gerente de tecnologia de informação, com 1,85m de altura, perdeu 50 quilos. Diferentemente da grande maioria das pessoas que fazem dieta, ela conseguiu manter a perda de peso, em grande parte, porque seu novo lar na Califórnia lhe permitiu liberar seu lado atlético, há tanto tempo adormecido.

Com o rotundo marido de Lisa, contudo, a história foi outra. "Ele nem chegou a tentar ficar mais saudável", ela conta. Em vez disso, ele levava para casa bolos, pizzas e cerveja para tentar a esposa, que emagrecia a olhos vistos. Quando três anos de desemprego o levaram a engordar mais 22 quilos, não teve mais condições físicas de explorar com Lisa as montanhas e praias do Norte da Califórnia. O casal foi se distanciando aos poucos até que, no ano passado, depois de 20 anos de casamento, Lisa pediu o divórcio. O marido fez as malas imediatamente e se mudou de volta para Peoria, Illinois.

A grande sedução de se mudar de cidade é um sonho comum nos Estados Unidos, nação de pessoas que vieram de outro lugar. Aproximadamente 20% dos americanos moram em uma região diferente daquela na qual nasceram. Só este ano, entre 5% e 6% dos americanos mudarão de distrito.[1]

Alguns desses migrantes descobrirão, como Lisa, que preferem usar o self exigido pelo novo lar. No entanto, muitos outros constatarão, como o marido dela, que o novo mundo e o velho self não se bicam. Esses descompassos têm seu preço. Os índices de esquizofrenia e consumo de drogas são mais elevados entre os americanos "nômades",[2] e os que se mudaram com frequência na infância sofrem mais de alcoolismo, depressão e tentativas de suicídio na idade adulta.³

Muitos migrantes não sabem direito por que seu self não se ajusta bem à nova cidade. Contudo, dentre os infortúnios da vida errante, vemos um problema comum: o confronto entre selves interdependentes e lugares independentes e vice-versa. Nos Estados Unidos, essas colisões seguem um padrão. Os ciclos culturais do Sul e do Meio-Oeste sustentam e refletem eus interdependentes, que buscam se relacionar, se enquadrar, se ajustar, se manter enraizados às tradições e saber qual é seu lugar no mundo social mais amplo. Por sua vez, os ciclos culturais do Oeste e do Nordeste do país impulsionam e resultam de eus independentes, que buscam se individuar, expressar sua singularidade, influenciar e se sentir livres, equitativos e muito bem.⁴ Relatos sugerem que, quando as pessoas se mudam para uma região cujo ciclo cultural promove um tipo diferente de self, elas se sentem menos à vontade do que em uma região que cultiva um tipo similar de self.

Apesar de os americanos não migrarem tanto quanto há 30 anos, ainda estão entre os povos de maior mobilidade do planeta.⁵ A popularização do trabalho à distância significa que os americanos passam ainda mais tempo trabalhando com pessoas de regiões diferentes. E, à medida que cada vez mais pessoas imigram para os Estados Unidos, descobrem que se estabelecer em Tacoma, cidade portuária de porte médio no estado de Washington (no Noroeste do país), é muito diferente de se estabelecer na pequena cidade de Tuscaloosa, no estado sulista do Alabama.

Conhecer os padrões regionais das culturas americanas pode ajudar esses peregrinos contemporâneos. Caso estiver pensando em se mudar, você pode escolher uma região que complementa melhor seu self atual ou o que deseja cultivar. Se não tiver como escolher o destino, pelo menos poderá se preparar para o choque cultural que o aguarda. Munido do conhecimento do tipo de mundo que o espera e o tipo de self que você tem (questão à qual o ajudaremos a responder no Capítulo 10), você poderá utilizar o ciclo cultural para criar um ninho mais confortável. Se você decidir ficar na nova região, também poderá usar o ciclo cultural para tornar seu mundo mais acolhedor para os futuros migrantes.

Os Estados Unidos não são o único país que apresenta confrontos regionais. A história de muitas nações é manchada de sangrentas guerras civis. Apesar de muitos desses conflitos terem se atenuado, algumas tensões ainda se fazem notar. Um bom número dessas colisões ocorre ao se cruzar a fronteira entre a independência e a interdependência. Conhecer as diferenças e ajustar os ciclos culturais para construir pontes que aproximem essas diferentes regiões pode ajudar a fechar essas fissuras.

Vá para o Oeste ou para casa

Apesar de Lisa se orgulhar de seu esbelto corpo, ela não gosta de algumas das pressões que a levaram a perder peso. "Os californianos são meio frívolos", ela diz. Além de julgar as pessoas pela aparência, "eles têm o irritante hábito de marcar encontros e não aparecer. No Meio-Oeste", ela acrescenta, "isso é uma ofensa passível de punição".

No começo, Lisa levava essas excentricidades para o lado pessoal. Mas, depois de um tempo, ela culpou o clima e a cultura que ele encoraja.

"Sei que parece estereotipagem", ela diz, "mas, no Meio-Oeste, é frio demais para sair na maior parte do ano. Então as pessoas ficam em casa, assistem ao futebol juntas, bebem cerveja e criam vínculos. Mas aqui dá para conhecer pessoas o ano inteiro enquanto você surfa, caminha e anda de bicicleta. Então, você não precisa ter amigos íntimos, porque sempre pode encontrar novos". No entanto, ao se ver constantemente no mercado em busca de amigos, "a gente sente mais pressão para ter uma boa aparência", ela observa.

O que Lisa vivenciou na própria vida, a psicóloga Victoria Plaut e seus colegas constatam em suas pesquisas: quem tem mais amigos potenciais, como as pessoas que moram em áreas densamente povoadas ou mais ricas, valorizam mais a atratividade física que as pessoas com menos opções sociais, como quem vive em áreas rurais ou com menos dinheiro.[6]

"Quando você tem mais opções de amigos", Plaut explica, "precisa de um mecanismo de triagem. Um muito comum é a atratividade. Mas, quando se tem menos opções, os amigos tendem a ser as pessoas com as quais você já tem vínculos – com as quais você cresceu ou com quem frequenta a igreja. Nesse contexto, a atratividade não importa tanto".

Assim, Plaut e sua equipe demonstram que mulheres urbanas com maior relação cintura/quadril se sentem menos satisfeitas e socialmente conectadas que suas irmãs, com corpo em forma de maçã, nas áreas rurais. Os pesquisadores também constataram, como Lisa suspeitava, que até mulheres moderadamente fofinhas sofrem mais em mundos sociais de "livre mercado" que em contextos mais tradicionais e enraizados.

Ao se transformar de uma maçã em uma ampulheta, Lisa descobriu que toda a escolha, individuação, controle e libertação que o Oeste[7] demanda não apenas emagrecem como também desenvolvem e espelham um self independente. Ela também percebeu que toda a aceitação, formação de vínculos, adequação e enraizamento de sua cidade natal do Meio-Oeste não apenas geravam calor humano nas noites frias como também criavam e refletiam um self interdependente.

Um pouco arrependida, Lisa percebeu que, quanto mais tempo ficava na Califórnia, mais seu self interdependente se enfraquecia: "Aqui as pessoas pensam em si mesmas e falam sobre si mesmas *o tempo todo*. Nunca quis ser assim. Eu queria ser a pessoa que primeiro perguntas sobre o outro, porque isso é ser um ser humano decente e bom. Mas, então, você absorve essa mentalidade do 'Eu! Eu! Eu!' E essa tem sido uma mudança interessante para mim. Agora, penso em mim primeiro."

O Oeste é o Oeste; o resto é resto

Embora as diferenças entre o Oeste e o restante dos Estados Unidos sejam menos estudadas que as entre o Norte e o Sul, discutidas mais adiante neste capítulo, elas não são menos extremas. A região que deu origem a Hollywood, a Las Vegas, ao Vale do Silício, à Silicon Forest,* ao computador pessoal e ao movimento da autoestima abriga alguns dos selves mais independentes do país. Em levantamentos nacionais, por exemplo, os moradores do Oeste dos Estados Unidos se descrevem como mais abertos a novas experiências, autônomos e focados em si mesmos, bem como menos amistosos, cordatos e focados nos outros que os habitantes do Meio-Oeste ou do Sul.[8]

Até em comparação com o Nordeste – outra região de mente aberta, focada em si mesma e não tão cordial[9] –, o Oeste chega a ser mais independente em alguns indicadores. Em um estudo, por exemplo, Plaut e seus colegas investigaram como os moradores de San Francisco, na Costa Oeste, e Boston, na Costa Leste, obtêm seu senso de autovalorização. As duas cidades são refúgios da elite liberal, propensa a "aumentar os impostos, expandir o governo, beber até tarde, comer sushi, dirigir Volvos e ler o *New York Times*".[10] Mesmo assim, o self dos cidadãos dessas duas cidades é reforçado por fatores bem diferentes. A autovalorização dos residentes da cidade de Boston oscila com as circunstâncias de sua família, comunidades, situação financeira, educação e trabalho. Por sua vez, a autovalorização dos moradores de San Francisco se relaciona em grande parte com o trabalho.[11]

"Isso não significa que as pessoas do Oeste não sejam gentis e cordiais com as outras", explica Plaut. "Não significa que não façam boas amizades e não tenham boas relações de coleguismo. Esses resultados só sugerem que, em geral, dão menos importância às normas sociais que as pessoas do Nordeste dos Estados Unidos."

Uma grande diferença entre Boston e San Francisco, explica Plaut, é a idade das duas cidades. Apesar de Boston e seus arredores terem recebido os puritanos e abrigado a Revolução Americana e outros grandes momentos de independência, a região teve muito mais tempo para criar raízes, cultivar relacionamentos e instituir hierarquias, em comparação com as cidades do Oeste. Muitos habitantes do Nordeste americano têm dificuldade de conciliar sua independência com as restrições de uma cultura mais antiga. Já San Francisco, a nova e resplandecente cidade do Noroeste americano, tem menos tradições, comunidades e sistemas de status arraigados, de forma que seus selves se sentem mais livres para mergulhar de cabeça na conquista de metas individuais.

Em trânsito

Alguns deles mergulham com tanta impetuosidade nessa missão, que os observadores se perguntam: "Será que os Estados Unidos têm alguma espécie de ímã para atrair todos os loucos para o Pacífico? Ou será que o Oeste selvagem transforma seus moradores em pessoas 'selvagens'?" A resposta é sim. Essas duas forças estão em ação. Em diferentes culturas, as pessoas que migram estão dispostas a largar tudo o que conhecem em busca de algo que nunca viram ou sentiram. Desse modo, esses pioneiros instituem ciclos culturais de ideias, instituições e interações que alimentam e refletem o self independente.

---

* *Nota da Tradutora*: O termo se refere a uma concentração de empresas de alta tecnologia, localizada na região metropolitana de Portland, Oregon.

Rob Goldhor é um nativo do Nordeste que respondeu ao chamado do Oeste. Em suas próprias palavras, ele "não estava muito feliz" como universitário em Boston, sua cidade natal. Em vez de frequentar a faculdade em uma cidade que já conhecia, ele queria andar de moto nos amplos espaços de um local totalmente desconhecido. Em 1997, partiu em uma viagem para esquiar, passou pelo Colorado, gostou do que viu e se mudou para Boulder dois anos depois.

Atualmente trabalhando como mecânico na pequena cidade de Golden, Colorado, Rob passa o tempo livre caminhando, esquiando e dirigindo a picape que customizou para percorrer o perigoso terreno das redondezas. "Agora sou mais eu", ele relata. "Não sou mais quem achava que deveria ser quando era um moleque que crescia em uma família de acadêmicos, com toda aquela pompa e circunstância."

Os Estados Unidos não são o único país com uma natureza selvagem que atrai os selves independentes.[12] Em uma intrigante série de estudos, o psicólogo Shinobu Kitayama e sua equipe compararam estudantes universitários japoneses da Universidade de Kyoto, universidade de elite em Honshu, a maior ilha do arquipélago japonês, com alunos da Universidade de Hokkaido, universidade de elite na ilha de Hokkaido, ilha pouco explorada e pouco povoada do Norte do Japão. Como vimos nos Capítulos 1 e 2, os ciclos culturais do *mainstream* japonês sustentam os selves interdependentes e se originam deles. No entanto, Shinobu e seus colegas descobriram não apenas que os japoneses nascidos em Hokkaido apresentavam tendências mais independentes – desejo de atingir a realização pessoal, tendência de procurar as causas dos eventos nas pessoas, e não nas situações –, como também que os estudantes que se mudaram para Hokkaido se mostraram tão independentes quanto os nativos da ilha. Em outras palavras, as pessoas "selvagens" são atraídas por lugares selvagens.

Mesmo se você não tiver nascido com um coração selvagem, o mero ato de se mudar reforça sua independência. O psicólogo Shigehiro Oishi e seus colegas constataram esse fato entre estudantes universitários americanos. Em um estudo, por exemplo, eles descobriram que, quanto mais vezes os universitários se mudavam, menos vezes mencionavam times esportivos, igreja ou outros grupos ao se descrever. Em vez disso, esses alunos mais "nômades" se descreviam com mais frequência em termos de traços abstratos de personalidade, como "esforçado" ou "inteligente".[13]

"Se você troca de time de futebol todos os anos", Oishi explica, "a posição na qual você joga passa a ser mais importante do que o time ao qual pertence. De maneira similar, quando você passa de uma cidade à outra, a constante é *você*, e os grupos aos quais você pertence perdem a importância."

Fortes vínculos fracos

O Oeste americano é uma região de grande mobilidade. Entre 1995 e 2000, todos os cinco estados cujos moradores mais se mudaram – Nevada, Colorado, Arizona, Alasca e Oregon – ficavam na região Oeste. Relatórios do Censo de 2000 dos Estados Unidos demonstram, de maneira similar, que o Oeste é a região com maior número de pessoas transferidas – para fora, para dentro e pelo estado.[14] Essa constante transferência de populações leva a interações cotidianas que impelem um ciclo cultural mais independente.

À medida que os moradores do Oeste se mudam e se estabelecem em uma nova cidade, por exemplo, suas redes de relacionamentos não são reduzidas. Na verdade, essas pessoas têm *mais* amigos do que os vizinhos que não se mudam. Para tanto, os residentes do Oeste fazem a clássica troca entre qualidade e quantidade: "Eles lançam uma rede mais ampla em vez de ter alguns poucos relacionamentos profundos", Oishi esclarece.

Os nós que formam essas grandes redes superficiais não são os vínculos que unem as pessoas, mas as conexões que inspiram a inovação. Como o sociólogo Mark Granovetter demonstra, em um clássico artigo, quanto maior for o número de pessoas de uma rede de relacionamentos e quanto mais frouxas forem suas conexões, as ideias circularão com mais rapidez e facilidade. Como as inovações normalmente surgem da colisão, agitação e recombinação de ideias de todas as direções, e não da mente de gênios solitários, os vínculos fracos constituem as vias expressas da criatividade.[15]

Dessa maneira, o Oeste, com seus frouxos vínculos, abriga alguns dos setores mais inovadores do último século, inclusive a indústria cinematográfica, de semicondutores, de software e a internet. Três das cinco regiões mais ativas em termos de registros de patentes ficam no Oeste americano – a saber: as regiões da Baía de San Francisco, San Jose e Los Angeles. Quatro dos oito centros de biotecnologia mais importantes também ladeiam o Pacífico, apesar de a indústria ter raízes históricas no Nordeste americano.[16] Como o autor Richard Florida relata em *Who's Your City?*, mais de 50% de todo o capital de risco é alocado a apenas três regiões (o Vale do Silício, San Diego e a Grande Boston), com dois terços desse montante investidos apenas no Vale do Silício.[17]

Enquanto isso, o pessoal do Leste transita muito menos. Quatro dos estados americanos de menor mobilidade ficam no Nordeste: Pensilvânia, Nova York, New Jersey e Maine. (O quinto estado é a Virgínia Ocidental, na região do Atlântico Sul.) Contudo, essas regiões dificilmente podem ser consideradas recônditos esquecidos pela criatividade; Boston e Nova York registram uma justa cota de patentes e, ao lado da Filadélfia (também no Nordeste americano), estão entre os gigantes da biotecnologia. Nova York permanece o centro da moda, da mídia e das finanças (indústria na qual muitos americanos atualmente anseiam por *menos* criatividade). Outras cidades do Leste também possuem seus nichos de genialidade.

No entanto, como Plaut e sua equipe salientam, a maneira como as pessoas praticam a independência no Nordeste é diferente do Oeste. Por exemplo, em uma análise dos sites de empresas de capital de risco (os financiadores da inventividade), os pesquisadores descobriram que as empresas de Boston enfatizam o status e a experiência mais que as de San Francisco, que preferem salientar o igualitarismo e a criatividade. As empresas de Boston também mencionam com mais frequência equipes, empresas e outros tipos de grupos, ao passo que as de San Francisco se concentram mais nas pessoas. Até na área extremamente independente do capital de risco, o Nordeste consegue ser um pouco mais interdependente que o Oeste.[18]

A perda da profundidade

A estabilidade pode não ser o maior impulsionador da inovação, mas leva a benefícios diferentes: cooperação, confiança e coesão em uma comunidade – pontos fortes resultantes de vínculos profundos. Também são pontos fortes cada vez mais escassos nos Estados Unidos contemporâneos, como Robert Putnam argumenta em seu livro *Bowling Alone*. Putnam demonstra que mudanças no ambiente de trabalho, no contexto familiar e na tecnologia estão enfraquecendo o capital social da nação – as redes sociais, as normas e a confiança que possibilitam que as pessoas atuem em colaboração. Ele também constata que essas mudanças não afetam igualmente todos os segmentos da nação. Mais especificamente, os estados mais a Leste do Meio-Oeste americano – Iowa, Kansas, Minnesota, Missouri, Nebraska, Dakota do Norte e Dakota do Sul – apresentam repetidamente os níveis mais elevados de capital social.[19]

De forma similar, Oishi documenta que as regiões cuja população é menos itinerante são mais gentis e cordiais. Em um estudo, por exemplo, ele e seus colegas demonstraram que os moradores de áreas mais estáveis têm mais chances de comprar uma placa de carro cuja receita seja alocada para a conservação ambiental,* em comparação com quem vive em comunidades nas quais as pessoas são mais nômades.[20] Para investigar se a mobilidade de fato reduz o altruísmo – e, se for o caso, por que isso acontece –, a equipe de pesquisa de Oishi alocou aleatoriamente estudantes universitários a um cenário de uma comunidade estável (grupos que trabalharam juntos em quatro tarefas) ou a uma condição de comunidade móvel (grupos cujos membros eram trocados a cada tarefa). No estágio final do experimento, os participantes competiram em um jogo de perguntas e respostas por um prêmio de US$10.

Os pesquisadores descobriram que, em comparação com os participantes da condição de comunidade móvel, os membros da comunidade estável ofereciam mais ajuda a um adversário em dificuldades (na verdade, um ator infiltrado pelos pesquisadores), apesar de reduzir suas chances de ganhar o prêmio. Os pesquisadores também constataram as *razões* pelas quais os membros do grupo estável eram mais generosos: eles sentiam um maior senso de pertencimento e mais empatia pelo grupo. Apesar de os pesquisadores não terem mensurado diretamente a independência ou a interdependência, os resultados sugerem que os membros de grupos estáveis se sentiam mais interdependentes em relação a suas novas comunidades, de forma que eram mais empáticos com os colegas de grupo do que os membros de grupos móveis.

---

* *Nota da Tradutora*: Nos Estados Unidos, é possível comprar placas especiais de variadas instituições de caridade e ONGs.

Megalojas *versus* lojinhas de bairro

O próprio Oishi é um migrante global. Nascido no Japão, ele se mudou para os Estados Unidos para concluir os estudos de pós-graduação, quando deparou com uma curiosa constatação: "Os americanos, como indivíduos, adoram ser especiais. Mas, se você der uma olhada nos subúrbios americanos, notará que são incrivelmente uniformes. Você vê casas idênticas por toda parte, e todos os shopping centers têm exatamente as mesmas lojas." Em gritante contraste, as cidadezinhas do Japão interdependente são todas distintas.

"Por que tantas cidades dos Estados Unidos parecem iguais?", Oishi quis saber. Ele intuiu que a resposta poderia ser encontrada no desejo de viajar dos americanos. Embora uma mudança de cidade traga a distinção e a singularidade que os selves independentes tanto desejam, a transferência pode ser difícil para a psique. "Você se torna um estrangeiro em uma terra desconhecida", declara o psicólogo.

Talvez, Oishi ponderou, quando se veem diante do estresse proveniente do desconhecido, os americanos façam o mesmo que os bebês do mundo inteiro: se apegam ao conhecido. No entanto, em vez de se agarrar ao seu ursinho de pelúcia preferido, os americanos itinerantes recorrem a lojas da Barnes and Noble, Best Buy, Starbucks e outras cadeias nacionais.

"Os americanos buscam atingir as próprias metas individuais", explica o psicólogo, "de forma que criaram esse cenário no qual é fácil transitar". Oishi e seus coautores de fato constataram que, quanto mais itinerante é a população de um estado, mais megalojas ele abriga (mesmo depois de os dados serem ajustados para levar em consideração a renda e a população). Eles também verificaram que, quanto maior o número de vezes em que estudantes universitários se mudaram na infância, mais preferiam redes nacionais a alternativas locais.[21]

Apesar de poderem se deleitar com sua recém-descoberta independência, muitos novos moradores do Oeste têm saudades das peculiaridades de sua terra natal. "Sinto falta das casas com personalidade, construídas para que a gente sinta saudades delas", diz Goldhor, natural da Nova Inglaterra, no Nordeste dos Estados Unidos. "Não suporto as casas de estilo rancho... E 90% das casas aqui no Colorado são assim."

Agitação e diversidade ou tranquilidade e solidariedade?

Subindo um nível no ciclo cultural, as instituições ao mesmo tempo reforçam os indivíduos e as interações independentes do Oeste e se originam deles. Talvez o ecossistema mais bem documentado de instituições do Oeste seja o Vale do Silício, que produziu o maior aumento de riqueza de toda a história da humanidade.[22] Batizada em homenagem ao microchip de silício, o cérebro dos computadores modernos, a região do Norte da Califórnia que, mais tarde, se tornou o Vale do Silício sempre teve uma vantagem no que se refere à inovação, mesmo antes de os computadores entrarem em cena. Os militares americanos já vinham investindo substancialmente nas empresas aeroespaciais e de eletroeletrônicos da região, o que significava que muitos talentos e muito dinheiro já tinham sido atraídos, e muita infraestrutura, construída. Posteriormente, uma rede de escritórios de advocacia se expandiu para ajudar as novas empresas a se beneficiar de leis propícias ao empreendedorismo. Em seguida, empresas de capital de risco se apresentaram para fornecer os enormes fundos que abasteceram o lendário crescimento das empresas da região. Para encontrar os especialistas necessários para os empreendimentos, *headhunters* e consultores de RH também entraram na dança. As universidades locais também embarcaram na onda, firmando alianças sem precedentes com as indústrias da região.[23]

Juntas, essas instituições acabaram facilitando muito o processo de abrir uma empresa de tecnologia no Vale do Silício no final do século XX. Essas start-ups, e os gigantes multinacionais nas quais muitas delas se transformaram, continuam a promover a causa do self independente por meio das interações cotidianas. "Pessoas criativas não usam uniforme", escreve Richard Florida em *A ascensão da classe criativa* (L&PM, 2011), de forma que as empresas do Vale do Silício substituíram o terno corporativo por roupas casuais. Além disso, é difícil agendar a criatividade, de forma que muitas das empresas da região permitem horários flexíveis. E, para livrar os trabalhadores dos pequenos afazeres da vida cotidiana para que possam se dedicar a buscar a próxima grande ideia, muitas empresas oferecem refeitórios, creches no escritório, assistência médica e outras mordomias.[24]

Além disso tudo, muitas empresas do Vale do Silício também adotam práticas que encorajam a diversidade demográfica, inclusive benefícios para parceiros do mesmo sexo. Demonstrando sua abertura à diversidade, as instituições da região atraem pessoas de mente aberta, com variadas formações e criações. Com isso, a ampla variedade de pensamentos, sentimentos e ações que esses migrantes trazem flui para o banco de ideias da região.[25]

O oposto da agitação e diversidade promovidas pelas instituições do Oeste é a tranquilidade e a solidariedade cultivadas pelas do Meio-Oeste. Em comparação com o resto da nação, o Meio-Oeste conta com um grande número de organizações cívicas que inspiram associações vitalícias entre pessoas de ideias afins. Por exemplo, a Moose International, a Kiwanis International e a Rotary International são todas instituições com sede no Meio-Oeste. E, apesar de o Sul ter ganhado o apelido de "Cinturão Bíblico", o Meio-Oeste possui um número igualmente alto de igrejas *per capita*. Os moradores dessa região respaldam extensivamente suas instituições, comparecendo a mais encontros em clubes, serviço voluntário e eleições, em comparação com os residentes de qualquer outra região do país.[26]

Em algum ponto entre a independência irrestrita, inspirada pelas instituições do Oeste, e a interdependência acolhedora, sustentada pelas do Meio-Oeste (e, como veremos mais adiante, também do Sul), se encontra a independência atenuada, desenvolvida pelas instituições do Nordeste. Lar do maior número das primeiras e mais antigas instituições da nação, os estados da Nova Inglaterra e da região do Médio Atlântico* estão imersos em tradições. Mesmo assim, suas funções e objetivos refletem a independência promovida pelos fundadores da nação. Como o colunista Brian McGrory escreveu sobre Boston, "Somos uma cidade moldada pelo passado, o que sempre nos leva a um futuro melhor."[27]

Os rebeldes se rebelam

Mais famosas que as diferenças entre o Oeste e o resto dos Estados Unidos são as distinções históricas entre o Norte e o Sul do país. Alana sabe bem disso. Nascida em Memphis, Tennessee, no Sudeste dos Estados Unidos, ela cresceu ouvindo histórias de supostos insultos, recebidos com agressividade por seus parentes. Algumas são engraçadas. Quando a bisavó de Alana, que era morena, encontrou um longo fio de cabelo dourado no zíper do macacão do marido, por exemplo, ela não disse nada. Pegou um machado e estraçalhou a peça de roupa. Quando a mãe de Alana, grávida e varrida por uma onda de hormônios, caiu no choro porque não conseguia montar a tábua de passar, o pai de Alana defendeu a honra da esposa destruindo o insolente objeto com as próprias mãos.

Contudo, algumas das histórias da família são trágicas. Por exemplo, em uma festa da University of Arkansas, em 1926, o tio-avô de Alana censurou publicamente um colega por assediar uma moça. O colega, insultado, sacou uma arma e matou o homem a tiros.

Até se mudar para a Nova Inglaterra, no Nordeste do país, para ir à faculdade, Alana presumia que todas as famílias tinham histórias parecidas. Afinal, a maioria de seus amigos do Memphis tinha. Mas logo descobriu que suas histórias sulinas impressionavam e alarmavam os amigos do Norte. Ela também descobriu que as próprias reações ao que considerava incivilidades eram peculiares. Ao serem vítimas de provocações amigáveis, por exemplo, seus colegas de turma não sentiam a pressão arterial subir, o rosto ficar vermelho ou os punhos cerrarem. Em discussões sobre as questões mais profundas de *Crítica da razão pura* (Ícone Editora, 2007), de Kant, seus colegas de classe não sentiam as interrupções dos outros como agressões físicas. E, ao encontrar um vendedor mal-humorado, os amigos dela não murmuravam: "Você é tão útil quanto um alçapão em uma canoa..."

Depois de anos comparando observações, Alana constatou que muitos sulinos que se mudaram de cidade também concluíam que tinham pavio curto demais para o Nordeste. Eles também se magoavam com as pequenas indelicadezas que os nortistas constantemente exibiam. Os sulistas normalmente não são os que mais se ofendem quando, digamos, alguém começa a comer antes de todos serem servidos ou quando os homens

---

* *Nota da Tradutora*: Região localizada no Nordeste dos Estados Unidos, que inclui os estados de Nova York, Nova Jersey, Pensilvânia, Delaware, Maryland, Washington D.C., Virgínia, Virgínia Ocidental, podendo incluir também a Carolina do Norte.

não seguram a porta para as mulheres. Mesmo assim, depois de ir para o Norte, muitos deles passam a valorizar as pequenas delicadezas da etiqueta do Sul: vendedores que fazem de tudo para ajudar, desconhecidos que se cumprimentam na rua, motoristas que nunca buzinam, chefes que respeitam fins de semana e feriados e vizinhos que fazem biscoitos para receber uma nova família no bairro.

"Há certa rispidez aqui no Nordeste", diz Jason Long, também nativo de Memphis (Sul do país) e que hoje atua como arquiteto em Nova York, "uma falta de gentileza nas atitudes das pessoas, desde o vendedor da lojinha de esquina, até os garçons e as pessoas com as quais trabalho. É mais fácil se sentir sozinho aqui".

As ondas do Sul

Migrando na outra direção, muitos nortistas descobrem que gostam bastante da interdependência dos ciclos culturais do Sul. "As pessoas são muito mais amistosas aqui", observa um nativo da região da Baía de San Francisco (Oeste), atualmente advogado em Atlanta (Sudeste). Ele prefere não ser identificado, "porque odiaria que meus velhos amigos pensassem que estou ficando frouxo. Mas a sexta-feira chega ao fim, o trabalho termina e o fim de semana começa. As pessoas tiram tempo para a família, para praticar esportes e ir à igreja. Elas convidam o recém-chegado para participar dessas atividades".

Essa é a melhor parte da cortesia sulina: o desejo de fazer as pessoas se sentirem bem, recebendo-as com hospitalidade e ajudando-as a se sentir em casa. É devido a essa interdependência que muitos sulistas não se limitam a dizer: "Ele é rápido" ou "Estou pasmo". Em vez disso, exclamam: "Ele é como um cachorro escaldado com as orelhas para trás!" ou "Bom, pode me socar e roubar meus dentes!" E essa interdependência também explica por que histórias, pregações, discursos, política e músicas do Sul influenciaram tão profundamente a nação como um todo.[28]

No entanto, a cortesia sulista também tem seu lado obscuro. Durante séculos, a mitologia das belas sulistas brancas e bem-educadas e as proteções que elas demandavam proporcionaram muitas das desculpas para manter os negros separados dos brancos, temendo que maculassem a suposta pureza delas. Até hoje, o código de comportamento tácito do Sul é aplicado para manter divisões entre raças, classes e gêneros. Um complexo conjunto de normas revela não apenas se você sabe qual garfo usar mas também a que grupo você pertence e o nível de respeito que seu grupo merece. As pequenas cortesias cotidianas perpetuam as injustiças também de outra maneira: enquanto as pessoas fazem malabarismos para serem corteses com os outros, elas podem estar ocupadas demais para notar incivilidades maiores inseridas em seus ciclos culturais – em suas interações, instituições e ideias.

Os sulistas mais contemporâneos sabem que o resto do país não tem um bom conceito deles, e muitos se envergonham do conturbado passado de sua terra natal. Dessa forma, de acordo com a acadêmica sulina Diane Roberts, a hospitalidade "também é função do desejo de apresentar o Sul – cuja população está acostumada a ser representada como burra, retrógrada, pobre, preconceituosa e degenerada – como um lugar repleto de pessoas incrivelmente gentis, felizes em lhe ceder o último pedaço de frango".[29] No entanto, ao mesmo tempo que sulistas que saíram de suas cidades servem porções cada vez mais generosas de cortesia, muitos deles sentem que um abismo cada vez maior separa sua gentileza dos insultos dos outros.

A cultura da honra

Na pós-graduação, Alana aprendeu que sua sensibilidade às afrontas e sua valorização das boas maneiras não eram loucura, nem mesmo exclusividade dela. Na verdade, aquele seu modo de ser era apenas uma parte da *cultura da honra* (*culture of honor*) sulina, mistura de violência e cortesia que faz do Sul dos Estados Unidos um lugar charmoso para se visitar, mas ligeiramente perigoso para se viver.

Ao longo da maior parte da história americana, o Sul tem sido a região mais violenta da nação, que registra os mais altos índices de homicídio, violência doméstica, castigos corporais, penas de morte, posse de armas e apoio a guerras. No entanto, os sulistas, como indivíduos, não costumam liberar sua ira por qualquer motivo. Na verdade, os psicólogos Richard Nisbett e Dov Cohen descobriram que eles usam a violência de maneira desproporcional quando se trata de proteger sua reputação e recuperar a honra. Por exemplo, apesar de constituírem menos de um terço da população branca dos Estados Unidos, os homens sulistas brancos cometem 49% dos assassinatos passionais envolvendo triângulos amorosos (quando alguém é assassinado por trair o parceiro) e 40% dos homicídios relacionados com brigas. De forma similar, entre as mulheres brancas, as sulistas respondem por 55% dos assassinatos passionais envolvendo triângulos amorosos e 52% das mortes relacionadas com brigas.[30] Essas constatações reforçam um arquétipo diferente, que retrata as mulheres sulinas como pessoas que escondem uma determinação ferrenha por trás de suas delicadezas.[31]

Os sulistas também fazem de tudo para proteger a honra dos outros – uma das razões pelas quais são tão corteses. A cortesia sulina não é só um estereótipo vazio. Em um estudo comparando 36 cidades americanas, o psicólogo Robert V. Levine e seus colegas descobriram que os sulistas têm mais chances de devolver uma caneta que um desconhecido deixou cair, dar troco para um moeda de US$0,25, ajudar um cego a atravessar a rua e pegar revistas derrubadas por uma pessoa com a perna machucada.[32] Os sulinos concordam que são um povo gentil. Em um levantamento nacional, realizado com mais de 3 mil americanos adultos, os sulistas se avaliaram como pessoas de coração mole e mais compassivos que os moradores de qualquer outra região do país.[33]

No centro dessa paradoxal mistura de hostilidade e hospitalidade reside um self interdependente que oscila de acordo com a opinião pública. Como a reputação é tão importante para os selves da cultura de honra sulina, "pedras e bastões quebrarão os ossos dos sulistas, *e* as palavras também os ferem profundamente", afirma Cohen. A reputação também é muito importante nas chamadas *culturas de credibilidade* (*face cultures*) da Ásia, nas quais as pessoas se empenham muito para poupar a si mesmas e aos outros da vergonha e ridicularização. Entretanto, diferentemente de seus pares asiáticos, os selves interdependentes da cultura da honra sulina não dependem dos outros para corrigir um erro. "Cabe a você combater uma afronta", explica Cohen, "não a um superior, ao grupo ou a um tribunal".

Sem um grupo para protegê-los, os sulistas escolhem bem suas batalhas. No entanto, quando decidem se vingar, vão até o fim. Daí o adágio "Um sulista é gentil até o momento em que perde a cabeça e mata."

Essa dinâmica de insulto, cortesia e violência é bastante diferente no Norte dos Estados Unidos. Os nortistas mantêm o que Cohen chama de uma *cultura de dignidade* (*culture of dignity*), que sustenta que todos os selves nascem igualmente bons.[34] Contando com um self forte como direito nato, os nortistas dependem menos da opinião alheia para desenvolver seu self e se voltam mais às próprias verdades internas. (Mas lembre-se de que os habitantes do Nordeste se preocupam mais com a aprovação social do que os do Oeste.) Mais decididos a se expressar que cortejar a opinião alheia, os moradores do Nordeste tendem a prescindir de gentilezas, expressar sua raiva rapidamente e, com frequência, e não levar os contrassensos dos outros para o lado pessoal.

Que raiva!

Cohen e sua equipe de pesquisa registraram a violenta cortesia da interdependência sulina e a morna ira da independência nordestina em um experimento de laboratório bastante divertido. Apresentando o estudo como uma "sessão simulada de arteterapia", os pesquisadores convidaram universitários (metade composta de homens sulinos, e a outra metade, de homens nortistas) para passar uma hora fazendo desenhos inspirados na infância.

Parece divertido, não? O único problema desse cenário, como os participantes descobriram, era o outro participante da sessão – um cara terrivelmente chato, de 1,80 de altura, que, na verdade, era um ator treinado pelos pesquisadores para irritar os participantes 11 vezes, com uma provocação mais desagradável que a outra. A provocação 1 era relativamente inocente: o ator pegava dois lápis de cor da mesa do participante dizendo: "Vou pegar dois dos seus lápis de cor, Chefinho. Depois devolvo."

Mas as provocações rapidamente se tornavam mais ofensivas. Veja alguns exemplos do roteiro preparado pelos pesquisadores:

Provocação 2: [o ator amassa um desenho e o lança na lixeira, mas atinge o participante] "Opa, cuidado aí, Chefinho!"
Provocação 7: [atingindo o participante com outra bola de papel] "Você é um alvo fácil sentado aí, paradão. Acho que tem mais a ver chamar você de Paradão que de Chefinho."
Provocação 9: [mirando o participante com a bola de papel] "Ei, Paradão, você precisa desviar."
Provocação 11: [atingindo o participante com a bola de papel] "Não sei quanto aos seus desenhos, Paradão, mas você é um excelente alvo."

No decorrer do experimento, um pesquisador oculto observava as interações por meio de uma câmera de vídeo, fazendo anotações. A análise do material revelou que os nortistas agiam ao estilo típico do Norte: rapidamente demonstravam sua irritação, mas a raiva se mantinha sempre no mesmo nível da reação inicial de advertência.

Já os sulistas inicialmente demonstravam *menos* raiva que os nortistas. Com as Provocações de 1 a 5, eles pareciam até se divertir com as excentricidades do ator. Entravam no jogo para manter uma boa relação com o outro. No entanto, quando chegavam à Provação 6, a afabilidade se transformava em uma raiva incontida. Inclusive, dois participantes sulinos chegaram a "confrontar fisicamente" o ator, de acordo com o relatório da pesquisa.[35]

A morte é preferível à desonra

Apesar de as diferenças entre o Norte e o Sul no que se refere às reações aos insultos, ao desejo de cortesia e às grandes e claras noções de self, muitas pessoas dessas regiões não estão cientes delas. "Se você perguntar aos sulistas sobre a cultura de honra", afirma o psicólogo Joseph Vandello, "eles não conseguem necessariamente articular a norma. Só sabem que, se alguém o insulta, você lhe dá um soco na cara".

O mesmo se aplica a pessoas de todas as regiões, ele acrescenta: "Não sabemos onde aprendemos as regras e talvez não consigamos elaborá-las em um nível consciente, mas, quando a ocasião se apresenta, sabemos muito bem como agir." A invisibilidade dessas regras culturais é o que lhes dá tanto poder; quando não você sabe explicar por que está agindo de determinada maneira, infere que é a única maneira de agir.

No entanto, um rápido giro pelo ciclo cultural do Sul revela as muitas interações cotidianas que requerem e reproduzem esse singular estilo de interdependência. Desde a infância, por exemplo, os pequenos sulistas levam mais surras dos pais, que, em levantamentos nacionais, tendem a concordar mais com afirmações como: "Algumas vezes, é necessário disciplinar uma criança com umas boas palmadas."[36] As crianças sulinas também levam mais sovas dos professores do que as do Norte.[37] Os adultos sulinos esperam que as crianças sejam mais agressivas – mas não de maneira injustificada; em um estudo, por exemplo, Cohen e Nisbett descobriram que mais sulistas do que nortistas gostariam que um menino de 10 anos travasse uma briga com o *bully* que o atormenta.[38]

Os anos que se seguem à conclusão dos estudos também parecem mais violentos no Sul do que no Norte. O Sul sempre enviou um número desproporcionalmente maior de jovens às forças armadas. Em 2007, por exemplo, o Sul forneceu 43% dos novos recrutas às forças armadas americanas, apesar de abrigar apenas 36% dos homens entre 18 e 24 anos.[39] Os sulistas também sustentam suas crenças repetidamente elegendo políticos com plataformas mais agressivas.[40]

Reforçando a ampla disseminação da violência se encontra a ampla disseminação das armas, mecanismo que facilita as interações homicidas. Enquanto 47% dos americanos mantêm as armas em casa, 54% dos sulistas sempre carregam uma consigo.[41]

Os sulistas não apenas têm mais chances de matar como de serem mortos por isso. Desde que a pena de morte foi reinstaurada, em 1976, os estados do Sul responderam por 82% das execuções da nação.[42] No entanto, juízes, júris e a mídia sulina são mais lenientes com os perpetradores de crimes relacionados com a honra que seus conterrâneos do Norte. Depois que um assassino cumpre uma pena por um crime relacionado com a honra, os empregadores sulinos se mostram mais favoráveis a eles que os do Norte.[43]

O assassinato pode ser mais comum no Sul do que no Norte, mas é um evento raro. Dadas as regras da cultura de honra sulina, é relativamente fácil prevenir os problemas, como observa o sociólogo John Shelton Reed: "O sulista que consegue evitar discussões e o adultério leva uma vida tão segura, e provavelmente até mais, do que qualquer outro americano."[44]

Escola de etiqueta

Todas essas armas de fogo levam a outro efeito colateral interessante. Como observa o autor Robert Heinlein: "Uma sociedade armada é uma sociedade cortês."[45] As armas não são as únicas responsáveis por manter a cordialidade sulina. Para ajudar, todo um arsenal de artefatos e interações cotidianas reforça a importância das boas maneiras e, de forma mais ampla, da interdependência dos ciclos culturais sulinos.

O elemento que os ouvidos nortistas identificam com mais facilidade é o modo como os sulistas falam inglês. Apesar da grande influência da mídia nacional, o dialeto sulista continua forte. Não é só uma questão de prolongar as vogais ou engolir os erres; o discurso sulista revela profunda preocupação em não ofender os outros. Por exemplo, muitos sulistas de todas as idades e status sociais ainda usam os títulos "senhora" (*ma'am*) e "senhor" (*sir*) em demonstração de respeito.[46] Os sulistas também comunicam com frequência o desejo de "evitar impor sua versão de mundo aos outros", como nota a linguista Barbara Johnstone. Enquanto um nortista pode dizer "Juneau é a capital do Alasca", por exemplo, um sulista tenderia a atenuar a afirmação dizendo "Acho que Juneau é a capital do Alasca." E, enquanto a versão de um educado pedido de ajuda para um nortista seria algo como: "Por favor, me ajude", um sulista diria: "Se você puder me ajudar, eu ficaria muito agradecido."[47]

Com os próprios filhos, as mães sulistas não são tão sutis. Elas lhes ensinam, com insistência e veemência, o bom comportamento à mesa, os códigos de vestuário, as tradições nos feriados, as obrigações familiares, o comportamento formal e muitas outras áreas da etiqueta. Apesar do foco desses ensinamentos, os sulistas produziram poucos livros sobre boas maneiras. Isso acontece porque "Os sulistas preferem aprender o comportamento adequado com as mães, não com livros", explica o historiador Charles Reagan Wilson.[48] À medida que um número crescente de mães sulistas entram na força de trabalho, contudo, elas inscrevem cada vez mais seus filhos em escolas de etiqueta, aulas de boas maneiras e concursos de beleza, visando criar uma refinada prole.

No que diz respeito a receber convidados, os sulistas se mostram menos acanhados em consultar referências impressas, observa Diane Roberts: "O sucesso da revista *Southern Living*, que já vendia 'estilo de vida' muito antes de Martha Stewart ter preservado à cera sua primeira camélia, é um testemunho da quase obsessão com a maneira 'apropriada' de receber os convidados em casa que acomete os sulinos de classe média, cruzando todas as fronteiras raciais."[49] Essa obsessão se mantém pela vida toda, a despeito das circunstâncias, como revelam títulos como *Being Dead Is No Excuse: The Official Southern Ladies Guide to Hosting the Perfect Funeral* ("A morte não é desculpa: o guia oficial das damas do Sul para oferecer o funeral perfeito").[50]

Na presença ou na ausência de instituições

Os sulistas e os nortistas não precisam acordar todos os dias e decidir com quais práticas e mecanismos interagirão ou, em termos mais genéricos, que tipos de self eles construirão. Para isso, as instituições, em especial as leis, facilitam algumas ações enquanto dificultam outras. Por exemplo, os professores sulinos têm mais chances de bater nos alunos porque as leis protegem seu direito de fazer isso em todos os estados do Sul, com a exceção de dois (a Virgínia e a Virgínia Ocidental).[51] Por sua vez, a maioria dos estados do Norte proscreveu os castigos corporais nas escolas. As leis dos estados do Sul também protegem o uso da força para defender a propriedade mais do que as leis dos estados do Norte e impõem menos obstáculos à compra de armas de fogo.[52] Por trás do número mais elevado de execuções do Sul, está o fato de todos os estados sulinos, exceto um (a Virgínia Ocidental), permitirem a pena de morte.

Apesar de o Sul ser notório por instituições que endossam a violência, a região é ainda mais notável pela histórica carência de instituições. Com efeito, a falta de leis do Sul constitui uma força importante de seus ciclos culturais, impulsionado a violência, a cortesia e a interdependência da região.

Essa situação remonta a 500 anos antes, quando os europeus começaram a fazer incursões no que, mais tarde, seriam os Estados Unidos. Os principais colonizadores dos estados do Nordeste dos Estados Unidos – mais especificamente, a Nova Inglaterra e a região do Médio Atlântico – foram ingleses, irlandeses católicos e outros agricultores e artesãos europeus. Esses colonos, fazendeiros acostumados a cooperar, trabalharam juntos para instituir os sistemas político e jurídico que, em última instância, viria a libertá-los para agir de acordo com seus interesses independentes.[53]

Por sua vez, os principais colonizadores do Sul foram escoceses e irlandeses, em sua maioria provenientes da fronteira entre a Escócia e a Inglaterra. Como o clima e a topografia inóspitos de sua terra natal não possibilitavam muito cultivo do solo, os escoceses e irlandeses eram pastores nômades – de porcos, mais precisamente. A habilidade de sobreviver em ambientes implacáveis foi muito útil para eles, não só em seu país natal, como também nas regiões inexploradas do Sul dos Estados Unidos.[54]

Mesmo quando os escoceses e irlandeses se estabeleceram em regiões dos Estados Unidos capazes de sustentar a agricultura, eles tendiam a se ater às atividades pastorais e horticultura de coivara.* Essa preferência se provou decisiva. Apesar de a agricultura avançada ser um negócio arriscado, os fazendeiros usufruem da segurança e da estabilidade que acompanham a escolha de vincular sua riqueza à terra.

No entanto, para os pastores como os escoceses e irlandeses, a riqueza perambulava livremente sobre quatro patas. Muitas vezes pobres, ocasionalmente eles eram tentados a surrupiar os animais de algum vizinho. Mas, se alguém se apoderasse de seus porcos – o incidente que deu origem ao conflito entre os Hatfields e os McCoys** –, a maioria dos sulistas não procurava os agentes da lei choramingando, porque *não havia* lei. A baixa densidade populacional da região implicava muito poucos legisladores e agentes da lei. Quando se via vítima de alguma injustiça, um sulista precisava resolver a situação por conta própria.[55]

A justiça pelas próprias mãos raramente é tão divertida quanto a retratada nos filmes, de forma que os sulistas criaram um mecanismo para impedir aspirantes a ladrões de porcos: cultivar a reputação de serem durões. Isso exigia reagir com violência não apenas a grandes ameaças à propriedade como também às mais insignificantes ameaças à reputação. O temor de uma imediata e cruel desforra poderia proteger a propriedade de um sulista em regiões as quais o curto braço da lei era incapaz de alcançar. Além disso, a propriedade incluía os animais, as mulheres e, de acordo com a "instituição peculiar" do Sul, os escravos. Para evitar a ira do sulista, complexos códigos de conduta foram desenvolvidos.

Enquanto isso, no Nordeste agrícola mais densamente povoado, as instituições voltadas à proteção das pessoas eram desenvolvidas e se espalhavam rapidamente. Em caso de roubo ou outras afrontas, os nortistas podiam recorrer à polícia e aos tribunais para obter justiça. Sem precisar reforçar sua reputação de durões, eles podiam se dar o luxo de tolerar uma ou outra demonstração de irritação por parte dos outros. Podiam ainda entrar em uma discussão sem se preocupar com a possibilidade de serem abatidos a tiros como um cachorro sarnento na rua.

Os escoceses e irlandeses não inventaram a cultura da honra. As economias pastoris do mundo todo combinam mais sensibilidade aos insultos e maior disposição de agredir de acordo com o código de conduta vigente. Nisbett e Cohen relacionam apenas alguns desses grupos: os sardos, os corsos, os drusos, os beduínos e muitas das sociedades tradicionais da África e das estepes da Eurásia e da América do Norte.[56] Também se acredita que outro lugar inóspito e sem lei, as áreas pobres do centro de muitas metrópoles americanas, encoraja as culturas da honra, nas quais os insultos devem ser recebidos com violência e cujos moradores seguem rigorosos códigos de cortesia, de forma a não enfurecer os vizinhos, armados até os dentes.[57]

---

* *Nota da Tradutora*: Técnica agrícola menos sofisticada, caracterizada pela derrubada da mata nativa, seguida da queima da vegetação, visando preparar o solo para o plantio.
** *Nota da Tradutora*: Lendária briga envolvendo duas famílias rivais de pioneiros – a família Hatfield, da Virgínia Ocidental, e a McCoy, do Kentucky (dois estados do Sul) –, entre 1863 e 1891, e que entrou no imaginário americano como símbolo da defesa da honra familiar, da justiça e da vingança.

Tribos modernas

À primeira vista, a beligerância dos sulistas pode dar a impressão de pertencer a um self mais independente, enquanto a atitude mais tolerante dos nortistas pode sugerir um eu mais interdependente. No entanto, à medida que o mundo fica cada vez menor e estudos transnacionais ficam cada vez mais amplos, os cientistas constatam que punir pessoas de fora para proteger os membros do grupo é um comportamento mais típico de selves interdependentes, ao passo que adotar uma neutralidade em relação a todos é mais típico de selves independentes.

Por exemplo, uma equipe de pesquisa liderada pelo economista Simon Gächter observou estudantes de 16 cidades do mundo envolvidos em um jogo clássico de economia, no qual grupos de quatro estudantes (todos desconhecidos) tiveram de usar um complexo conjunto de regras para distribuir moedas do jogo entre si. Em rodadas subsequentes, cada participante podia punir os gananciosos pegando fichas de volta. Então, os jogadores punidos podiam escolher restaurar a paz, dando mais fichas aos outros jogadores, ou se vingar, roubando as fichas deles.

Na cidade independente de Boston (Nordeste), os estudantes penalizavam prontamente os gananciosos e, quando eram penalizados, reagiam com generosidade. Estudantes de países da Europa Ocidental, como o Reino Unido, a Alemanha e a Dinamarca, também tenderam a se comportar assim. No entanto, no outro lado do mundo, nas culturas mais interdependentes da Turquia, Arábia Saudita e Rússia, as jogadas se mostraram um pouco mais agressivas. Os estudantes não apenas se mostraram inicialmente menos generosos como também tenderam a se comportar de maneira mais vingativa quando punidos.[58]

"Nessas sociedades", Gächter explica, "você coopera com as pessoas de sua rede de relacionamentos, que se organiza em torno de linhagens familiares e amizades". Entretanto, no anonimato do laboratório, "todo mundo é intruso", ele diz, de forma que a vilania tende a dominar o jogo.[59]

Sinta-se em casa

Não importa de quais regiões sejam, os americanos ainda têm muito em comum. Muitos deles assistem aos mesmos programas de televisão e filmes, celebram os mesmos feriados nacionais, obedecem às mesmas leis federais, juram lealdade à mesma bandeira, falam a mesma língua e até comem nas mesmas redes de restaurantes e fazem compras nas mesmas franquias. Devido a essas instituições e interações compartilhadas, muitas vezes subestimamos a verdadeira extensão das diferenças entre os ciclos culturais do Oeste, Meio-Oeste, Nordeste e Sul dos Estados Unidos. Assim, quando um novo emprego ou relacionamento promissor surge em outra região, os americanos se mostram mais dispostos a agarrar a oportunidade do que pessoas de muitas outras nacionalidades.

As empresas americanas também veem menos problema em transferir funcionários que os empregadores de outros países. Por exemplo, quando o Walmart tentou se expandir para a Alemanha, a empresa presumiu que os executivos alemães se transfeririam para onde os empregos estavam. No entanto, não foi o que aconteceu, o que deixou o Walmart com séria escassez de talentos em algumas regiões do país. Essa é uma das muitas razões pelas quais o Walmart não conseguiu entrar no mercado alemão.[60]

Talvez os americanos devessem adotar prudência similar antes de se apressar para fazer as malas e se mudar. Apesar de alguns migrantes, como Lisa Radloff e Rob Goldhor, acabarem se apaixonando por seus lares adotivos, muitos outros descobrem que seu self não se encaixa nos novos ciclos culturais (pelo menos no início). Ao se mudarem para os litorais mais independentes, muitos selves interdependentes do Meio-Oeste e do Sul se veem ansiando pelos relacionamentos mais profundos, pelas regras mais claras e pelas tradições mais sólidas de sua região natal. De maneira similar, seus pares independentes se empenham para se adequar aos moldes interdependentes, ao mesmo tempo que buscam atingir suas metas individuais, expressar sua singularidade e exercitar seu poder de escolha.

Da mesma forma como os ciclos culturais reforçam e ecoam esses diferentes selves, os selves também podem usar os ciclos culturais para tornar as incursões inter-regionais menos traumáticas. No nível institucional, empregadores, instituições de ensino e outras organizações podem atenuar o estresse da mudança de ambiente por meio de iniciativas para unir migrantes vindos da mesma região. Por exemplo, a Princeton University abriga tanto um clube estudantil da Costa Oeste quanto uma sociedade sulina.[61] "Os estudantes internacionais contam com todo tipo de recurso para se adaptar à vida na Princeton", declarou o fundador de um clube ao *Daily Princetonian*, "mas nenhum deles parece perceber que os americanos vindos de outros cantos do país poderiam sentir a mesma dificuldade de adaptação". Organizações como essas proporcionam aos migrantes um base segura e conhecida a partir da qual poderão explorar o novo ambiente.

Pessoas vindas de outras regiões também podem realizar vários tipos de ajustes individuais e no nível das interações do ciclo cultural para se sentir mais em casa. Como costuma ser o caso na psicologia, o primeiro passo é admitir o problema. Os migrantes também devem reconhecer que as culturas regionais são reais e, de fato, fazem uma diferença. Munidos desse conhecimento, pessoas do Sul e do Meio-Oeste americano que se mudam para as regiões litorâneas do país deveriam fazer um passeio pelo seu lado independente, se abrindo às novas formas de agir e às novas mentalidades do novo lar. "As pessoas mais abertas sentirão muito menos dificuldade de se aclimatar aos novos ambientes", explica o psicólogo Peter Jason Rentfrow, que estuda as diferenças regionais na personalidade. "A curiosidade dessas pessoas lhes facilita a superação de alguns dos obstáculos que as aguardam." Se você for um sulista e conseguir abrir a cabeça para a possibilidade de que os nortistas muitas vezes só estão dando vazão ao mau-humor, em oposição a um ataque pessoal contra você, esse conhecimento pode ser muito útil para reduzir sua sensibilidade à típica irritação dos americanos do Norte.

Por sua vez, os selves independentes das regiões litorâneas poderiam estender a mão interdependente aos vizinhos do interior do país. Antes de buzinar para o carro com placa do Meio-Oeste americano, que anda dentro do limite de velocidade na pista expressa, por exemplo, o motorista do Nordeste deveriam parar e pensar no quanto a buzinada pode parecer ofensiva. Antes de cancelar o happy-hour com o novo colega do Meio-Oeste, o nativo da Costa Oeste deveria ponderar até que ponto o outro pode se sentir magoado. Antes de contar aquela piada sobre o Sul, o nova-iorquino deveria fazer uma pausa e refletir que, para alguns sulistas interdependentes, isso pode ser considerado uma declaração de guerra.

As almas independentes das regiões litorâneas também precisarão entrar em contato com seu lado interdependente para conviver melhor nos estados do Sul ou nas terras centrais dos Estados Unidos. Esses migrantes provavelmente não precisarão dar o primeiro passo, já que seus novos vizinhos e colegas provavelmente lhe farão convites para jantar ou para algum evento no fim de semana. E, mesmo quando esse evento envolver a "igreja", aceite o convite. Seu amigo interdependente não está tentando convertê-lo, mas apenas incluí-lo em uma das redes sociais mais importantes da cidade.

Os selves interdependentes do interior, por sua vez, precisam dar um desconto aos amigos do litoral quando chegarem atrasados, de mãos vazias e vestidos de maneira informal demais. Eles provavelmente não estão tentando ser esnobes, desprezando a tradição nem querendo fazer bonito. Os pobres coitados apenas não sabem como agir.

Vista-se de acordo com a situação

Mark Zuckerberg sabe muito bem como agir. Nascido no Nordeste americano, o cofundador e CEO do Facebook vem de uma cultura que se sente muito à vontade de terno e gravata. No entanto, Zuckerberg, hoje um californiano, passou a ser quase tão famoso por usar um agasalho de moletom cinza com capuz quanto é notório por ter acumulado a fortuna de US$17 bilhões antes dos 30 anos. No Vale do Silício, seu uniforme de trabalho não é problema algum; Steve Jobs já tinha quebrado o código de vestuário dos CEOs uma geração antes, quando adotou uma blusa preta de gola rulê e jeans como uniforme executivo.

Contudo, na engravatada Wall Street, o agasalho de Zuckerberg provoca alvoroço. O padrão do Nordeste considera a recusa do jovem empreendedor de vestir pelo menos uma jaqueta quando está em Nova York um sinal de desrespeito. Investidores potenciais se preocupam com a possibilidade de Zuckerberg ser irresponsável e imaturo.[62]

Será que ele deveria se livrar das roupas casuais e tentar fazer bonito para o público do Nordeste ou está certo em se ater a seu estilo do Vale do Silício e ostentar sua independência?

Correndo o risco de trair nossa própria fidelidade ao estilo mais casual da Costa Oeste americana, acreditamos que Zuckerberg (e todos os viajantes interculturais) deveriam estrategicamente acionar ambos os seus selves. O fundador do Facebook pode achar que seu moletom seja um acessório fundamental para sua independência, da mesma forma como Jobs considerava necessário para seu sucesso a própria opção de indumentária. No entanto, como observam os biógrafos de Jobs, a obstinada individualidade do fundador da Apple pode ter atrapalhado mais que ajudado o empreendedor em algumas ocasiões.[63]

Ao ser interdependente em ambiente interdependentes, Zuckerberg poderia receber ainda mais apoio por sua independência. O conselho de Ambrose Bierce, outro viajante veementemente individualista do século XIX, ainda se aplica: "Quando em Roma, faça como os romanos." Essa flexibilidade lhe possibilitará fazer amizades e colher a prosperidade não apenas em Roma, capital da Itália, como também na cidade de Rome, no estado da Geórgia; em Rome, no estado de Nova York; em Rome, Indiana; e em Rome, Oregon.

CAPÍTULO 7

Desvendando a religião

As culturas da fé

Os protestantes conservadores que competiram pela nomeação a candidato republicano nas eleições presidenciais de 2012 deixaram muitos protestantes históricos se perguntando o que aconteceu com sua religião, sem mencionar seu país. Ao longo da maior parte da história dos Estados Unidos, a ciência tem sido a fiel companheira dos protestantes, que a viam como dádiva de Deus para ajudá-los a conhecer melhor seu mundo e fazer escolhas mais devotas. Aqueles anos de perseguição sofrida na Europa também reforçaram os benefícios de construir um grande muro entre religião e governo.[1]

No entanto, lá estava Ron Paul, batista do Sul, rejeitando a evolução como se fosse apenas "uma teoria".[2] Rick Perry, que frequenta uma igreja batista do Sul, também disse a um menino em idade escolar que a evolução é "uma teoria que circula por aí... E que tem algumas lacunas".[3] Michele Bachmann, luterana evangélica, rejeitou não apenas a evolução, mas também as mudanças climáticas, rotulando-as de "vodu, bobagem, conversa fiada, um trote".[4] Rick Santorum, católico conservador com um grande grupo de partidários protestantes conservadores, também chamou as mudanças climáticas de "trote".[5]

Mitt Romney, mórmon, reconheceu que o clima está ficando estranho, mas se perguntou se os seres humanos estariam provocando a mudança.[6] E, apesar de às vezes parecer acreditar tanto nas mudanças climáticas quanto na evolução, Newt Gingrich, evangélico luterano convertido a batista do Sul e, hoje, católico, traiu a comunidade científica ao sugerir que os pesquisadores matam bebês para realizar pesquisas com células-tronco.[7]

Enquanto isso, os protestantes conservadores se perguntavam o que acontecera com *sua* religião e *seu* país. Diferentemente dos irmãos das igrejas protestantes históricas, os protestantes conservadores consideram a Bíblia a palavra infalível de Deus, buscam experiências do "novo nascimento" para se aproximar de Deus, procuram converter os outros e pensam que os ensinamentos religiosos deveriam orientar a vida mundana, inclusive a educação e a política.⁸ Com base em sua visão de que os Estados Unidos são "uma única nação sob os desígnios de Deus", esses americanos querem que suas leis reflitam os valores e as crenças cristãs, e não as teorias e constatações científicas. E lá estava o presidente dizendo que dois homens deveriam ter o direito de se casar legalmente, apesar de a Bíblia, em muitos trechos, não dar sua bênção a configurações como essas. Lá estava a Suprema Corte confirmando o direito ao aborto, apesar de a Bíblia declarar: "Não matarás." E lá estavam legiões de legisladores fazendo cumprir a separação entre religião e governo, seguindo os passos do único presidente católico dos Estados Unidos, John F. Kennedy, que dizia: "Acredito em um país no qual a separação entre Igreja e Estado seja absoluta."⁹

Santorum conta que, quando leu essas palavras pela primeira vez, "quase vomitou".¹⁰

Como os dois lados da moeda protestante passaram a se posicionar de maneira diametralmente oposta? No fundo do ressentimento entre eles, vemos ainda outro confronto entre independência e interdependência. Apesar de os dois grupos navegarem sob a bandeira protestante, seus ciclos culturais formam e espelham selves decididamente diferentes. Por um lado, o grupo que passou a ser conhecido como protestantes históricos constituíram os selves independentes originais dos Estados Unidos. Instigando a Reforma Protestante na Alemanha do século XVI, seus ancestrais abandonaram os papas e sacerdotes da Igreja Católica a favor de um relacionamento direto com um deus pessoal. (Veja o Capítulo 2 para saber mais sobre a Reforma Protestante.) Os puritanos levaram consigo o gosto pela independência quando se estabeleceram nos Estados Unidos, onde formaram o primeiro braço do protestantismo histórico, que hoje inclui as igrejas metodista, luterana, presbiteriana, batista e anglicana/episcopal. Por cerca de quatro séculos, as seitas protestantes históricas constituíram as religiões mais populares do país e hoje respondem por aproximadamente 18,1% da população americana.¹¹

Por sua vez, os grupos que passaram a compor o protestantismo conservador se voltaram à interdependência. Sob o guarda-chuva do protestantismo conservador, você encontrará grupos evangélicos e fundamentalistas, como os batistas do Sul, a Assembleia de Deus, a Igreja de Deus em Cristo e as igrejas pentecostais. Em comparação com os protestantes históricos, esses selves interdependentes apresentam maior anseio por cordiais relações familiares,¹² estreitos vínculos comunitários,¹³ claras hierarquias sociais¹⁴ e tradicionais códigos morais.¹⁵

Os protestantes conservadores também desejam mais Deus em sua vida e por mais tempo que os protestantes históricos. O Deus deles é o tipo de divindade que todo mundo gostaria de ter por perto. Como relata a antropóloga Tanya Luhrmann, em seu livro *When God Talks Back*, Ele é "um Deus profundamente humano, até vulnerável, que nos ama incondicionalmente e só quer ser nosso amigo, nosso melhor amigo, tão amoroso, exclusivo e receptivo quanto um melhor amigo americano deve ser". O relacionamento dos protestantes conservadores com esse Deus não é como os vínculos distantes e abstratos que muitos protestantes históricos mantêm com o Deus deles. Na verdade, estamos falando do "companheirismo livre e fácil de dois meninos balançando os pés sentados em uma ponte sobre um pequeno córrego".[16]

No entanto, da mesma forma como os pais protestantes conservadores abraçam e batam nos filhos mais do que os protestantes históricos,[17] o Deus conservador é ao mesmo tempo mais cordial e mais colérico que o histórico. Em seu livro, *America's Four Gods*, os sociólogos Paul Froese e Christopher Bader contam que muitos protestantes conservadores consideram seu Deus mais irado e punitivo, enquanto muitos protestantes históricos concebem sua divindade como mais benévola e indulgente.[18] O Deus conservador usa seu lado tempestuoso para fins interdependentes, impedindo Seu rebanho de se desviar muito dos papéis e regras tradicionais.

Os números atestam o apelo desse Deus mais íntimo, pessoal e presente: os protestantes conservadores suplantaram os protestantes históricos como a principal denominação dos Estados Unidos, cerca de 26,3% da população.[19] Esse número salta para 34,9% quando os estudiosos incluem as igrejas mórmon e historicamente afro-americanas, que partilham algumas das mesmas práticas e crenças com os protestantes conservadores.[20]

À medida que os protestantes conservadores continuam a contestar os 400 anos da firme presença do protestantismo histórico na alma dos americanos, prevemos muitos outros confrontos entre os protestantes. A aproximação da religião e da política não tem ajudado muito. Ao longo das três últimas décadas, muitos protestantes conservadores e seus aliados interdependentes (por exemplo, católicos conservadores, como Rick Santorum) têm se alinhado aos republicanos, ao passo que muitos protestantes históricos e seus irmãos itinerantes independentes (como os não religiosos, que compõem 16,1% dos Estados Unidos,[21] os judeus e os católicos seculares) se colocam ao lado dos democratas.[22] Em consequência, a política não é uma questão de como direcionar o progresso da nação, mas sim quem tem a melhor alma. Como os debates sobre a bondade relativa das almas raramente terminam bem, os dois lados desse abismo cultural agora se ocupam de manter um diálogo de surdos, em vez de trabalharem juntos para liderar o país.[23]

Os Estados Unidos podem encontrar um consolo no passado. A nação possui uma longa e relativamente pacífica história de uma impressionante diversidade religiosa. Apesar de o protestantismo sempre ter constituído a religião da maioria americana, os protestantes nunca foram os únicos religiosos. Os católicos, que, como veremos, compõem um grupo mais interdependente, encontraram seu público desde o início e hoje constituem 24% da população americana.[24] Outro grupo religioso interdependente, os judeus, também estiveram presentes desde a fundação do país, quando um grupo de 23 judeus chegaram da Espanha e Portugal, em 1654.[25] Sendo 1,7% da população, os judeus empatam com os mórmons como a terceira maior comunidade religiosa dos Estados Unidos.[26]

Analisando os ciclos culturais desses grupos, é possível identificar maneiras nas quais os protestantes históricos e conservadores podem resolver suas diferenças. Os históricos e seus aliados independentes devem acionar seu lado interdependente para desintoxicar seu discurso com os conservadores. Em vez de ridicularizar o grupo mais conservador, as instituições, interações e fieis do protestantismo histórico devem desenvolver empatia e respeito para que os dois lados possam encontrar um denominador comum. Em muitos casos, as religiões independentes podem facilmente ajustar suas mensagens para um público mais interdependente.

Ao mesmo tempo, os protestantes conservadores e seus partidários devem recorrer ao lado independente para se encontrar com os adversários no meio do caminho. Permitir a divergência de opiniões nas instituições, incluir o questionamento nas interações e encorajar o pensamento crítico entre os membros individuais são todas ações que poderiam acelerar a redução das diferenças religiosas.

À medida que os protestantes históricos e conservadores alinham seus ciclos culturais, também podem desenvolver maneiras mais eficazes de atuar em colaboração com as crescentes minorias religiosas, inclusive os muçulmanos (0,6% da população americana), os budistas (0,7%) e os hinduístas (0,4%), cujos ciclos culturais sustentam selves mais interdependentes e deles se originam.[27] (Veja o Capítulo 9 para ler mais sobre essas religiões.) De maneira similar, os observadores de outros países que também se debatem com os conflitos entre grupos religiosos independentes e interdependentes podem aplicar nossa abordagem para amenizar os próprios confrontos culturais.

Antes de mergulhar nos detalhes dos dois tipos de protestantismo nos Estados Unidos, vamos voltar no tempo e analisar como os ciclos culturais de diferentes religiões alimentam diferentes noções do self e fluem delas. Essa história começa muito antes do surgimento das religiões abraâmicas (isto é, o judaísmo, o cristianismo e o islamismo), em uma época em que os seres humanos se esquivavam de geleiras para se tornar a espécie que conhecemos hoje.

Mais interdependente que vós

Até o fim da época Plistocena (há cerca de 15 mil anos), as pessoas ainda eram caçadoras e coletoras. Como viviam com recursos relativamente parcos, não acumulavam riqueza. E, como todos se conheciam (com efeito, a maioria era parente), os vizinhos daquela época eram "provavelmente bastante agradáveis", de acordo com o psicólogo Ara Norenzayan.[28]

Apesar de esses caçadores e coletores terem divindades, seus deuses eram, em grande parte, desinteressados no que os seres humanos faziam. Eles não eram deuses *morais*, diz Norenzayan. Na verdade, "esses deuses pareciam indiferentes aos assuntos humanos. Muitos eram como aquele seu avô caduco: você sabe que ele existe, mas não dá muita bola para ele. Às vezes, ele surta e faz alguma maluquice. Você tenta acalmá-lo. Você lhe dá comida, mas não o leva muito a sério".[29]

Com o tempo, o *Homo sapiens* começou a se estabelecer em áreas urbanas e cultivar alimentos. Com uma nutrição e uma tecnologia melhores, houve crescimento populacional. Pequenos grupos de parentes se transformaram em grandes cidades formadas por desconhecidos que, como muitas pessoas hoje, eram avessos a se meter na vida de quem eles não conheciam. Com a comida adicional, agora as pessoas tinham o que acumular e, portanto, o que cobiçar. Com isso, mentiras, trapaças, brigas e roubos entraram em cena.

Para impedir a autodestruição, essas comunidades anônimas e maiores precisavam de uma instituição que induzisse as pessoas a cooperar. Dois olhos paternais no céu se encaixavam bem nessa nova necessidade. De repente, "deuses vigilantes começaram a ser encontrados por toda parte", relata Norenzayan, "e se tornaram muito mais solenes. Começaram a punir as transgressões e se tornaram monitores supernaturais, intimamente envolvidos nas questões humanas".

À medida que as culturas que se desenvolviam sob o olhar desses deuses morais cresciam e prosperavam, elas se expandiram e tomaram as comunidades mais antigas e menores, com seus deuses malucos. Assim nasceu a religião moderna. E, à medida que vinculava mais pessoas em relacionamentos, exigia que se ajustassem a um código moral compartilhado e as enraizava em comunidades e tradições, a religião se tornara uma grande força em prol da interdependência.

Avançando para o século XXI, Norenzayan e seus colegas demonstram que os seres humanos contemporâneos ainda reagem a evocações de divindades – mesmo que sutis – e acabam entrando na linha. Em um estudo, por exemplo, ele e o psicólogo Azim F. Shariff primeiro solicitaram que estudantes universitários (e, mais tarde, adultos mais velhos) ordenassem palavras para formar frases com termos religiosos (como *espírito*, *divino* e *Deus*) ou apenas neutros. Depois, todos os participantes jogaram um jogo clássico de economia no qual dividiam US$10 com outro participante (na verdade, um ator que agia em cumplicidade com os pesquisadores). Os pesquisadores descobriram que o simples ato de ler algumas poucas e aleatórias palavras religiosas levava os participantes a dividir o dinheiro de modo mais justo que os que só leram as palavras neutras.[30]

Estudos de personalidade também sugerem que os religiosos são mais interdependentes que os não religiosos. Por exemplo, em uma metanálise de mais de 71 estudos conduzidos em 19 países, o psicólogo Vassilis Saroglou e seus colegas descobriram que, quanto mais religiosas as pessoas são, mais sua personalidade é cordata e consciensiosa – isto é, mais desejam ter uma boa relação com os outros e agir corretamente. Talvez não seja surpresa alguma, considerando que até as formas mais veementemente independentes de protestantismo implicam se unir em uma comunidade para adorar a mesma divindade, realizar os mesmos rituais, compartilhar as mesmas crenças e preservar as mesmas tradições.[31]

Apesar de os estudos científicos não terem como descobrir se essas ações de fato agradam ou não uma divindade, mostram que a religião confere saúde e bem-estar aos adeptos. Não importa qual seja a denominação, os religiosos têm mais amigos, adoecem menos, se sentem mais felizes e vivem mais tempo que seus irmãos desprovidos de Deus.[32] A religião é um bom remédio para aqueles que o tomam. E, até para quem não o toma, ter vizinhos religiosos pode ser uma dádiva. As pessoas que participam de uma comunidade religiosa doam mais – tanto tempo quanto dinheiro – a instituições de caridade e são mais ativas na vida comunitária em geral que os não participantes.[33]

O pecado está na cabeça ou nas ações?

Vamos voltar no tempo, uns 15 mil anos, para outra grande bifurcação do caminho religioso, desta vez entre cristãos e judeus. Para muitos americanos, a maior associação com a palavra *judeu* é a palavra *culpa*. No entanto, se o presidente Jimmy Carter serve de indicação, os cristãos também vivem com boa parcela de remorso. Em uma entrevista de 1976 para a revista *Playboy*, Carter (então governador da Geórgia) confessou: "Olhei para muitas mulheres com desejo." Até aí, nada de novo. Mas, então, o líder batista concluiu: "Cometi o adultério no meu coração muitas vezes."

O psicólogo Adam Cohen considera estranho pensar desse modo. "Para os judeus", ele diz, "se você só pensa em cometer uma transgressão, não tem qualquer relevância moral, desde que não aja para cometê-la". Em outras palavras, desde que você faça a coisa certa, pensar em fazer a coisa errada não faz mal algum.

Entretanto, para Carter, o simples fato de pensar em pecar já era pecado. O ex-presidente americano não está sozinho nisso e não estava só expressando sua filosofia pessoal. Na verdade, estava citando o Novo Testamento: "Mas digo a vocês", Jesus declarou no Sermão da Montanha, "qualquer um que olhou para uma mulher e desejou-a, já cometeu adultério no coração."[34] Talvez refletindo na profundidade de sua fé, Carter decidiu citar as escrituras para a revista erótica mais popular dos Estados Unidos.

Cohen quis saber em que profundidade essas diferenças no dogma religioso entram nas psiques individuais. Assim, em colaboração com o psicólogo Paul Rozin, ele decidiu descobrir se os cristãos (em particular, os protestantes) e os judeus de fato diferem em seu modo de pensar sobre a moralidade. Em uma série de estudos, os pesquisadores pediram que os participantes lessem sobre personagens que *pensavam* em fazer algo errado (ter um caso amoroso, envenenar o cachorro de um professor) e sobre um personagem que fazia boas ações, mas tinha pensamentos censuráveis (cuidar dos pais e odiá-los por dentro). Em seguida, os participantes revelaram o que achavam dos personagens.

Cohen e Rozin descobriram que os participantes judeus avaliaram os personagens com maus pensamentos, mas boas ações, de maneira muito mais positiva que os protestantes. Isso não ocorria porque os participantes judeus eram lenientes com os pecadores; na verdade, eles desdenhavam os adúlteros tanto quanto os protestantes. O que motivou as diferenças entre os protestantes e os judeus eram suas crenças: os judeus não se importam muito com o que se passa na cabeça das pessoas, desde que suas ações sejam boas. Já os protestantes se importam tanto com o que acontece nos recônditos da mente de uma pessoa quanto com as ações que ela pratica.[35]

Além disso, Cohen e sua equipe constataram que os protestantes acreditavam mais piamente que as pessoas são capazes de controlar seus pensamentos, e que os pensamentos levam às ações, mas que os judeus os veem como algo menos controlável e que gera menos consequências. Cohen explica: "Segundo o judaísmo, as pessoas têm impulsos bons e ruins, e você só tenta fazer o melhor que pode."

Outra série de estudos conduzidos por Cohen salienta que, em questões religiosas, os judeus dão mais atenção às tradições e às pessoas que os cercam (uma tendência interdependente), ao passo que os protestantes prestam mais atenção ao que acontece na cabeça e no coração deles e entre eles e Deus (um modo de ser mais independente). Em um estudo, adultos judeus e protestantes foram solicitados a discorrer sobre um momento que mudou para sempre sua vida. Posteriormente, a equipe de pesquisa de Cohen analisou se essas narrativas mencionavam Deus, a comunidade, tanto Deus e a comunidade ou nenhum dos dois elementos.

Na seguinte narrativa, por exemplo, um participante protestante conta uma história centrada em Deus:

> A experiência mais importante da minha vida foi o momento em que aceitei pela primeira vez que Jesus Cristo realmente era Deus encarnado... Fiquei furioso porque soube que não poderia continuar vivendo do jeito como eu quisesse... Apesar de toda a minha raiva e frustração, coloquei minha confiança Nele pela primeira vez.

E na narrativa a seguir, um participante judeu se concentra em sua comunidade:

> Quando meu irmão morreu, meu pai começou a frequentar o *minyan* [grupo de orações] todos os dias. Ele disse que isso lhe trouxe grande alento. Percebi que eram os rituais e os outros homens do grupo que lhe davam esse consolo – e não alguma ideia de que Deus pretendera tirar a vida de meu irmão... Foi então que entendi que os meus relacionamentos humanos é que davam sentido à minha vida.

No estudo, que envolveu 126 participantes, Cohen constatou que, em suas narrativas, os judeus contaram mais histórias sobre a comunidade, enquanto os protestantes se concentraram mais em Deus.[36]

Discutir juntos ou rezar sozinho?

Os judeus e os cristãos incorporam bem seus selves diferenciados, e as interações cotidianas das duas religiões promovem seus modos de ser distintos. Isso é ainda mais notável considerando que os judeus e os cristãos originalmente tinham muitas interações cotidianas em comum. O cristianismo e o judaísmo, ambas religiões abraâmicas, compartilham um texto primordial no qual se fundamentam – que os cristãos chamam de Antigo Testamento, e os judeus chamam de *Tanakh*. A divergência, contudo, está no modo como eles usam esse texto. Os cristãos se dão a liberdade de interpretarem eles mesmos a Bíblia – não é necessário recorrer a sofisticados estudiosos –, o que resulta em uma interpretação mais literal e concreta das escrituras.

Por sua vez, para os judeus, "há vários níveis de interpretação dos textos religiosos", explica Cohen. Por exemplo, em um método interpretativo chamado *gematria*, os acadêmicos substituem letras por números e procuram padrões. Outro método implica buscar relações entre a mesma palavra em diferentes textos. "Esses métodos são interessantes porque algumas partes da Bíblia parecem entrar em conflito", Cohen observa, como as duas histórias sobre a criação, narradas no livro de Gênesis.

Eva foi feita de barro ou criada com a costela de Adão? O mundo foi criado em seis dias ou em um? Deus ficou satisfeito ou insatisfeito com Sua obra? O erudito judeu se dedica mais a ponderar questões e incoerências como essas que a solucionar esses problemas, argumenta o psicólogo Edward Sampson. Por sua vez, grande parte dos estudiosos cristãos, especialmente os protestantes, se dedica a encontrar a *única resposta correta* dentre as incoerências.[37]

A maior ênfase dos judeus no questionamento, em relação à dos cristãos nas respostas, se evidencia não apenas nas práticas religiosas como também nas atividades mais mundanas. Estudos conduzidos pelos psicólogos Kaiping Peng e Richard Nisbett sugerem que os judeus empregam com mais prontidão o "pensamento dialético" – aceitar contradições – que os cristãos.

Peng e Nisbett depararam com essa constatação por acaso. Em um de seus primeiros estudos, descobriram que uma enciclopédia de provérbios chineses continha muito mais ditados dialéticos – "Ser humilde demais é ser meio orgulhoso", "Cuidado com os amigos, não com os inimigos" – que um livro comparável de provérbios americanos, que continha quase exclusivamente adágios mais diretos como: "Exemplos não são provas" e "Um lutando contra todos é garantia de fracasso".[38]

Os pesquisadores queriam testar se os participantes chineses preferiam os provérbios dialéticos enquanto os euro-americanos tinham preferência por provérbios coerentes. Como bons cientistas, contudo, eles precisaram encontrar um grupo de controle de provérbios, nem chineses nem americanos, para excluir a possibilidade de os participantes preferirem os mais conhecidos. Para sua surpresa, os pesquisadores descobriram que um livro de provérbios iídiches também apresentava muitos ditados dialéticos. Como foi o caso dos provérbios chineses, os participantes chineses gostaram mais dos iídiches dialéticos que dos não dialéticos.

"As crenças dos judeus parecem ser bastante similares às dos chineses: tudo tem dois lados, e o mundo está repleto de mudanças e incertezas", explica Peng. Ele identifica uma relação entre esse modo de pensar mais dialético e uma visão mais interdependente do self: "Quando o seu self é definido por relacionamentos, contextos e histórias, você não o vê como self fixo, mas enxerga aspectos diferentes do seu self, alguns, contraditórios."[39]

Nato ou escolhido?

A constatação de que os judeus e os cristãos sustentam visões de mundo e de self diferentes não constitui grande surpresa, escreve Sampson. Como um irmão caçula tentando sair da sombra do mais velho, o cristianismo precisou encontrar o próprio nicho no mundo judeu. Os cristãos atingiram essa meta, em parte, promovendo uma noção mais independente de self, capaz de chegar à verdade por conta própria, em vez de depender de relacionamentos com os outros, com o passado ou com o ambiente.[40]

Dessa forma, os cristãos abandonaram as leis dietéticas judaicas e muitos costumes sabáticos. Apesar de não descartar o Antigo Testamento, o Novo Testamento cristão revia muitos ensinamentos anteriores. Por exemplo, o Sermão da Montanha de Jesus é uma resposta aos Dez Mandamentos. Enquanto o texto antigo enfatizava o comportamento, o novo salientava sentimentos e pensamentos. Para Jesus, não bastava mais deixar de matar; também era necessário não *sentir* ódio em relação aos outros. Não bastava não dormir com a esposa do vizinho; também era necessário nem *cogitar* dormir com ela.

Reagindo ao cristianismo, o judaísmo fincou os pés no chão, agarrando-se às próprias doutrinas e práticas, mais interdependentes. Como diz Tevye em *Um violinista no telhado*: "Devido às nossas tradições, cada um de nós sabe quem é e o que Deus espera que façamos."[41] E, apesar de o personagem Tevye não ser qualquer erudito judeu, o dramaturgo judeu que o criou, Sholem Aleichem, lhe transmitiu o respeito da cultura judaica pela história e pelos rituais.

Esse respeito se faz presente antes mesmo do nascimento; os cristãos podem ser convertidos, mas, até recentemente, os judeus só podiam ser natos. Como uma religião de linhagem, e não de consentimento, o judaísmo ortodoxo sustenta que uma pessoa só é judia se sua mãe também o for. E ponto final. Não há escolha individual nisso ou opção de conversão, pelo menos não antes do século XIX. De maneira similar, quando um garoto adolescente se torna um Bar Mitzvah (e, mais recentemente, uma garota adolescente se torna uma Bat Mitzvah), ele passa pelo ritual, em grande parte, para aprender sobre os papéis, responsabilidades e tradições do judaísmo, para que possa participar plenamente da comunidade judaica.

Ser um cristão, por outro lado, requer uma escolha individual. O simples fato de seus pais serem cristãos não significa que você seja um. Na verdade, seus pais devem optar por batizá-lo, e, algumas vezes, nem isso basta; denominações protestantes conservadoras requerem que os fiéis "aceitem Jesus Cristo como seu salvador pessoal", por meio de confirmações, batismos na idade adulta e depoimentos em público.

"No judaísmo, fazer algo por ser a tradição é o suficiente e até valorizado", Cohen conclui. "Mas, em muitas denominações protestantes, é necessário encontrar uma razão pessoal para uma ação."

Cohen, Peng, Sampson e outros estudiosos que se dedicam a comparar os judeus a outros grupos são cautelosos, e com razão. Séculos de antissemitismo, culminando no Holocausto, mostraram como comparações como essas têm o potencial de serem odiosas. Em consequência, muitas pessoas bem-intencionadas têm se empenhado para argumentar que os judeus não são diferentes dos outros.

Entretanto, uma meticulosa análise dos ciclos culturais entre judeus e cristãos revela que as ideias, instituições, interações e eus desses dois grupos são decididamente diferentes. Investigar os modos de ser cristãos também revela as razões pelas quais essas diferenças podem ter sido interpretadas como essenciais, raciais e, portanto, usadas para justificar a ação violenta: os modos de pensar independentes, aos quais os protestantes se adequaram, podem levar ao pensamento essencialista. Muitos cristãos, especialmente os protestantes, pensam que o comportamento resulta de características internas estáveis, veem o comportamento do grupo como a soma dos individuais e, em consequência, veem as diferenças do grupo como internas e estáveis.

Talvez, aplicando um estilo mais interdependente de pensar à investigação das razões pelas quais as pessoas são diferentes, tanto cristãos quanto judeus possam reconhecer melhor como os contextos, as histórias, os ambientes e outros elementos influenciam e refletem as psiques individuais. Essa abordagem mais interdependente pode também levar a ciclos culturais mais pacíficos.

Os católicos no caminho do meio

Cerca de 1.500 anos depois que judeus e cristãos partiram por caminhos separados, protestantes e católicos também seguiram pelo próprio caminho. Como veremos, os ciclos culturais protestantes produziram e refletiram de um self mais independente, ao passo que os ciclos culturais católicos reforçaram e se originaram de um self mais interdependente.

Durante grande parte da história dos Estados Unidos, os americanos protestantes consideraram os católicos invasores em sua comunidade. Essa percepção não era completamente equivocada. A Igreja Católica americana é, em grande parte, composta de ondas sucessivas de imigrantes: primeiro os alemães, seguidos dos irlandeses, depois dos italianos, em seguida os hispânicos e os filipinos.[42] Em parte devido a seu grande contingente de imigrantes, os católicos também constituem o grupo religioso mais pobre dos Estados Unidos.[43] No entanto, desde a eleição de Kennedy, em 1962, os católicos garantiram seu lugar no *mainstream* americano. Os não hispânicos agora estavam entre os americanos que apresentam a maior mobilidade ascendente – isto é, são os que mais sobem na hierarquia social.[44]

Mesmo assim, os membros do catolicismo ainda se sentem ligeiramente fora de sintonia com os modos de ser predominantemente protestantes nos Estados Unidos. Nos anos 1990, psicólogos culturais se puseram a investigar as diferenças dos católicos e descobriram que, apesar de toda a assimilação e sucesso no *mainstream*, os católicos cultivam uma noção mais interdependente de self que os protestantes históricos.

O psicólogo Jeffrey Sanchez-Burks foi um dos primeiros a analisar o self mais interdependente dos católicos em estudos de laboratório. Ele pediu que homens protestantes e católicos realizassem uma tarefa vestidos com camisas de manga comprida e gravatas (a condição profissional) ou com camisas havaianas (a condição casual). Fantasiados dessa forma, ouviram gravações de palavras imbuídas de emoções positivas (por exemplo, *animado*, *esperança* e *riso*) e palavras com emoções negativas (por exemplo, *rude*, *perverso* e *horrendo*). Depois de ouvir cada uma, foram solicitados a julgar se o significado da palavra era agradável ou desagradável.

A pegadinha estava no fato de que, algumas vezes, a entonação na qual a palavra era pronunciada não correspondia ao significado. Por exemplo, a palavra *perverso*, falada com alegria, e a palavra *riso,* enunciada com desespero ou apreensão. Nesses casos de descompasso entre som e significado, Sanchez-Burks queria saber até que ponto as conotações sociais e emocionais da palavra interfeririam na capacidade dos participantes de julgar seu significado.

Na condição casual, protestantes e católicos apresentaram a mesma dificuldade com os tons e sentidos discordantes. No entanto, na condição profissional, os protestantes demonstraram especial capacidade de desconsiderar as informações socioemocionais e focar a informação. Os católicos, por sua vez, não conseguiram ignorar o lado humano e emocional da gravação com tanta facilidade e, a despeito de como estavam vestidos, apresentaram tempos de resposta muito mais lentos quando palavras e entonações não conferiam.

Sanchez-Burks conclui que, quando no trabalho, os protestantes deixam o coração do lado de fora do escritório. Como veremos na próxima seção, eles não fazem isso para serem indelicados, mas estão apenas seguindo o que Sanchez-Burks chama de ideologia relacional protestante: isto é, "crenças que pregam que a atenção aos fatores relacionais deve ser restrita em contextos centrados no trabalho". Com uma exposição limitada a essa ideologia, os católicos tendem mais a levar o coração ao ambiente de trabalho.[45]

Em comparação com os católicos, a maior independência dos protestantes também se evidencia na forma como descrevem o comportamento cotidiano. Como vimos na Introdução e no Capítulo 2, a tendência de justificar o comportamento cotidiano em termos de atribuições situacionais representa um estilo mais interdependente, que presume que as pessoas são motivadas, em grande parte, por fatores relacionais e influências ambientais. Nesse caso, não há problema algum em dizer que sua mãe ou o diabo o forçou a fazer algo. As atribuições disposicionais, por seu lado, representam um estilo mais independente, que presume que as pessoas são motivadas, em grande parte, por suas características e preferências internas. Para esse tipo de self, é melhor dizer que seu comportamento veio de dentro.

Para estudar os estilos de atribuição dos católicos e protestantes, Cohen e seus colegas pediram que os participantes lessem sobre dois personagens que fizeram uma boa ação (um executivo da indústria farmacêutica que doou medicamentos contra a malária e um jogador de beisebol profissional que trabalhou de voluntário em um acampamento para crianças pobres) e dois personagens que fizeram algo ruim (um médico que cometeu um erro que levou à morte de um paciente e um funcionário público que aceitava subornos). Depois, os participantes avaliaram em que extensão concordavam com explicações internas (por exemplo, seu caráter, atitude e temperamento) e com as externas (como ambiente social e normas sociais) para as ações de cada personagem.[46]

Os pesquisadores descobriram que os protestantes faziam mais atribuições internas que os católicos, como previsto. Os pesquisadores também se aprofundaram um pouco mais para descobrir por que os protestantes têm esse estilo atribucional e descobriram que eles acreditam mais na alma e se preocupam mais com sua condição que os católicos. "Os protestantes receberam um decreto terrível de Lutero", os pesquisadores escrevem. "Agora são eles, como indivíduos, e não mais a Igreja, os responsáveis pela condição da própria alma." Assim, os protestantes tendem a prestar mais atenção que os católicos aos próprios aspectos internos e aos dos outros.

Naturalmente, os católicos também acreditam que as pessoas tenham alma e também se preocupam com isso. No entanto, os ensinamentos católicos sustentam que a participação nos sacramentos é uma boa maneira de atingir a salvação. Com efeito, os pesquisadores relatam que o catecismo da Igreja Católica apresenta 54 menções às palavras *sacramento* e *sacramental*, mas apenas cinco à palavra *alma*.[47]

Apesar de serem mais interdependentes que os protestantes, os católicos não parecem tão interdependentes quanto os judeus. A evidência mais direta da noção de self mais interdependente dos católicos provém dos estudos de Cohen sobre o self e a religião. Como aconteceu com os judeus, os católicos sentiram que a religião era mais uma questão de participar de rituais, tradições e comunidade e menos uma questão de ter um relacionamento pessoal com Deus. Em alguns poucos casos, os católicos chegaram a empatar com os judeus nos indicadores mais interdependentes. No entanto, na maioria dos indicadores, eles se posicionaram entre os protestantes e os judeus.[48]

Quem manda, o Livro ou o Papa?

Analisar as diferentes práticas, mecanismos e instituições dos católicos e protestantes tem sido o passatempo de muitos cientistas sociais. As constatações dessas análises revelam várias forças que têm sustentado e refletido um self independente entre os protestantes e um self interdependente entre os católicos.

Talvez a obra mais famosa sobre o modo de ser dos protestantes seja o ensaio *A ética protestante e o espírito do capitalismo* (Martin Claret, 2001), de Max Weber. O ponto de partida de Weber foi uma questão ligeiramente indelicada: Por que os protestantes são tão mais ricos que os católicos? Sua resposta foi que eles cultivam um conjunto especial de crenças que ele chamou de "ética protestante do trabalho". Uma delas é a noção de que as pessoas têm uma "vocação", uma linha de trabalho escolhida pelos céus. Como a ideia da vocação elevava o trabalho de um mal necessário a um imperativo moral, de repente todos se viram dispostos a trabalhar com mais empenho.

Uma segunda crença acumuladora de riquezas peculiar aos primeiros protestantes – também conhecidos pela designação menos agradável, os "puritanos" – é que a sorte espiritual das pessoas era predestinada, que Deus já decidira quem iria para o céu ou para o inferno. À primeira vista, essa ideia pareceria um tanto desanimadora para os esforçados protestantes. Porém, seu efeito foi fazer as pessoas não apenas trabalhar com mais empenho, como também consumir menos e de maneira menos ostensiva. Isso aconteceu porque os protestantes passaram a ver o sucesso mundano (isto é, a riqueza) como sinal de aptidão espiritual e, inversamente, a ver o fracasso secular (isto é, a pobreza), como indicativo de falência espiritual.

Uma terceira crença que contribuiu não apenas para o sucesso dos protestantes, mas para seu estilo de trabalho ligeiramente impassível, foi que o interesse pelos sentimentos dos colegas o distrairia de seu chamado ou vocação. Dessa forma, os protestantes adotaram a ideologia relacional protestante, que, em resumo, prescreve: não misture negócios com prazer. Focar o trabalho e não se deixar distrair por frivolidades leva à maior produtividade. É por isso que os protestantes se tornaram rapidamente os capitalistas de maior sucesso e as pessoas mais ricas da Europa, argumenta Weber.[49]

Mais recentemente, os economistas Sascha O. Becker e Ludger Woessmann identificaram um caminho diferente, partindo de Martinho Lutero até chegar à prosperidade protestante. Durante o Sacro Império Romano-Germânico, os clérigos eram os que mais liam na Europa; ainda por cima, em latim. Os primeiros protestantes perceberam que, se quisessem ter um relacionamento sem intermediários com Deus, precisariam aprender a ler. Como a educação clássica era um luxo pelo qual a maioria não tinha como pagar, a Igreja Protestante se pôs a traduzir a Bíblia a idiomas locais. Assim, eles passaram a ensinar os fiéis recém-convertidos a ler abrindo escolas e convencendo os pais de que seria o melhor para os filhos. Em consequência, como Becker e Woessmann demonstram, o novo mundo protestante tinha uma taxa de alfabetização mais elevada que o mundo católico que o cercava – tendência que se manteve até o século XX.[50]

A leitura não precisa ser uma atividade solitária, e os livros não precisam ser mecanismos individuantes. De maneira similar, a prosperidade não precisa necessariamente levar a um modo de ser mais independente. No entanto, nas mãos dos primeiros protestantes, as práticas e produtos da alfabetização e da prosperidade alimentaram o espírito da autossuficiência e eram alimentados por ele. Em consequência, os protestantes puderam se voltar cada vez mais para dentro, na busca pela aptidão espiritual, e se distanciar cada vez mais dos líderes e das comunidades religiosas.

Enquanto isso, nas esferas católicas da Europa, a Igreja Católica continuava a intermediar o relacionamento dos fiéis com o divino. Antigamente, como ainda acontece, a Igreja sustentava que o Papa era o embaixador de Cristo na Terra e realizava Sua vontade por meio da hierarquia de cardeais, bispos e padres. Para conhecer a vontade de Cristo e agir de acordo, os paroquianos deveriam participar das instituições da Igreja. No entanto, historicamente, a igreja só oferecia missas e a Bíblia em latim, o que mantinha os paroquianos altamente dependentes dos clérigos e uns dos outros para obter orientação sobre como serem bons católicos. Até hoje, ser um bom católico implica realizar rituais, observar os sacramentos e pagar o dízimo (contribuir com 10% de sua renda para a Igreja). Com centenas de dias santos, celebrações e missas, os católicos têm um motivo para interagir com a paróquia quase diariamente.

Uma vez na igreja, os católicos podem usufruir de pinturas e esculturas opulentas, música exuberante e incenso aromático. Belas decorações narram a vida de Cristo, a *Via Crucis* e outras histórias da Bíblia. A Santa Maria enleva os paroquianos com sua paciente beleza. O próprio Jesus se faz presente, especialmente em representações de seu sofrimento na cruz. Por sua vez, as igrejas protestantes oferecem uma estética mais austera. Nessas igrejas, a cruz sempre está vazia – sinal de que os adoradores devem voltar as energias ao futuro, quando Jesus retornar, em vez de se lamentar pelo passado ou buscar consolo no presente.[51]

O catolicismo e o protestantismo americanos se desviaram consideravelmente de suas raízes europeias. Com efeito, alguns sociólogos argumentam que as ramificações americanas das duas igrejas têm mais em comum entre si que com as ramificações europeias modernas.[52] Mesmo assim, os ciclos culturais em jogo nos campos do catolicismo e do protestantismo americanos modernos ainda encorajam a utilização de selves diferentes.

Os novos protestantes

Os últimos ao chegar ao cenário religioso americano foram os cristãos conservadores modernos. Os Estados Unidos passaram por vários "despertares religiosos", durante os quais falar línguas, ter alucinações e vivenciar outras experiências incomuns e imediatas do divino eram mais comuns. O primeiro desses períodos remonta a 1730, de acordo com Luhrmann. No entanto, o atual interesse na experiência direta e pessoal de Deus "testemunhou um enorme crescimento nos anos 1960", ela escreve.[53]

Uma razão para esse novo entusiasmo eclesiástico é que a nação estava se abrindo para experiências mais emocionais e intuitivas. Outro impulsionador foi a agitação social da época, inclusive um afrouxamento das convenções sociais e uma ampla rebelião contra instituições do *mainstream*.[54] O tumulto provocado por essas mudanças deixou muitas pessoas se sentindo à deriva. Algumas se voltaram à Igreja, em busca de um senso de comunidade e ordem.[55] Com seu Deus cordial e regras claras, a Igreja Protestante conservadora era exatamente a instituição que muitos procuravam.

O psicólogo Ian McGregor e seus colegas identificaram essa dinâmica em uma série de experimentos. Em um deles, por exemplo, os pesquisadores aterrorizaram estudantes universitários, pedindo que lessem uma lição de estatística de pós-graduação editada para ser incompreensível. Em comparação com os que leram uma passagem não ameaçadora, esses assustados participantes relataram maior devoção religiosa, endossando com mais fervor afirmações como "Eu apoiaria uma guerra em defesa de minhas crenças religiosas" e "Minhas crenças religiosas se fundamentam em verdades objetivas".[56]

Ninguém mensurou diretamente o self dos protestantes conservadores, mas muitos estudiosos analisaram a personalidade de conservadores políticos, cujos círculos se sobrepõem aos dos conservadores religiosos. O psicólogo John Jost e seus colegas conduziram uma extensa metanálise de 88 estudos conduzidos em 12 países e descobriram que, em comparação com os liberais políticos, os conservadores políticos são menos abertos a novas experiências, precisam de mais organização e ordem e têm autoestima mais baixa.[57] Como vimos nos capítulos anteriores, esses traços de personalidade são mais característicos de selves interdependentes.

Um café com Jesus

A vida emocional dos protestantes conservadores e históricos também parece se dividir em termos de independência e interdependência. Os psicólogos Ingrid Storm e David

Sloan Wilson acompanharam 11 adolescentes protestantes conservadores e 38 adolescentes protestantes históricos durante uma semana. Aproximadamente a cada duas horas, um PDA (Personal Digital Assistant) pré-programado instruía os participantes a responder perguntas sobre o que estavam fazendo e como se sentiam a respeito.

Storm e Wilson descobriram que, em perfeita conformidade com um self mais interdependente, os adolescentes protestantes conservadores passavam menos tempo sozinhos e se sentiam mais felizes quando acompanhados. Eles só ficaram sozinhos 17,5% do tempo, em comparação com 26% dos protestantes históricos. Quando sozinhos, os adolescentes conservadores relataram se sentir mais solitários, mais fracos e mais entediados e envergonhados que na presença de outras pessoas, inclusive amigos e parentes.

Para os adolescentes protestantes históricos, estar acompanhado afetou pouco o modo como se sentiam, exceto quando estavam com a família, ocasiões nas quais se sentiram ligeiramente *mais solitários*.[58]

Storm e Wilson também analisaram dados de um levantamento conduzido com mais de 300 respondentes. Fiéis à prática interdependente de respeitar as hierarquias e as tradições, os adolescentes protestantes conservadores relataram que seus pais tinham mais controle de com quem eles faziam amizade e quem namoravam do que os adolescentes protestantes históricos. E, de acordo com a prática independente de cultivar a singularidade e a expressão da própria personalidade, os protestantes históricos concordaram mais prontamente que sua família os fazia se sentir especiais em aniversários e festividades e permitia que todos expressassem suas opiniões – mesmo quando eram divergentes.[59]

Os protestantes conservadores passam mais tempo não só com amigos e parentes, mas também com Jesus. Luhrmann, que participa da Vineyard Christian Fellowship Church (Associação de Igrejas Cristãs de Vineyard), se pôs a investigar o modo como os protestantes conservadores desenvolvem relacionamentos amorosos e de amizade com seu salvador. Ela descobriu que os protestantes conservadores incluem o divino em sua vida muitas vezes ao dia. Interações como servir café para Jesus, reservar uma noite por semana para se encontrar com o Senhor e aprender como diferenciar a voz Dele na sua cabeça da sua própria voz são apenas algumas das práticas regulares dos conservadores.[60]

Salvar ou ser salvo?

Os protestantes conservadores revelam e integram sua interdependência não apenas no modo como criam seus filhos adolescentes e conversam com Deus como também no que escolhem fazer com o dinheiro. Um ato extremo de interdependência é abdicar do ganho pessoal em benefício da comunidade, justamente o que os protestantes conservadores fazem: de todos os grupos religiosos dos Estados Unidos, são eles que doam a maior parcela de sua riqueza à igreja.

Ao doar tanto, os protestantes conservadores seguem mais à risca as supostas palavras de Jesus Cristo, de acordo com a socióloga Lisa Keister. Ela relata que aproximadamente 10% dos versos do Novo Testamento discorrem sobre questões financeiras,[61] inclusive versos como: "Honra ao Senhor com teus bens e com a primeira parte de todos os teus ganhos; e se encherão os teus celeiros, e transbordarão de vinho os teus lagares." (Provérbios 3:9–10) De maneira similar, o escritor protestante conservador Randy Alcorn observou em seu livro, *The Law of Rewards*, que "[Jesus] falou mais sobre dinheiro e posses que sobre o paraíso e o inferno combinados".[62]

Tendo a interpretação literal da Bíblia como característica distintiva, os protestantes conservadores endossam com mais firmeza afirmações como "O propósito da igreja é dar dinheiro de volta a Deus", "O dinheiro é a raiz de todos os males" e "Acredito muito na conexão entre religião e finanças pessoais." Isso se aplica a cristãos conservadores tanto brancos quanto não brancos. "Se você se lembrar do Furacão Katrina", Keister diz, "muita gente não tinha US$40 para alugar um carro e sair da cidade". No grupo mais afetado, havia muitos protestantes conservadores.[63]

Um efeito colateral de doar tanta riqueza é que os protestantes conservadores estão entre os americanos mais pobres. Utilizando dados de mais de 6 mil respondentes do National Longitudinal Survey of Youth (Levantamento Nacional Longitudinal da Juventude), Keister demonstra que os protestantes conservadores tinham um patrimônio líquido de cerca de US$26 mil em 2000, ao passo que o da amostra como um todo era de US$66.200. Ela também mostra que essas diferenças no patrimônio líquido se deviam mais à incapacidade dos protestantes conservadores de acumular riqueza do que ao fato de começarem com menos recursos. E, apesar de outras práticas culturais dos círculos protestantes conservadores – obter menos instrução, ter mais filhos mais cedo e enviar menos mulheres à força de trabalho – certamente ajudar a esvaziar as carteiras dos protestantes conservadores, as crenças religiosas e as práticas financeiras que eles promovem também exercem grande influência.[64]

As circunstâncias mais modestas dos ciclos culturais dos protestantes conservadores impelem os eus a uma direção mais interdependente. Como analisamos no Capítulo 5, os americanos mais pobres tendem a usar mais seu self interdependente do que os mais abastados. Muitas razões podem explicar esse fenômeno: quanto menos dinheiro uma pessoa tiver, mais deverá contar com amigos e parentes para sobreviver, quanto menos recursos tiver para expressar suas preferências e atingir metas pessoais, menos controle terá sobre seu ambiente e mais deverá aceitar o *status quo*. Aliado às instituições e interações do protestantismo conservador, um status socioeconômico mais baixo sustenta e reflete uma forma particularmente robusta de interdependência.

Acalme os elefantes

"Quando dois elefantes brigam, quem sofre é a grama", adverte um provérbio ugandense. Do mesmo modo, com a expansão do protestantismo conservador, que se tornou a maior religião dos Estados Unidos, seus confrontos com o protestantismo histórico (e aliados independentes) estão desgastando o discurso público e os vínculos que unem os americanos.

Os ciclos culturais levaram os Estados Unidos a esse impasse e podem tirar o país dele. Apesar de os protestantes históricos atualmente constituírem a minoria numérica, suas raízes mais profundas nas instituições americanas os colocam em melhor posição para estender um gesto de boa vontade aos irmãos conservadores. Para elevar o nível do diálogo nacional sobre a religião, os protestantes históricos e seus aliados deveriam acolher os conservadores em suas instituições. Os U.S. National Institutes of Health abriram o caminho nomeando o geneticista Francis S. Collins, autodenominado "cristão evangélico", para atuar como diretor em 2009. Ex-líder do Projeto Genoma Humano, Collins une a crença à evolução em um ponto de vista que chama de BioLogos, que sustenta que Deus criou o universo há 14 bilhões de anos, pôs em funcionamento os processos que levariam à vida humana e depois se limitou a assistir.[65]

Os protestantes históricos também deveriam assumir um papel mais ativo em ajudar os conservadores a se sentir mais acolhidos em seu meio. Um primeiro passo no desenvolvimento de interações mais cordiais é parar de tentar convencer os cristãos conservadores de que seus valores e crenças estão errados. A maioria das pessoas pensa e se expressa mal quando sente que a essência de seu self está sendo atacada. Dessa forma, criar um espaço seguro para conversas entre as fés implica deixar a obra completa de Christopher Hitchens do lado de fora.* Apesar de a complexa argumentação e a cáustica retórica de Hitchens (e de Richard Dawkins, Sam Harris e outros eloquentes ateus) pegarem bem entre a elite intelectual, elas só indispõem os protestantes conservadores.

Em vez disso, a melhor tática é descobrir quais metas vocês já têm em comum e prosseguir a partir daí. Ou, nas palavras do psicólogo Morton Deutsch: "aprender a diferença entre 'posições' e 'interesses'. As posições dos lados conflitantes podem ser irreconciliáveis, mas seus interesses podem ser condizentes".[66] Vocês podem deixar de converter algumas pessoas ao seu modo de pensar, mas mobilizarão muitas a um melhor modo de agir. Como diz o velho ditado, "É melhor uma paz hipócrita que uma guerra sincera."

Para o reverendo Richard Cizik, lutar pelo planeta implica se voltar a uma ética cristã amplamente compartilhada. "Minha mensagem na verdade não busca tentar convencer as pessoas das evidências científicas relativas às mudanças climáticas", explica Cizik, presidente da New Evangelical Partnership for the Common Good, "mas sim persuadi-las à sua própria responsabilidade bíblica... Não é possível amar a Deus e a seu vizinho se você polui o ar deles".[67]

Os candidatos políticos menos populares aos olhos dos eleitores cristãos conservadores também deveriam ajustar suas mensagens para enfatizar os interesses interdependentes, deixando um pouco de lado as preocupações independentes. Os protestantes históricos e seus aliados falam com frequência sobre suas políticas em termos

---

* *Nota da Tradutora*: Christopher Hitchens é um dos exponentes mais proeminentes do movimento do "novo ateísmo" e considerado, junto com os ateus Richard Dawkins, Sam Harris e Daniel Dennett, um dos quatro "Cavaleiros do Ateísmo".

de atuar em prol dos interesses próprios, maximizar os retornos econômicos, proteger os direitos individuais e aumentar o número de escolhas. No entanto, em vez de seguir essa linha de ação, Luhrmann recomenda: "Eles poderiam falar sobre o modo como suas intervenções políticas permitirão que... Aqueles que os apoiarem poderão melhorar como seres humanos ao estender as mãos com amor. Eles poderiam descrever a reforma no sistema de saúde como uma resposta ao sofrimento, não como solução para um problema econômico."[68]

As pessoas também podem trabalhar individualmente na própria psique para possibilitar conversas inter-religiosas mais proveitosas. Uma rápida intervenção cognitiva seria admitir que valorizar a justiça, a igualdade e a liberdade acima de todo o resto é, *por si* só, um código moral. O psicólogo Jonathan Haidt chama esse código de *moralidade da autonomia* e observa que ele se faz extraordinariamente presente em democracias abastadas, instruídas, industrializadas e ricas. No resto do mundo e entre cristãos conservadores, duas outras maneiras de ser bom (as moralidades da *comunidade* e da *divindade*) tendem a dominar um público mais amplo.[69] É fácil nos mantermos cegos a esses outros códigos morais, mas, se você quiser construir pontes entre a religião e, cada vez mais, a política, deve ao menos abrir a cabeça para a possibilidade de que todas essas três moralidades sejam, nas palavras de Haidt, "manifestações de visões profundamente conflitantes, porém igualmente sentidas, da boa sociedade".[70] Esse tipo de boa-fé tem o poder de fazer maravilhas.

Que carro Jesus escolheria?

Enquanto os protestantes históricos canalizam sua interdependência para estender a mão ao outro lado da fronteira religiosa, os conservadores devem se voltar a seu lado independente para pensar por conta própria e defender suas crenças. Os cristãos conservadores já criaram várias instituições e interações para sustentar a livre circulação de ideias dentro de sua fé. Por exemplo, a Evangelical Environmental Network (Rede Ambiental Evangélica) promove um ativo debate sobre pesquisas das mudanças climáticas. Um dos projetos de maior sucesso da organização é sua campanha de adesivos automotivos "Que carro Jesus dirigiria?" A organização sem fins lucrativos também publica a revista *Creation Care* e administra um instituto voltado a "equipar, inspirar, divulgar os ensinamentos e mobilizar os filhos de Deus para cuidar de Sua criação", de acordo com o site da organização.[71] As discussões sobre a evolução também contam com uma importante organização liderada por evangélicos, a BioLogos Foundation, que disponibiliza um fórum on-line no qual dissidentes e defensores do evolucionismo teísta podem expressar seus pontos de vista.

No nível individual, os protestantes conservadores poderiam se dar o trabalho de ler a Bíblia em vez de depender da liderança da igreja para lhes dizer no que acreditar. Por meio desse ato de independência, muitos descobriram que a lista do que fazer e do que evitar que consta das escrituras não é tão clara e objetiva. Por exemplo, a Bíblia de fato menciona o sexo entre homens em algumas passagens, chegando a considerá-lo uma abominação (um ato impuro) no Levítico. No entanto, como a bióloga Joan Roughgarden documenta, Jesus em momento algum menciona o homossexualismo, e nenhuma escritura faz menção ao sexo entre mulheres. Além disso, Roughgarden sustenta, há várias afirmações inconclusivas na Bíblia que sugerem que as noções de sexo e gênero sejam relativamente flexíveis no cristianismo; por exemplo, as afirmações em relação aos eunucos e intensas amizades entre pessoas do mesmo sexo (Noemi e Rute, Jônatas e Davi) bem como o fato de a Igreja ter acolhido "santos travestidos", como Santa Tecla e Joana d'Arc. Admitir essas e outras complexidades em vez de ocultá-las sob histórias mal contadas pode fortalecer tanto a crença individual quanto a instituição da Igreja.[72]

O diabo interior

Os documentos da fundação dos Estados Unidos também são contraditórios no que se refere a exatamente como a religião deveria se encaixar na essência da nova nação. Por um lado, a Declaração de Independência coloca uma divindade no centro das atenções: "Consideramos essas verdades evidentes por si mesmas, que todos os homens são criados iguais, dotados pelo Criador de certos direitos inalienáveis." Por outro lado, o documento não faz qualquer menção a Deus. Pelo contrário, a Primeira Emenda claramente separa a Igreja do Estado: "O Congresso não deve instituir leis estabelecendo uma religião nem proibindo seu livre exercício."

Em uma sociedade pluralista, com uma população cada vez maior e recursos cada vez mais escassos, decidir como interpretar essas confusas mensagens, como equilibrar Igreja e Estado, constitui um projeto crucial. Entender como o confronto da independência com a interdependência pode desviar esse projeto do rumo pode ajudar a colocá-lo em um caminho mais produtivo. O diabo não está nos valores e nas crenças do outro lado, mas sim nos detalhes de como canalizar sua própria independência e interdependência em prol de uma paz mais produtiva.

CAPÍTULO 8

Trabalhos de amores perdidos

As culturas no trabalho

Não existe um laptop mais fofo que o XO, com suas chamativas teclas verdes, design robusto e divertida logomarca. Em 2005, o professor do MIT Nicholas Negroponte revelou a ideia de vender o XO por meros US$100 para que crianças de países pobres pudessem utilizá-lo para estudar. A Intel, a Google e vários outros gigantes da tecnologia se mostraram ansiosos para entrar nessa onda de generosidade, de forma que se tornaram parceiros oficiais da ONG de Negroponte, a OLPC (One Laptop Per Child – Um Laptop por Criança), comprometendo-se a contribuir com dinheiro, materiais e expertise.

No entanto, em pouco tempo, uma dessas parcerias começou a desmoronar. De olho no enorme mercado na base da pirâmide da riqueza mundial, a Intel começou a fabricar o próprio laptop de baixo custo, o Classmate PC. Como o Classmate da Intel concorreria diretamente com o XO da OLPC, Negroponte pediu que ela parasse de vender seu computador em regiões nas quais a ONG tinha operações. No entanto, a empresa não se mostrou muito disposta a deixar que a OLPC prejudicasse um lucrativo empreendimento. Em 2008, a Intel voltou atrás e desfez a parceria. Negroponte, ofendido, resumiu as conflitantes visões das duas organizações, dizendo: "[A OLPC] vê as crianças como uma missão; a Intel as vê como um mercado."[1]

A Intel e a OLPC não estão sozinhas em sua mútua exasperação. À medida que problemas sociais e ambientais assumem proporções globais, muitas ONGs e corporações tentam unir forças para lutar pelo bem comum. Essas alianças catalisam uma série de inovações no ambiente de trabalho. Inspirando-se nessa onda caridosa, por exemplo, o mundo dos negócios tem gerado empreendedores sociais, empresas com *triple bottom line* (também conhecido como "tripé da sustentabilidade") que se voltam a ajudar as pessoas, o planeta e os lucros; proposições de valor combinado (*blended-value propositions*, que incluem componentes econômicos, sociais e ambientais), iniciativas de responsabilidade social corporativa e outras atividades ao mesmo tempo magnânimas e lucrativas. E, por insistência de seus parceiros com fins lucrativos, as ONGs passaram a lançar empreendimentos geradores de receitas, divulgando relatórios de desempenho trimestrais e reduzindo custos operacionais. Os governos também estão entrando na ação, firmando mais parcerias com o setor privado e pegando ideias tanto do setor privado quanto do terceiro setor.

Apesar das boas intenções, a lua de mel não costuma durar muito. Jim Fruchterman tem uma história particularmente amarga para contar sobre um confronto entre uma ONG e o governo. Fruchterman é o fundador e CEO da Benetech, organização sem fins lucrativos com sede em Palo Alto dedicada a desenvolver novas tecnologias para ajudar as pessoas e proteger o meio ambiente. Em 2000, ele soube que uma empresa chamada Quantum Magnetics tinha inventado um novo aparelho para detectar minas terrestres. Ele propôs trabalhar com a empresa para aprimorar a invenção para ser utilizada por organizações humanitárias em regiões arrasadas pela guerra. A Quantum Magnetics concordou que "usar a tecnologia para fins humanitários [em oposição a fins apenas militares] era uma excelente ideia", Fruchterman conta. Assim, as duas organizações se puseram a colaborar.

Foi quando eles bateram de frente com um enorme obstáculo. Como a Quantum Magnetics recebia verbas do governo dos Estados Unidos e como os detectores de minas terrestres poderiam ser utilizados ofensivamente (não só para a defesa), para adaptar a nova tecnologia, a Benetech teria de obter permissão do Departamento de Comércio, do Departamento de Defesa e talvez até do Departamento de Estado dos Estados Unidos. "Na verdade, não sabíamos ao certo quem deveria nos dar a permissão", lembra Fruchterman.

Sem se deixar desanimar, Fruchterman foi atrás das autorizações necessárias. "Todo mundo no governo concordou que detectores humanitários de minas terrestres eram uma ótima ideia", ele recorda, "mas ninguém se dispôs a assinar a linha pontilhada que nos daria acesso à tecnologia." Depois de dois anos de promessas diárias de que as assinaturas estavam a caminho, "finalmente abandonamos o projeto", ele diz. "Percebemos que não entendíamos a cultura do governo."

Como é essa cultura, exatamente? Por que o governo se indispõe com ONGs e empresas privadas com tanta frequência? E por que tantas ONGs e empresas não conseguem conviver em harmonia?

Neste ponto, você provavelmente já imagina qual será nossa resposta: o mundo dos negócios abriga selves mais independentes e ideias, instituições e interações que reforçam e refletem esse modo de ser. No entanto, o terceiro setor e o setor público cultivam ciclos culturais mais interdependentes, sendo que cada um é diferente do outro.

Em resumo: você é seu ambiente de trabalho, em uma extensão surpreendente.

Quando essas culturas distintas colidem, fica difícil trabalhar em colaboração para melhorar o mundo – às vezes até impossível. Para evitar esses confrontos – e talvez até para fazer do mundo um lugar melhor no processo –, empresas, ONGs e órgãos públicos devem se encontrar no meio do caminho. As empresas precisam se atualizar quanto aos fundamentos da interdependência e se concentrar mais em seus relacionamentos, tanto com os parceiros quanto dentro da própria organização.

Já as ONGs precisam tomar um remédio diferente. Por serem tão focadas em manter seus relacionamentos, as instituições de caridade raramente confrontam os detentores do poder, o que reduz sua capacidade de obter o que precisam dos parceiros e de realizar suas missões. Uma boa dose de independência poderia ajudá-las a se expressar em defesa de si mesmas e de seus beneficiários.

Os governos também sofrem de excesso de interdependência, mas de um tipo diferente. Eles se veem tolhidos em um atoleiro de absurdas hierarquias e obsoletas tradições. Para vencer o próprio excesso de burocracia, eles precisam de mais independência para correr riscos, tolerar fracassos e recompensar a inovação.

Com seu lado independente desenvolvido, tanto as ONGs quanto os governos deveriam utilizá-lo para atingir uma meta adicional: combater a "empresarificação" da vida cotidiana. Ao longo da última década, tanto ONGs quanto governos vêm adotando cada vez mais as práticas e metáforas do mundo dos negócios. Atualmente, as ONGs estão voltadas a desenvolver suas "vantagens competitivas", por exemplo, e os doadores buscam obter "retornos sociais" sobre os investimentos. Os governos estão terceirizando o trabalho a empresas com fins lucrativos cujas metas, com muita frequência, não são compatíveis com as do setor público.[2] Pessoas de todos os setores enaltecem as soluções lucrativas e negligenciam as beneficentes ou políticas.

Apesar de muitas organizações poderem se beneficiar das eficiências possibilitadas pelas práticas do mundo dos negócios, uma preferência automática pela cultura empresarial – e, por extensão, pela independência – não constitui a melhor abordagem possível. Como o filósofo Michael J. Sandel argumenta em seu livro, *O que o dinheiro não compra: os limites morais do mercado* (Civilização Brasileira, 2012), nem todos os problemas têm soluções de mercado, e nem tudo deveria ser colocado à venda.[3]

Se você trabalhou em mais de uma organização, sem dúvida já sabe que os ambientes de trabalho não são mais tão variados quanto costumavam ser. As culturas distintivas de negócios da Apple e da Microsoft, da Southwest e da American Airlines, da Toyota e da General Motors são temas de best-sellers.[4] De maneira similar, algumas ONGs têm tão pouco em comum que muitos críticos questionam se a categoria em si ainda faz algum sentido. Afinal, elas podem ser tão variadas quanto a Yale University e a Yazoo County Fair (feira da cidadezinha de Yazoo, no estado do Mississippi), a Southern Baptist Convention e a North American Man/Boy Love Association (organização de ativismo pedófilo que se opõe à ideia de idade mínima para uma pessoa ter relações sexuais) e a Bill and Melinda Gates Foundation e a Last Chance Ferret Rescue (ONG de proteção aos furões). Do mesmo modo, poucos órgãos públicos são criados iguais. Uma visita ao Department of Motor Vehicles é uma experiência decididamente diferente de uma visita ao Instituto Smithsoniano.

Apesar de todo esse ruído, ainda é possível identificar alguns sinais. Os trabalhadores de empresas privadas atrás dos maiores lucros possíveis desenvolvem e são desenvolvidos por um ciclo cultural diferente do das pessoas das ONGs, que trabalham em prol do bem social, ou de funcionários do governo, que procuram manter a ordem social. Mesmo quando esses selves tão diversificados desejam sinceramente trabalhar juntos, as engrenagens de seus diferentes ciclos nem sempre se alinham. Então, antes de você mergulhar com ousadia nessa parceria intersetores ou antes de querer testar aquela melhor prática apregoada na *Harvard Business Review*, dê uma volta pelos ciclos culturais de empresas, ONGs e órgãos públicos para descobrir quais confrontos poderá encontrar.

Por amor ou por dinheiro

Como muitos empreendedores do Vale do Silício, Peter Thiel, cofundador da PayPal, gostaria de fazer do mundo um lugar melhor. No entanto, ele evita investir em "pessoas com atitude de ONG", como recentemente contou ao *The New Yorker*, porque eles supostamente pensam: "Se estamos fazendo o bem, não precisamos trabalhar pesado."[5]

Thiel não está completamente equivocado. Em comparação com o pessoal do setor privado, os trabalhadores do terceiro setor de fato dançam ao som de uma música mais interdependente, da mesma forma como os funcionários do setor público. Nenhuma pesquisa analisou diretamente as diferenças no ambiente de trabalho em termos de modelos do self. No entanto, muitos estudos revelam que trabalhadores de ONGs e funcionários públicos são mais cooperativos e altruístas do que os de empresas privadas, o que sugere que eles levam seu self mais interdependente para o trabalho. Por outro lado, o pessoal do setor privado é mais competitivo e voltado aos próprios interesses, o que sugere que vão ao trabalho com seu self mais independente.

Em um dos primeiros estudos, por exemplo, James R. Rawls e seus colegas descobriram que estudantes de administração que mais tarde foram trabalhar em ONGs e órgãos públicos valorizavam mais a cordialidade, a indulgência e a prestimosidade do que os que entraram no mundo corporativo. Os estudantes de administração mais voltados a iniciativas sociais também apresentaram pontuação mais elevada em testes de cooperatividade. Já os voltados aos negócios, por sua vez, valorizavam mais a ambição e a prosperidade que os colegas do setor social. É interessante notar que os grupos não diferiam em termos de inteligência, criatividade ou capacidade de resolver problemas.[6]

Mais recentemente, psicólogos e sociólogos criaram um indicador chamado *motivação ao serviço público* (*public service motivation*), que reflete o comprometimento das pessoas com os interesses públicos, sua compaixão pelos destituídos e disposição de se sacrificar pelos outros.[7] Os pesquisadores constataram que os trabalhadores tanto de ONGs quanto do governo apresentam níveis mais elevados de motivação ao serviço público que os empregados de empresas privadas, mesmo em países com setores privados menos agressivos, como o Canadá, a Holanda e a Austrália.[8] Mesmo depois de sair do trabalho, os funcionários de ONGs e de órgãos do governo continuam a praticar a interdependência, dedicando mais horas ao serviço voluntário do que os colegas corporativos.[9]

É bem verdade que o mundo dos negócios é interdependente em muitos aspectos. Para servir os interesses dos stakeholders, as empresas devem arregimentar seus funcionários ao redor de um conjunto de valores em comum e coordenar com atenção as atividades. E um bom número de trabalhadores de organizações privadas buscam salários gordos e amplos e luxuosos escritórios como meio independente para atingir fins interdependentes, como fazer doações para instituições de caridade.

No entanto, nos ambientes de negócios (especialmente no Hemisfério Norte), a busca coletiva dos lucros e a individual de riqueza e status assumem um tom decididamente independente. Empresas e empregados devem identificar seus talentos e realizações específicas, expressá-los com clareza e de forma ampla e, em última instância, aniquilar a concorrência. De acordo com alguns modelos da natureza humana (por exemplo, *O gene egoísta* [Companhia das Letras, 2007], de Richard Dawkins),[10] essa busca pelo interesse próprio constitui a motivação primária, básica e natural das pessoas. Em parte pelo fato de teorias como essas enaltecerem a independência como o modo bom e natural de ser, observadores como Peter Thiel concluem que os empregados do setor privado se empenharão mais do que as pessoas que possuem motivações mais interdependentes.

Entretanto, nenhum estudo demonstra que os empregados de organizações privadas se empenham mais, trabalham mais tempo ou são melhores que os funcionários de ONGs ou do setor público. Pelo contrário: evidências sugerem que os trabalhadores de ONGs, em muitos setores, trabalham o mesmo número de horas por salários mais baixos para produzir os mesmos produtos e serviços – ou até de qualidade superior –, se comparados com o pessoal de empresas privadas.[11] Por exemplo, um estudo recente com cerca de 400 casas de repouso mostrou que a qualidade das instalações sem fins lucrativos e públicas era melhor que a das casas de repouso privadas.[12]

Uma explicação para a maior produtividade dos trabalhadores de ONGs é que, quando as pessoas trabalham com base em motivações sociais, e não extrínsecas, como o dinheiro, elas tendem a gostar mais do trabalho e, portanto, a se empenhar mais. Com efeito, os trabalhadores de ONGs relatam níveis mais elevados de satisfação no trabalho que os empregados de empresas privadas.[13]

Dan Portillo testemunhou em primeira mão o entusiasmo dos trabalhadores de organizações sem fins lucrativos. Por cinco anos, ele chefiou o departamento de contratação da Mozilla, ONG cujo produto mais conhecido é o Firefox, navegador de código aberto da internet. Como a Mozilla emprega uma força de trabalho "radicalmente menor" que a de seus principais concorrentes, conta Portillo, um funcionário da Mozilla realiza o trabalho que muitas centenas de pessoas fazem em empresas maiores, com fins lucrativos. "Na Mozilla, você não encontra projetos pequenos", ele observa, "então a organização atrai pessoas que gostam de resolver grandes pepinos".

Os funcionários da Mozilla podem ser atraídos pelo desafio, mas ficam pela missão. "As pessoas trabalham na Mozilla em função do que a organização representa: livre escolha da inovação e expansão dos limites da internet", explica. Ele observa que, nos anos que passou na ONG, os funcionários tinham em média mais tempo de casa que em ambientes corporativos, nos quais "contavam os minutos que faltavam para se aposentar".

Da mesma forma que os colegas das ONGs, os funcionários públicos também relatam trabalhar mais horas do que o pessoal das empresas privadas.[14] No entanto, não se sentem muito satisfeitos com isso. Apesar das motivações altruístas, os funcionários públicos respondem rotineiramente pelos níveis mais baixos de satisfação e comprometimento no trabalho.[15] O culpado não está no self dos funcionários públicos, mas nas instituições e interações com as quais devem lidar. Como veremos, seus ciclos culturais se veem atravancados com tantos contrassensos burocráticos que até os trabalhadores mais dedicados perdem de vista as imponentes metas do governo.

Lucrar ou fazer o bem?

Para muitos ciclos culturais que discutimos neste livro, enxergar as diferenças no nível institucional requer considerável erudição. Entretanto, as diferenças institucionais entre os ciclos culturais de diferentes ambientes de trabalho são bastante evidentes. No que diz respeito a empresas de capital aberto, por exemplo, a lei suprema é clara: sua obrigação jurídica primária é maximizar os retornos financeiros aos acionistas. Ponto final. Então, apesar de as corporações americanas serem juridicamente "pessoas físicas", como declarou a Suprema Corte dos Estados Unidos em 2010, têm poucas responsabilidades em relação a outras pessoas além de lhes render dinheiro.[16]

"É por isso que falamos em 'resultados financeiros'", diz Steve Beitler, gerente de assuntos comunitários e governamentais da Agilent Technologies, com sede em Santa Clara, Califórnia. "O que começou como jargão contábil se transformou em uma expressão cultural que se ouve por toda parte." No mundo dos negócios, essa expressão se resume em uma única palavra: lucros.

Ben Cohen e Jerry Greenfield aprenderam a duras penas que, em empresas de capital aberto, os lucros falam mais alto. Os dois empreendedores fundaram uma fábrica de sorvetes, a Ben and Jerry's Homemade, sobre os pilares da responsabilidade social, utilização exclusiva de ingredientes locais e orgânicos e alocação de 7,5% dos lucros a programas comunitários, abrindo o caminho para muitas outras pessoas e práticas voltadas à proteção do planeta. No entanto, quando o Conselho de Administração da empresa aceitou a oferta de US$326 milhões para comprar a empresa, os fundadores também foram forçados a aceitar; eles eram juridicamente obrigados a vender a empresa ao licitante que mais elevasse o preço das ações. Com a venda, só resta aos fundadores se lastimar com o fato de a empresa ter se desviado tanto da missão social original.[17]

Os setores interdependentes

Em comparação com as empresas privadas, as ONGs beneficentes americanas têm uma obrigação jurídica decididamente diferente, conforme a seção 501(c)3 do código fiscal do país.[18]

De acordo com esse fascinante texto, as organizações sem fins lucrativos do 501(c)3 são entidades "organizadas e operadas exclusivamente visando fins religiosos, beneficentes, científicos, de testes de segurança pública, literários ou educacionais ou para promover competições e esportes amadores nacionais ou internacionais ou para a prevenção da crueldade contra crianças ou animais". Em outras palavras, as ONGs devem fazer o bem – ou pelo menos a noção de bem de cada uma. Como supostamente não cabe ao governo americano ditar o que é bom, ele concede o status de ONG a uma ampla variedade de organizações.

Por buscar fazer o bem, as ONGs são isentas do pagamento de muitos impostos, e os doadores recebem uma dedução fiscal pelas contribuições. Mesmo contando com essas facilidades, os encargos operacionais das ONGs podem ser consideravelmente mais onerosos do que os das empresas privadas. As empresas só precisam monitorar um indicativo de desempenho (os lucros) para um único público (os acionistas) e em curto prazo (normalmente, em regime trimestral). Por sua vez, as organizações sem fins lucrativos precisam ficar de olho em vários resultados, muitas vezes nebulosos, já que não é fácil mensurar o progresso em termos, digamos, do combate à pobreza ou da promoção da paz mundial. Elas também devem se dirigir a muitos públicos diferentes, inclusive clientes, comunidades, membros do Conselho de Administração, doadores, órgãos de financiamento e parceiros, além de monitorar resultados pelo tempo necessário para realizar a missão, o que raramente constitui um projeto de curto prazo.

Já os governos têm uma meta jurídica mais clara que as ONGs, mas devem lidar com um emaranhado ainda pior de expectativas e restrições. Embora filósofos e partidos políticos possam discordar das letras miúdas, muitos concordam que uma das principais metas do governo é manter a ordem social.[19] Em democracias capitalistas como os Estados Unidos, essa descrição de cargo também implica prestar contas aos eleitores. Para prescindir dessas obrigações, os órgãos públicos devem monitorar um painel ainda mais amplo de resultados mais complexos para praticamente todas as pessoas, o tempo todo, seguindo regras extremamente rigorosas e, ao mesmo tempo, sendo esquadrinhado.

Dos três setores, o privado é de longe o maior, gerando 77% do produto interno bruto dos Estados Unidos e empregando aproximadamente 75% da força de trabalho americana. O governo vem em segundo lugar, contribuindo com cerca de 12% do PIB da nação e empregando cerca de 16% de seus trabalhadores. As ONGs, por sua vez, geram 5% do PIB do país e usam 10% da força de trabalho.[20]

Com fins lucrativos, mas de soma-zero

Descendo um nível no ciclo cultural, vemos que as diferenças institucionais resultam em diferentes estilos de trabalho. Nas empresas privadas, as interações cotidianas apresentam um espírito indubitavelmente independente. Os gestores são encorajados a tomar decisões rápidas e correr riscos para se beneficiarem de oportunidades que melhorarão os resultados financeiros. Quando sua velocidade, ousadia e capacidade de julgamento geram mais lucros para a empresa, eles recebem recompensas financeiras e de status, mais profusas no setor privado. Para a maioria dos cargos, os incentivos financeiros são maiores em empreendimentos privados que em ONGs e órgãos públicos.[21]

Esses incentivos materiais não precisam levar a ataques interpessoais e brigas nas quais o vencedor leva tudo. No entanto, com muita frequência, as tensões mostram seu lado mais desagradável nos ambientes de negócio, diz Kerry Patterson, coautor de *Conversas decisivas* (Lua de Papel, 2010), best-seller do *The New York Times*, e cofundador da VitalSmarts, consultoria de treinamento corporativo.[22] "Passei os últimos 30 anos tentando desfazer as implacáveis táticas que as pessoas aprendem na Faculdade de Administração", Patterson conta. Ele reconhece as sementes da implacável cultura do mundo dos negócios nas Faculdades de Administração, nas quais os estudantes são lançados uns contra os outros "como gladiadores" para analisar estudos de caso reais. "O professor faz perguntas de surpresa aos alunos, os observa se digladiando para respondê-las e, quando não conseguem, o professor convida os outros alunos a destroçá-los em público." A mensagem é clara: para ser bem-sucedido nos negócios, você deve estar certo, ser o primeiro a estar certo e estar certo à custa dos outros.

Um rebanho de gatos sem fins lucrativos

As ONGs, por outro lado, recorrem mais a práticas interdependentes para concretizar suas missões. Como as ONGs possuem tantos stakeholders, os gestores devem consultar muitas outras pessoas antes de tomar decisões. Esses stakeholders muitas vezes têm o próprio entendimento da missão da organização de forma que os gestores devem chegar a um consenso no que se refere ao plano de ação a ser seguido. Feito isso, eles devem arregimentar os trabalhadores em torno do plano, já que são mais motivados por valores do que por dinheiro. E, como as ONGs tendem a operar com carência de pessoal, de verbas e de recursos, são obrigadas a firmar mais parcerias. Em muitos casos, a inclusão de novos parceiros implica um novo processo de formação de consenso.

Diante dessas restrições, os gestores das ONGs arregimentam e reagem mais do que decidem e direcionam. "Isso me lembra de uma descrição que ouvi da vida de um embaixador", conta Philip Lader, ex-embaixador americano no Reino Unido sobre o período que passou atuando como presidente da Winthrop University, organização sem fins lucrativos. "Lá está você, no comando de um grande navio, com todo mundo correndo de um lado para o outro. Só depois de quatro meses ao timão, você percebe que ele não está conectado ao leme. As pessoas o saúdam, dizem 'Sim, capitão!' e descem para nortear, elas mesmas, o navio. Em muitas ONGs é exatamente isso que acontece."[23]

A burocracia do governo

Como sugerem as reflexões de Lader sobre a vida de um embaixador, a vida nos órgãos públicos também está imersa em interdependência, mas de um tipo diferente. Além de ter muitos stakeholders e objetivos amplos e de difícil mensuração, os órgãos públicos atuam em verdadeiros aquários: todo mundo está de olho no governo. Para evitar a fúria da enorme massa de stakeholders, os órgãos públicos criam montanhas de regras que obrigam os funcionários a seguir "mesmo se essas regras levarem a resultados idióticos", diz Richard Boly, diretor do Escritório de eDiplomacia do Departamento de Estado americano.

O termo técnico para essas "boas regras que se deram mal" é *excesso de burocracia*, muito frequente nos órgãos públicos, o que rende ao setor público uma categoria especial.[24] É claro que queremos que os funcionários públicos respondam por seu tempo e gastos e apliquem a transparência nos processos. No entanto, com frequência, toda essa prestação de contas e transparência absorvem enorme parcela dos cargos do governo, uma das razões pelas quais os funcionários públicos tendem a gostar menos do trabalho.[25]

Em seu clássico relatório sobre o excesso de burocracia, o vice-presidente Al Gore revela vários exemplos das regras que fazem a miséria dos funcionários públicos. Por exemplo, uma nova engenheira de petróleo do Departamento de Energia solicitou uma sofisticada calculadora para realizar o trabalho, preencheu toda a papelada necessária e obteve todas as permissões necessárias. "Três meses depois", Gore escreve, "ela recebeu uma antiga máquina de somar. Seis meses depois daquilo, o departamento de compras lhe enviou uma calculadora comum – um minúsculo modelo portátil, incapaz de fazer os complexos cálculos que o trabalho exigia. Desgostosa, ela comprou a calculadora e pagou do próprio bolso".[26]

A rigorosa aderência às regras não apenas desaponta os funcionários como também sufoca a disposição de correr riscos e inovar.[27] Um bom exemplo disso é a parceria entre a Benetech e a Quantum Magnetics, cujo projeto de detecção de minas terrestres mergulhou em um abismo de regulamentações que nem os próprios funcionários públicos sabiam desvendar. Eles provavelmente não eram motivados a entender a inovação, já que os funcionários públicos recebem poucos incentivos para correr riscos. "Se correr um enorme risco no Vale do Silício", Boly explica, "você conquista o direito a opções sobre ações, um salário astronômico e convites para todas as festas mais exclusivas, além ser convidado para dar palestras no South by Southwest e no TED. Mas e se você correr risco no governo? Se você for um delator, pode ser entrevistado no *60 Minutes*. Caso contrário, seu único risco provavelmente foi perder o emprego."

Empresas, tentem ser mais sensíveis

Os confrontos entre os ciclos culturais de diferentes ambientes de trabalho não precisam levar só ao conflito, mas também podem inspirar a inovação e promover um bem maior. Muitas empresas estão descobrindo que, quando acrescentam um toque de interdependência a suas táticas, fazem produtos melhores, além de gerar lucros maiores e comunidades mais saudáveis. Enquanto isso, muitas ONGs estão descobrindo que, quando desenvolvem sua independência, podem resolver melhor os problemas. Os órgãos do governo também estão aprendendo que um passeio por seu lado independente pode melhorar sua capacidade de servir o público.

No mundo dos negócios, inovadores sociais estão empenhados em injetar um pouco de interdependência em todos os níveis do ciclo cultural. A grande novidade no nível institucional é o advento da B Corporation, também chamada de Benefit Corporation. Diferentemente de outras formas corporativas, as B Corporations alteram seu estatuto social para que os Conselhos de Administração levem em consideração os interesses dos funcionários, das comunidades e do ambiente. A B Lab, ONG com sede no estado americano da Pensilvânia, administra o processo de certificação B Corp, seleciona candidatos, oferece assessoria jurídica e se envolve em atividades de lobby para que a legislação estadual passe a reconhecer as B Corporations. Por sua vez, as B Corporations seguem os padrões de certificação da B Lab, pagam uma taxa anual de licenciamento e assinam o que a organização chama de "Declaração de interdependência".

As empresas que recebem o selo de aprovação B Corp não apenas atraem consumidores voltados aos interesses sociais e ambientais como também se protegem de ataques a suas missões. Se a Ben and Jerry's tivesse recebido a certificação B Corp, por exemplo, a empresa poderia ter evitado a aquisição pela Unilever. (A aquisição ocorreu em 2000, e a B Lab só foi fundada em 2006.) Em 2011, mais de 500 empresas já tinham se cadastrado como B Corporations e sete estados americanos aprovaram uma legislação voltada às Benefit Corporations.[28]

No nível das interações cotidianas, adotar algumas práticas centradas nos relacionamentos não apenas ajuda os empregados a se sentirem mais felizes e saudáveis como também pode reforçar os resultados financeiros das empresas. A primeira dessas práticas é o que o consultor Dev Patnaik chama de "política do não insulto". A regra é simples: demita os funcionários que insultam regularmente os colegas.[29]

"Os insultos desencorajam as pessoas a agir em colaboração, o que, por sua vez, mata a criatividade", Patnaik explica. Na posição de CEO da Jump Associates, ele ajuda empresas da *Fortune 500* a inovar, desenvolvendo culturas altamente colaborativas. (Entre os sucessos da empresa estão: "Passamos os últimos 10 anos ajudando a Target a se transformar na *Tarzheh*", ele conta, se referindo a uma campanha voltada a dar à megaloja uma imagem mais sofisticada.) Ele também defende outras práticas empáticas, como ouvir mais do que falar e não presumir que os comportamentos que você vê nos outros tenham o mesmo significado que o seu próprio. Por exemplo, quando sua colega sorri sem graça ao ouvir sua piada de mau gosto, ela pode muito bem tê-la considerado tão hilária quanto você, mas também pode só estar tentando ser educada.

Kerry Patterson concorda que um pouco de civilidade no ambiente de trabalho pode fazer milagres. "Se você reprimir alguém, todo mundo começa a se conter." À medida que o silêncio se espalha, o brilhantismo se apaga. Para que as pessoas se sintam mais seguras ao expressar suas opiniões, os líderes precisam encontrar um jeito de discordar sem serem desagradáveis. Em vez de "destruir as pessoas para mostrar que elas estavam erradas", ele diz, os líderes deveriam receber as diferenças de opinião com perguntas como "Por que as pessoas gostariam desse argumento?" ou "O que você acha que posso aprender com esse argumento?"

O estrondoso sucesso da varejista on-line de calçados Zappos prova que as corporações gentis podem chegar em primeiro lugar. Acima de tudo, a Zappos valoriza sua cultura, cuja grande ideia é bem explicada no título do livro do CEO Tony Hsieh, *Satisfação garantida: no caminho do lucro e da paixão* (Thomas Nelson, 2010).[30] De acordo com Hsieh, funcionários felizes fazem clientes felizes e, por trás de toda essa felicidade, estão relacionamentos pessoais cordiais. Para cultivá-los, a Zappos requer que os gerentes passem de 10% a 20% do tempo "enrolando" com os funcionários, encoraja os representantes de vendas a passar mais (e não menos) tempo ao telefone com os clientes e promove bailes e outros eventos espontâneos para encorajar amizades interdepartamentais. A Zappos também mostra que se importa com os funcionários: pagam plano de saúde, almoços e lanches.

Hsieh comprou repetidas brigas para proteger a cultura altamente interdependente da Zappos, impedindo aquisições de controle e tranquilizando membros do Conselho de Administração que não gostavam da ênfase nos relacionamentos em detrimento dos lucros. O compromisso da Zappos com sua cultura interdependente mais do que compensou: em 2009, a Amazon comprou a empresa por US$1,2 bilhão, em um acordo que preservou o cargo de Hsieh e afastou vários membros do Conselho de Administração obcecados pelos lucros. Desde aquela época, a empresa garantiu seu lugar na lista da *Fortune* das "Melhores Empresas para se Trabalhar", ano após ano.

O sucesso de empresas que cultivam a interdependência como a Zappos provavelmente não constitui uma anomalia. Em vários estudos, a psicóloga Jennifer Chatman demonstra que organizações que enfatizam o coletivismo e a interdependência canalizam melhor o poder criativo de diversos grupos de trabalho em comparação com as que enfatizam a individualismo e a independência.[31] Uma extensa metanálise também revela que, quanto mais os membros da equipe valorizam o coletivismo (inclusive a harmonia interpessoal, a solidariedade e a cooperação), melhor é seu desempenho.[32]

E por falar em revolução...

No nível individual do ciclo cultural, trabalhadores e gestores de empresas com fins lucrativos podem fazer pequenas declarações de interdependência, atentando para o que dizem. O psicólogo Lee Ross e seus colegas escolheram aleatoriamente pilotos israelenses e estudantes universitários americanos para participar de um jogo chamado, ora de Jogo de Wall Street, ora de Jogo Comunitário. Na verdade, todos os participantes jogaram uma versão do Dilema do Prisioneiro, jogo de economia no qual os participantes se revezam distribuindo recompensas ou penalidades de acordo com regras que confrontam a cooperação com o interesse próprio. Os pesquisadores descobriram que, quando a tarefa era chamada de Jogo Comunitário, os participantes cooperavam mais do que quando era chamada de Jogo de Wall Street.[33]

Em outra série de estudos, Lee Ross e Aaron Kay descobriram, de forma similar, que plantar até as sementes mais sutis de cooperação na cabeça das pessoas – digamos, pedindo que organizassem frases que incluíssem palavras relacionadas com cooperação, como *justo* ou *aliança* – as induzia a preferir a cooperação ao interesse próprio. Por outro lado, os participantes que organizaram frases com palavras relacionadas com concorrência, como *torneio* ou *impiedoso*, preferiram seguir o caminho do interesse pessoal no jogo.³⁴

Apesar de experimentos em laboratório estarem muito longe do cotidiano de uma empresa da *Fortune 500*, essas constatações sugerem que alguns ajustes linguísticos poucos e rápidos poderiam levar a um ambiente de trabalho mais colaborativo e, portanto, mais criativo. Por que brigar quando você pode conversar? Por que menosprezar um concorrente quando você pode vê-lo como um desafio a ser superado? Por que esmagar o oponente quando você pode aprender com a situação? Ao fazer uma pausa para escolher palavras mais interdependentes, você pode transformar um ninho de cobras em um grupo colaborativo.

Seja um bom parceiro

Enquanto o pessoal das empresas privadas põe ordem na casa e a adorna com toques de interdependência, eles também devem estender sua sensibilidade às ONGs e órgãos públicos com os quais trabalham na qualidade de parceiros de programas, doadores, voluntários e membros do conselho de administração. Para tanto, devem superar um obstáculo comum, porém importuno: a aplicação equivocada de suas premissas e práticas culturais no terceiro setor.

Por exemplo, como as empresas monitoram os lucros todo trimestre, elas esperam que as ONGs e os órgãos públicos tentem melhorar seu desempenho com um entusiasmo similar. No entanto, muitas vezes leva mais tempo e empenho realizar mudanças sociais do que gerar mais lucros. No fim dos anos 1950, por exemplo, pesquisadores da cidade de Ypsilanti, Michigan, escolheram aleatoriamente 123 crianças negras pobres para participar do programa HighScope da Perry Preschool ou para fazer parte de um grupo de comparação que não frequentava a pré-escola. Vários anos mais tarde, as crianças que participaram do programa pré-escolar não foram mais longe que as do grupo de controle. Em vista desse baixo "retorno sobre o investimento" inicial, muitos doadores contemporâneos teriam optado por investir em outros programas.

No entanto, cerca de 40 anos mais tarde, os pesquisadores voltaram a procurar os participantes do estudo e descobriram que as crianças que participaram do programa HighScope da Perry apresentaram mais chances de se formar na faculdade, ter um emprego, se casar e ter uma poupança, ter uma casa e um carro e criar os próprios filhos que as do grupo de controle. Eles também tinham menos chances de depender da previdência social, ter sido presas ou condenadas à prisão. Aqueles doadores focados em retornos de curto prazo teriam descontinuado um programa que acabou rendendo mais de US$12 para cada dólar investido.³⁵

O pessoal das empresas privadas que deseja entrar no negócio das mudanças sociais também deve exercitar a paciência. "Os problemas que as ONGs enfrentam não serão solucionados na semana que vem", diz Beitler, da Agilent. "As empresas precisam ficar firmes, de olho no longo prazo."

As empresas privadas também devem aprender a reconhecer as dificuldades de mensurar as mudanças sociais. Basicamente, calcular os lucros é só uma questão de matemática. No entanto, o setor social não tem um correspondente para os lucros. Os indicadores de sucesso para uma fundação artística da cidade de Nova York são completamente diferentes dos para um abrigo de sem-teto da cidade de Pine Bluff, Arkansas, uma instituição de microcrédito em Bangalore, na Índia, ou um grupo de proteção ambiental na Bacia do Rio Amazonas. Como muitos programas inovadores só estão um passo à frente dos problemas os quais foram criados para resolver, muitas vezes ainda não sabem quais indicadores deveriam monitorar.

"Da próxima vez que os membros do conselho de administração corporativo ou os doadores entrarem em uma febre de avaliações", recomenda o professor de administração Chip Heath, "pergunte qual é o retorno sobre o investimento da unidade de P&D ou os gastos em propaganda. Eles não saberão responder. Mesmo assim, é muito mais fácil monitorar os resultados do mundo corporativo do que os que as ONGs são repetidamente solicitadas a mensurar."[36]

O ciclo de inanição das ONGs

Além de tudo isso, mensurar esses resultados é um luxo o qual muitas ONGs não podem se dar. Até as de maior sucesso enfrentam uma escassez de recursos que o mundo corporativo jamais vivenciou, inclusive computadores quebrados, softwares obsoletos e falta crônica de pessoal.[37]

A mentalidade das empresas com fins lucrativos é uma cúmplice na criação dessas deficiências, como argumentam Ann Goggins Gregory e Don Howard, do Bridgespan Group, consultoria dedicada a ajudar ONGs. Na ausência de um correspondente para os lucros nas ONGs, muitas empresas privadas recorrem a índices de custos gerais indiretos – como a proporção entre as despesas gerais indiretas (departamentos de operações, financeiro, recursos humanos e arrecadação de fundos) e despesas relacionadas com o programa – para decidir quais ONGs financiar. Eles dizem que usam essa métrica porque querem financiar as ações em campo e não a infraestrutura que as possibilita. Para conquistar essas doações, muitas ONGs falsamente relatam baixos índices de despesas indiretas. Essas deturpações do custo real de operar uma ONG só reforçam as já infundadas crenças dos financiadores.

O resultado é o que Gregory e Howard chamam de "o ciclo de inanição das ONGs": os financiadores subestimam o custo de operar uma ONG e presumem que as com índices de despesas indiretas mais elevados são ineficientes; as ONGs dão uma falsa ideia de seus custos e, em consequência, recebem menos verbas; a infraestrutura se deteriora, e as ONGs se tornam cada vez menos ineficientes. Na pior das hipóteses, programas de alta qualidade são descontinuados por falta de fundos.

Como os financiadores constituem o lado mais poderoso dessa dinâmica, a tarefa de dar um fim ao ciclo de inanição das ONGs deve começar por eles. Gregory e Howard sugerem que os financiadores trabalhem com as ONGs para determinar suas metas em comum e invistam na infraestrutura necessária para atingi-las, em vez de impor as próprias métricas, prioridades e jargões. Em outras palavras, os financiadores precisam desenvolver maior respeito para com as ações das ONGs e mais empatia para com suas necessidades.[38]

Quando o mercado falha

Jan Masaoka sugere uma técnica que as empresas privadas podem aplicar para fazer a empatia fluir com mais facilidade. Tendo atuado como diretora executiva da CompassPoint, consultoria de San Francisco dedicada a ajudar ONGs, Masaoka intermediou um grande número de parcerias intersetoriais. Com a experiência, ela aprendeu que as corporações tendem a ser melhores parceiras quando tratam as ONGs como tratariam uma microempresa. "O pessoal corporativo sabe que, ao firmar uma parceria com uma pizzaria de bairro, não se pode esperar que ela tenha o próprio advogado", ela diz. As corporações também são mais lenientes com a lentidão do processo decisório e dos tempos de resposta das microempresas.

Um último passo que as empresas podem tomar para ajudar as ONGs é reconhecer os limites dos mercados. Com a popularização do empreendedorismo social e outras soluções das empresas para problemas sociais e ambientais, muitas pessoas perderam de vista o fato de que nem todos os problemas têm soluções corporativas. Com efeito, dois dos papéis mais importantes exercidos por ONGs e governos são intervir quando os mercados fracassam e resolver os problemas criados pelos próprios mercados. Clínicas médicas sem fins lucrativos e públicas, por exemplo, aceitam pacientes tão doentes ou destituídos que as clínicas privadas não teriam como lucrar com eles. De maneira similar, muitas ONGs e órgãos públicos ambientais agem em nome de pessoas cuja saúde foi prejudicada por empresas inescrupulosas. Em vez de acabar com esse bom trabalho matando as ONGs e os governos de fome, as empresas deveriam apoiar seus parceiros em todos os setores.

ONGs, ergam-se para o progresso

No lado mais interdependente da força de trabalho, as ONGs não deveriam apenas esperar que o setor privado lhes concedesse um lugar à mesa econômica. Em vez disso, os trabalhadores do setor beneficente precisam estender sua independência e expressar claramente suas necessidades. No entanto, como os selves que povoam esse setor estão tão mergulhados na interdependência, às vezes não conseguem usar sua maior arma: a voz.

No nível institucional dos ciclos culturais, se expressar significa se envolver em atividades de lobby nos governos local, estadual e federal. O lobby possibilita que os cidadãos influenciem a criação de novas leis, de forma que constitui o maior alavancador das ONGs. Todavia, muitas organizações evitam atividades de lobby porque acreditam equivocadamente que sejam ilegais (ou uma solução completamente desprezível). A verdade, contudo, é que as ONGs podem gastar até US$1 milhão em ações de lobby anualmente (a quantia depende do montante das verbas em geral). Elas também podem se fazer ouvir nos círculos do poder de maneiras menos formais, inclusive instruindo as autoridades públicas sobre a legislação provisória ou alertando-as sobre consequências das políticas já instituídas.[39]

"Você precisa aparecer", diz Jim Fruchterman, da Benetech, que dedica tempo e dinheiro consideráveis às ações de lobby. "As pessoas que defendem o *status quo* trabalham em período integral para convencer os legisladores. Se você não estiver por perto, os legisladores não saberão que existe uma alternativa, e a reforma jamais acontece."

Fruchterman cita o exemplo de um dos primeiros projetos da Benetech: a Bookshare, biblioteca on-line para pessoas com deficiência visual ou de aprendizado. Apesar de a tecnologia ser 10 vezes mais econômica que uma versão mais antiga do programa, a versão recebera verbas públicas na casa dos US$14 milhões. Quando a Benetech, então desconhecida, deu sorte e venceu a licitação por uma verba recorde do Departamento de Educação dos Estados Unidos, "comecei a receber ligações de funcionários do Congresso dizendo que só podíamos ser charlatães, porque não nos conheciam".

Para se manter à vista dos formadores de opinião, hoje a Benetech emprega o Sheridan Group, empresa de relações governamentais que atende principalmente às ONGs. Fruchterman passa 10 dias por ano circulando pelo Congresso. Como resultado de todo esse trabalho, a legislação americana passou a refletir algumas das ideias defendidas por ele. A Benetech também pode sentir um benefício mais tangível de suas ações de lobby: a verba anual da ONG saltou de US$3 milhões para US$12 milhões, "sendo que grande parte disso se deve a contratos com o governo", Fruchterman conta.

Muitas corporações também gostariam de ouvir mais notícias das ONGs. "Quero que vocês não saiam do meu pé", diz Beitler, da Agilent. "Se eu tivesse de tomar a iniciativa e aprender tudo o que preciso para fazer bem meu trabalho, minha vida seria muito mais difícil, e eu não teria como saber o que os diferentes grupos estão fazendo." Grande parte do trabalho é firmar parcerias com ONGs que atuam na educação nas áreas CTEM (ciência, tecnologia, engenharia e matemática). Como essas ONGs estão muito mais próximas das pessoas que enfrentam as dificuldades de lecionar nessas áreas no dia a dia, muitas vezes têm as melhores ideias para melhorar a educação. Além de receber relatórios dessas organizações, Beitler diz, "Preciso que elas sejam francas no que diz respeito às necessidades e como podemos ajudar."

As organizações sem fins lucrativos também devem se manifestar para romper o ciclo de inanição das ONGs. Sem orientação, muitos doadores investem em programas com base em preferências pessoais ou em prédios epônimos. No entanto, com uma argumentação tranquila em momentos estratégicos, as ONGs podem convencer os doadores de que os programas e as instalações de uma organização são tão bons na mesma medida que sua administração e manutenção.[40]

Nas comunicações cotidianas com o mundo externo, as ONGs também deveriam ostentar tanto sua capacidade quanto sua gentileza. Muita gente acredita que elas sejam cordiais, porém não muito inteligentes, ao passo que as empresas são vistas como espertas, porém frias. Devido a esses diferentes estereótipos, as pessoas preferem comprar produtos ou serviços do setor privado, supostamente mais esperto, que do terceiro setor, presumivelmente menos capaz. Em um experimento, por exemplo, a psicóloga Jennifer Aaker e seus colegas descobriram que os participantes tinham mais propensão a comprar uma mochila para laptop da WorldofGood.*com*, presumivelmente uma empresa privada, do que tendiam a comprar o mesmo produto da WorldofGood.*org*, supostamente uma ONG. Contudo, quando os participantes foram informados que o *Wall Street Journal*, publicação vista como extremamente competente e independente, endossara a mochila da ONG, eles tenderam mais a comprá-la da organização sem fins lucrativos do que da empresa privada. O endosso da publicação fez a ONG ser vista como *ao mesmo tempo* cordial e competente (tanto interdependente quanto independente), combinação que os consumidores consideram bastante sedutora. As ONGs que se manifestam tanto com a cabeça quanto com o coração podem acabar conquistando mais doações do que as que se limitam a anunciar sua cordialidade.[41]

Governos, fracassem rápido para ganhar muito

Os órgãos públicos deveriam se voltar a uma independência de um tipo diferente: a disposição de correr riscos. Para realizar essa transição, Richard Boly, do Departamento de Estado americano, recomenda que as instituições adotem o "mantra do fracasso rápido" do Vale do Silício. Essa é a mentalidade que fez a fama de empresas como a Apple, a Google e a empresa de design IDEO. Em vez de entrar em um projeto pisando em ovos e lidando primeiro com os aspectos mais fáceis, o método do fracasso rápido leva as organizações a mergulhar de cabeça já na parte mais difícil de um projeto, ver se é exequível e, se não for, fazer ajustes.

Incorporada a essa abordagem está a mensagem de que "tudo bem fracassar", explica Boly. Tranquilizadas, as pessoas ficam livres para sonhar, trabalhar com mais empenho e produzir mais do que fariam com uma mentalidade mais conservadora. Sabendo que não serão punidas pelo fracasso, as pessoas recebem o risco de braços abertos, em vez de evitá-lo.

Essa mentalidade também ajuda as organizações a se livrar do excesso de burocracia. No governo, o maior obstáculo muitas vezes é obter a aprovação das autoridades relevantes, como Fruchterman aprendeu a duras penas. Aplicar o mantra do fracasso rápido implica que os primeiros itens da lista de afazeres de um ambicioso projeto dizem respeito a reunir os stakeholders mais detalhistas e exigentes em uma sala, apresentar-lhes a ideia, encorajá-los a questioná-la e propor soluções para suas preocupações. Voltando-se ao público mais crítico desde o início, os funcionários do setor público acabam não apenas servindo melhor os stakeholders como também conquistando seu apoio.

"Não realize 80% de um projeto em modo invisível só para descobrir que você não tem como concluí-lo", aconselha Boly. "Esse tem sido o destino de uma profusão de projetos do governo."

Os órgãos públicos também estão descobrindo que se livrar do excesso de burocracia e achatar a hierarquia para que todos os stakeholders possam expressar suas ideias reforça a eficiência e a eficácia. No Departamento de Estado americano, por exemplo, a eDiplomacy, de Richard Boly, nasceu de um fracasso de US$16 milhões: a FASI (Foreign Affairs System Integration – Integração de Sistemas das Relações Exteriores). A FASI era um sistema convencional, de cima para baixo e de comando e controle, criado para compartilhar informações no órgão. O sistema era um horror. "As pessoas não se dão o trabalho de procurar agulhas em um gigantesco 'celeiro de dados' para encontrar as informações de que precisam ou compartilhar conhecimento", ele diz. No entanto, elas se mostram satisfeitas em fazer perguntas e postar suas melhores ideias em Wikis, blogs, Twitter, plataformas de ideação e outras mídias sociais.

Para utilizar a criatividade do pessoal do Departamento de Estado, Boly e sua equipe criaram meia dúzia de plataformas de código aberto, protegidas pelo firewall do departamento. Esses sites revolucionaram não apenas o que o órgão faz, mas como. Por exemplo, um eterno problema em Washington, D.C., é que os prédios do governo se localizam longe demais uns dos outros para as pessoas irem a pé até as reuniões, mas não há táxis suficientes para transportá-las. Solicitar o reembolso para despesas de transporte também é um processo tedioso.

Para solucionar esse problema, os funcionários usaram uma plataforma de ideação, o Secretary's Sounding Board, para sugerir e implementar um plano ecologicamente eficiente: comprar 20 bicicletas para emprestar aos funcionários. Desde a implementação do programa, eles rodaram mais de 3 mil milhas com as bicicletas.

Salve as estrelas-do-mar

Conta uma velha história, do tipo "você pode mudar o mundo", bastante popular nos círculos de conferências: "Um homem caminha por uma praia coberta de estrelas-do-mar agonizantes e nota um menino jogando-as de volta ao oceano, uma a uma. O homem diz ao menino que há quilômetros e quilômetros de costa e centenas de estrelas-do-mar e que ele jamais faria diferença. Enquanto joga uma no oceano, o menino responde: 'Acabei de fazer diferença para esta'."

Apesar de a história das estrelas-do-mar ter amolecido muitos corações independentes, o coração de Rich Tafel não foi um deles. Fundador da ONG Public Squared, ele ensina políticas públicas para líderes de organizações sem fins lucrativos e empreendedores sociais. Ele não gosta da história das estrelas-do-mar porque ela exalta um herói solitário, que reage ao problema mais imediato, em vez de se unir aos outros para descobrir o que está levando as estrelas-do-mar para a praia e cortar o mal pela raiz.

"Os problemas do mundo real normalmente resultam de um ecossistema danificado", Tafel observa, "e as soluções com muita frequência exigem algum tipo de mudança das regras". Por exemplo, quando milhares de estrelas-do-mar realmente foram levadas à costa de Kent, Inglaterra, a Marine Conservation Society (ONG de conservação da vida marinha) e a Environment Agency (órgão de proteção ambiental do governo americano) descobriram que aquilo estava acontecendo porque empresas locais estavam retirando mexilhões do mar em excesso – problema cuja solução provavelmente exigirá que o governo crie novas leis, que as empresas as respeitem e que as ONGs monitorem o progresso.

Em outras palavras, para identificar e eliminar a causa fundamental do encalhe das estrelas-do-mar, os três setores precisarão colaborar. As crianças sempre jogarão estrelas-do-mar de volta ao mar (e deveriam); as abordagens independentes têm importante lugar no mundo. No entanto, para promover o tipo de mudança que os problemas do século XXI requerem, os três ambientes de trabalho precisarão trabalhar juntos, de maneira interdependente.

CAPÍTULO 9

O equador econômico

As culturas dos Hemisférios Norte e Sul

No início de 1998, uma onda de fome se abateu no Sul do Sudão,[1] apesar de uma iniciativa liderada pelas Nações Unidas de monitorar e combater a escassez de alimentos na região. O pessoal de ajuda humanitária suspeitou que autoridades militares e chefes tribais estavam se apropriando da comida, de forma que decidiu entregar as rações diretamente às pessoas mais vulneráveis: mulheres lactantes, crianças, doentes e idosos. Para o desalento dos humanitaristas, contudo, esses beneficiários, em vez de usufruir das doações, encaminhavam as rações diretamente aos líderes. Os prestadores de ajuda humanitária concluíram que a corrupção e a desigualdade estavam tão arraigadas na cultura local que os menos poderosos conspiravam para a própria destruição.

Diante dessa situação, o antropólogo Simon Harrigan foi enviado à região para investigar. Um dia, ele seguiu uma senhora idosa depois que ela recebeu a ração. Ela, de fato, foi entregar a comida em segredo ao chefe de sua vila, mas, em vez de devorar a reforçada refeição, obtida com a contribuição de todos, o chefe incluiu a ração da senhora em uma panela coletiva. Depois, distribuiu com justiça o conteúdo da panela para o povo, inclusive para a própria senhora. Harrigan descobriu que essas práticas de redistribuição eram a norma, enquanto a chamada "captura de recursos" por parte dos líderes e outras elites era relativamente rara.[2]

Com efeito, os chefes sudaneses eram tão eficazes na distribuição da comida que ninguém individualmente morria de fome de uma ora para outra. Em vez disso, o grupo inteiro passava fome junto, lentamente. Essa prática se provava desastrosa. Como o pessoal de ajuda humanitária foi treinado para identificar casos isolados de subnutrição grave, não percebiam os sinais mais sutis de gradativa inanição em massa. Em consequência, quando os efeitos da subnutrição finalmente se evidenciavam, ela já se encontrava em estágio difundida e catastrófica. Só em 1998, a onda de fome varreu mais de 70 mil vidas.

As organizações de ajuda humanitária acabaram percebendo que a causa imediata da crise de alimento não era uma ineficiente distribuição de recursos, mas insuficiência de recursos para começar. O avanço da crise foi interrompido quando os órgãos passaram a enviar mais alimentos.³

No entanto, a comida não passa de uma solução temporária para um problema maior. Todos os anos, as nações abastadas do Hemisfério Norte alocam bilhões de dólares para salvar as nações pobres do Hemisfério Sul da inanição, doenças infecciosas, tensões étnicas e mercados ineficientes. Se as manchetes estiverem corretas, contudo, essa ajuda acaba caindo nas mãos de líderes corruptos e se transformando em falsos medicamentos para clientes doentes, armas roubadas para guerras civis e privilégios especiais para empresas de índole questionável.

E quem é o culpado? "A cultura", dizem muitos especialistas, apesar de raramente explicarem o que ela é, como funciona e como transforma a ajuda humanitária em algo perverso. Concordamos que a cultura seja, em parte, responsável pela ineficácia das ações filantrópicas. Diferentemente de muitos desses especialistas, contudo, culpamos não uma ou outra cultura, mas a colisão entre as culturas dos doadores do Hemisfério Norte e dos beneficiários do Hemisfério Sul.

A fronteira entre os Hemisférios Norte e Sul diz respeito, em grande parte, à riqueza, além de ser reconhecidamente nebulosa. As nações que possuem os maiores PIBs, rendas *per capita*, níveis de industrialização e os melhores padrões de vida e desenvolvimento de infraestrutura são denominadas aqui de "Hemisfério Norte". A maioria dessas nações, embora não todas, de fato ficam na porção Norte do planeta (as exceções mais notáveis incluem a Austrália e a Nova Zelândia). As outras constituem o que chamamos de "Hemisfério Sul" e incluem o México, a América Central e a América do Sul; o Oriente Médio e o Norte da África (MENA, na sigla em inglês); o resto da África, o Sudeste da Ásia⁴ e a Índia.⁵

Apesar de sua incrível diversidade, os povos do Hemisfério Norte têm em comum uma percepção de seus selves como independentes. Para eles, inclusive para os trabalhadores de ajuda humanitária que atuam no Sudão, as pessoas são únicas, distintas de seus grupos, estão no controle de seu destino, iguais em termos de posição social e livres para agir em interesse próprio. Com efeito, para muitos economistas do Hemisfério Norte, a definição de ser racional é agir de acordo com o próprio interesse pessoal.

Por outro lado, os povos incrivelmente diversificados do Hemisfério Sul compartilham a percepção de que seus selves são interdependentes. Para eles, inclusive para as vítimas sudanesas da fome, as pessoas vivem por meio de relacionamentos e se veem como fios de uma trama social, nós de uma rede de relacionamentos ou dedos de uma das mãos. Em consequência, vínculos de parentesco e amizade orientam as ações individuais. Por exemplo, em uma análise do fiasco da ajuda humanitária no Sudão, os economistas Vijayendra Rao e Michael Walton concluem: "A sobrevivência do sistema de afinidade foi considerada quase tão importante quanto a física." Em outras palavras, as pessoas estavam dispostas a abrir mão da comida para si mesmas a fim de preservar o modo de ser do grupo. "Até uma leitura superficial da literatura antropológica sobre o Sul do Sudão [teria revelado esse fato e] poderia ter resultado em ações mais eficazes", os autores escrevem.⁶

Quando o Hemisfério Norte tenta ajudar o Sul, o confronto entre a independência e a interdependência derruba muitas iniciativas. No lado mais abastado e ao norte da equação, cientistas, formadores de opinião e humanitaristas presumem que todas as pessoas vivam de acordo com as regras básicas do self independente. No caso da escassez de alimentos no Sudão, por exemplo, o pessoal de ajuda humanitária presumiu que uma pessoa que ganhasse comida a consumiria ela mesma, sem levar em consideração as necessidades e práticas do grupo de afinidade. Em grande parte treinado no Hemisfério Norte, esse pessoal buscava executar as ações de ajuda humanitária com eficiência, prestação de contas e transparência.

No lado mais pobre e ao sul da equação, o que os humanitaristas chamam de "irracionalidade", "corrupção" e "ineficiência" é o que muitos beneficiários da ajuda humanitária chamam de "princípios operacionais corretos". A desconfiança que permeia a África Ocidental, o nepotismo que acomete a Índia, os conflitos que salpicam o Oriente Médio e o ritmo arrastado que impede o progresso do México são o outro lado da moeda das qualidades interdependentes, inclusive um profundo respeito à história, na África Ocidental, ao dever, na Índia, à honra, na região do MENA e à *simpatía*, no México. Os ciclos culturais que sustentam esses diferentes aspectos da interdependência têm proporcionado sentido e ordem ao Hemisfério Sul nos últimos milênios. Apesar de o estilo assumido pela interdependência em cada uma dessas regiões diferir, todas as versões promovem e resultam de uma noção de self relacional, similar, flexível, enraizada e hierarquicamente organizada.

O termo politicamente correto utilizado para se referir aos países pobres do Hemisfério Sul é *nações em desenvolvimento*. Muitas pessoas presumem que, quando essas culturas interdependentes finalmente se "desenvolverem", passarão a adotar ciclos culturais independentes. Apesar de o PIB e a independência serem fatores correlacionados,[7] algumas das nações de maior sucesso do mundo (por exemplo, o Japão, a Coreia e a Índia) não parecem dispostas a trocar sua interdependência pela independência. Com efeito, para muitos sulistas globais, a eficiência e o distanciamento dos nortistas globais parecem frios e desalmados. Nossa hipótese é que a maior parte do Hemisfério Sul adotará as partes da independência que lhe forem úteis e deixará as outras para trás.

Neste capítulo, tentamos prever quais elementos independentes migrarão aos ciclos culturais do Hemisfério Sul. Também sugerimos como o Hemisfério Norte pode promover a interdependência em seus ciclos culturais para reduzir e até evitar conflitos com os vizinhos do Sul. Empunhando com destreza tanto a independência quanto a interdependência, os selves dos dois lados do equador econômico podem ajudar a reduzir as diferenças entre eles e alavancar melhor os pontos fortes de cada um.

A irracionalidade na África Ocidental

Em 1997, o jornal ganense *People and Places* publicou um artigo com a manchete: "Medo em Acra". O artigo dizia:

Esses praticantes do *juju* [bruxaria] que atuam às escondidas estão "contagiando" inocentes com uma "doença" misteriosa por meio do contato corporal, especialmente apertando as mãos das vítimas, que, logo depois, relatam sentir queimação e percebem que foram privadas de sua virilidade. De acordo com esses relatos, enquanto as vítimas inocentes vivem esse verdadeiro pesadelo, um membro da gangue as aborda rapidamente, alegando conhecer alguém capaz de restaurar sua virilidade a preços exorbitantes.[8]

Esse não foi o único artigo naquele verão a respeito do encolhimento do pênis. O psicólogo Glenn Adams, que, na ocasião, trabalhava para o Peace Corps, em Serra Leoa, ficou intrigado com o número e a variedade dessas histórias sensacionalistas e com os numerosos rumores de olho gordo, mão invisível e outras forças malévolas. Ele também sabia que não estava em um país de pessoas primitivas ou paranoicas, de forma que quis descobrir qual era a lógica por trás dessas crenças que, para um observador do Norte, aparentam ser tão irracionais.

Vários anos mais tarde, Adams voltou à África Ocidental,[9] dessa vez para Gana. Ele e seus colegas estudaram relatos de encolhimentos de pênis publicados nos jornais locais e entrevistaram testemunhas, vítimas e céticos. Alguns entrevistados acreditavam que o culpado era a bruxaria, ou *juju*, praticada a mando de inimigos em busca de vingança. Outros afirmavam que os próprios acusadores não acreditavam em bruxaria, mas exploravam as crenças alheias para derrubar os inimigos.

Notando o tema comum dos inimigos, Adams decidiu estudar a literatura das ciências sociais sobre a inimizade, e o que ele descobriu foi... Não havia literatura a respeito. Ele encontrou diversos estudos sobre a amizade e sobre o amor romântico e o amor familiar. Também encontrou um grande número de estudos sobre estereotipagem, preconceito e hostilidade intergrupal. No entanto, uma ideia bastante real e preponderante na África Ocidental, a de que os inimigos estão por toda parte, não era mencionada nas ciências sociais do Hemisfério Norte.[10]

Diante disso, Adams criou uma nova área de estudos. A princípio, ele conduziu levantamentos com pessoas de várias ocupações (estudantes, profissionais urbanos, lavradores) em Gana e nos Estados Unidos sobre seus inimigos. Os resultados foram dramáticos: em Gana, entre 60% e 90% das pessoas relataram que acreditavam que o mundo abrigava "gente que as odeia, pessoalmente, a ponto de desejar sua desgraça ou tentar sabotar seu progresso". A crença dos ganenses nesses inimigos era incisiva: "Até Jesus Cristo teve inimigos", disse um respondente. "Quem você pensa que é? Se quiser viver em um paraíso de tolos, problema seu. Mas quanto a mim... Sei que tenho inimigos."[11]

No entanto, na região da Baía de San Francisco, verdadeiro ninho de agressividade e intriga corporativa, só 10% dos respondentes achavam que tinham inimigos. No Meio-Oeste dos Estados Unidos, essa proporção subiu para 20%. (Veja o Capítulo 6 para saber mais sobre a interdependência do Meio-Oeste americano.) Adams também descobriu que as pessoas que constituíam o grupo dos inimigos diferiam. Os respondentes ganenses acreditavam que os inimigos eram pessoas próximas a eles: parentes, amigos, vizinhos e colegas. "Até seu melhor amigo, alguém que pode ser muito próximo a você, pode ser seu inimigo", disse um homem ganense. Os poucos americanos que admitiram ter inimigos, por sua vez, os viam como pessoas fora dos próprios círculos: concorrentes corporativos e membros de diferentes grupos sociais, étnicos ou políticos.[12]

Por que os selves supostamente interdependentes da África Ocidental criam abismos de animosidade entre si e as pessoas mais próximas a eles? A resposta, ironicamente, se encontra na própria interdependência. Os africanos ocidentais veem a interdependência por toda parte – entre o self e os outros, a mente e o corpo, o espírito e a matéria, o passado e o futuro, ancestrais de gerações passadas e crianças recém-nascidas.[13] Em vez de "Penso, logo, existo", os africanos ocidentais acreditam que "Existo, porque existimos, e existimos, logo, existo."[14]

Com tantos laços sociais, até o self interdependente mais consciencioso corre o risco de provocar um emaranhado na rede social. Então, quando situações ruins acontecem com eles mesmos ou com os outros, muitos africanos ocidentais se voltam primeiro às pessoas próximas a eles, visíveis e invisíveis, e tentam descobrir onde está o enrosco. Depois, tentam apaziguar seus atormentadores ou desfazer a influência dos inimigos de alguma outra maneira.

Por sua vez, os americanos, com seus selves independentes, constroem seus mundos em termos de escolha. Se um parceiro jogar sujo, a parte ofendida pode escolher pôr um fim ao relacionamento. O que vem fácil vai fácil. Como disse um dos respondentes americanos do levantamento de Adams, "Acho que [ter inimigos] cabe à pessoa. Alguém pode não gostar de mim, mas isso não faz dele um inimigo meu. Cabe a mim decidir isso." De maneira similar, uma americana mencionou a escolha individual como a base da inimizade: "Não consigo entender como alguém faria um inimigo ou por que alguém continuaria a interagir com uma pessoa de quem não gostasse."[15]

No entanto, na África Ocidental, como por todo o Hemisfério Sul, os relacionamentos raramente são voluntários. Eles não podem ser desfeitos só por terem se tornado problemáticos. As pessoas não escolhem as relações com base em suas preferências. Em vez disso, elas se empenham ao máximo para manter o equilíbrio em suas redes sociais. A interdependência é um projeto interpessoal de período integral, e a incapacidade de manter abertas as linhas de comunicação do relacionamento pode resultar em acusações, ameaças e até lesões corporais.

O mosquito na sua casa

Por que os africanos ocidentais se preocupam tanto com a inimizade? Uma atenta análise dos ciclos culturais da região revela interações e instituições que simultaneamente cultivam as raízes profundas e a desconfiança.

Canções, poemas, slogans pichados em muros e adesivos por toda parte advertem: "Todo mundo tem inimigos", "Temo os meus amigos, inclusive VOCÊ", "Longa vida ao meu inimigo, para que ele possa ver o que serei no futuro". Muitas pessoas ostentam amuletos para afastar a inveja, a sabotagem e o *juju*. Em uma prática comum também no

Mediterrâneo, as famílias isolam os recém-nascidos e sua mãe para evitar o "olho gordo" de observadores invejosos. E, para que ninguém esqueça onde os inimigos vivem, um provérbio popular adverte: "O mosquito que o pica vem de dentro da sua casa."[16]

Refletindo e reforçando essas interações, por sua vez, se encontram poderosas instituições – e a poderosa falta delas – que semeiam a desconfiança por toda a África Ocidental. A mais poderosa foi o tráfico de escravos que assolou a região por mais de 400 anos. Entre 1500 e 1900, os comerciantes de escravos forçaram entre 7 e 12 milhões de africanos a cruzar o Atlântico em navios negreiros. Pelo menos 1 milhão de pessoas morreram nessa angustiante travessia, e números desconhecidos morreram sendo capturados.[17]

Entrevistas conduzidas com escravos nos anos 1850 revelam a violência, a mentira e a traição inerentes à prática da escravização dos africanos. Muitos dos respondentes contaram ao linguista Sigismund Koelle que foram sequestrados e forçados à vida escrava. Outros foram capturados durante guerras. Alguns contaram que entraram em um navio negreiro ludibriados por um amigo ou parente. Outros ainda foram escravizados por meio de um processo judiciário manipulado que os considerou culpados por bruxaria.[18]

Apesar de o comércio de escravos na África Ocidental ter se mantido em grande parte adormecido por mais de 100 anos, a instituição impele os ciclos culturais da região até os dias de hoje. Os economistas Nathan Nunn e Leonard Wantchekon usaram dados documentais para mapear a intensidade do tráfico de escravos na África Subsaariana no decorrer de 500 anos. Em seguida, eles compilaram vários estudos contemporâneos sobre as atitudes atuais em 17 países do Oeste, do Leste e do Sul da África, inclusive medidas de quanto as pessoas confiam nos vizinhos, parentes e governo local. Eles descobriram que, quanto mais seus ancestrais tivessem sido expostos ao tráfico de escravos no passado, mais as pessoas desconfiavam umas das outras no presente. Uma terrível história que deixou marcas profundas.[19]

Os horrores da escravidão ainda se fazem notar nas interações contemporâneas. No idioma local de Benin, por exemplo, a definição de *não confiável* é "ser capaz de enganar o amigo ou vizinho e levá-lo à escravidão". De forma similar, muitos países da África Ocidental têm provérbios como: "Você vai ser vendido por ele, e ele vai adorar."[20]

O colonialismo europeu do início do século XIX a meados do século XX também semeou muita desconfiança na região. Seguindo a estratégia do "dividir e conquistar", as potências imperialistas manipularam rivalidades tribais existentes e criaram novos conflitos. Mesmo com a saída dos colonizadores, as animosidades permaneceram. Em consequência, os países da África Ocidental têm muita dificuldade de estabelecer instituições jurídicas e econômicas estáveis. Apesar de Gana e Nigéria terem apresentado bom desempenho no Índice de Estado de Direito do Projeto Mundial de Justiça, outros países da África Ocidental estão entre os piores do mundo nesse critério.[21] Sem instituições fortes para mantê-las sob controle, guerras civis e criminalidade são comuns. E, como a polícia e os tribunais muitas vezes são corruptos, resta aos cidadãos fazer justiça pelas próprias mãos.[22]

Quando analisamos os ciclos culturais da África Ocidental, vemos que a desconfiança e o desequilíbrio da região não são irracionais, e que os rumores de encolhimento do pênis não são resultado de ilusões paranoicas. Na verdade, são reações compreensíveis de pessoas interdependentes a histórias horripilantes. "Você não é paranoico se realmente está sendo seguido", diz o velho ditado. Além disso, se tiver um self interdependente incrivelmente sensível aos relacionamentos, sentirá com mais intensidade as marcas de um passado violento e traiçoeiro.

O nepotismo na Índia

Interdependente em um estilo próprio, a Índia inspira protestos de natureza diferente no Hemisfério Norte: não dá para realizar nada lá devido à corrupção excessiva. A forma de corrupção que enfurece o Hemisfério Norte é a troca de favores, a prática de nomear amigos e parentes a posições de autoridade, independentemente de suas qualificações. Devido ao nepotismo, famílias controlam os negócios, e partidos políticos controlam quase todo o resto. Os resultados podem ser extensos e bastante negativos. Uma nova perspectiva sustenta que a crise econômica asiática de 1997 ocorreu porque representantes bancários concederam um número excessivo de empréstimos a amigos e parentes que não tinham condições de pagar a dívida.[23]

Em um nível mais local, o nepotismo dificulta a vida dos peixes pequenos, como relata o jornalista Edward Luce, em seu livro *In Spite of the Gods: The Rise of Modern India*. A cultura política, ele escreve, inclui "acesso preferencial a todo um leque de bens e serviços públicos, inclusive passagens de avião e trem na primeira classe, a oportunidade de furar filas, a capacidade de mexer os pauzinhos e a possibilidade de usufruir de serviços gratuitos pelos quais os pobres são forçados a pagar... Se você for rico e importante, raramente terá de pagar. Se for pobre, normalmente precisará pagar uma fortuna, e ninguém garante que receberá aquilo pelo qual pagou".[24]

Diante dessas acusações de nepotismo, a Índia admite a culpa, produz os próprios dissidentes e institui as próprias reformas. Ao mesmo tempo, contudo, muitos indianos se perguntam *de que outra forma* seria possível operar um negócio ou um governo. As organizações não funcionam melhor quando as pessoas se conhecem e confiam uma nas outras? Se você pudesse tirar um vilarejo inteiro da pobreza, por que escolheria estranhos aos próprios parentes?

Uma rápida análise do ciclo cultural interdependente da Índia revela que o nepotismo nem sempre resulta de vilões gananciosos que garantem os melhores cargos e oportunidades aos amigos e parentes. Na verdade, essa prática se origina de um código moral milenar que enfatiza os deveres interpessoais em relação a noções abstratas de justiça, lei e direitos individuais. Em um ciclo como esse, o clamor por imparcialidade no Hemisfério Norte bate de frente com a percepção de moralidade na Índia.

A psicóloga Joan Miller e suas equipes de pesquisa passaram as últimas décadas documentando como os euro-americanos e os indianos hinduístas solucionam dilemas entre dever relacional, justiça e escolha. Para entender um desses estudos, imagine a cena: um homem chamado Ben está a caminho do casamento do melhor amigo, levando as alianças da noiva e do noivo. Entretanto, ele tem a carteira roubada e fica sem dinheiro para comprar a passagem de trem. Para chegar ao casamento a tempo, ele deve pegar o próximo trem. Enquanto pensa no que fazer, ele nota que um homem bem vestido, sentado a seu lado na estação, se levantou e esqueceu o casaco de caxemira. Ben vê uma passagem de trem saindo pelo bolso.[25]

Ele deve pensar rápido: Será que ele deve violar a lei e roubar a passagem para conseguir chegar à cerimônia a tempo e entregar as alianças ao melhor amigo ou deve devolver o casaco, mesmo se isso implicar desapontar o melhor amigo? O que você faria?

Se for um euro-americano, provavelmente pensaria que Ben deveria obedecer à lei, como a maioria dos participantes euro-americanos do estudo. No entanto, se for um indiano hinduísta, você provavelmente acharia que Ben deveria priorizar as necessidades de seu amigo e surrupiar a passagem. No universo moral hinduísta, as obrigações para com os conhecidos são mais importantes do que as obrigações para com princípios abstratos, como "justiça", "direitos individuais" e "Estado de direito".

Após conduzir dezenas de estudos como esse, Miller concluiu que os euro-americanos se submetem a um código moral com base na justiça ou nos direitos, ao passo que os indianos hinduístas seguem um código moral com base no dever ou na dedicação aos outros.[26]

As obrigações para com os outros também influenciam decisões mais mundanas na Índia. Em colaboração com Hazel e Alana, a psicóloga Krishna Savani perguntou a indianos e americanos da classe média o quanto tinham gostado de muitos tipos de camisas, sapatos, relógios e outros bens de consumo, igualmente desejáveis e conhecidos por ambos os grupos. Depois, os pesquisadores pediram aos participantes que escolhessem os itens que eles mais gostariam de ter. Como qualquer bom eu independente, os americanos escolheram os itens dos quais mais gostaram. Em outras palavras, suas preferências e escolhas apresentaram estreita correlação. Entretanto, para os indianos, as preferências pessoais não se vinculavam estreitamente às escolhas.[27] Savani explica: "Os indianos normalmente levam em consideração o que as pessoas de seu círculo escolheriam para eles antes de fazer as próprias escolhas. Assim, muitas vezes você acaba escolhendo o que pensa que sua mãe – ou sua irmã, ou outras pessoas que você conhece – acha que você deveria ter, e não o que você pessoalmente quer."

Escolha quem ajudar

Os indianos hinduístas também dão mais valor ao bem-estar dos outros do que às próprias preferências pessoais. Vejamos a seguinte parábola clássica:

> Um homem e sua esposa moravam com o pai idoso dele. A nora estava sempre maquinando como poderiam se livrar do velho. Um dia, ela teve uma ideia e disse ao marido: "Vamos levar o pai ao Puri [local de peregrinação hinduísta] em uma cesta. Podemos deixá-lo em frente ao Templo de Jaganath..." O marido concordou, mas o filho do casal ouviu tudo. Ele contou os planos dos pais ao avô e depois disse ao pai:

"Pai, pode deixar o avô em Puri, como vocês planejam, mas, por favor, não deixe a cesta. Traga-a de volta. Se não, como vou usá-la para levar o senhor a Puri quando o senhor ficar velho?" O marido entendeu a mensagem. Ele confessou tudo ao pai e implorou por perdão.

O antropólogo Richard Shweder ouviu essa história na cidade rural de Bhubaneswar, capital do estado de Odisha, Índia, e a relatou em seu livro *Why Do Men Barbecue?*[28] Shweder descobriu que a Índia está cheia de histórias como essa – sobre colocar o dever acima das próprias preferências pessoais.

Os americanos também contam histórias sobre o seu dever para com amigos e parentes e se sentem intimamente conectados às pessoas mais importantes de sua vida. No entanto, quando as necessidades da família ou dos amigos entram em conflito com suas próprias necessidades e preferências pessoais, os euro-americanos tendem a optar pelas últimas.

Por exemplo, imagine que você tenha um irmão e ele tenha pedido sua ajuda para fazer a mudança para um novo apartamento. Vocês têm muitos interesses em comum e um relacionamento cordial e afetuoso. Até que ponto disposto a ajudá-lo?

Agora, imagine que você seja muito diferente de seu irmão e não se sinta próximo dele. Até que ponto está disposto a ajudá-lo?

Se você for um euro-americano, provavelmente se sentirá mais responsável por ajudar um irmão de quem goste que um de quem não goste, como os participantes euro-americanos de um estudo conduzido no laboratório de Joan Miller. Sua decisão de ajudar ou não depende de suas preferências pessoais. É uma questão de escolha. No entanto, se for um indiano hinduísta, você se mostrará igualmente disposto a ajudar os dois irmãos. Você é moralmente obrigado a isso. Não importa se você gosta ou não do seu irmão, ajudá-lo é uma questão de certo e errado.[29]

Camas, noivados e Bollywood

Analisando os ciclos culturais da Índia hinduísta, vemos que as interações e as instituições cotidianas reforçam a ideia de que os relacionamentos com a família e os amigos vêm em primeiro lugar. Dê uma olhada nas janelas de muitos lares indianos hinduístas à noite, antes de dormir, e verá até que ponto as pessoas se entrelaçam na malha familiar. A maioria dos indianos hinduístas vive com três gerações sob o mesmo teto. Os pais nem cogitam deixar que os filhos durmam sozinhos – nem mesmo os mais velhos e nem famílias com recursos suficientes para que cada parente tenha o próprio quarto. Por outro lado, best-sellers americanos recentes incluem *Solve Your Child's Sleep Problems* (Resolva as dificuldades de sono do seu filho), no qual Robert Ferber detalha seu famoso método para treinar as crianças a dormir sozinhas; e *Vai dormir, p**ra*, uma história de ninar para adultos cuja independência está sendo afetada pela dificuldade de dormir dos filhos.[30]

Para mostrar até que ponto é importante para os indianos dormir ao lado dos filhos, Richard Shweder atribuiu a participantes americanos e indianos a tarefa de organizar os seguintes membros da família em dois quartos para dormir: pai, mãe, filho (15 anos), filho (11 anos), filho (8 anos), filha (14 anos) e filha (3 anos).

Entre os indianos, 75% organizaram a família de forma que o pai dormisse com os três filhos, e a mãe, com as duas filhas. Enquanto isso, 44% dos americanos optaram por uma solução que nenhum indiano escolheu: o pai e a mãe dormindo com duas filhas em um quarto, e os três filhos dormindo juntos, sem qualquer dos pais, em outro. Muitos outros americanos disseram que o problema não tinha solução e mais cômodos seriam necessários.[31]

Como o foco dos indianos hinduístas está nas famílias, e não nos indivíduos, o futuro cônjuge é uma decisão que a família inteira ajuda a tomar. Até hoje, mais de 80% de todos os casamentos na Índia são arranjados.[32] Aspirantes a noivas e noivos normalmente organizam a busca, e a mulher normalmente (mas nem sempre) tem o poder de vetar os candidatos. Uma vez que as famílias indianas encontrem o "par perfeito", o casal organiza uma série de encontros, pessoalmente ou ao telefone, para verificar se estão de acordo com as qualificações.

Para encontrar um genro ou nora, alguns pais indianos hinduístas mais pragmáticos anunciam na internet e em publicações, salientando as origens, herança e posição social da família. Um anúncio recente diz: "Pais Patel* convidam homens profissionais para filha criada nos Estados Unidos, 26 anos (Ciência da Computação); a família é dona de uma empresa de construção." Agora veja este anúncio de uma mulher euro-americana em busca de seu par perfeito: "Onde devo beijar a ti? Nas montanhas de Sierra Nevada, esquiando? Entre atos de *Aida*, de mãos dadas? Mulher sem rodeios, divertida, ardente e em forma busca parceiro observador, profundo e permanente." Diferentemente do objetivo do anúncio indiano, que busca famílias equivalentes, o anúncio americano busca preferências e características pessoais correspondentes.[33]

Muitos ocidentais acreditam que os casamentos arranjados sejam opressivos, especialmente para as mulheres. No entanto, estudos de casamentos arranjados sugerem que esses casais não se sentem menos satisfeitos que aqueles que se uniram por amor.[34]

Muitas mulheres indianas também discordam da insistência ocidental de que as pessoas devam escolher os próprios parceiros. Em seu livro, *First Comes Marriage: Modern Relationship Advice from the Wisdom of Arranged Marriages*, a jornalista Reva Seth entrevistou 300 mulheres cujos maridos foram escolhidos pelos pais. "No longo prazo, isso reduz em muito a pressão de um relacionamento", a autora escreve. Ela constatou que, quando as famílias se envolvem em um casamento desde o início, também trazem consigo uma extensa rede de apoio para ajudar o casal a resolver as diferenças. E os casamentos arranjados não excluem o amor. "Os indianos dizem que primeiro se casam e depois se apaixonam."[35]

Bollywood, a indústria cinematográfica indiana e um dos maiores centros de produção de filmes do mundo, também faz sua parte para reforçar e refletir a importância

---

* *Nota da tradutora*: Patel é um sobrenome indiano cujos ancestrais foram tradicionalmente senhorios.

do dever e da obrigação nos relacionamentos, da mesma forma como a Hollywood americana faz a sua para corroborar e refletir a importância da escolha e da realização pessoal nos relacionamentos. Em um grande sucesso de Bollywood, *Hum Dil De Chuke Sanam* (lançado em inglês com o título *Straight from the Heart* [Direto do coração]), um belo casal se apaixona, mas os pais da mulher não aprovam o casamento. O galã da história se muda da Índia para a Itália, e a mulher se casa com o homem que recebeu a aprovação dos pais.

O novo marido se sente tão responsável pelas necessidades e pela felicidade da esposa que a leva para a Itália para encontrar seu "verdadeiro" amor perdido. Sem saber que ela tinha se casado, o primeiro amor a pede em casamento novamente. Naquele exato momento, a mulher percebe que já o encontrou, já que o "verdadeiro" amor se origina de cumprir as obrigações para com a família.[36] Munida desse novo conhecimento, ela volta para a Índia, feliz da vida com o marido.

Quando estudantes universitários euro-americanos assistem a esse filme, muitos ficam perplexos. O modo como o marido renuncia aos próprios desejos não faz muito sentido para eles. No entanto, em um ciclo cultural indiano impelido pelo dever e pela obrigação, se sacrificar pelos outros não equivale a se privar. Na verdade, é uma maneira de fortalecer o self interdependente e ser uma pessoa boa e moral.

Muito antes dos campeões de bilheteria de Bollywood, histórias hinduístas já institucionalizavam as ideias essenciais de interdependência no subcontinente indiano. O hinduísmo é uma das religiões mais difundidas da Índia, e seus temas, narrativas e personagens são imbuídos na vida cotidiana de todos, na forma de desenhos animados para crianças, campanhas políticas e até desodorizantes de ar pendurados no retrovisor de carros por todo o país.

Um conto hinduísta que enfatiza a mensagem da centralidade do dever familiar é a história da corrida de Ganesh e Karthik ao redor do mundo. Ganesh é o deus hinduísta dos inícios e o removedor de obstáculos. Com um corpo humano e a cabeça de um elefante, ele parece menos ágil que o irmão caçula, Karthik, que assume a forma de um belo menino.

Ganesh e Karthik decidiram apostar uma corrida para descobrir quem conseguiria dar a volta ao mundo mais rapidamente. Karthik está seguro de que vencerá, não apenas por sua graça e força, mas também por contar com a ajuda de sua mascote, um pavão. Tendo um rato como companheiro, a vitória de Ganesh parecia bastante improvável. O que falta a Ganesh em termos de aerodinâmica e amigos emplumados, contudo, ele compensa com a sabedoria. Com base no raciocínio de que seus pais representam o universo inteiro, ele cruzou as mãos e, com grande devoção, caminhou ao redor deles.

"O que você está fazendo?", perguntou o pai de Ganesh.

"Sou seu filho", Ganesh explicou. "Para mim, vocês dois são meu mundo." Quando Karthik voltou de sua volta ao mundo, ele teve de admitir que Ganesh vencera a corrida. Com uma celebração que prenunciava as extravagâncias dos futuros musicais de Bollywood, Ganesh é enaltecido por todos.[37]

Violência no Oriente Médio e no Norte da África

No imaginário do Hemisfério Norte, a região do MENA (sigla em inglês para o Oriente Médio e o Norte da África) evoca imagens de pedras lançadas em tanques, lança-granadas e ataques suicidas. Mesmo antes dos ataques de 11 de setembro e das guerras americanas no Iraque e no Afeganistão, o parecer do Hemisfério Norte em relação ao MENA era extremamente negativo. Basta lembrar, por exemplo, a canção de abertura do filme *Aladdin*, da Disney, que retrata o Oriente Médio como um lugar "bárbaro", repleto de camelos, onde cortar as orelhas dos outros é um passatempo comum.[38]

O MENA não é a região mais violenta do mundo – distinção que pertence à América Central.[39] No entanto, a violência no MENA é imbuída de uma qualidade distintiva que garante à região um lugar na primeira página dos jornais e nos noticiários do horário nobre. Você deve se lembrar, por exemplo, do incidente de setembro de 2005, quando o jornal dinamarquês *Jyllands-Posten* publicou várias tirinhas representando o profeta Maomé de maneira pouco adulatória. Uma delas mostrava Maomé usando um turbante no formato de uma bomba com um pavio queimando. Outra o mostrava no céu, recebendo uma fila de homens-bombas, cobertos de fuligem, dizendo: "Podem parar! Acabaram-se as virgens!"[40]

Para o público ocidental, os cartunistas só estavam exercitando sua liberdade de expressão e religião. No entanto, alguns grupos do MENA receberam a piada com uma postura decididamente diferente. Manifestantes tomaram as ruas, acusando as tirinhas de serem islamofóbicas e racistas. Eles queimaram bandeiras europeias, atacaram embaixadas dinamarquesas, atearam fogo a várias e detonaram uma bomba na embaixada do Paquistão. Quando a poeira finalmente assentou, mais de 100 pessoas tinham perdido a vida.[41]

A maioria das pessoas não gosta de caricaturas de seus líderes religiosos, mas raramente reage com assassinatos e caos. Por que as tirinhas provocaram reação tão violenta no Oriente Médio e no Norte da África?

Parte da explicação é que elas foram vistas como um ataque direto às crenças islâmicas, de acordo com as quais é pecado retratar Maomé. Assim, essa afronta às tradições e aos valores do islamismo instigou uma forma de interdependência específica da região. Da mesma forma como o Sul dos Estados Unidos, o Oriente Médio cultiva uma cultura da honra.[42] Seu status é concedido pelos outros quando lhe tratam com respeito. No entanto, os outros também podem retirar seu status ao lhe insultar. Para recuperá-lo, você deve reagir ao insulto, muitas vezes com agressividade. (Veja o Capítulo 6 para ler mais sobre a cultura da honra do Sul dos Estados Unidos.)

Mais do que os selves do Sul da América, os selves do MENA andam em bandos. Se você insultar minha honra, também estará insultando a de meus pais, irmãos, filhos e primos (e talvez também a de meus avós, vizinhos e parceiros de negócios). Desse modo, devo reagir ao insulto em nome de todas as pessoas de minha rede de relacionamentos. O primeiro-ministro da Turquia, Recep Tayyip Erdoğan, fez uma clara demonstração desse tipo especial da interdependência do MENA, no Fórum Econômico

Mundial de 2009, realizado em Davos, na Suíça. Erdoğan estava no meio de uma refutação furiosa a outro membro do fórum, o presidente israelense Shimon Peres, quando o moderador do painel de discussão o interrompeu. (O tempo de resposta do primeiro-ministro turco tinha chegado ao fim, e o moderador o interrompeu para lembrá-lo.) Em vista do insulto, Erdoğan saiu abruptamente do palco. Mais tarde, ele explicou que sua repentina saída foi necessária "para proteger a honra da Turquia e do povo turco". Ao voltar à Turquia, foi recebido como herói.[43]

Quando uma pessoa do Oriente Médio ou do Norte da África não revida de maneira adequada, as várias pessoas de sua rede de relacionamentos podem se apresentar para ajudar. Erdoğan objetou com vigor suficiente ao aparente desrespeito do moderador. No entanto, a humilhação pública do profeta Maomé e, por extensão, de todos os muçulmanos, não poderia ser revertida por apenas uma ou duas pessoas. Assim, grandes grupos de pessoas do MENA se organizaram para acertar as contas com o jornal dinamarquês. Para muitas delas, manter a neutralidade diante da questão teria sido o mesmo que prejudicar as pessoas de suas redes sociais e, portanto, a si mesmas.

Selves compartilhados

Não cabe apenas a primeiros-ministros defender a honra de toda uma rede social. No Oriente Médio, de acordo com o antropólogo Lawrence Rosen, "o traço distintivo de um homem é o fato de ele ter formado uma rede de gratidão, uma rede de obrigações que prova sua capacidade de transitar em um mundo de implacável incerteza".[44] Residentes do Oriente Médio e da África do Norte, de diferentes posições sociais, monitoram de perto a posição relativa de amigos, parentes e associados. Com base nessa contabilidade interpessoal, eles também inferem o próprio senso de status social.

Batja Mesquita é uma das primeiras psicólogas a estudar os selves interdependentes do MENA. Comparando estudantes universitários turcos e holandeses, ela descobriu que muitos estudantes do MENA contam histórias como esta: "Fui admitido na universidade mais concorrida da Turquia... Meus pais convidaram todos os parentes e vizinhos para celebrar esse sucesso... Sem que eu soubesse, minha mãe pegou minha carteira de estudante para mostrar a eles." Outros participantes turcos contaram histórias similares, de parentes que se vangloriavam das vitórias e sofriam com as derrotas mútuas.[45] Eles descreveram os eventos em termos do impacto sobre seus relacionamentos. Já os respondentes holandeses descreveram os eventos em termos das consequências para metas individuais: "Foi um alívio para mim quando entreguei meu trabalho final na universidade."

Os selves do Oriente Médio e da África do Norte não apenas sentem as alegrias e as dores dos membros de suas redes sociais como, algumas vezes, as vivenciam *com mais profundidade* que as próprias emoções. O sociólogo James Greenberg pediu a respondentes do Iêmen e dos Estados Unidos que listassem casos nos quais sentiram alguma emoção. Os respondentes iemenitas não apenas relacionaram mais eventos que envolviam os outros (um amigo tirou uma boa nota em um exame, muitas pessoas morreram em um terremoto), como também relataram que eventos ocorridos com *outras pessoas* os afetaram mais que os vivenciados por eles mesmos. Isso ajuda a explicar por quê, digamos, estudantes universitários da Síria se irritaram tanto com algumas tirinhas publicadas em um jornal dinamarquês. Eles sentiram a ofensa aos outros muçulmanos, pelo menos tão intensamente quanto se sentiram, eles mesmos, ofendidos.[46]

A solidariedade que os selves interdependentes do MENA sentem se evidencia até em avaliações mais sutis. Em um estudo, os pesquisadores pediram que participantes omanis e euro-americanos vissem vários formatos grandes, compostos de formatos menores. Para cada grande, um dos formatos menores era diferente, e os outros eram iguais – por exemplo, um quadrado grande composto de oito círculos e um triângulo. Os participantes omani tendiam a não gostar do formato diferente e preferiam os iguais, enquanto os euro-americanos apresentaram um padrão de preferência oposto.

Os laços que nos unem

Os ciclos culturais que refletem e reforçam a variedade distintiva de interdependência do MENA incluem interações cotidianas e instituições sociais que unem as pessoas em redes sociais extensas, porém estreitamente interconectadas. Uma prática cotidiana, por exemplo, é se referir às pessoas não apenas por seus nomes próprios, mas também em termos de seus vínculos com a família e a região. As pessoas se referem ao presidente da Autoridade Palestina, Mahmoud Abbas, tanto em contextos formais quanto informais, como Abu Mazen ("pai de Mazen"), e o nome completo de Saddam Hussein incluía "al-Tikriti" ("da [vila de] Tikrit").[47]

Outra prática que mantém as redes sociais conectadas é o *wasta*, que, em uma tradução aproximada do árabe, significa algo como "quem você conhece" ou, sem meias-palavras, "nepotismo" ou "troca de favores", também conhecido informalmente como "quem indica". De maneira similar aos indianos, as pessoas do Oriente Médio e do Norte da África recorrem ao *wasta* para tudo, como instalar uma linha telefônica ou se safar de problemas com a lei. Apesar da considerável influência do Hemisfério Norte, o *wasta* ainda é a principal moeda do MENA. Um recente levantamento conduzido pelo Gallup revelou que a maioria dos jovens da Liga Árabe acredita que o *wasta* seja decisivo para seu sucesso futuro.[48] Seus pais não apenas concordam como também estabelecem as bases para que eles se tornem adultos beneficiados pelo *wasta*. Diferentemente das pessoas do Hemisfério Norte, a maioria dos pais do Oriente Médio e da África do Norte não busca ajudar os filhos a sair de casa, escolher uma profissão e viver a própria vida independente. Em vez disso, veem os filhos como membros da organização familiar, que constitui a espinha dorsal de empresas, bairros, ordens religiosas e partidos políticos, sendo que muitas dessas organizações se referem a seus líderes com a designação de "pai".

Como acontece na Índia, as pessoas do Oriente Médio e da África do Norte não consideram o *wasta* meramente uma causa da má administração ou da corrupção. Na verdade, elas também o veem como uma fonte de comportamento ético. Quando consegue uma linha telefônica ou carteira de motorista, você deve deixar que os parentes usem seu telefone e dar carona aos amigos. Se você tem um bom emprego, deve ajudar sua irmã a conseguir um também.

Imagine a situação: sua irmã não está tirando notas boas na faculdade e não consegue encontrar um estágio. Acontece que você tem um amigo bem posicionado em uma consultoria. Você pediria a ele para arranjar um estágio para sua irmã sem que ela tivesse de passar por uma entrevista?

Em recente estudo, 42% dos estudantes universitários euro-americanos responderam "sim". Já uma porcentagem bem maior de estudantes turcos – nada menos que 70% – concordou que tentaria arranjar o estágio para a irmã. A maioria dos euro-americanos que não seguiria essa linha de ação afirmou que se preocupava com a possibilidade de prejudicar a própria reputação. Contudo, muitos turcos que concordariam em pedir a um amigo para mexer os pauzinhos na empresa onde trabalha afirmaram que o fariam por razões interdependentes. Como explicou um participante turco: "Eu faria porque não sou egoísta."[49]

Para os selves interdependentes do MENA, a atitude corrupta é se recusar a compartilhar os frutos de seu empenho ou de sua boa sorte. "Para a maioria dos árabes", escreve Lawrence Rosen, "é apenas realista acreditar que a sociedade se beneficia mais de redes de obrigação do que de papéis impessoais, e que as instituições são sempre definidas por seus ocupantes e não por poderes despersonalizados".

"Compreender isso", ele conclui, "é adentrar em um mundo de enorme decência, mesmo que não seja o nosso".[50]

Para manter essa decência, os selves interdependentes que constroem e ecoam os ciclos culturais do MENA se empenham para manter o equilíbrio em suas redes sociais. Quando uma pessoa dá um pouco mais do que recebe, ela sabe que o beneficiário lhe restituirá mais tarde. E, quanto mais pessoas deverem a ela, mais garantias ela terá para as épocas de vacas magras. Ao mesmo tempo, ela tenta evitar se endividar demais com uma pessoa, já que isso afetará negativamente seus relacionamentos com as várias outras de sua rede social.

O economista Simon Gächter e seus colegas recentemente estudaram essas complexas interações de reciprocidade entre as pessoas do Oriente Médio. No estudo, participantes do Omã, Arábia Saudita, Estados Unidos, Grã-Bretanha e Austrália participaram de um jogo de economia em grupos de quatro pessoas. Na primeira rodada, os jogadores podiam dar recompensas demais, insuficientes ou uma quantidade certa de recompensas ao grupo. Em rodadas subsequentes, eles podiam punir ou recompensar os outros jogadores. Os pesquisadores observaram algo estranho, que não viram em outros lugares: como era de se esperar, os participantes em geral puniram os chamados "caronistas", que não contribuíam o suficiente para o grupo. No entanto, os participantes do Oriente Médio, de Omã e da Arábia Saudita, também puniram os "generosos", por criar um desequilíbrio ao dar demais ao grupo.[51]

O MENA é uma região extremamente diversificada, mas mesmo assim muitos ciclos culturais da região refletem e reforçam um estilo de interdependência com base em uma estreita rede de relacionamentos. O filme israelense *Nota de rodapé*,[52] por exemplo, conta a história de uma grande rivalidade entre um pai e um filho, ambos professores do Talmude. Quando o pai é acidentalmente agraciado com um cobiçado prêmio israelense que deveria ser dado ao filho, o incidente gera acalorada discussão:

> "Algumas questões são mais importantes que a verdade", diz o filho. "Tipo o quê?", pergunta o pai, cético.
> "A família", responde ele.

Ineficiência no México

"*Mañana*, sim. Hoje, talvez não."[53]

A ideia de que amanhã será tão bom quanto hoje, talvez até melhor, continuamente frustra as relações entre o Hemisfério Norte e o México. Por que o México se sente tão à vontade trafegando na pista lenta? E por que a ineficiência e a impontualidade do México irritam tanto seus vizinhos do Hemisfério Norte? A resposta é que os mexicanos do Hemisfério Sul têm tempo, mas os nortistas têm relógio.

Os mexicanos precisam de tempo, já que sua forma particular de interdependência gira ao redor da noção da *simpatía*, ou relacionamentos agradáveis. Leva muito tempo cultivar a *simpatía*, e colocar os relacionamentos em primeiro lugar implica que muitas das principais prioridades do Hemisfério Norte (lucros, realização individual e pontualidade) acabam delegadas ao segundo plano. Alguns observadores impacientes do *El Norte* suspeitam que os mexicanos só enrolam, fazem corpo mole ou se recusam a entender como o mundo dos negócios funciona. No entanto, eles não poderiam estar mais longe da verdade. Os mexicanos estão muito ocupados incorporando o "humano" de volta aos *recursos humanos*. Os moradores do Hemisfério Norte que quiserem vencer no mundo dos negócios do México precisam aprender a trabalhar no ritmo mexicano e com selves mexicanos interdependentes.

Sinta-se melhor com a *simpatía*

Como é o caso em todas as regiões do Hemisfério Sul, ainda não há muitas pesquisas que investiguem como a cultura e o self se influenciam mutuamente no México. Uma série de estudos com mexicanos, americanos de origem mexicana e outros participantes hispânicos começa a lançar luz sobre a interdependência ao estilo mexicano.

Nos anos 1980, por exemplo, o psicólogo cultural pioneiro Harry Triandis mostrou vinhetas a participantes hispânicos e pediu que tentassem prever o comportamento de um conjunto de personagens. Quando os personagens eram hispânicos, os participantes previram que eles seriam mais sociáveis, mais cordiais e menos negativos que no caso de personagens euro-americanos.[54]

O simples fato de as pessoas de origem hispânica acreditarem que esbanjam *simpatía* não significa necessariamente que seja verdade. Eles poderiam só estar sustentando estereótipos positivos do próprio grupo. Para testar essa possibilidade em um experimento meticulosamente controlado, a psicóloga Renee Holloway e seus colegas reuniram estudantes euro-americanos, afro-americanos e hispânicos em duplas de mesma etnia ou etnias diferentes e pediram que conversassem entre si. Os participantes de todas as etnias consideraram suas conversas com parceiros hispânicos mais envolventes e de qualidade superior em comparação com as conversas com não hispânicos. Os participantes com parceiros hispânicos se mostraram dispostos a ter mais conversas futuras com eles que pessoas com parceiros afro-americanos ou euro-americanos. Dessa forma, os hispânicos não são os únicos que acreditam inspirar relações harmoniosas e agradáveis. Os euro-americanos e os afro-americanos concordam.

Como os hispânicos conseguem fazer seus interlocutores se sentirem tão bem? Isso não acontece automaticamente. Holloway constatou que os hispânicos se empenham mais em promover relações harmoniosas que os afro-americanos e os euro-americanos. Os hispânicos se concentram ativamente nas qualidades positivas dos parceiros e tentam se sentir bem em relação a eles para poderem fazê-los se sentirem do mesmo jeito. Os hispânicos também sorriem mais e fazem mais contato visual com os interlocutores do que os euro-americanos e os afro-americanos.[55]

A *simpatía* não se limita a tornar uma conversa mais agradável, também leva ao melhor desempenho cognitivo. O psicólogo Krishna Savani e seus colegas pediram que estudantes universitários mexicanos e euro-americanos escrevessem sobre ocasiões nas quais vivenciaram sentimentos positivos em relação a si mesmos ou a outra pessoa. Em seguida, pediram que os participantes resolvessem um quebra-cabeça de palavras. Enquanto os euro-americanos resolveram números equivalentes de quebra-cabeça em ambas as condições, os estudantes mexicanos resolveram mais quebra-cabeça depois de se lembrar de uma ocasião na qual se sentiram bem em relação a outra pessoa.[56]

Em mundos nos quais a cooperação é mais valorizada que a competição, a *simpatía* compensa. O psicólogo Millard Madsen e sua equipe convidaram crianças entre 7 e 10 anos para aprender um jogo de bolas de gude que, sem que soubessem, os recompensava pela cooperação e os punia pela competição. As crianças mexicanas descobriram rapidamente como cooperar e ganhar mais bolas de gude. Já as euro-americanas pareceram ter dificuldades em manter suas tendências competitivas sob controle e, em consequência, ganharam menos bolinhas.[57]

A *simpatía* também pode ter suas desvantagens. Os euro-americanos reclamam que, no México, muitas pessoas dão orientações para chegar a, digamos, uma igreja ou uma rua, mesmo se não fizerem ideia de onde fica o destino. O que os gringos não entendem é que, para esses selves interdependentes, o objetivo principal da interação muitas vezes é gerar sentimentos cordiais e não necessariamente trocar informações sobre uma realidade objetiva.[58]

La familia

As famílias mexicanas proporcionam aos filhos muitas oportunidades de praticar a *simpatía* nas interações cotidianas. Estudos demonstram que pessoas de origem hispânica passam muito mais tempo socializando com a família que os euro-americanos.[59] E a palavra "*família*", a propósito, "inclui mãe e pai, irmãos e irmãs, primos, primos de segundo grau, primos da irmã do marido da tia e as tias de Dionisia, de Veracruz, a prima de segundo grau de sua mãe", explica Juan Faura, especialista de marketing que se volta à crescente população hispânica dos Estados Unidos.[60]

Uma lei básica do universo hispânico, ele diz, é que "a família vem sempre em primeiro lugar".

Afirmações como essa provocam brados de "Estereotipagem!" de muitos hispânicos que se desesperam com o fato de que os euro-americanos parecem que só conseguem notar suas "atitudes pró-família". No entanto, para lançar luz sobre os selves mexicanos é crucial entender que a devoção à família vai muito além das atitudes. Pessoas do mundo inteiro têm atitudes pró-família. Os euro-americanos, apesar de toda a independência, citam a *família* como a principal razão pela sua satisfação na vida.[61] No entanto, no México, as pessoas querem que a família não apenas prospere como também seja um self completo.

Em consequência, muitos adolescentes mexicanos não têm a intenção de se individualizar e sair da casa dos pais quando crescerem. Na verdade, acontece o contrário. Como perguntou uma hispânica altamente qualificada, que conseguiu entrar em uma prestigiosa universidade americana: "Por que eu iria querer sair da minha casa e me mudar para o outro lado do país para viver em um quartinho com uma pessoa que nunca vi?" Em levantamentos realizados com estudantes universitários americanos, os de origem mexicana relataram o contato mais frequente com os pais.[62] Depois de se formarem, muitos hispânicos avaliam oportunidades de emprego com base em como a família será afetada. As famílias se mantêm unidas mesmo na presença de diferenças em termos de atividades, interesses e estilos de vida que muitas vezes distanciam os membros de famílias euro-americanas. Tanto mexicanos quanto americanos de origem mexicana consideram suas famílias mais coesas que as euro-americanas.[63]

A busca pela *simpatía* e pelo vínculo familiar também se estende a outros relacionamentos sociais. Quando as pessoas fazem amizade no México, se referem umas às outras com os títulos familiares de "irmã", "irmão" ou "primo", em vez de "amigo" ou "colega". Quando as crianças nascem, a família convida um homem e uma mulher para serem os padrinhos da criança. As famílias podem recorrer a esses compadres e comadres para pedir empréstimos, empregos e outros tipo de ajuda.[64]

Como acontece na Índia e nos países do MENA, o nepotismo é comum no México. Em um ambiente no qual muitas instituições formais são relativamente novas e impessoais, é preferível trabalhar no negócio da família. "Você confia no seu sangue, é isso", explica Gregorio Chedraui, membro de uma das famílias empreendedoras de maior sucesso do México, com negócios que variam de redes de varejo a estradas. Muitos de seus conterrâneos se sentem da mesma forma; 80% dos respondentes mexicanos concordam que "é preciso ter cautela com relações fora da família".[65]

Fazer negócios no México, por sua vez, requer se inserir nas redes familiares existentes. Julio Garcia, psicólogo social com formação nos Estados Unidos, atualmente lidera o escritório de advocacia da família no México. "Quando você tem um problema nos Estados Unidos", Garcia explica, "você pensa: 'Como *eu* posso fazer isso?' No México, você diz 'Que parente pode me ajudar a fazer isso?'"

"Eu precisava da aprovação do governo [mexicano] para um projeto no trabalho", Garcia lembra. "Em uma conversa com um amigo, ele se surpreendeu ao saber que eu ainda não tinha conversado com um tio meu que tinha experiência na área. E lá fui eu falar com meu tio. Depois de ouvir o caso, ele me deu o nome e o número de telefone de uma pessoa. E, o mais importante, me estendeu seu cartão de visitas e disse: 'Quando conversar com ele, lhe dê o meu cartão.' No verso, ele tinha escrito: 'Compadre, este é meu sobrinho. Saudações.'"

Pouco tempo depois da reunião com o oficial, Garcia recebeu a aprovação de que precisava.[66]

Fortaleça as instituições

Não temos a pretensão de oferecer soluções específicas a todos os problemas da África Ocidental, Índia, Oriente Médio, Norte da África e México. Cada um desses tópicos exige a expertise de milhares de departamentos acadêmicos, órgãos públicos, ONGs e corporações para ser resolvido. No entanto, temos algumas recomendações gerais para como o Hemisfério Norte, ao injetar mais interdependência em seus ciclos culturais, pode aliviar o sofrimento do Hemisfério Sul. Também sugerimos algumas tendências independentes que o Hemisfério Sul poderia adotar para atuar com mais eficácia em parceria com o Hemisfério Norte.

No nível das instituições, o Hemisfério Norte poderia se empenhar mais para trabalhar com as leis, normas, políticas e estruturas sociais já estabelecidas no Hemisfério Sul, em vez de impor as próprias instituições. Dois dos produtos de exportação mais cobiçados do Hemisfério Norte são o capitalismo de livre mercado e a democracia. Muitos economistas do Hemisfério Norte acreditam que o capitalismo de livre mercado seja o caminho mais rápido para o crescimento econômico, e que esse constitua as bases para democracias estáveis. No entanto, as relações entre livres mercados, riqueza e democracia são muito mais complexas que isso. Muitos países ricos não são democracias (como Cingapura, China e Arábia Saudita).[67] Muitas democracias ricas não enriqueceram devido ao livre mercado (como Noruega, Finlândia e Japão). E muitas outras (inclusive os Estados Unidos) estão descobrindo que o capitalismo debilita a democracia e que governos enfraquecidos não mais conseguem impedir poderosas corporações de espezinhar as liberdades individuais.[68]

O que os países estáveis e prósperos têm em comum, sustentam os economistas Daron Acemoglu e James Robinson, são instituições fortes. Ao proteger o bem-estar de longo prazo dos cidadãos, essas instituições encorajam as pessoas a investir em suas comunidades. Muitas instituições que se voltam à estabilização da sociedade têm atuação proeminente aos olhos do Hemisfério Norte: o poder judiciário que controla o executivo, policiais que não aceitam subornos, órgãos de segurança alimentar que não constam da folha de pagamento das empresas produtoras de alimentos. No entanto, muitas instituições estabilizadoras do Hemisfério Sul não têm presença tão clara para os observadores do Norte: por exemplo, estruturas de afinidades em vilas do Sudão que distribuem o alimento com justiça entre seus membros ou redes familiares na Índia que retiram regiões inteiras da pobreza.[69]

Muitas das ONGs mais bem-sucedidas trabalham para fortalecer essas instituições locais em vez de negligenciá-las ou prejudicá-las. O RDI (Rural Development Institute – Instituto de Desenvolvimento Rural), de Seattle, é uma delas. Em grande parte do Hemisfério Sul, a diferença entre pobreza e prosperidade é a terra. Entretanto, a maioria dos arrendatários pobres não tem condições de juntar dinheiro suficiente para comprar um terreno.

Historicamente, a solução mais popular para o problema da pobreza e dos sem-terra era a revolução. No entanto, a RDI adota uma abordagem mais interdependente. Desde 1967, a ONG ajudou mais de 400 milhões de lavradores de 40 países a se apropriar legalmente de cerca de 270 milhões de acres (cerca de 7% da terra cultivável do mundo). Isso foi feito pelo trabalho direto com governos para reformar leis e desenvolver programas para garantir aos antigos proprietários um preço justo pela terra e prover aos novos o que precisam para ter sucesso. Apesar de a missão da organização ("garantir direitos à terra para as pessoas mais pobres do mundo") ser inabalável, suas táticas são altamente flexíveis para que a ONG consiga se voltar às necessidades singulares e se beneficiar dos pontos fortes específicos de cada região.[70]

A Positive Deviance Initiative é outra ONG que trabalha com redes sociais locais para promover mudanças. Monique e Jerry Sternin, equipe composta de marido e mulher, desenvolveram a abordagem do desvio positivo (*positive deviance*) para solucionar problemas no final dos anos 1990, quando se dedicavam a reduzir a subnutrição infantil em vilarejos vietnamitas. (Apesar de não examinarmos em profundidade os ciclos culturais do Sudeste da Ásia neste livro, a região é considerada parte do Hemisfério Sul.) Os Sternin se perguntaram: "Quais crianças destes vilarejos *não* são malnutridas? E o que a família dessas crianças está fazendo de diferente?" O casal descobriu que os pais das crianças mais bem nutridas as alimentavam com minúsculos camarões e caranguejos, que pegavam nos arrozais alagados, e com folhas de batata-doce. De acordo com a sabedoria local, esses alimentos não faziam bem para as crianças, mas a saúde das que os consumiam indicava o contrário. Depois, os Sternin pediram que esses pais "desviantes" ensinassem suas técnicas culinárias aos outros moradores do vilarejo.

Em outras palavras, os Sternin partiram da premissa de que os aldeões já sabiam como resolver os próprios problemas e eram as pessoas mais indicadas para ensinar suas soluções umas às outras. Por meio de sua organização, os Sternin sistematizaram sua abordagem para ajudar as pessoas a identificar e enfrentar os próprios desafios e a aplicaram com sucesso por todo o mundo, para resolver questões como a mutilação genital feminina no Egito, infecções por SARM (*Staphylococcus aureus* resistente à meticilina) em hospitais colombianos e prostituição infantil na Indonésia.[71]

Representação justa

Para melhorar as interações em seu ciclo cultural, o Hemisfério Norte também deve melhorar suas representações do Hemisfério Sul na mídia. Em um levantamento conduzido com mais de 900 filmes de Hollywood, com personagens árabes, o pesquisador de cinema Jack Shaheen verificou que apenas uma dúzia incluía representações positivas. Para os habitantes interdependentes do MENA, já sensíveis a insultos, essas representações nada lisonjeiras os ferem profundamente.[72] Hollywood também tende a representar negativamente os hispânicos como bandidos, meretrizes, bufões e fogosos amantes, e não como atores equitativos no palco global.[73]

Apesar de as representações dos afro-americanos na mídia americana serem numerosas e negativas (veja exemplos no Capítulo 4), as dos africanos são mais notáveis por sua ausência. Reportagens sobre a África constituíram menos de 5% das matérias em destaque ou recentes na página inicial do site do *The New York Times* e menos e 2% na página inicial da CNN.[74]

Até a revista *National Geographic*, uma das janelas preferidas do Hemisfério Norte para conhecer o resto do mundo, macula a imagem dos personagens principais do Hemisfério Sul em seus artigos. Em sua clássica obra, *Reading National Geographic*, as antropólogas Catherine Lutz e Jane Collins analisaram mais de 600 fotos publicadas no decorrer de 37 anos da história da revista e os métodos utilizados para tirar e editar as fotos. Elas descobriram que editores e fotógrafos adotaram muitas práticas para fazer os fotografados do Hemisfério Sul parecerem mais exóticos, primitivos e sexualizados, inclusive pedindo aos fotografados que vestissem roupas mais tradicionais, alterando o tom da pele para que aparentassem mais escuros e mostrando o corpo nu de mulheres não brancas (mas jamais das brancas).[75]

Saia da concha

Representações nada lisonjeiras do Hemisfério Sul na mídia se refletem na mente individual dos vizinhos do Norte. Em 2011, por exemplo, um satírico mapa intitulado "The World according to Americans" (O mundo de acordo com os americanos) se tornou um fenômeno viral na internet. Os países do MENA ganharam os rótulos "Os bandidos!" e "Apontem as bombas para cá". A América do Sul inteira foi rotulada com "O café vem daqui, acho" e o rótulo inglório do México era "Eles lavam nossas roupas". A Índia se mostrava em grande parte ausente, apesar de uma parcela malformada do país se agregar com a China sob o título "Eles fabricam nossos objetos".

E a África? Nem chegava a aparecer no mapa.[76]

Como as representações do Hemisfério Sul na mídia são tão problemáticas, os habitantes do Norte que dispõem de tempo e dinheiro deveriam viajar para conhecer o Sul. Viagens ajudam não apenas a ampliar o conhecimento como também podem expandir o poder criativo das pessoas. Os psicólogos Will Maddux e Adam Galinsky testaram a criatividade de dois grupos de estudantes de MBA em uma importante Faculdade de Administração dos Estados Unidos, sendo que alguns deles moraram fora, e outros só viveram nos Estados Unidos. Os pesquisadores deram aos participantes vários objetos – uma vela, um isqueiro e uma caixa de tachinhas –, ao lado de um mural de papelão. A tarefa dos participantes era encontrar um jeito de afixar a vela ao mural para que, quando acesa, a cera não pingasse no chão.

Você consegue descobrir a solução? Não é fácil descobrir a resposta para essa charada, mas a solução é bem clara quando alguém a explica: prenda a caixa de tachinhas no mural e coloque a vela sobre ela. Sessenta por cento dos estudantes que moraram fora do país conseguiram resolver o problema, mas apenas 42% dos que nunca moraram fora conseguiram chegar à solução. Quanto mais tempo os estudantes tinham passado no exterior, mais chances tiveram de descobrir a resposta correta. Os pesquisadores explicam que as habilidades de resolução criativa de problemas se desenvolvem quando as diferenças culturais são aplicadas em outros contextos. Como Mark Twain observou, "viajar é fatal para o preconceito, a intolerância e a ignorância".[77]

Ao pousar no Hemisfério Sul, dedique um tempo para firmar e manter relacionamentos, especialmente importante se você quiser fazer negócios lá. Em muitas regiões da África Ocidental, MENA, Índia e México, a primeira atitude é fazer uma refeição juntos, conhecer parentes ou amigos e conversar sobre interesses pessoais. Ignorar todos esses detalhes, aparentemente irrelevantes, e entrar direto nos negócios, como muitas pessoas do Hemisfério Norte tenderiam a fazer, pode parecer indelicado.

Evitar relacionamentos também pode ser contraproducente. O psicólogo Jeffrey Sanchez-Burks e seus colegas treinaram um grupo de estudantes americanos de MBA para dar mais atenção aos próprios estilos relacionais e necessidades sociais e aos de outras pessoas. O grupo de controle recebeu um treinamento-padrão em diferenças culturais. Os estudantes passaram seis semanas atuando como consultores em empresas de Santiago, no Chile. Os pesquisadores constataram que os que receberam o treinamento-padrão tiveram menos sucesso em obter as informações necessárias para realizar o trabalho em comparação com os que receberam o treinamento relacional.[78]

Alavanque o Norte

As pessoas do Hemisfério Sul também podem tomar providências para trabalhar com mais eficácia com seus vizinhos do Norte. Recorrendo ao seu lado independente, por exemplo, eles podem alavancar as instituições do Norte para atingir as metas do Sul. Foi exatamente o que fez o chefe Almir Suruí, líder do grupo indígena suruí na Amazônia brasileira. Madeireiras, mineradoras e outros desenvolvedores estavam invadindo cada vez mais as terras ancestrais de seu povo, argumentando que as áreas não tinham valor comprovado, de forma que qualquer um poderia chegar e pegar. Os suruís precisavam fazer um inventário dos inúmeros recursos naturais e culturais de sua terra. Eles precisavam de um mapa.

O chefe Almir ouviu falar de uma empresa americana que usava a tecnologia de GPS e a internet para fazer mapas detalhados. Rompendo com milhares de anos de história – sua tribo só teve contato com os europeus a partir dos anos 1960 –, ele entrou em contato com seu lado independente e recorreu a essa empresa, à Google e a outras organizações do Hemisfério Norte, inclusive as ONGs americanas Amazon Conservation Team, da Virgínia, e a Skoll Foundation, da Califórnia. Em três anos, os parceiros não apenas mapearam os diversos tesouros das terras dos suruís como também instalaram um sistema de vigilância para detectar atividades ilegais na propriedade. A Google também nomeou o chefe Suruí com o título de "Google Earth Hero", o que ajudou a tribo e as ONGs parceiras a levantar mais de US$2 milhões para proteger a biodiversidade e a diversidade cultural na Amazônia.[79]

O Hemisfério Sul pode se utilizar não apenas das instituições do Norte como também das práticas e dos produtos do outro hemisfério. Dessa forma, eles podem inspirar as pessoas a se expressar, se mobilizar e melhorar seus ciclos culturais locais. Um produto cultural surpreendentemente potente que organizações por toda a África, Ásia e América Latina estão usando para inculcar um pouco de independência nas pessoas é a novela. Em 2002, na Etiópia, por exemplo, milhares de ouvintes sintonizavam religiosamente no *Yeken Kignit*, novela de rádio que acompanhava as dificuldades de uma jovem mulher cujo marido contraíra HIV de uma vizinha. A heroína rompe com as tradições e viaja corajosamente a uma clínica para fazer o teste de AIDS. Quando descobre que não foi infectada, perdoa o marido, cuida dele até ele morrer, se casa novamente e vive feliz para sempre. A série recebeu uma montanha de mais de 15 mil cartas de ouvintes, muitos deles mulheres, relatando que o programa ajudou para que elas e os maridos fizessem o teste do HIV.[80]

Yeken Kignit é apenas uma de várias novelas que a Population Media Center, do estado americano de Vermont, produziu para promover famílias menores, elevar o status de mulheres e meninas e reduzir a transmissão do HIV na África e na Ásia. As novelas se baseiam nas pesquisas do psicólogo Albert Bandura, que passou décadas demonstrando como os modelos exemplares representados na mídia podem mudar o comportamento da audiência.[81] Combinando a ciência do Norte à genialidade nativa, as novelas de rádio empregam roteiristas, atores e produtores locais para criar instigantes personagens e enredos, que encorajam os ouvintes a reconsiderar suas tradições e crenças.[82]

As novelas também são usadas para reduzir tensões étnicas na Ruanda, em Burundi e na República Democrática do Congo. Toda semana, milhões de ouvintes sintonizam em *Musekeweya* (Novo Despontar), novela ao estilo de Romeu e Julieta, que ensina aos hútus e aos tútsis a curar as feridas do passado e impedir a violência no futuro.[83] Da mesma forma como *Yeken Kignit*, *Musekeweya* mistura a ciência do Norte com histórias do Sul. O sociólogo Ervin Staub documentou que a maioria dos genocídios segue uma trajetória em comum: a instabilidade social leva à nomeação de um grupo menos poderoso como bode expiatório e depois a uma ideologia que justifica a agressão contra esse grupo. No entanto, se um número suficiente de pessoas se manifestar contra essa mentalidade do tipo "nós e eles" e contra os líderes que tentam manipular esse modo de pensar, as comunidades podem evitar a espiral da violência.[84]

Musekeweya mostra como seria uma intervenção como essa: a transformação em heróis de personagens que interferem em atividades injustas, criticam líderes que semeiam a discórdia e neutralizam rivalidades entre os vizinhos. Esses personagens passaram a ser tão queridos, que os pais estão batizando os filhos em homenagem a eles, de acordo com a Radio Benevolencija, ONG holandesa que firma parcerias com atores e roteiristas locais para produzir o programa.[85] A novela não só é popular, ela funciona, constatou a psicóloga Betsy Paluck. Sua avaliação meticulosamente controlada demonstrou que os ouvintes eram mais propensos do que os não ouvintes a se manifestar contra as autoridades e expressar suas opiniões na comunidade.[86] Não faltam relatos da eficácia de *Musekeweya*. Por exemplo, rebeldes que se renderam na fronteira entre Ruanda e Congo mencionaram o programa como a principal razão para abandonar a luta.[87]

Que tal uma pitada de meritocracia?

Outra prática independente que não apenas conquistaria a confiança do Norte como também aumentaria a eficácia do Sul é contratar e promover pessoas em função de suas qualificações, e não apenas de seu "quociente de indicação". Note que essa sugestão não exclui a possibilidade de contratar amigos e parentes. No entanto, o nepotismo e a troca de favores se transformam em obstáculos praticamente intransponíveis quando o número de incompetentes supera o de competentes.

Uma rigorosa meritocracia resolveria esse problema. No entanto, até o Hemisfério Norte, apesar de toda a independência, fracassa miseravelmente no que diz respeito à meritocracia (como sugerem os 42% de estudantes euro-americanos que tentariam obter um estágio para a irmã). Nos Estados Unidos, por exemplo, 9 em cada 10 empresas são familiares, inclusive 40% das empresas da *Fortune 500*.[88] "A tradição familiar e a continuidade ainda se fazem presentes na nossa sociedade, apesar de nos orgulharmos de valorizar o mérito acima de tudo", diz Adam Bellow (filho do romancista Saul Bellow), autor do livro *Em louvor do nepotismo* (Girafa, 2006). "Somos mais como um queijo suíço, no qual há bolsões de nepotismo em um esquema de meritocracia."[89]

Em vez de insistir em um sistema que poucos poderão seguir, tanto o Hemisfério Norte quanto o Sul poderiam se beneficiar de seguir o caminho do meio: só contratar amigos e parentes competentes para o cargo e investir em melhorá-los ainda mais. Até onde sabemos, nenhuma organização do Hemisfério Norte está implementando explicitamente essa ideia, apesar de parecer uma prática comum de muitas organizações por todo o mundo.

A regra de platina

Muitas tradições ensinam a regra de ouro: "Não faça aos outros aquilo que não quiser que façam a você." Contudo, os Hemisférios Norte e Sul colidem com tanta frequência porque o que você quer que façam a você *não* é o que os outros querem que você faça a eles. Os selves interdependentes não querem ser tratados de maneira independente e vice-versa.

Para semear maior paz e prosperidade, sugerimos um ajuste da regra de ouro e propomos o que o sociólogo Milton Bennett chama de regra de platina: "Faça aos outros aquilo que eles fariam a si mesmos."[90] Para esse fim, as pessoas do Hemisfério Norte que buscam encontrar seus vizinhos do Sul no meio do caminho podem tentar as táticas a seguir:

- Pergunte às pessoas do que precisam.
- Faça parcerias com instituições locais em vez de impor suas próprias instituições.
- Coloque os relacionamentos em primeiro lugar e os negócios em segundo lugar.
- Represente com precisão o Hemisfério Sul na mídia.
- Viaje para conhecer o Sul.

Por sua vez, as pessoas do Hemisfério Sul que querem trabalhar em colaboração com os colegas do Norte, podem pensar em implementar as seguintes técnicas:

- Peça ajuda.
- Alavanque as instituições do Hemisfério Norte.
- Recompense a competência.
- Use a mídia para instigar a ação e o diálogo.
- Procure opções.

Ao reforçar sua interdependência, as pessoas do Hemisfério Norte podem entender com mais facilidade que os vizinhos do Sul não são inerentemente mais irracionais, corruptos, insensatamente violentos ou ineficientes que eles. Enquanto isso, ao promover seu lado independente, as pessoas do Hemisfério Sul podem trabalhar melhor com os vizinhos do Norte, em vez de rejeitá-los como se fossem pessoas meramente frias e calculistas.

CAPÍTULO 10

Faça você mesmo

As culturas do seu eu

Duas mulheres estão sentadas em um banco de praça, de mãos dadas. Elas são imagens espelhadas uma da outra, com exceção das roupas e acessórios. A mulher à esquerda usa um vestido branco da época vitoriana, com colarinho alto. Seu corpete está aberto, revelando seu coração partido ao meio. A mulher mais escura, à direita, usa um vestido mexicano colorido. Seu coração também é visível, mas está inteiro. Uma fina veia vermelha liga o coração das duas. A mulher de branco tenta conter o sangramento de outra veia com uma pinça hemostática, mas, mesmo assim, o sangue goteja no vestido. A mulher de vestido colorido também segura uma veia, mas a dela termina em um medalhão com o retrato do marido e não se esvai em sangue.

As duas fridas é uma das pinturas mais famosas da artista Frida Kahlo. Seu autorretrato surrealista representa os vários confrontos culturais que compõem seu self. Nascida no México, em 1907, filha de um pai alemão judeu e uma mãe mexicana católica, Kahlo se opôs aos tradicionais papéis femininos e desafiou convenções artísticas para pintar em seu próprio estilo distintivo. Mesmo assim, ela tentou conquistar a aprovação do marido, o artista Diego Rivera, muito mais velho que ela. Em 1939, quando o casal estava em processo de divórcio, Kahlo pintou *As duas fridas* para expressar as batalhas dentro e fora de seu self, não apenas entre o masculino e feminino, mas também entre os lados europeu e mexicano, rico e pobre, moderno e tradicional.[1]

Essa tentativa de reconciliar seus selves na tela não foi a última de Kahlo. De suas 143 pinturas, 55 foram autorretratos, todos misturando as muitas identidades com as quais ela se digladiava.[2] Ela estava à frente de seu tempo não apenas em termos de estilo, mas também no que se refere às temáticas escolhidas. Nos dias de hoje, mais pessoas do que nunca se consideram "birraciais" ou "multiculturais".[3] No censo americano de 2010, por exemplo, cerca de 9 milhões de pessoas marcaram mais de uma opção para indicar sua raça[4] e o número de pessoas multiculturais está prestes a subir às alturas, já que um em cada sete novos casamentos é inter-racial ou interétnico.[5] Identidades híbridas de nacionalidade, gênero e classe também estão em alta.[6]

Como mostra a arte de Kahlo, o conflito das muitas culturas nas quais você vive e que vivem em você resulta em uma obra sem igual: seu self. Nos capítulos anteriores, mostramos como os ciclos culturais promovem as semelhanças entre as pessoas. Neste capítulo, analisaremos como eles reforçam a individualidade.

Os ciclos culturais dos diferentes hemisférios, gêneros, raças, classes, regiões, religiões, ambientes de trabalho e economias globais proporcionam às pessoas as matérias-primas para elas se moldarem. No entanto, como cada pessoa interage com um conjunto sem igual de ciclos culturais, não existem dois selves exatamente iguais. Além disso, duas pessoas não têm como conciliar as tensões entre suas identidades culturais exatamente da mesma maneira.

Em consequência, as implicações de ser um polonês, ou um homem, uma pessoa de classe média ou um bombeiro, dependem de todos os outros ciclos culturais que atuam em uma vida específica. Vejamos o exemplo de dois peruanos. Uma mulher de 18 anos que estuda em uma universidade em Lima terá um self decididamente diferente de um homem de 50 anos que planta batatas na região rural de Cuzco. De maneira similar, se você for uma mulher judia, branca, com segundo grau completo, que trabalha em uma ONG de distribuição de alimentos no estado de New Jersey, no Nordeste dos Estados Unidos, seu self diferirá em muitos aspectos do de um homem negro, batista, com formação superior e que atua como executivo em uma companhia petrolífera na cidade de Houston, no Sul do país. O fato de os dois serem americanos, contudo, ainda significa que compartilham um tipo similar de independência que acompanha o status de cidadãos dos Estados Unidos no século XXI.

Dessa forma, o que o torna especial não é apenas sua peculiar combinação de cromossomos. Sua individualidade também provém de todas as suas culturas e do modo como você as combina no dia a dia. Da mesma forma como Kahlo, que se intitulava "aquela que deu à luz ela mesma",[7] você também é um artista do seu eu, misturando com criatividade todas as diferentes matizes culturais que o fazem ser *você*.

Diferentemente de Frida Kahlo, contudo, você vive em um mundo que não apenas acolhe selves multifacetados como também precisa deles. Saber quando e como ser independente ou interdependente é uma aptidão necessária para viver no século XXI – que permitirá que as pessoas prosperem em sociedades cada vez mais diversificadas e enfrentem os gigantescos problemas ambientais e sociais que assolam o planeta. Neste capítulo final, apresentamos várias ferramentas que o ajudarão a compreender, lapidar e aplicar os dois lados do seu self.

Resultado

Você não precisa ser um *artiste avant-garde* com uma família vinda de todas as partes do mundo para ser multicultural. Todos nós interagimos com muitas culturas em um único dia e ao longo da vida. Você já nasce em algumas dessas culturas, inclusive a nacionalidade, gênero, raça, etnia, região, religião e classe. Posteriormente, você incorpora outras ao, digamos, se mudar, se formar na faculdade, escolher determinada profissão ou morar em um bairro etnicamente diversificado. Algumas dessas identidades vêm acompanhadas de ciclos culturais que inspiram mais independência, enquanto outras promovem maior interdependência.

Quais culturas compõem *seu* self? Considerando suas exposições culturais,[8] você tende a ser mais independente ou interdependente? Ou será que você é igualmente independente e interdependente? Neste livro, exploramos apenas oito das dezenas de contextos culturais que cultivam seu self e dele resultam. Entretanto, pode ser difícil acompanhar até mesmo esse pequeno número de culturas. Para ajudá-lo a compreender seu self, sugerimos utilizar o seguinte scorecard:

NOME:

	Independente		Interdependente	
Hemisfério	*Ocidental*		*Oriental*	
Gênero	*Masculino*		*Feminino*	
Raça/etnia	*Branco*		*Não branco*	
Classe	*Média*		*Trabalhadora*	
Religião	*Protestante histórico, não religioso*		*Protestante conservador, católico, judeu, outra*	
Região dos Estados Unidos	*Nordeste, Oeste*		*Sul, Meio-Oeste*	
Ambiente de trabalho	*Setor privado*		*Setor público, terceiro setor (sem fins lucrativos)*	
Região global	*Hemisfério Norte*		*Hemisfério Sul*	
TOTAL				

Para preencher o scorecard, pense nos ciclos culturais com os quais você interage para cada linha. Se, em geral, você interagiu com ciclos independentes de determinada cultura, preencha a coluna "Independente" com 1 e atribua o valor 0 à coluna "Interdependente". No entanto, se na maior parte você se expôs a ciclos culturais interdependentes, marque a coluna "Interdependente" com 1 e a coluna "Independente" com 0. E, se você interagiu com ambos, atribua o valor 1 às duas colunas.

No caso do "Hemisfério", se você passou a vida toda nos Estados Unidos, por exemplo, provavelmente deve atribuir o valor 1 para "Independente" e 0 para "Interdependente". No entanto, se você passou a vida inteira na Coreia, deve marcar a coluna "Independente" com 0 e a coluna "Interdependente" com 1. Se você foi criado em grande parte nos Estados Unidos mas tem o hábito de passar as férias na Coreia com a família, preencha as duas colunas com 1. Depois de pontuar as oito culturas, some os valores. O total indicará se você tende a usar o seu self independente ou interdependente.

Ainda não se sabe exatamente como as culturas se combinam para compor o self. Não queremos sugerir que você deveria resolver a questão de como isso acontece a caminho de casa para o trabalho ou durante as férias. No entanto, ao contemplar todos os ciclos culturais dos quais faz parte e o modo como se mesclam dentro de você, é possível desenvolver melhor compreensão do seu self.

Mais para você

Você pode achar que o scorecard não inclui todas as facetas de seu self. Concordamos. Além das oito categorias culturais que exploramos neste livro, muitas outras afetam a constituição de seu self. Quando sua família imigrou para seu país natal, o fizeram voluntariamente ou foram forçados? Você é heterossexual, homossexual, bissexual ou assume outra identidade sexual? Você mora no centro da cidade, em um subúrbio ou na área rural? Você tem algum problema psicológico ou deficiência física? Quais esportes acompanha? Para quais times torce? Como relaxa em uma tarde de sábado? Esses são apenas alguns dos ciclos culturais que podem impeli-lo a um self mais independente ou interdependente.

Uma força cultural particularmente poderosa é a geração (ou coorte) na qual você nasceu. A Grande Geração (também conhecida como a geração G.I., nascida entre 1901 e 1924),[9] por exemplo, atingiu a maioridade durante a Grande Depressão e a Segunda Guerra Mundial, e seus membros se tornaram os heróis do século XX – produtivos, com grande consciência cívica e que sabem trabalhar em equipe. Já seus netos, os *Baby Boomers* (nascidos entre 1943 e 1960) constituem um grupo notoriamente independente. Nos Estados Unidos, ao som da canção "The Times They Are A-Changin'", de Bob Dylan, eles protestaram contra a Guerra do Vietnã, rejeitaram a religião organizada, mergulharam em experimentos com drogas e amor livre e exigiram direitos iguais para afro-americanos, ameríndios, mulheres e outros grupos.

Agora os filhos e netos dos *Baby Boomers*, a Geração X (nascidos entre 1961 e 1981) e a Geração Y (nascidos entre 1982 e 2004) parecem conseguir ser ainda mais independentes que seus antepassados. A psicóloga Jean Twenge chama essa coorte de Geração Eu, porque esses americanos "automaticamente presumem que o self vem em primeiro lugar".[10] Twenge vem acompanhando as mudanças geracionais em características psicológicas por mais de uma década. Em colaboração com a psicóloga Stacy Campbell, ela recentemente analisou dados de 1,4 milhão de americanos que responderam a questionários de personalidade, atitude, psicopatologia ou comportamento, entre 1930 e hoje. As autoras constataram que, com o tempo, os americanos desenvolveram, ao mesmo tempo, maior autoestima, narcisismo, confiança e assertividade e menor necessidade de aprovação social.[11] Como Twenge explica em seu livro *Generation Me*, essa coorte é ainda mais individualista que os *Baby Boomers*, que só se enraizaram em sua independência na juventude. Mesmo assim, quando os *Boomers* se conectavam, se sintonizavam ou se retiravam, agiam *em grupo*. Já os membros da Geração X e Y, por sua vez, gostam de agir por conta própria.[12]

Sua superpotência

Ao ponderar sobre a complexidade do seu self, você pode pensar: "Não seria melhor ter um eu mais simples, com uma única faceta?"

Mesmo se fosse possível, não seria desejável, pelo simples fato de que a complexidade de seu self constitui sua superpotência. Como a obra de Kahlo sugere, ter todos esses selves à mão fomenta a criatividade. Você deve se lembrar do capítulo anterior, em que vimos que pessoas que viajam a outras culturas geram mais soluções criativas as que não saem de sua terra natal. Outros estudos revelam que os viajantes, em comparação com os enraizados, descobrem mais utilidades para um tijolo, lembram mais nomes de frutas (quem conhece o durião?) e identificam mais relações entre conceitos aparentemente aleatórios.[13] As pessoas que falam mais de uma língua, que trabalham em equipes diversificadas e que vivem em sociedades que se abriram ao mundo externo também tendem a ser mais originais.[14] Esses eus internacionais não apenas são mais imaginativos, como observam os psicólogos Angela Leung e Chi-yue Chiu, mas também se sentem "menos intimidados com as práticas, mecanismos e conceitos que diferem dos promovidos pela própria cultura ou que até entram em conflito com ela".[15]

Os selves complexos também lidam melhor com a adversidade. Quanto mais facetas seu self possuir, mais ferramentas você terá para lidar com uma variedade de circunstâncias, de acordo com a psicóloga Patricia Linville. Por exemplo, digamos que você invista todos os seus recursos psicológicos para atingir a meta de ser o melhor engenheiro possível. Sua vida pode ir de bem a melhor até que sua empresa faz um *downsizing* e você se vê desempregado. Seu eu virou pó e você fica arrasado. No entanto, se você desenvolveu um self que não apenas é excelente engenheiro como também bom marido, estimado pai, habilidoso carpinteiro nas horas vagas e empolgado técnico de futebol do bairro, você ainda terá vários selves de reserva, que podem ou não conseguir pagar as contas, mas também podem ajudar a evitar a ansiedade e a depressão que muitas vezes acompanham o desemprego.[16]

Para as minorias étnicas, cultivar sua miscelânea psicológica é especialmente importante. As psicólogas Veronica Benet-Martinez e Angela Nguyen analisaram vários estudos sobre como as minorias deveriam se mesclar melhor com a cultura americana do *mainstream*. Em vez de aceitar a ideia de que os imigrantes deveriam abandonar seus selves originais e assimilar a cultura do novo lar, acolher todas as identidades se revelou o caminho mais seguro para a saúde e o bem-estar.[17] Essa abordagem também se mostrou mais interessante que se ater apenas à identidade de origem.

Um self complexo beneficia não apenas as pessoas individualmente, como também a sociedade em geral. Quando você reconhece a própria complexidade, sua premissa-padrão sobre as pessoas do outro lado de uma fronteira cultural não é a de que elas sejam incompetentes, rudes ou más. Em vez disso, sua primeira suposição é que estejam agindo de acordo com diferentes ciclos culturais. Então, seja curioso e investigativo, não saia por aí julgando as pessoas e tente agir com mais critério. Fazendo isso, você reduzirá as chances de conflito e talvez até aprenderá algo sobre as pessoas, sobre si mesmo ou sobre o mundo.[18]

Os dois lados de Obama

Uma rápida análise de alguns líderes contemporâneos revela que o self dessas pessoas inclui tanto elementos independentes quanto interdependentes. Vejamos, por exemplo, o caso de Barack Obama: Ele parece ser mais independente, mais interdependente ou parece apresentar igualmente ambos os lados?

Para responder a essa pergunta, vamos preencher o scorecard dele, a começar com a linha do "Hemisfério". Apesar de alguns teóricos da conspiração mais acalorados argumentarem que não é verdade, Obama nasceu e passou a maior parte da vida nos Estados Unidos. No entanto, dos 6 aos 10 anos, ele viveu com a mãe e o padrasto na Indonésia interdependente, onde passou um bom tempo, mesmo depois de voltar aos Estados Unidos. Então, na dimensão "Hemisfério" atribuímos o valor 1 aos dois lados.

Por ser um homem que se identifica como tal, Obama ganha um ponto na coluna "Independente" para o critério "Gênero". E, apesar de sua mãe ser branca e seu pai ser negro, ele se considera negro. Assim, no atributo da "Raça", ele recebe 1 na coluna "Interdependência" e 0 na coluna "Independência". (Se ele se considerasse birracial ou multicultural, ganharia 1 para cada coluna.) Com um diploma de Ciências Políticas pela Columbia University e de Direito por Harvard, Obama tem elevado grau de instrução, de forma que, no atributo "Classe", ele ganha 1 pela independência e 0 pela interdependência. E, por ser antigo membro de uma igreja protestante negra, ele recebe 1 na coluna "Interdependente" no critério "Religião". (Para saber mais sobre as tradições protestantes, veja o Capítulo 7.)

Nos outros critérios, Obama recebe 1 em ambas as colunas. Os anos que ele passou frequentando faculdades no Nordeste do país lhe rendem 1 na coluna "Independente" da "Região". No entanto, suas raízes no Havaí[19] e em Chicago também lhe rendem 1 na coluna "Interdependente". Na categoria "Ambiente de trabalho", os anos que Obama passou em um escritório de advocacia com fins lucrativos lhe concedem 1 na coluna "Independente". Por sua atuação como organizador comunitário, professor, senador e presidente, contudo, ele também recebe 1 pela interdependência. (Apesar de "líder do mundo livre" poder soar como título independente, no fim das contas, ainda estamos falando de um cargo público.) Obama também ganha dupla pontuação na dimensão "Região global". Ele passou a maior parte da vida no Hemisfério Norte, o que lhe rende 1 na coluna "Independente" e, ao mesmo tempo, sua infância na Indonésia e as relações que mantém com os parentes daquele país lhe garantem um ponto pela interdependência.[20]

Se você supôs que Obama é igualmente independente e interdependente, acertou. Eis o scorecard dele:

NOME: Barack Obama

	Independente	Interdependente
Hemisfério	1	1
Gênero	1	0
Raça/etnia	0	1
Classe	1	0
Religião	0	1
Região dos Estados Unidos	1	1
Ambiente de trabalho	1	1
Região global	1	1
TOTAL	6	6

O outro eu de Bill Gates

Por falar nos líderes do mundo livre, o que dizer de Bill Gates? Ele parece mais independente, interdependente ou ambos? Vamos analisar por onde ele andou para saber um pouco mais sobre o tipo de self que ele provavelmente usa mais.

O cofundador da maior empresa de software do mundo e a segunda pessoa mais rica viva no planeta nasceu em Seattle, no estado de Washington, no Noroeste dos Estados Unidos, e passou a maior parte da vida por lá, exceto nos dois anos que passou na Harvard University, em Cambridge, Massachusetts, no Nordeste do país (antes de abandonar os estudos). Isso lhe rende 1 na coluna "Independente" das dimensões "Hemisfério" e "Região" (Oeste) e 0 na coluna "Interdependente" desses critérios. Um homem branco que não se reconhece em outras identidades raciais ou de gênero, Gates também recebe 1 para "Independência" nas dimensões "Gênero" e "Raça".

Gates também recebe 1 e 0 para "Classe" e "Religião". Apesar de tecnicamente não ter formação superior, sua profissão e renda não foram negativamente afetadas por esse fato. Além disso, seus pais foram executivos com formação superior, que claramente transmitiram ao filho uma série de vantagens. Eles também o criaram como protestante histórico (da Igreja Congregacional), apesar de hoje ele se considerar agnóstico. Ambas as tendências religiosas tendem para a independência.

Uma prova viva de que as pessoas de sucesso que aparentam ser completamente independentes em geral também acolhem a interdependência, Gates recebe 1 para os critérios "Ambiente de trabalho" e "Região global". Ele é um icônico empreendedor e têm demonstrado propensão aos negócios desde tenra idade. A irmã de Gates conta, por exemplo, que quando Bill, ainda adolescente, pediu emprestada a sua luva de beisebol, fez questão de elaborar um contrato para restringir as obrigações. Nos últimos anos, Gates também entrou de cabeça no caminho da filantropia, prometendo doar 90% de sua enorme fortuna. Para isso, ele cofundou a Bill and Melinda Gates Foundation, organização sem fins lucrativos com extensas atividades no Hemisfério Sul. O trabalho da fundação levou Gates a passar um tempo considerável viajando pela África, Índia e América do Sul e pensando sobre os problemas dessas regiões. Dessa forma, apesar de ele nunca ter morado no Hemisfério Sul, acreditamos que tenha conquistado o direito a uma cidadania honorífica.[21]

Como o scorecard de Gates sugere, seu self independente o impeliu ao topo do mundo dos negócios, mas é seu self interdependente que pode lhe render a fama de ser um visionário global.

NOME: Bill Gates

	Independente	Interdependente
Hemisfério	1	0
Gênero	1	0
Raça/etnia	1	0
Classe	1	0
Religião	1	0
Região dos Estados Unidos	1	0
Ambiente de trabalho	1	1
Região global	1	1
TOTAL	8	2

A mãe da interdependência?

Da mesma forma como Bill Gates possui enorme lado interdependente, a Madre Teresa tinha importante veia independente que a levou a praticar suas boas ações em escala global. Agraciada com o Prêmio Nobel da Paz, por mais de 45 anos dedicados a ajudar os pobres e doentes, a Beata Teresa de Calcutá – ou Agnes Gonxha Bojaxhiu – nasceu em Skopje, na Albânia, onde viveu até se mudar para a Índia, aos 18 anos. Com a vida dividida entre Oriente e Ocidente e os Hemisférios Norte e Sul, ela recebe 1 em ambas as colunas das linhas "Hemisfério" e "Região global" do nosso scorecard. Por ter sido uma mulher branca, o critério "Raça/etnia" lhe rende 1 e 0 nas colunas "Independente" e "Interdependente", respectivamente, enquanto a coluna "Gênero" recebe 0 e 1.

Por ter sido uma freira católica, a Madre Teresa recebe 0 pela independência e 1 pela interdependência na categoria "Religião". E, por ter sido empregada da Igreja Católica e fundadora de 500 missões sem fins lucrativos no mundo, ela também ganha 1 pela interdependência na dimensão "Ambiente de trabalho" do scorecard.[22]

Somando a pontuação das colunas, vemos que a Madre Teresa é, em grande parte, interdependente, mas com uma saudável dose de independência:

NOME: Madre Teresa

	Independente	Interdependente
Hemisfério	1	1
Gênero	0	1
Raça/etnia	1	0
Classe	0	1
Religião	0	1
Região dos Estados Unidos	N/d	N/d
Ambiente de trabalho	0	1
Região global	1	1
TOTAL	3	6

Qual é a sua pontuação?

Para explicar como ciclos culturais específicos levaram a selves independentes ou interdependentes nos nossos exemplos, aplicamos regras relativamente grosseiras. No caso do "Gênero", por exemplo, atribuímos aos homens 1 para a independência e, às mulheres, 1 pela interdependência, a despeito de com que gênero eles possam se identificar. No entanto, as identidades das pessoas no que se refere ao gênero costumam ser mais complexas. Obama, por exemplo, observa com frequência até que ponto as mulheres influenciam sua ações – suas três principais conselheiras de política externa são mulheres[23] – de forma que ele poderia preferir trocar seu 0 na coluna "Interdependência" da dimensão "Gênero" por 1. De maneira similar, Madre Teresa foi uma mulher, mas muitas de suas ações contestaram papéis tradicionalmente femininos. Na juventude, ela se afastou da família e de seu lar e nunca mais voltou.[24] Talvez como muitas pessoas que receberam o chamado para a vida clerical, ela pode ter sentido que seu self transcendia completamente o gênero ou incorporava ambos os papéis – o feminino e o masculino. Assim, ela poderia ter atribuído a si mesma dois 0 ou dois 1 no critério "Gênero".

Só nos resta especular sobre essas estrelas do mundo moderno. Mas você tem um ponto de vista privilegiado sobre si mesmo. Então, ao calcular seu próprio scorecard, fique à vontade para aplicar critérios mais complexos e subjetivos.

Seja o self certo

Agora que você sabe mais sobre os dois lados do seu self, o que fazer com eles? Como saber qual self utilizar e quando? Apesar de tudo depender da situação, resumimos a arte de ser a pessoa certa no momento certo em um simples processo de três passos:

1. Lidere com interdependência. Nas interações iniciais com as pessoas, tente a interdependência primeiro. Se você adotar uma postura interdependente, terá mais condições de avaliar melhor quais selves os outros estão utilizando na situação e ajustar o seu de acordo.

Um bom jeito de evocar seu self interdependente é pensar em como você é similar às outras pessoas. O psicólogo David Trafimow e seus colegas demonstraram o poder desse truque tão simples em um experimento com participantes americanos e chineses. A equipe de pesquisa começou propondo à metade dos participantes que pensassem em como eles diferiam dos amigos e parentes e, à outra metade, para ponderar sobre como eram similares aos familiares e amigos. Em seguida, pediram que os participantes se descrevessem. Quando os participantes pensaram sobre suas semelhanças com os outros, suas descrições de si mesmos (ou autoconceitos) incluíram mais relacionamentos e papéis que quando refletiram sobre as diferenças.[25] Outros estudos demonstram que ponderar sobre como você é similar aos seus interlocutores o leva a prestar mais atenção a eles, o que ajuda a eliminar estereótipos e abre o caminho para um diálogo mais pacífico e produtivo.[26]

2. Compatibilize ou contraste. Em seguida, se você quiser manter o status da situação, compatibilize seu self com o do outro. No entanto, se você quiser mudar as circunstâncias, tente recorrer a um self que contraste com a tendência prevalecente.

Por exemplo, digamos que você seja um nativo do estado da Filadélfia, no Nordeste dos Estados Unidos, e tenha acabado de aceitar uma proposta de emprego na cidade portuária de Duluth, no estado de Minnesota, no Meio-Oeste do país. Avaliando o novo ambiente de trabalho, você provavelmente concluirá que seus colegas tendem mais à interdependência que você. Se você gosta do emprego e a empresa está satisfeita com o progresso de sua equipe, provavelmente seria mais interessante buscar as qualidades mais interdependentes do seu self e descobrir como acioná-las com mais frequência. No entanto, se você foi contratado porque a empresa sente que está estagnada e quer trazer um pouco de "sangue novo", agora é a hora de deixar sua independência brilhar.

De maneira similar, se você for uma executiva de uma ONG que está tentando instigar os funcionários, em sua grande maioria mulheres, a desenvolver maior coesão e atingir maior produtividade, você provavelmente deveria utilizar a estratégia da compatibilização e permitir que seu self interdependente assuma o comando. De forma similar, se está tentando convencer uma sala cheia de executivos de uma corporação a investir US$1,2 milhão em sua ideia, você aumentará suas chances caso compatibilize seu self independente com o deles. No entanto, se os executivos da corporação são culpados de poluir as águas subterrâneas de sua comunidade e você gostaria de impedi-los, um apelo ao seu lado interdependente contrastante pode inspirá-los a se comportar de outra forma.

Em todos esses casos, seu estilo próprio de ser independente ou interdependente não corresponderá perfeitamente ao das pessoas com quem está tentando se compatibilizar ou contrastar. Por exemplo, o estilo de se relacionar e se ajustar de uma professora negra da classe média provavelmente não será igual ao de seus estudantes brancos do sexo masculino e da classe trabalhadora. Mesmo assim, o fato de ambos os grupos desejarem se conectar e superar obstáculos ajudará a unir os dois lados. De forma similar, a maneira como uma artista protestante ugandense expressa sua singularidade e exerce o controle não reflete à perfeição o estilo de seu colaborador católico francês. Entretanto, o foco compartilhado dos dois na individuação, na maestria e na liberdade os ajudará a trabalhar juntos para produzir uma empolgante arte.

3. Reoriente. Se o primeiro self que você aplica a uma situação não lhe render os resultados desejados, tente o outro. Para muitas pessoas, o simples fato de perceber que possuem dois selves igualmente legítimos resulta no dobro de recursos psicológicos. Envolva-se em experimentações até pegar o jeito e descobrir qual self funciona melhor em que situação e quando.

Quando você está imerso em um modo de ser, contudo, pode ser difícil se lembrar de como evocar o outro lado. Dessa forma, seguem algumas rápidas táticas para trazer à tona cada self:

Como convocar a...

Independência	Interdependência
• Expresse-se.	• Escute.
• Pense em como você é diferente dos outros.	• Pense em como você é similar aos outros.
• Lembre-se de que insistir em seu ponto de vista não significa que você seja egoísta.	• Lembre-se de que se ajustar aos outros não significa que você seja fraco.
• Considere cada ação uma escolha.	• Pense em como cada ação afeta os outros.
• Presuma que você tem tanta autoridade quanto os outros.	• Presuma que os outros têm mais autoridade que você.

Pequenos estímulos, grandes efeitos

Seus pensamentos, sentimentos e ações individuais constituem apenas um nível do ciclo cultural. Você também pode alavancar os níveis das interações e das instituições para trazer à tona o self que deseja utilizar em uma situação.

Como enfatizamos ao longo deste livro, os ciclos culturais atuam principalmente no nível inconsciente, direcionando o self como quem não quer nada, sem perturbar a mente consciente.[27] Estímulos sutis no ambiente (em geral práticas e produtos no nível das interações do ciclo cultural) se encarregam de grande parte desse trabalho. Esses *primes* culturais aumentam as chances de que pensaremos, sentiremos e agiremos de algumas maneiras e não de outras. Por exemplo, a psicóloga Wendi Gardner e seus colegas pediram que estudantes euro-americanos marcassem todos os pronomes de uma história que descrevia uma visita a uma cidade. Metade dos estudantes foi aleatoriamente escolhida para ler uma história na qual todos os pronomes eram independentes (*eu, meu*); e a outra metade foi aleatoriamente escolhida para ler exatamente a mesma história, mas com pronomes interdependentes (*nós, nosso*).

Surpreendentemente, essa atividade tão simples influenciou um elemento que tendemos a imaginar como algo muito mais estável: os valores das pessoas. Os participantes que marcaram os pronomes *nós* e *nosso* posteriormente atribuíram pontuação mais elevada a valores interdependentes, como "afiliação", "amizade" e "respeito aos mais velhos", em comparação com valores independentes, como "liberdade", "escolha das próprias metas" e "levar uma vida empolgante". A maioria desses participantes também sentiu que tinha a obrigação moral de ajudar um amigo em necessidade. Por outro lado, os participantes que marcaram os pronomes *eu* e *meu* deram mais importância aos valores independentes, e só a metade deles se sentiu na obrigação de ajudar o amigo.[28]

Muitos *primes* culturais são assim: aparentemente insignificantes, porém surpreendentemente poderosos. Pelo fato de os *primes* culturais serem tão sutis, pode ser difícil mudá-los. Por isso, é difícil alterar as culturas; milhões de minúsculos estímulos as mantêm em movimento sem muito esforço por parte de qualquer pessoa individualmente. No entanto, quando você sabe o que procurar, pode começar a influenciar os *primes* de seu ambiente e, por extensão, os pensamentos, sentimentos e ações de seu self individual.

A psicóloga Ying-Yi Hong e sua equipe demonstraram o poder dos símbolos culturais de reorientar os selves. Eles optaram por realizar a pesquisa em Hong Kong, anteriormente, uma colônia britânica, no litoral Sul da China. Hong Kong abriga muitos dos elementos independentes do ciclo cultural do Reino Unido, bem como muitos dos elementos interdependentes da China. Os pesquisadores se perguntaram até que ponto poderiam predispor os estudantes de Hong Kong a usar seu self britânico ou chinês.

O critério avaliado pelos pesquisadores foi o modo como as pessoas explicam o comportamento dos outros. Você deve se lembrar da Introdução e do Capítulo 2, quando mostramos que as pessoas interdependentes tendem a procurar *externamente*, na situação e nos relacionamentos de uma pessoa, as causas de seu comportamento, ao passo que as independentes são propensas a procurar *internamente* as causas do comportamento de alguém, em suas inclinações e preferências pessoais. Os psicólogos Michael Morris e Kaiping Peng demonstraram essa diferença de um jeito divertido. Mostrando aos participantes uma animação de um peixe nadando na frente de um grupo de quatro peixes, eles perguntaram: "Por que o peixe está nadando sozinho?" Fiéis a seus modos independentes, os respondentes americanos ofereceram explicações internas, como "Ele quer liderar os outros peixes" ou "Ele não quer fazer parte da multidão". E, fiel a seu estilo interdependente, os respondentes chineses ofereceram explicações situacionais, como "Os outros peixes o estão perseguindo" ou "Ele está perdido".[29]

Hong e seus colegas conjecturaram que, com um simples ajuste dos *primes*, eles poderiam predispor os estudantes de Hong Kong a propor explicações situacionais ou disposicionais para a tarefa dos peixes. Primeiro, mostraram à metade dos participantes ícones chineses clássicos: um dragão chinês, a Grande Muralha da China, um lavrador de arroz e um dançarino chinês. Para a outra metade, mostraram ícones ocidentais clássicos: o Mount Rushmore, a Estátua da Liberdade, o Capitólio dos Estados Unidos e um caubói. Esses pequenos estímulos tiveram enormes efeitos. Depois de ver os *primes* chineses, os estudantes de Hong Kong adotaram um estilo situacional e explicaram que o primeiro peixe estava reagindo a pressões dos outros. No entanto, os que viram os *primes* ocidentais assumiram uma postura disposicional e afirmaram que o primeiro peixe estava agindo de acordo com as próprias ideias e preferências.[30]

Cuidado com o que diz

As línguas que falamos também ajudam a determinar a qual self tendemos a recorrer em determinada situação. No Canadá, Michael Ross e seus coautores escolheram aleatoriamente estudantes bilíngues (falantes do inglês e do chinês), todos nascidos e criados na China, para responder a um questionário sobre si mesmos, em inglês ou em chinês. Os estudantes que responderam em inglês fizeram afirmações significativamente mais positivas que negativas, que refletiam a tendência independente de se concentrar em sua singularidade e positividade. Já os que responderam ao questionário em chinês fizeram o mesmo número de afirmações positivas e negativas, refletindo a tendência mais interdependente de se enquadrar e buscar o caminho do meio.[31] (Para saber mais sobre essas tendências, leia os Capítulos 1 e 2.) Com efeito, o psicólogo organizacional Donnel Briley descobriu que, ao tomar decisões, as pessoas bilíngues de Hong Kong buscam mais a contemporização e a moderação quando falam mandarim que quando falam inglês.[32]

Mesmo dentro de uma única língua, as palavras que você escolhe podem influenciar a decisão de qual self utilizar. Por exemplo, em um estudo, as psicólogas Caitlin Fausey e Lera Boroditsky pediram a uma grande amostra on-line de falantes do inglês que lessem sobre o "escândalo do Nipplegate" ocorrido com Janet Jackson no show do intervalo do Super Bowl, em 2004. Metade dos respondentes leu um relato passivo do incidente: "Uma alça se rompeu e parte do corpete caiu!" A outra metade leu um relato mais ativo: "[Justin Timberlake, parceiro de dança de Janet] rompeu uma alça e arrancou parte do corpete!" Em comparação com os respondentes que leram a narrativa em uma linguagem passiva, os respondentes que leram que Timberlake arrancou ativamente o corpete de Janet o culparam mais pela gafe e acharam que ele deveria pagar uma multa maior. Apesar de as autoras não terem mensurado diretamente os selves dos respondentes, suas constatações estão de acordo com a ideia de que uma linguagem altamente agêntica instiga um self independente, ao passo que uma linguagem menos agêntica estimula o self interdependente.[33]

As pesquisas sobre o *priming* (estudos de predisposição) constituem uma indústria em crescimento.[34] Com base nesses e em outros estudos, podemos fazer algumas recomendações. Dependendo do self que deseja predispor, faça os ajustes, execute as práticas e fale a língua de uma cultura que você associa a esse self. Em português, por exemplo, use *eu* e outros pronomes individualistas quando quiser acionar a independência, e *nós* e outros pronomes coletivistas quando quiser evocar a interdependência.

Promova instituições "bi-selfs"

No nível institucional do ciclo cultural, você também pode criar organizações que reflitam e promovam selves diferentes para diferentes ocasiões. É exatamente isso que Stephanie Fryberg e sua equipe estão fazendo. Professora de Psicologia da University of Arizona e membro das Tulalip Tribes, grupo de povos indígenas do estado de Washington, hoje Fryberg dedica metade de seu tempo atuando como administradora da escola de ensino fundamental Quil Ceda and Tulalip Elementary School, da reserva indígena onde ela cresceu. A missão da escola é ensinar as crianças e os professores a utilizar seus dois selves.

Cerca de 71% dos 570 estudantes da escola são ameríndios, 10% são hispânicos e 19% são euro-americanos. A maioria dos professores é composta de euro-americanos.[35] Das escolas do estado de Washington, os alunos de 95% delas tiram notas melhores em testes padronizados que a Quil Ceda and Tulalip.

Aflita com o fato de a escola não estar valorizando as crianças o suficiente, Fryberg decidiu "unir o que aprendi com meu self de professora da classe média ao que aprendi com o self de uma ameríndia nascida em uma reserva indígena". Com base em suas próprias experiências, ela sabia que as raízes do desempenho insatisfatório da escola eram profundas e complexas: pobreza (76% dos estudantes se qualificam para receber almoço grátis), discriminação, desemprego, consumo de drogas e uma falta de confiança histórica entre comunidades indígenas e euro-americanas. No entanto, por ser psicóloga cultural, Fryberg também sabia que alguns ajustes no ciclo cultural da escola poderiam fazer uma enorme diferença. Com os outros administradores da escola ao seu lado, ela se propôs a testar algumas ideias.

Como acontece com muitas escolas grandes e destituídas, a Quil Ceda and Tulalip Elementary está atolada em problemas disciplinares. Um dia, por exemplo, Fryberg ouviu um jovem professor tentando, em vão, convencer Thomas,[36] estudante ameríndio do primeiro ano do ensino fundamental, que tinha uma vida difícil em casa, a sair de baixo de uma mesa.

"Thomas", o professor implorou, "pense no que está fazendo. Tome a melhor decisão, da qual você poderá se orgulhar. Saia daí."

Thomas não se abalou.

Observando Thomas firme em sua resolução, Fryberg intuiu que ele provavelmente estava usando seu self independente. Da mesma forma como os afro-americanos e outros grupos forçados a confrontar ativamente a discriminação, os ameríndios possuem altos níveis tanto de independência quanto de interdependência. (Veja o Capítulo 4 para saber mais sobre a independência e a interdependência dos afro-americanos.)[37] Fryberg decidiu apelar para o lado interdependente do menino: "Thomas", ela disse, "você não vai querer que seus amigos nos vejam arrastando você daí. Seria uma grande vergonha!"

Em poucos instantes, Thomas saiu de baixo da mesa e voltou ao seu lugar como se nada tivesse acontecido.

Com o tempo, Fryberg descobriu que lembrar as crianças das expectativas de amigos e parentes podia ser uma tática bastante eficaz. "Raina, o que sua avó diria se a visse enrolando em vez de fazer a lição?"

No entanto, alguns dos professores se preocupavam com essa abordagem, argumentando que as crianças precisavam fazer o certo por si só, não porque os outros poderiam pensar mal delas. Fryberg concordou que a escola precisava cultivar o self independente dos alunos paralelamente ao self interdependente.

Dessa forma, a escola decidiu implementar uma série de intervenções. Em primeiro lugar, os professores adotaram a técnica da "sala de aula colaborativa" que descrevemos no Capítulo 5, mas com um toque de independência. Como na intervenção usual, os professores dividiam os estudantes em pequenos grupos para pesquisar sobre a cultura Tulalip. Em cada grupo, os estudantes individuais se encarregavam de um tópico (culinária, tradições religiosas, sistemas econômicos etc.) Contudo, diferentemente da sala de aula colaborativa-padrão, na qual os alunos em seguida trabalham em colaboração para realizar uma apresentação em grupo, eles elaboravam trabalhos e apresentações individuais, integrando as pesquisas realizadas pelo grupo todo. Desse modo, os alunos tinham a chance de cultivar tanto suas habilidades interdependentes quanto independentes.

A Quil Ceda and Tulalip também implementou um programa chamado GROW, voltado a reforçar tanto a independência quanto a interdependência. Em parte com base nas pesquisas da psicóloga Carol Dweck sobre as mentalidades de crescimento (veja o Capítulo 2), o programa encoraja os alunos a: dedicar pelo menos seis horas ao dia a desenvolver o cérebro; respeitar a si mesmos, aos outros e a todos os seres vivos; responsabilizar-se pelas próprias atitudes e ações; e acolher todos os novos membros das comunidades. A escola também publicou um livro no qual um velho sábio de uma tribo explica a uma jovem ameríndia que, se ela se empenhar e desenvolver seu cérebro, sempre poderá ajudar as pessoas.

Crie espaços seguros para a identidade

Para inspirar seus alunos e os manter na escola, o pessoal da Quil Ceda and Tulalip Elementary sabia que também precisaria trabalhar para melhorar a imagem dos ameríndios. Fryberg conhecia muito bem o problema. A maioria das pessoas fora da comunidade indígena sabe muito pouco sobre os ameríndios. Mesmo quando pensam neles, as primeiras imagens que lhes ocorrem normalmente são mascotes de times esportivos ou a Pocahontas, da Disney. Ela também sabia, com base nos experimentos que realizou em seu laboratório, que essas imagens aparentemente inócuas derrubam a autoestima, a eficácia e a motivação acadêmica dos índios. Com poucas imagens de índios bem-sucedidos na escola, muitos alunos indígenas inferem que aquele lugar não é para eles.[38]

Para ampliar a visão de Hollywood dos ameríndios, hoje a escola enfatiza exemplos contemporâneos de advogados, médicos, líderes do governo, cientistas e artistas indígenas.

Por meio de extensas entrevistas, Fryberg e sua equipe também descobriram que as relações entre os professores e a família dos estudantes eram tensas, o que fazia os alunos indígenas terem sentimentos conflitantes em relação à escola. Os professores diziam que muitos pais indígenas relutavam em se expressar e também se preocupavam com a possibilidade de aparentarem ser culturalmente insensíveis ou racistas aos olhos dos pais.

Os pais, por sua vez, não sabiam ao certo se deveriam confiar na escola, já que muitos deles tiveram experiências negativas na infância. Como respeitavam a autoridade dos professores, não se sentiam à vontade revelando suas opiniões ou críticas. Observar as interações mais fáceis e mais frequentes dos professores com pais euro-americanos levava os pais indígenas a se sentirem excluídos. Os pesquisadores também notaram que, apesar de os professores afirmarem que não faziam distinção de cor, eles enviavam os alunos indígenas à sala do diretor com mais frequência que os euro-americanos.

Com base nessas observações, Fryberg trabalhou com a escola para criar um espaço no qual professores, alunos e as famílias pudessem sentir que as diferentes identidades seriam valorizadas e estariam "em segurança". (Para ler mais sobre espaços seguros para as identidades, veja o Capítulo 4.) Os professores foram encorajados não apenas a estimular os alunos a se empenharem mais nos estudos como também a conhecer melhor a família dos estudantes e participar de celebrações comunitárias. Em vez de elogiar estudantes individuais (prática comum nos Estados Unidos), os professores passaram a escolher famílias para ganhar um adesivo automotivo que dizia "Nossa família foi homenageada pela Quil Ceda and Tulalip Elementary." E, apesar de as diretrizes do distrito escolar não recomendar o contato físico com as crianças, hoje os professores abraçam os alunos com frequência.

Para envolver a comunidade toda, a equipe da Quil Ceda and Tulalip recruta indígenas para atuar em várias funções voluntárias e pagas. Um programa de treinamento de professores desenvolvido recentemente concederá financiamento universitário aos ameríndios que trabalham na escola. Com o tempo, ver mais indígenas atuando como professores e líderes na escola demonstrará que, ao contrário do que alguns estudantes indígenas podem ter inferido, a escola de fato é para eles.

Estendendo suas iniciativas a instituições mais poderosas, pais e mestres também estão se envolvendo em atividades de lobby para pressionar o governo estadual e local a banir mascotes indígenas nas escolas públicas dos Estados Unidos. Oregon, estado vizinho de Washington, já aprovou uma legislação como essa.

Receba os dois selves de braços abertos

Dentro e fora da reserva indígena, ensinar as pessoas a usar seus dois selves diferentes requer mostrar que não há problema algum em se *ter* dois selves, para início de conversa. Nesse sentido, as culturas independentes são mais problemáticas que as interdependentes. Como os selves independentes são supostamente compostos de características estáveis, internas e diferenciadas, não deveriam variar muito de uma situação à outra. Quando variam, desdenhosos observadores rotulam seus vizinhos mais flexíveis com palavras pejorativas, inclusive *hipócrita, falso, fingido, impostor* e *dissimulado*.

Já os selves interdependentes têm uma palavra para descrever os vizinhos mais constantes: WEIRD (esquisito), o acrônimo para *"Western, Educated, Industrialized, Rich, and Democratic"*, utilizado para descrever pessoas instruídas de países ocidentais industrializados, ricos e democráticos. Esse é o termo que economistas e psicólogos usam para se referir a pessoas ímpares histórica, econômica e geograficamente, que, entre outras anomalias psicológicas, acreditam que os selves sejam e devessem ser especiais e uniformes. Como a maioria dos cientistas pertence a essa categoria, sabemos muito sobre os WEIRDs, mas muito pouco sobre os outros 85% das pessoas do planeta.[39]

Um segundo obstáculo à solução dos dois selves é o desejo de muitas culturas de conquistar a pureza nacional, racial, étnica, tribal ou religiosa. Nos Estados Unidos, por exemplo, o casamento inter-racial só foi legalizado em 1967.[40] Além disso, a "regra da uma gota" (*one-drop rule*) implicava que, se uma criança tivesse um pai negro e um pai branco, seria considerada negra aos olhos da lei.

Na última década, contudo, movimentos voltados a abrir o caminho para os selves multifacetados se acaloraram, e defensores atuam em todos os níveis do ciclo cultural. No nível das interações, os pais de crianças multirraciais encabeçaram a tarefa de criar produtos e práticas que refletem e reforçam os selves dos filhos e que incluem livros infantis com personagens e temáticas multirraciais; guias para criar filhos multirraciais; e brinquedos e roupas voltados ao mercado birracial. Camisetas alardeiam: "Misturado à perfeição!" e "Vigor híbrido". Xampus alegam ser especialmente formulados para "garotas mistas". A empresa Real Kidz produz bonecas de etnia mista, sendo que uma delas vem com uma carta que diz: "Oi, meu nome é Willough. Minha mãe é branca, e meu pai, hispânico. O amor deles me criou e sou uma mistura perfeita dos dois!" Noticiários e a mídia social se voltam a públicos multirraciais, e programas de televisão populares, como *Modern Family* apresentam lares multiculturais.

No nível das instituições, muitas pessoas que esperam legitimizar seus selves multirraciais e multiétnicos pressionaram o censo americano a incluir a opção "multirracial" nos formulários. No entanto, essa iniciativa foi frustrada, em parte, devido à pressão contrária de organizações tradicionais de direitos civis. Esses grupos se preocupam com a possibilidade de a opção multirracial reduzir seus números e, em consequência, solapar seu poder político. (O governo federal americano aloca fundos a programas comunitários de acordo com o tamanho dos grupos raciais e étnicos atendidos por eles.) Mas os ativistas multiculturais podem celebrar uma vitória parcial: a concessão proposta, que passou a vigorar a partir de 2010, é permitir que as pessoas indiquem todas as raças e etnias que se apliquem a elas.

Enquanto isso, as pessoas multiculturais fundam as próprias organizações populares para enfrentar problemas específicos. Por exemplo, a AMEA (Association of MultiEthnic Americans), fundada em 1988, é um grupo de defesa multirracial que tenta influenciar o censo americano a favor dos interesses de grupos mistos, combinados ou "hifenados".[41] A Swirl, com filiais em locais desde a cidade de Nova York até a cidade de Starkville, no Mississippi (no Sudeste do país), é outra associação nacional multiétnica que procura "combater a ideia de que todos deveriam se encaixar em uma identidade impecavelmente padrão", como informa o site da organização.[42]

Como salientamos nos capítulos anteriores, os poderosos (em termos de dinheiro, status, autoridade de tomada de decisões etc.) podem alterar os ciclos culturais com mais facilidade que as pessoas destituídas de poder. Mesmo assim, como confirma o crescente sucesso dos agitadores multiculturais, a união e a persistência também fazem a força. Esperamos que os selves bilaterais e os ciclos culturais que os compõem e os refletem se tornem mais comuns nos próximos anos.

Canalize a energia

Em 1954, Frida Kahlo faleceu, aos 47 anos. Não se sabe ao certo se a causa da morte foi doença, overdose acidental ou suicídio.[43] É claro, contudo, que os selves conflitantes de Frida foram fonte tanto de dor quanto de inspiração para ela até o fim da breve vida.

Mais ou menos 57 anos mais tarde, o livro de Amy Chua, *Grito de guerra da mãe-tigre* (Intrínseca, 2011), foi publicado. Apesar do fato de o mundo estar começando a reconhecer e até a valorizar a diversidade, Chua também sofreu com sua incapacidade de compatibilizar seu self com os selves de suas filhas e com os ciclos culturais que se revolviam ao redor delas. As razões para isso podem ser, em parte, encontradas no mundo que nos cerca; apesar de algumas mudanças terem sido efetivadas, ainda estamos muito longe de apaziguar os confrontos internos entre nossos selves. A própria Chua também é culpada por parte de seu sofrimento, já que tentou com todas as forças inculcar a interdependência chinesa nos selves das filhas multiculturais. No fim do livro, é Chua quem aprende a lição. Suas filhas lhe ensinaram a importância de ser mais que um self e de saber qual self ser, quando e onde.

É um enorme desafio para nós acolhermos nossas diversas culturas e selves, mas, à medida que o planeta fica cada vez menor, mais plano e mais quente, não podemos mais nos dar o luxo de temer ou ignorar a diversidade. Pelo contrário, devemos canalizar a energia de nossas culturas conflitantes para criarmos um século XXI mais criativo, cooperativo e pacífico.

Notas

Introdução
1. A. Chua. *Battle Hymn of the Tiger Mother*. Nova York: Penguin Press, 2011. [Edição brasileira: *Grito de guerra da mãe-tigre*. Rio de Janeiro: Intrínseca, 2011.]
2. Utilizamos o termo "Ocidente" para nos referir à Europa, América do Norte, América Central, América do Sul, Austrália e Nova Zelândia, e o termo "Oriente" para nos referir à Ásia Oriental, Sudeste da Ásia e o subcontinente indiano. Discorremos sobre as regiões "intermediárias" do Oriente Médio e da África no Capítulo 9. "Ocidente" e "Oriente" são reconhecidamente categorias confusas, que envolvem bilhões de pessoas, mas, como veremos nos Capítulos 1 e 2, as culturas de cada um desses hemisférios têm em comum muitas ideias, instituições, práticas e artefatos.
3. A. Chua. *Battle Hymn of the Tiger Mother*, p. 52. [Edição brasileira: *Grito de guerra da mãe-tigre*. Rio de Janeiro: Intrínseca, 2011.]
4. D. Brooks. "Amy Chua Is a Wimp", *The New York Times*, 17 de janeiro de 2011, p. A25.
5. J. Hyun. *Breaking the Bamboo Ceiling: Career Strategies for Asians*. Nova York: HarperCollins, 2005.
6. The Royal Society. *Knowledge, Networks and Nations: Global Scientific Collaboration in the Twenty-First Century*. Londres: The Royal Society, 2011.
7. R. Atkinson, M. Shellenberger, T. Nordhaus, D. Swezey, T. Norris, J. Jenkins e Y. Borofsky. *Rising Tigers, Sleeping Giant*. Oakland, CA: The Breakthrough Institute, 2009.
8. "The List: *The Art Economist*'s Top Earning 300 Artists", *The Art Economist* 1 (2011): 20.
9. S. A. Hewlett, R. Rashid, D. Forster e C. Ho. *Asians in America: Unleashing the Potential of the "Model Minority"*. Nova York: Center for Work-Life Policy, 2011.
10. D. P. McAdams. *The Stories We Live By: Personal Myths and the Making of the Self*. Nova York: The Guilford Press, 1997.
11. N. Moray. "Attention in Dichotic Listening: Affective Cues and the Influence of Instructions", *The Quarterly Journal of Experimental Psychology* 11 (1959): 56–60.
12. H. R. Markus. "Self-Schemata and Processing Information about the Self", *Journal of Personality and Social Psychology* 35 (1977): 63–78.
13. H. R. Markus e E. Wurf. "The Dynamic Self-Concept: A Social Psychological Perspective", *Annual Review of Psychology* 38 (1987): 289–337; H. R. Markus e P. Nurius, "Possible Selves", *American Psychologist* 41 (1986): 954–69.
14. H. R. Markus e S. Kitayama. "Culture and the Self: Implications for Cognition, Emotion, and Motivation", *Psychological Review* 98 (1991): 224–53. Não somos as primeiras pesquisadoras a notar que as culturas e as pessoas assumem formas mais relacionais e autônomas. Harry Triandis identificou as síndromes culturais do individualismo e do coletivismo. Geert Hofstede estudou essas síndromes no nível nacional e corporativo. Clifford Geertz comparou os selves egocêntricos com os selves sociocêntricos. No nível individual, David Bakan documentou a luta entre agência (em inglês, *agency*, também traduzido como "realização" ou "atuação") e comunhão (*communion*). E, muito antes de todos eles, Sigmund Freud explicou a dicotomia entre amor e trabalho.
15. H. R. Markus, P. R. Mullally e S. Kitayama. "Selfways: Diversity in Modes in Cultural Participation". In: U. Neisser e D. A. Jopling (orgs.). *The Conceptual Self in Context: Culture, Experience, Self-Understanding*. Cambridge, UK: Cambridge University Press, 1997.
16. T. Sugimoto e J. A. Levin, "Multiple Literacies and Multimedia: A Comparison of Japanese and American Uses of the Internet". In: G. E. Hawisher e C. L. Selfe (orgs.). *Global Literacies and the World Wide Web*. Londres: Routledge, 2000, pp. 133–53.

17. N. Stephens, H. R. Markus e S. S. M. Townsend. "Choice as an Act of Meaning: The Case of Social Class", *Journal of Personality and Social Psychology* 93 (2007): 814–30.
18. A. Chua. *Battle Hymn of the Tiger Mother*, p. 212. [Edição brasileira: *Grito de guerra da mãe-tigre*. Rio de Janeiro: Intrínseca, 2011.]
19. Da mesma forma como as leis Jim Crow para os afro-americanos, as leis Juan Crow sistematicamente discriminam os hispânicos nos Estados Unidos.
20. L. Ross e A. Ward. "Naive Realism in Everyday Life: Implications for Social Conflict and Misunderstanding". In: T. Brown, E. Reed e E. Turiel (orgs.). *Values and Knowledge*. Hillsdale, NJ: Erlbaum, 1996, pp. 103–35.
21. M. W. Morris e K. Peng. "Culture and Cause: American and Chinese Attributions for Social and Physical Events", *Journal of Personality and Social Psychology* 67 (1994): 949–71.
22. M. D. Leinbach e B. I. Fagot, "Categorical Habituation to Male and Female Faces: Gender Schematic Processing in Infancy", *Infant Behavior and Development* 16 (1993): 317–32; G. Anzures, P. C. Quinn, O. Pascalis, A. M. Slater e K. Lee, "Categorization, Categorical Perception, and Asymmetry in Infants' Representation of Face Race", *Developmental Science* 13 (2010): 553–64.

Capítulo 1

1. S. Lubman, "Some Students Must Learn to Question", *San Jose Mercury News*, 23 de fevereiro de 1998, pp. 1A, 2A.
2. Todas as citações não acompanhadas de referências são de entrevistas conduzidas pelas autoras.
3. S. A. Hewlett, R. Rashid, D. Forster e C. Ho. *Asians in America: Unleashing the Potential of the "Model Minority"*. Nova York: Center for Work-Life Policy, 2011.
4. "Oriente" e "Ocidente" são categorias amplas que incluem enorme variabilidade. Mesmo assim, esses dois hemisférios abrigam ciclos culturais vastos, porém distintos, como demonstraremos.
5. H. Kim. "We Talk, Therefore We Think? A Cultural Analysis of Talking and Thinking", *Journal of Personality and Social Psychology* 83 (2002): 373–82; H. Kim e H. R. Markus. "Speech and Silence: An Analysis of the Cultural Practice of Talking". In: L. Weis e M. Fine (orgs.). *Beyond Silenced Voices: Class, Race and Gender in U.S. Schools*. Nova York: SUNY Press, 2006.
6. O nome foi alterado para proteger a identidade.
7. A. Tsai. "Equality or Propriety? A Cultural Models Approach to Understanding Social Hierarchy". Tese de doutorado, Stanford University, Stanford, CA, 2006.
8. S. S. Iyengar e M. R. Lepper, "Rethinking the Value of Choice: A Cultural Perspective on Intrinsic Motivation", *Journal of Personality and Social Psychology* 7 (1999): 349–66.
9. T.-F. Wu, S. E. Cross, C.-W. Wu, W. Cho e S.-H. Tey. "Cultural Values and Personal Decisions: Filial Piety in Taiwan and the U.S.", manuscrito não publicado.
10. H. Kim e H. R. Markus, "Deviance or Uniqueness, Harmony or Conformity? A Cultural Analysis", *Journal of Personality and Social Psychology* 77 (1999): 785–800.
11. S. J. Heine. *Cultural Psychology*, 2ª ed. Nova York: W.W. Norton, 2011.
12. S. J. Heine, S. Kitayama, D. R. Lehman, T. Takata, E. Ide, C. Lueng e H. Matsumoto. "Divergent Consequences of Success and Failure in Japan and North America: An Investigation of self-Improving Motivations and Malleable Selves", *Journal of Personality and Social Psychology* 81 (2001): 599–615.
13. H. R. Markus e S. Kitayama, "Cultural Variation in the Self-Concept". In: J. Strauss e G. R. Goethals (orgs.). *The Self: Interdisciplinary Approaches*. Nova York: Springer-Verlag, 1991.
14. S. J. Heine, D. R. Lehman, H. R. Markus e S. Kitayama, "Is There a Universal Need for Positive Self-Regard?" *Psychological Review* 106 (1999): 766–94.
15. E. Bromet, L. H. Andrade, I. Hwang, N. A. Sampson, J. Alonso, G. de Girolamo e R. C. Kessler, "Cross-National Epidemiology of DSM-IV Major Depressive Episode", *BMC Medicine* 9 (2001); L. Andrade, J. J. Caraveo-Anduaga, P. Berglund, R. V. Bijl, R. D. De Graaf, W. Vollebergh e H. Wittchen. "The Epidemiology of Major Depressive Episodes: Results from the International Consortium of Psychiatric Epidemiology (ICPE) Surveys", *International Journal of Methods in Psychiatric Research* 12 (2003): 3095–105.
16. S. Kitayama, M. Karasawa, K. Curhan, C. Ryff e H. Markus, "Independence and Interdependence Predict Health and Well-Being: Divergent Patterns in the United States and Japan", *Frontiers in Psychology* 1 (2010): 1–10.
17. Y. Uchida, S. S. M. Townsend, H. R. Markus e H. B. Bergsieker, "Emotions as within or between People? Cultural Variation in Lay Theories of Emotion Expression and Inference", *Personality and Social Psychology Bulletin* 35 (2009): 1427–39.
18. J. Tsai, B. Knutson e H. H. Fung, "Cultural Variation in Affect Valuation", *Journal of Personality and Social Psychology* 90 (2006): 288–307.

Capítulo 2

1. Para análises de parte dessas obras e uma análise teórica mais detalhada, veja A. Fiske, S. Kitayama, H. R. Markus e R. E. Nisbett, "The Cultural Matrix of Social Psychology". In: D. Gilbert, S. Fiske e G. Lindzey (orgs.). *The Handbook of Social Psychology*, v. 2, 4ª ed. San Francisco, CA: McGraw-Hill, 1998, pp. 915–81; H. R. Markus, S. Kitayama e R. Heiman, "Culture and 'Basic' Psychological Principles". In: E. T. Higgins e A. W.

Kruglanski (orgs.). *Social Psychology: Handbook of Basic Principles*. Nova York: Guilford, 1997, pp. 857–913; H. R. Markus e S. Kitayama, "Models of Agency: Sociocultural Diversity in the Construction of Action". In: V. Murphy-Berman e J. Berman (orgs.). *The 49th Annual Nebraska Symposium on Motivation: Cross-Cultural Differences in Perspectives on Self*. Lincoln: University of Nebraska Press, 2003, pp. 1–57; H. R. Markus e S. Kitayama, "Cultures and Selves: A Cycle of Mutual Constitution", *Perspectives on Psychological Science* 5 (2010): 420–30; S. Kitayama, H. Park, A. T. Sevincer, M. Karasawa e A. K. Uskul. "A Cultural Task Analysis of Implicit Independence: Comparing North America, Western Europe, and East Asia", *Journal of Personality and Social Psychology* 97 (2009): 236–55; S. J. Heine. *Cultural Psychology*. Nova York: W. W. Norton, 2007; S. Kitayama e D. Cohen, *Handbook of Cultural Psychology*. Nova York: Guilford Press, 2007; M. G. Hamedani, H. R. Markus e A. Fu, "In the Land of the Free Interdependent Action Undermines Motivation", *Psychological Science*, no prelo.
2. R. A. Shweder. *Thinking through Cultures: Expeditions in Cultural Psychology*. Cambridge, MA: Harvard University Press, 1991.
3. C. Hall, "Proud of Me" [gravado por Frank Oz], em *Let Your Feelings Show!* [LP], Sesame Street Records, 1976.
4. C. C. Lewis. *Educating Hearts and Minds: Reflections on Japanese Preschool and Elementary Education*. Cambridge, UK: Cambridge University Press, 1995.
5. R. Whiting, *You Gotta Have Wa*. Nova York: Macmillan Publishing Company, 1989.
6. R. G. Tweed e D. R. Lehman, "Learning Considered within a Cultural Context: Confucian and Socratic Approaches", *American Psychologist* 57 (2002): 89–99.
7. L. Story, "Anywhere the Eye Can See, It's Likely to See an Ad", *The New York Times*, 15 de janeiro de 2007.
8. H. Kim e H. R. Markus, "Deviance or Uniqueness, Harmony or Conformity? A Cultural Analysis", *Journal of Personality and Social Psychology* 77 (1999): 785–800.
9. J. L. Tsai, J. Y. Louie, E. E. Chen e Y. Uchida, "Learning What Feelings to Desire: Socialization of Ideal Affect through Children's Storybooks", *Personality and Social Psychology Bulletin* 33 (2007): 17–30.
10. J. L. Tsai, F. F. Miao e E. Seppala, "Good Feelings in Christianity and Buddhism: Religious Differences in Ideal Affect", *Personality and Social Psychology Bulletin* 33 (2007): 409–21.
11. H. R. Markus, Y. Uchida, H. Omoregie, S. S. M. Townsend e S. Kitayama. "Going for the Gold: Models of Agency in Japanese and American Culture", *Psychological Science* 17 (2006): 103–12.
12. P. L. Berger e T. Luckmann. *The Social Construction of Reality: A Treatise in the Sociology of Knowledge*. Garden City, NY: Doubleday, 1966.
13. C. Taylor. *Sources of the Self: The Making of the Modern Identity*. Cambridge, UK: Cambridge University Press, 1989.
14. V. C. Plaut e H. R. Markus, "The 'Inside' Story: A Cultural-Historical Analysis of Being Smart and Motivated, American Style". In: A. J. Elliot e C. S. Dweck (orgs.). *Handbook of Competence and Motivation*. Nova York: The Guilford Press, 2005, pp. 457–88.
15. Tweed e Lehman, "Learning Considered within a Cultural Context: Confucian and Socratic Approaches"; J. Li, "Mind or Virtue: Western and Chinese Beliefs about Learning", *Current Directions in Psychological Science* 14 (2005): 190–94; J. Li, "U.S. and Chinese Cultural Beliefs about Learning", *Journal of Educational Psychology* 95 (2003): 258–67.
16. M. Weber. *A ética protestante e o espírito do capitalismo*. São Paulo: Martin Claret, 2001; J. Sanchez-Burks, "Protestant Relational Ideology: The Cognitive Underpinning and Organizational Implications of an American Anomaly". In: B. M. Staw e R. M. Kramer (orgs.). *Research in Organizational Behavior: An Annual Series of Analytical Essays and Critical Reviews* 26 (2005): 265–306.
17. R. Nisbett. *The Geography of Thought: How Asians and Westerners Think Differently... and Why*. Nova York: The Free Press, 2003.
18. Para saber mais sobre as diferenças entre o Oriente e o Ocidente em termos de aprendizado e abordagens pedagógicas, veja J. Li. *Cultural Foundations of Learning*. Cambridge, UK: Cambridge University Press, 2012.
19. S. Suzuki. *Zen Mind, Beginner's Mind*. T. Dixon (org.). Nova York: Weatherhill, Inc., 1970.
20. L. Darling-Hammond, "Race, Inequality, and Educational Accountability: The Irony of 'No Child Left Behind'", *Race Ethnicity and Education* 10 (2007): 245–60.
21. U.S. Department of Labor, Bureau of Labor Statistics, "Job Openings and Labor Turnover, maio de 2010" (Washington, D.C.: Government Printing Office); N. Terrell, "STEM Occupations", *Occupational Outlook Quarterly* 51 (2007): 26–33.
22. J. M. Harackiewicz, C. S. Hulleman e J. S. Hyde, "Helping Parents Motivate Adolescents in Mathematics and Science: An Experimental Test of a Utility-Value Intervention", *Psychological Science* 10 (2012): 1–8.
23. Plaut e Markus, "The 'Inside' Story", pp. 457–88; S. J. Heine, D. R. Lehman, E. Ide, C. Leung, S. Kitayama, T. Takata e H. Matsumoto. "Divergent Consequences of Success and Failure in Japan and North America: An Investigation of Self-Improving Motivations and Malleable Selves", *Journal of Personality and Social Psychology* 81 (2001): 599–615; C.-Y. Chiu e Y.-Y. Hong. *Social Psychology of Culture*. Nova York: Psychology Press, 2006.
24. C. S. Dweck. *Mindset: The New Psychology of Success*. Nova York: Random House, 2006.

25. A. L. Duckworth, C. Peterson, M. D. Matthews e D. R. Kelly, "Grit: Perseverance and Passion for Long-Term Goals", *Journal of Personality and Social Psychology* 92 (2007): 1087–101.
26. A. Chua, *Battle Hymn of the Tiger Mother*, p. 29. [Edição brasileira: *Grito de guerra da mãe-tigre*. Rio de Janeiro: Intrínseca, 2011.]
27. S. A. Hewlett, R. Rashid, D. Roster e C. Ho. *Asians in America: Unleashing the Potential of the "Model Minority"*. Nova York: Center for Work-Life Policy, 2011.
28. A. H. Eagly e J. L. Chin, "Diversity and Leadership in a Changing World", *American Psychologist* 65 (2010): 216–24.
29. H. S. Kim, "Culture and the Cognitive and Neuroendocrine Responses to Speech", *Journal of Personality and Social Psychology* 94 (2008): 32–47.
30. S. Cheryan e B. Monin, "Where Are You *Really* From? Asian Americans and Identity Denial", *Journal of Personality and Social Psychology* 89 (2005): 717–30.
31. W. James. *The Principles of Psychology*. Nova York: Henry Holt and Company, 1890, p. 509.

Capítulo 3

1. U.S. Department of Labor, Bureau of Labor Statistics, "Table 11: Employed Persons by Detailed Occupation and Sex, 2010 Annual Averages", *Women in the Labor Force: A Databook (2011 Edition)*, Washington, D.C.: U.S. Department of Labor, dezembro de 2011. Veja também H. Rosin, "The End of Men", *The Atlantic* 306, julho/agosto de 2010: 56–72.
2. J. Chung, comunicação pessoal, 09/08/12. Veja também B. Luscombe, "Workplace Salaries: At Last, Women on Top", *Time*, setembro de 2010.
3. U.S. Department of Education, National Center for Education Statistics, *Digest of Education Statistics: 2011*, "Table 283: Degrees Conferred by Degree-Granting Institutions, by Level of Degree and Sex of Student: Selected Years, 1869–70 through 2020–21", acessado em http://nces.ed.gov/programs/digest/d11/tables/dt11_283.asp (09/08/12); e "Table 311: Degrees Conferred by Degree-Granting Institutions in Selected Professional Fields, by Sex, Race/Ethnicity, and Field of Study: 2007–08", acessado em http://nces.ed.gov/programs/digest/d11/tables/dt11_311.asp (09/08/12).
4. As mulheres são acionistas majoritárias de 29,6% das empresas americanas e detêm 50% das ações de 17,5% das empresas (totalizando 47,1% das empresas americanas). Os homens são acionistas majoritários de 52,9% das empresas americanas e detêm 50% das ações de 17,5% das empresas (totalizando 70,4% das empresas americanas). Veja U.S. Department of Commerce, Economics and Statistics Administration, "Women-Owned Businesses in the Twenty-First Century" (outubro de 2010), acessado em www.esa.doc.gov/sites/default/files/reports/documents/women-owned-businesses.pdf (acessado em 09/08/12).
5. R. Kochar, "Two Years of Economic Recovery: Women Lose Jobs, Men Find Them", Washington, D.C.: Pew Research Center, julho de 2011.
6. R. Salam, "The Death of Macho", *Foreign Policy* 173 (2009): 65–70.
7. Para um resumo dessas conclusões, veja P. Tyre. *The Trouble with Boys*. Nova York: Three Rivers Press, 2008.
8. S. Hinshaw e R. Kranz. *The Triple Bind: Saving Our Teenage Girls from Today's Pressures*. Nova York: Ballantine, 2009.
9. *Ibid.*, p. 25.
10. H. Rosin. *The End of Men*. Nova York: Riverhead, 2012.
11. No Capítulo 5, também veremos como as salas de aula, apesar de seu tom interdependente, ainda são independentes demais para respaldar os selves de crianças da classe trabalhadora.
12. Center for American Women and Politics, "Women in the U.S. Congress 2012". New Brunswick, NJ: National Information Bank on Women in Public Office, Eagleton Institute of Politics, Rutgers University, fevereiro de 2012.
13. Catalyst, "Women CEOs of the Fortune 1000", *Pyramids*, 7 de maio de 2012.
14. A. Hegewisch, C. Williams e A. Zhang, "The Gender Wage Gap: 2011". Washington, D.C.: Institute for Women's Policy Research, março de 2012.
15. Neste capítulo, nos concentramos em pesquisas sobre heterossexuais ocidentais, homens ou mulheres (sexo), que se identificam como tais (gênero). O sexo é uma categoria biológica relacionada com os órgãos do corpo com os quais uma pessoa nasceu, ao passo que o gênero é uma categoria psicológica que diz respeito à autoidentidade sexual dessa pessoa. Apesar de exemplos de pessoas e culturas lésbicas, gays, bissexuais, transexuais e intersexuais oferecerem bons insights sobre o gênero, pesquisas de qualidade sobre esses grupos são escassas. Além disso, apesar de todas as culturas – hemisférios, nações, raças, etnias, classes, religiões, regiões etc. – estabelecerem divisões entre mulheres e homens, nos restringimos a discussões sobre os gêneros em nações ricas e industrializadas do Ocidente.
16. J. Allmendinger e J. R. Hackman, "The More, the Better? A Four-Nation Study of the Inclusion of Women in Symphony Orchestras", *Social Forces* 74 (1995): 423–60.
17. R. M. Kanter, "Some Effects of Proportions on Group Life: Skewed Sex Ratios and Responses to Token Women", *American Journal of Sociology* 82 (1977): 965–90.
18. J. K. Hellerstein, D. Neumark e K. R. Troske, "Market Forces and Sex Discrimination", *The Journal of Human Resources* 37 (2002): 353–80.

19. B. R. Reskin, D. B. McBrier e J. A. Kmec, "The Determinants and Consequences of Workplace Sex and Race Composition", *Annual Review of Sociology* 25 (1999): 335–61.
20. M. Inzlicht e A. Ben-Zeev, "A Threatening Intellectual Environment: Why Females Are Susceptible to Experiencing Problem-Solving Deficits in the Presence of Males", *Psychological Science* 11 (2000): 365–71. Veja também A. Ben-Zeev, S. Fein e M. Inzlicht, "Arousal and Stereotype Threat", *Journal of Experimental Social Psychology* 41 (2005): 174–81.
21. C. M. Steele. *Whistling Vivaldi*. Nova York: W. W. Norton, 2010.
22. A. W. Woolley, C. F. Chabris, A. Pentaland, N. Hashmi e T. W. Malone, "Evidence for a Collective Intelligence Factor in the Performance of Human Groups", *Science* 330 (2010): 686–88.
23. Hellerstein, Neumark e Troske, "Market Forces and Sex Discrimination".
24. C. Herring, "Does Diversity Pay? Race, Gender, and the Business Case for Diversity", *American Sociological Review* 74 (2009): 208–24.
25. C. L. Williams, "The Glass Escalator: Hidden Advantages for Men in the 'Female' Professions", *Social Problems* 39 (1992): 253–67.
26. J. S. Hyde, "The Gender Similarities Hypothesis", *American Psychologist* 60 (2005): 581–92.
27. A agressão pode ser usada para fins tanto independentes quanto interdependentes. Por exemplo, como veremos no Capítulo 6, os sulistas americanos usam a agressão para defender a honra – motivação interdependente. Neste capítulo, contudo, relacionamos a agressão dos homens com fontes mais independentes, inclusive seu desejo de se individualizar e influenciar os outros.
28. Y. Kashima, S. Yamaguchi, U. Kim, S. Choi, M. J. Gelfand e M. Yuki. "Culture, Gender, and Self: A Perspective from Individualism-Collectivism Research", *Journal of Personality and Social Psychology* 69 (1995): 925–37.
29. S. E. Cross, P. L. Bacon e M. L. Morris, "The Relational-Interdependent Self-Construal and Relationships", *Journal of Personality and Social Psychology* 78 (2000): 791–808.
30. L. Madson e D. Trafimow, "Gender Comparisons in the Private, Collective, and Allocentric Selves", *The Journal of Social Psychology* 141 (2001): 551– 59.
31. J. A. Hall, "Gender Effects in Decoding Nonverbal Cues", *Psychological Bulletin* 85 (1978): 845–57.
32. W. Ickes, T. Tooke, L. Stinson, V. L. Baker e B. Bissonnette. "Naturalistic Social Cognition: Intersubjectivity in Same-Sex Dyads", *Journal of Nonverbal Behavior* 12 (1988): 58–82.
33. M. S. Mast e J. A. Hall, "Women's Advantage at Remembering Others' Appearances: A Systematic Look at the Why and When of a Gender Difference", *Personality and Social Psychology Bulletin* 32 (2006): 353–64; T. G. Horgan, M. S. Mast, J. A. Hall e J. D. Carter, "Gender Differences in Memory for the Appearance of Others", *Personality and Social Psychology Bulletin* 30 (2004): 185–96; H. P. Bahrick, P. Q. Bahrick e R. P. Wittlinger, "Fifty Years of Memory for Names and Faces: A Cross-Sectional Approach", *Journal of Experimental Psychology: General* 104 (1975): 54–75; S. E. Cross e L. Madson, "Models of the Self: Self-Construals and Gender", *Psychological Bulletin* 122 (1997): 5–37.
34. M. Ross e D. Holmberg, "Are Wives' Memories for Events in Relationships More Vivid Than Their Husbands' Memories?" *Journal of Social and Personal Relationships* 9 (1992): 585–604.
35. J. K. Kiecolt-Glaser e T. L. Newton, "Marriage and Health: His and Hers", *Psychological Bulletin* 127 (2001): 472–503; K. S. Kendler, L. M. Thornton e C. A. Prescott, "Gender Differences in the Rates of Exposure to Stressful Life Events and Sensitivity to Their Depressogenic Effects", *American Journal of Psychiatry* 158 (2001): 587–93.
36. K. Schumann e M. Ross, "Why Women Apologize More Than Men: Gender Differences in Thresholds for Perceiving Offensive Behavior", *Psychological Science* 21 (2010): 1649–55.
37. S. E. Taylor, L. C. Klein, B. P. Lewis, T. L. Gruenewald, R. A. R. Gurung e J. A. Updegraff. "Biobehavioral Responses to Stress in Females: Tend-and-Befriend, Not Fight-or-Flight", *Psychological Review* 107 (2000): 411–29.
38. A. Reid, "Gender and Sources of Subjective Well-Being", *Sex Roles* 51 (2004): 617–29.
39. A. H. Eagly, M. C. Johannesen-Schmidt e M. L. van Engen, "Transformational, Transactional, and Laissez--Faire Leadership Styles: A Meta-Analysis Comparing Women and Men", *Psychological Bulletin* 129 (2003): 569–91.
40. N. A. Card, B. D. Stucky, G. M. Sawalani e T. D. Little, "Direct and Indirect Aggression during Childhood and Adolescence: A Meta-Analytic Review of Gender Differences, Intercorrelations, and Relations to Maladjustment", *Child Development* 79 (2008): 1185–229; J. Archer, "Sex Differences in Aggression in Real-World Settings: A Meta-Analytic Review", *Review of General Psychology* 8 (2004): 291–322; R. F. Diekstra e W. Gulbinat, "The Epidemiology of Suicidal Behaviour: A Review of Three Continents", *World Health Statistics Quarterly* 46 (1993): 52–68.
41. S. Rosenfield, J. Vertefuille e D. D. Mcalpine, "Gender Stratification and Mental Health: An Exploration of Dimensions of the Self", *Social Psychology Quarterly* 63 (2002): 208–23.
42. S. Guimond, A. Chatard, D. Martinot, R. J. Crisp e S. Redersdorff. "Social Comparison, Self-Stereotyping, and Gender Differences in Self-Construals", *Journal of Personality and Social Psychology* 90 (2006): 221–42.
43. R. F. Baumeister, L. Smart e J. M. Boden, "Relation of Threatened Egotism to Violence and Aggression: The Dark Side of High Self-Esteem", *Psychological Review* 103 (1996): 5–33.

44. R. W. Simon e L. E. Nath, "Gender and Emotion in the United States: Do Men and Women Differ in Self-Reports of Feelings and Expressive Behavior?", *American Journal of Sociology* 109 (2004): 1137–76.
45. K. D. O'Leary, J. Barling, I. Arias, A. Rosenbaum, J. Malone e A. Tyree. "Prevalence and Stability of Physical Aggression between Spouses: A Longitudinal Analysis", *Journal of Consulting and Clinical Psychology* 57 (1989): 263–68.
46. J. P. Byrnes, D. C. Miller e W. D. Schafer, "Gender Differences in Risk Taking: A Meta-Analysis", *Psychological Bulletin* 125 (1999): 367–83.
47. B. Barber e T. Odean, "Boys Will Be Boys: Gender, Overconfidence, and Common Stock Investment", *Quarterly Journal of Economics* 116 (2001): 261–92.
48. S. J. Heine, D. R. Lehman, H. R. Markus e S. Kitayama, "Is There a Universal Need for Positive Self-Regard?", *Psychological Review* 106 (1999): 766–94.
49. E. M. Maccoby e C. N. Jacklin. *The Psychology of Sex Differences*. Stanford, CA: Stanford University Press, 1974.
50. S. J. Correll, "Gender and the Career Choice Process: The Role of Biased Self-Assessment", *American Journal of Sociology* 106 (2001): 1691–730.
51. A. H. Mezulis, L. Y. Abramson, J. S. Hyde e B. L. Hankin, "Is There a Universal Positivity Bias in Attributions? A Meta-Analytic Review of Individual, Developmental, and Cultural Differences in the Self-Serving Attributional Bias", *Psychological Bulletin* 130 (2004): 711–47.
52. J. T. Jost e A. C. Kay, "Exposure to Benevolent Sexism and Complementary Gender Stereotypes: Consequences for Specific and Diffuse Forms of System Justification", *Journal of Personality and Social Psychology* 88 (2005): 498–509.
53. C. Fine. *Delusions of Gender: How Our Minds, Society, and Neurosexism Create Difference*. Nova York: W. W. Norton, 2010.
54. B. Rothman. *The Tentative Pregnancy: Prenatal Diagnosis and the Future of Motherhood*. Londres: Pandora, 1988.
55. J. Condry e S. Condry, "Sex Differences: A Study of the Eye of the Beholder", *Child Development* 47 (1976): 812–19.
56. S. M. Condry, J. C. Condry e L. W. Pogatshnik, "Sex Differences: A Study of the Ear of the Beholder", *Sex Roles* 9 (1983): 697–704.
57. M. W. Clearfield e N. M. Nelson, "Sex Differences in Mothers' Speech and Play Behavior with 6-, 9-, and 14-Month-Old Infants", *Sex Roles* 54 (2006): 127–37.
58. J. Dunn, I. Bretherton e P. Munn, "Conversations about Feeling States between Mothers and Their Young Children", *Developmental Psychology* 23 (1987): 132–39.
59. A. Nash e R. Krawczyk, "Boys' and Girls' Rooms Revisited: The Contents of Boys' and Girls' Rooms in the 1990s", apresentado na Conference on Human Development, Pittsburgh PA 1994
60. H. Lytton e D. M. Romney, "Parents' Differential Socialization of Boys and Girls: A Meta-Analysis", *Psychological Bulletin* 109 (1991): 267–96.
61. P. Orenstein. *Cinderella Ate My Daughter: Dispatches from the Front Lines of the New Girlie-Girl Culture*. Nova York: HarperCollins, 2011.
62. Veja, por exemplo, S. N. Davis, "Sex Stereotypes in Commercials Targeted toward Children: A Content Analysis", *Sociological Spectrum* 23 (2003): 407–24; Orenstein. *Cinderella Ate My Daughter*; S. Lamb e L. Brown. *Packaging Girlhood: Rescuing Our Daughters from Marketers' Schemes*. Nova York: St. Martin's Press, 2006; J. Sheldon, "Gender Stereotypes in Educational Software for Young Children", *Sex Roles* 51 (2004): 433–44.
63. C. Good, J. Aronson e J. A. Harder, "Problems in the Pipeline: Stereotype Threat and Women's Achievement in High-Level Math Courses", *Journal of Applied Developmental Psychology* 29 (2008): 17–28.
64. S. Cheryan, V. C. Plaut, P. G. Davies e C. M. Steele, "Ambient Belonging: How Stereotypical Cues Impact Gender Participation in Computer Science", *Journal of Personality and Social Psychology* 97 (2009): 1045–60.
65. V. K. Gupta, D. B. Turban e N. B. Bhawe, "The Effect of Gender Stereotype Activation on Entrepreneurial Intentions", *Journal of Applied Psychology* 93 (2008): 1053–61.
66. M. E. Heilman, "Description and Prescription: How Gender Stereotypes Prevent Women's Ascent up the Organizational Ladder", *Journal of Social Issues* 57 (2001): 657–74.
67. J. L. Berdahl, "The Sexual Harassment of Uppity Women", *Journal of Applied Psychology* 92 (2007): 425–37.
68. Tyre. *The Trouble with Boys*, p. 130.
69. *Ibid.*, p. 151.
70. R. R. Banks. *Is Marriage for White People? How the African American Marriage Decline Affects Everyone*. Nova York: Dutton, 2011; K. Bolick, "All the Single Ladies", *The Atlantic* 308, novembro de 2011: 116–36.
71. B. Nosek, F. L. Smyth, N. Sriram, N. M. Lindner, T. Devos, A. Ayala e A. G. Greenwald. "National Differences in Gender-Science Stereotypes Predict National Sex Differences in Science and Math Achievement", *Proceedings of the National Academy of Sciences of the United States of America* 106 (2009): 10593–97.
72. A. F. Alesina, P. Giuliano e N. Nunn, "On the Origins of Gender Roles: Women and the Plough", documento de trabalho 17098 NBER, Cambridge, MA: National Bureau of Economic Research, 2011, acessado em www.nber.org/papers/w17098 (09/22/2011).

73. A. Kalev, F. Dobbin e E. Kelly, "Best Practices or Best Guesses? Assessing the Efficacy of Corporate Affirmative Action and Diversity Policies", *American Sociological Review* 71 (2006): 589–617.
74. M. Bittman, P. England, L. Sayer, N. Folbre e G. Matheson. "When Does Gender Trump Money? Bargaining and Time in Household Work", *American Journal of Sociology* 109 (2003): 186–214.
75. L. Babcock e S. Laschever. *Women Don't Ask: Negotiation and the Gender Divide*. Princeton, NJ: Princeton University Press, 2003.
76. H. R. Bowles, L. Babcock e L. Lei, "Social Incentives for Gender Differences in the Propensity to Initiate Negotiations: Sometimes It Does Hurt to Ask", *Organizational Behavior and Human Decision Processes* 103 (2007): 84–103.
77. E. T. Amanatullah e M. W. Morris, "Negotiating Gender Roles: Gender Differences in Assertive Negotiating Are Mediated by Women's Fear of Backlash and Attenuated When Negotiating on Behalf of Others", *Journal of Personality and Social Psychology* 98 (2010): 256–67.
78. A. Ben-Zeev, comunicação pessoal, 03/03/11.
79. D. F. Halpern, L. Eliot, R. S. Bigler, R. A. Fabes, L. D. Hanish, J. Hyde, L. S. Liben e C. L. Martin. "The Pseudoscience of Single Sex Schooling", *Science* 333 (2011): 1706–7.
80. U.S. Department of Education, "Single-Sex versus Coeducational Schooling: A Systematic Review" (Doc. n. 2005-01), 2005, acessado em www2.ed.gov/rschstat/eval/other/single-sex/single-sex.pdf (08/11/12).
81. C. L. Martin e R. A. Fabes, "The Stability and Consequences of Young Children's Same-Sex Peer Interactions", *Developmental Psychology* 37 (2001): 431–46.
82. D. M. Leonard. *Single-Sex and Co-Educational Secondary Schooling: Life Course Consequences?*. ESRC End of Award Report, RES-000-22-1085, 2007, acessado em www.esrc.ac.uk/my-esrc/grants/RES-000-22-1085/read (08/11/12).
83. A. D. Galinsky, D. H. Gruenfeld e J. C. Magee, "From Power to Action", *Journal of Personality and Social Psychology* 85 (2003): 453–66.
84. S. Chen, C. A. Langner e R. Mendoza-Denton, "When Dispositional and Role Power Fit: Implications for Self-Expression and Self-Other Congruence", *Journal of Personality and Social Psychology* 96 (2009): 710–27.
85. C. L. Dezso e D. G. Ross. "Does Female Representation in Top Management Improve Firm Performance? A Panel Data Investigation", *Strategic Management Journal* 33 (2012): 1072–89.
86. F. Kaplan, "Obama's 'Sputnik Moment'", *Slate*, janeiro de 2011, acessado em www.slate.com/articles/news_and_politics/war_stories/2011/01/obamas_sputnik_moment.html (08/11/12).

Capítulo 4

1. Neste capítulo, utilizamos os termos *negro* e *branco* e não *afro-americano* e *euro-americano* porque as pessoas normalmente relacionam o primeiro par de termos com o conceito de *raça* e *etnia*. Como veremos a seguir, muitas pessoas historicamente consideravam *branco* e *negro* traços biológicos associados a comportamentos distintos. Aqui, buscamos resgatar esses termos e mostrar que negros e brancos de fato podem ter pensamentos, sentimentos e ações diferentes, mas por razões culturais e não biológicas.
2. As raças supostamente têm uma base biológica e as etnias supostamente têm bases históricas, linguísticas ou de outra forma culturais. No entanto, os termos *raça* e *etnia* são utilizados de modo intercambiável por normalmente ocultarem uma terceira variável: o poder. As pessoas muitas vezes utilizam a raça ou a etnia para atribuir mais ou menos poder ou privilégio e justificar a desigualdade resultante. Para ler mais sobre as definições de raça e etnia, veja H. R. Markus e P. M. L. Moya (orgs.). *Doing Race: 21 Essays for the 21st Century*. Nova York: W. W. Norton, 2010.
3. R. A. Wooden, "40 Years after Civil Rights Act, We Haven't Crossed the Finish Line", *USA Today*, 30 de junho de 2004, acessado em www.usatoday.com/news/opinion/editorials/2004-06-30-opcom_x.htm (08/08/12); J. M. Jones, "Blacks More Pessimistic Than Whites about Economic Opportunities", Gallup News Service, 9 de julho de 2004, acessado em www.gallup.com/pol l/12307/ blacks-more-pessim istic-than-whitesabouteconom ic-opportunities.aspx (08/08/12).
4. M. I. Norton e S. R. Sommers, "Whites See Racism as a Zero-Sum Game That They Are Now Losing", *Perspectives in Psychological Science* 6 (2011): 215–18.
5. Nos Estados Unidos, os termos *Latino*, *Hispanic* e *Chicano* são utilizados de maneira intercambiável, apesar de cada um ter um significado específico. Refletindo uma preferência comum na Califórnia, utilizamos o termo *Latino* (traduzido em português por *hispânico*) para nos referir a pessoas de origem latino-americana que vivem nos Estados Unidos.
6. V. C. Plaut, "Diversity Science: Why and How Difference Makes a Difference", *Psychological Inquiry* 21 (2010): 77–99; W. J. Wilson. *More Than Just Race*. Nova York: W. W. Norton, 2009.
7. Markus e Moya (orgs.). *Doing Race*.
8. V. C. Plaut, "Diversity Science". In: G. Orfield. *Reviving the Goal of an Integrated Society: A Twenty-First Century Challenge*. Los Angeles, CA: The Civil Rights Project/Proyecto Derechos Civiles at UCLA, 2009: 77–99.
9. Para uma discussão mais aprofundada dessa ideia, veja S. Colbert. "The Word: Neutral Man's Burden" (programa de televisão), Comedy Central, transmitido em 16 de julho de 2009.

10. U.S. Census Bureau, "Most Children Younger Than Age 1 Are Minorities, Census Bureau Reports", Washington, D.C.: Government Printing Office, 2012; U.S. Census Bureau, "2008 National Population Projections", Washington, D.C.: Government Printing Office, 2008.
11. J. D. Vorauer, A. Gagnon e S. J. Sasaki, "Salient Intergroup Ideology and Intergroup Interaction", *Psychological Science* 20 (2009): 838-45.
12. Para uma discussão sobre raça e etnia no mundo, veja H. Winant. *The Whole World Is a Ghetto: Race and Democracy since World War II*. Nova York: Basic Books, 2001; P. L. Carter. *Stubborn Roots: Race, Culture, and Inequality in U.S. and South African Schools*. Nova York: Oxford University Press, 2012.
13. J. N. Shelton e J. A. Richeson, "Interracial Interactions: A Relational Approach", *Advances in Experimental Social Psychology* 38 (2006): 121-81.
14. J. A. Richeson e J. N. Shelton, "When Prejudice Does Not Pay: Effects of Interracial Contact on Executive Function", *Psychological Science* 14 (2003): 287-90.
15. S. Trawalter e J. A. Richeson, "Let's Talk about Race, Baby! When Whites' and Blacks' Interracial Contact Experiences Diverge", *Journal of Experimental Social Psychology* 44 (2008): 1214-17.
16. N. R. Toosi, L. G. Babbitt, N. Ambady e S. R. Sommers, "Dyadic Interracial Interactions: A Meta-Analysis", *Psychological Bulletin* 138 (2012): 1-27.
17. J. Blascovich, W. B. Mendes, S. B. Hunter, B. Lickel e N. Kowai-Bell. "Perceiver Threat in Social Interactions with Stigmatized Others", *Journal of Personality and Social Psychology* 80: (2011): 253-67.
18. B. Tatum, "The Complexity of Identity: "Who Am I?". In: *Why Are All the Black Kids Sitting Together in the Cafeteria?* (ed. rev.). Nova York: Basic Books, 2002; D. Oyserman, "Racial-Ethnic Self-Schemas: Multidimensional Identity-Based Motivation", *Journal of Research in Personality* 42 (2008): 1186-98.
19. T. Forman, "Racial Apathy and the Myth of a Post-Racial America", apresentado no Research Institute of Comparative Studies in Race and Ethnicity, Stanford, CA, abril de 2012.
20. Colbert, *The Word*.
21. D. Sekaquaptewa, A. Waldman e M. Thompson, "Solo Status and SelfConstrual: Being Distinctive Influences Racial Self-Construal and Performance Apprehension in African American Women", *Cultural Diversity and Ethnic Minority Psychology* 13 (2007): 321-27.
22. H. R. Markus, "Ratings of Own and Peers' Abilities", dados não publicados, Stanford University, Stanford, CA, 2012.
23. J. S. Phinney, C. L. Cantu e D. A. Kurtz, "Ethnic and American Identity as Predictors of Self-Esteem among African American, Latino, and White Adolescents, *Journal of Youth and Adolescence* 26 (1997): 165-85.
24. L. Stankov, J. Lee e I. Paek, "Realism of Confidence Judgments", *European Journal of Psychological Assessment* 25 (2009): 123-30.
25. Touré. *Who's Afraid of Post-Blackness? What It Means to Be Black Now*. Nova York: Free Press, 2011, p. 88.
26. Walt Disney, *Dumbo* (filme), RKO Radio Pictures, 1941.
27. Em 1967, a Disney percebeu que contratar Louis Armstrong para dublar a voz do Rei Louie seria uma decisão controversa demais, de forma que o estúdio acabou contratando o ator ítalo-americano Louis Prima. Mesmo assim, a variável linguística e as canções do Rei Louie apresentam estilos marcados por estereótipos negros.
28. "Speedy Gonzales Caged by Cartoon Network", Foxnews.com, 28 de março de 2002, acessado em www.foxnews.com/story/0,2933,48872,00.html (10/1/2012).
29. A. C. Martin, "Television Media as a Potential Negative Factor in the Racial Identity Development of African American Youth", *Academic Psychiatry* 32 (2008): 338-42.
30. M. Weisbuch, K. Pauker e N. Ambady, "The Subtle Transmission of Race Bias via Televised Nonverbal Behavior", *Science* 326 (2009): 1711-14.
31. C. M. Steele e J. Aronson, "Stereotype Threat and the Intellectual Test Performance of African Americans", *Journal of Personality and Social Psychology* 69 (1995): 797-811; C. M. Steele. *Whistling Vivaldi: How Stereotypes Affect Us and What We Can Do*. Nova York: W. W. Norton, 2010.
32. J. Stone, C. I. Lynch, M. Sjomeling e J. M., Darley, "Stereotype Threat Effects on Black and White Athletic Performance", *Journal of Personality and Social Psychology* 77 (1999): 1213-27. Veja também J. Stone, W. Perry e J. Darley, "'White Men Can't Jump': Evidence for the Perceptual Confirmation of Racial Stereotypes Following a Basketball Game", *Basic and Applied Social Psychology* 19 (1997): 291-306.
33. J. Oakes e G. Guiton, "Matchmaking: The Dynamics of High School Tracking Decisions", *American Educational Research Journal* 32 (1995): 3-33; Tomás Rivera Policy Institute, "Equity in Offering Advanced Placement Courses in California High Schools", 2006, acessado em www.trpi.org/PDFs/ap_2006.pdf (09/08/12).
34. M. Bertrand e S. Mullainatha, "Are Emily and Greg More Employable Than Lakisha and Jamal? A Field Experiment on Labor Market Discrimination", *American Economic Review* 94 (2004): 991-1013.
35. D. Pager, "The Use of Field Experiments for Studies of Employment Discrimination: Contributions, Critiques, and Directions for the Future", *Annals of the American Academy of Political and Social Science* 609 (2007): 104-33; D. Pager, B. Western e B. Bonikowski, "Discrimination in a Low-Wage Labor Market: A Field Experiment", *American Sociological Review* 74 (2009): 777-99.
36. E. Cose. *The Rage of a Privileged Class: Why Are Middle-Class Blacks Angry? Why Should America Care?* Nova York: HarperCollins, 1993.

37. M. J. Fischer e D. S. Massey, "The Ecology of Racial Discrimination", *City and Community* 3 (2004): 221–41.
38. I. Ayres, "Fair Driving: Gender and Race Discrimination in Retail Car Negotiations", *Harvard Law Review* 104 (1991): 817–72.
39. A. R. Green, D. R. Carney, D. J. Pallin, L. H. Ngo, K. L. Raymond, L. I. Iezzoni e M. R. Banaji. "Implicit Bias among Physicians and Its Prediction of Thrombolysis Decisions for Black and White Patients", *Journal of General Internal Medicine* 22 (2007): 1231–38.
40. C. M. Bonham. "Devaluing Black Space: Black Locations as Targets of Housing and Environmental Discrimination". Tese de doutorado, Stanford University, Stanford, CA, 2010.
41. B. Pettit e B. Western, "Mass Imprisonment and the Life Course: Race and Class Inequality in U.S. Incarceration", *American Sociological Review* 69 (2004): 151–69; L. D. Bobo e V. Thompson, "Racialized Mass Incarceration: Poverty, Prejudice, and Punishment". In: Markus e Moya (orgs.). *Doing Race*, pp. 322–55; J. L. Eberhardt, P. G. Davies, V. J. Purdie-Vaughns e S. L. Johnson, "Looking Deathworthy: Perceived Stereotypicality of Black Defendants Predicts Capital-Sentencing Outcomes", *Psychological Science* 17 (2006): 383–86.
42. J. Price e J. Wolfers, "Racial Discrimination among NBA Referees", *The Quarterly Journal of Economics* 125 (2010): 1859–87
43. D. Pager e H. Shepherd, "The Sociology of Discrimination: Racial Discrimination in Employment, Housing, Credit, and Consumer Markets", *Annual Review of Sociology* 34 (2008): 181–209.
44. H. Cain. *This Is Herman Cain! My Journey to the White House*. Nova York: Threshold Editions, 2011.
45. J. S. Mbiti. *African Religions and Philosophy* (Garden City, NY: Doubleday, 1970).
46. A. Daly, J. Jennings, J. O. Beckett e B. R. Leashore, "Effective Coping Strategies of African Americans", *Social Work* 40 (1995): 240–48.
47. J. Jackson, "The Masquerade of Racial Group Differences in Psychological Sciences", discurso programático, Association for Psychological Science Twenty-fourth Annual Convention, 25 de maio de 2012.
48. R. J. Taylor, L. M. Chatters e J. S. Jackson, "Religious and Spiritual Involvement among Older African Americans, Carribean Blacks, and Non-Hispanic Whites: Findings from the National Survey of American Life", *Journal of Gerontology: Social Sciences* 62B (2007): S238–S250; R. J. Taylor, L. M. Chatters, R. Jayakody e J. S. Levin, "Black and White Differences in Religious Participation: A Multisample Comparison", *Journal for the Scientific Study of Religion* 35 (1996): 403–10.
49. T. N. Brown, E. E. Tanner-Smith, C. L. Lesane-Brown e M. E. Ezell, "Child, Parent, and Situational Correlates of Familial Ethnic/Race Socialization", *Journal of Marriage and Family* 69 (2007): 14–25; P. Bronson e A. Merryman. *NurtureShock: New Thinking about Children*. Nova York: Twelve, 2009.
50. M. O. Caughy, P. J. O'Campo, S. M. Randolph e K. Nickerson, "The Influence of Racial Socialization Practices on the Cognitive and Behavioral Competence of African American Preschoolers", *Child Development* 73 (2002): 1611–25.
51. D. Hughes, J. Rodriguez, E. P. Smith, D. J. Johnson, H. C. Stevenson e P. Spicer, "Parents' Racial/Ethnic Socialization Practices: A Review of Research and Agenda for Future Study", *Developmental Psychology* 42 (2006): 747–70; A. Wigfield e J. S. Eccles, "Children's Competence Beliefs, Achievement Values, and General Self-Esteem: Change across Elementary and Middle School", *Journal of Early Adolescence* 14 (1994): 107–38.
52. E. V. P. Hudley, W. Haight e P. J. Miller. *Raise Up a Child: Human Development in an African-American Family*. Chicago: Lyceum Press, 2003.
53. J. Crocker, R. K. Luhtanen, M. L. Cooper e A. Bouvrette, "Contingencies of Self-Worth in College Students: Theory and Measurement", *Journal of Personality and Social Psychology* 85 (2003): 894–908.
54. M. Morgan e D.-E. Fischer, "Hiphop and Race: Blackness, Language, and Creativity", in Markus e Moya, eds., *Doing Race*, pp. 509–27.
55. Akrobatik [Jared Bridgeman], "Rain", *Absolute Value*. Nova York: Fat Beats Records, 2008.
56. H. E. Cheatham, R. B. Slaney e N. C. Coleman, "Institutional Effects on the Psychosocial Development of African-American College Students", *Journal of Counseling Psychology* 37 (1990): 453–58.
57. P. Bronson e A. Merryman, "Is Your Baby Racist? Exploring the Roots of Discrimination", *Newsweek*, 14 de setembro de 2009.
58. J. Mazzuca e L. Lyons, "Few Americans Feel Day-to-Day Racial Tension", Gallup, 31 ago. 2004, acessado em www.gallup.com/poll/12883/few-americans-feel-daytoday-racial-tension.aspx (09/08/12).
59. A. G. Greenwald, D. E. McGhee e J. L. K. Schwartz, "Measuring Individual Differences in Implicit Cognition: The Implicit Association Test", *Journal of Personality and Social Psychology* 74 (1998): 1464–80; B. A. Nosek, M. R. Banaji e A. G. Greenwald, "Harvesting Implicit Group Attitudes and Beliefs from a Demonstration Web Site", *Group Dynamics: Theory, Research, and Practice* 6 (2002): 101–15.
60. J. L. Eberhardt, P. A. Goff, V. J. Purdie e P. G. Davies, "Seeing Black: Race, Crime, and Visual Processing", *Journal of Personality and Social Psychology* 87 (2004): 876–93; P. A. Goff, J. L. Eberhardt, M. J. Williams e M. C. Jackson, "Not Yet Human: Implicit Knowledge, Historical Dehumanization, and Contemporary Consequences", *Journal of Personality and Social Psychology* 94 (2008): 292–306.
61. Green et al., "The Presence of Implicit Bias in Physicians and Its Prediction of Thrombolysis Decisions for Black and White Patients"; D. M. Amodio e P. G. Devine, "Stereotyping and Evaluation in Implicit Race Bias: Evidence for Independent Constructs and Unique Effects on Behavior", *Journal of Personality and Social*

Psychology 91 (2006): 652–61; L. A. Rudman e R. D. Ashmore, "Discrimination and the Implicit Association Test", *Group Processes and Intergroup Relations* 10 (2007): 359–72.
62. P. Bronson e A. Merryman, "See Baby Discriminate", *Newsweek*, setembro de 2009, acessado em www.newsweek.com/id/214989 (08/08/12).
63. B. Vittrup. "Exploring the Influences of Educational Television and Parent-Child Discussions on Improving Children's Racial Attitudes". Tese de doutorado, 2007; B. Vittrup e G. H. Holden, "Exploring the Impact of Educational Television and Parent-Child Discussions on Childrens Racial Attitudes", *Analyses of Social Issues and Public Policy* 11 (2011): 82–104.
64. C. Linnaeus. *Systema Naturae*. (Vienna: Typis Ionnis Thomae nob. De Trattern, 1767); A. Smedley. *Race in North America: Origin and Evolution of a Worldview*. 3ª ed. Boulder, CO: Westview Press, 2007.
65. P. M. L. Moya e H. R. Markus, "Doing Race: An Introduction". In: Markus e Moya. *Doing Race*, pp. 1–102; S. J. Gould. *The Mismeasure of Man*. Nova York: W. W. Norton, 1996.
66. Constituição dos Estados Unidos, Artigo 1, Seção 2.
67. T. Jefferson. *Notes on the State of Virginia*. Richmond, VA: J. W. Randolph, 1782.
68. R. E. Nisbett. *Intelligence and How to Get It: Why Schools and Cultures Count*. Nova York: W. W. Norton, 2009; Markus e Moya (orgs.). "Doing Race: An introduction", pp. 1–102.
69. T. N. Brannon, H. R. Markus e V. D. Jones, "'Two Souls, Two Thoughts,' Two Self-Schemas: Positive Consequences of Double Consciousness for Self-Construal and Academic Performance", manuscrito não publicado, Stanford University, 2012.
70. Pew Research Center. "Blacks See Growing Values Gap between Poor and Middle Class: Optimism about Black Progress Declines", 2007, acessado em http:// pewsocialtrends.org/files/2010/10/Race-2007.pdf (09/08/12).
71. P. McIntosh, "White Privilege: Unpacking the Invisible Knapsack", *Independent School,* inverno de 1990: 31–36.
72. J. T. Jost e B. Major (orgs.). *The Psychology of Legitimacy: Emerging Perspectives on Ideology, Justice, and Intergroup Relations*. Nova York: Cambridge University Press, 2001.
73. W. G. Bowen e D. Bok. *The Shape of the River*. Princeton, NJ: Princeton University Press, 1998.
74. N. Sorensen, B. A. Nagda, P. Gurin e K. E. Maxwell, "Taking a 'Hands On' Approach to Diversity in Higher Education: A Critical-Dialogic Model for Effective Intergroup Interaction", *Analysis of Social Issues and Public Policies* 9 (2009): 3–35.
75. S. R. Sommers, "On Racial Diversity and Group Decision-Making: Identifying Multiple Effects of Racial Composition on Jury Deliberations", *Journal of Personality and Social Psychology* 90 (2006): 597–612.
76. O. C. Richard, "Racial Diversity, Business Strategy, and Firm Performance: A Resource-Based View", *The Academy of Management Journal* 43 (2000): 164– 77; K. A. Jehn, G. B. Northcraft e M. A. Neale, "Why Differences Make a Difference: A Field Study of Diversity, Conflict, and Performance in Workgroups", *Administrative Science Quarterly* 44 (1999): 741–63.
77. V. Purdie-Vaughns, C. M. Steele, P. G. Davies, R. Ditlmann e J. R. Crosby, "Social Identity Contingencies: How Diversity Cues Signal Threat or Safety for African Americans in Mainstream Institutions", *Journal of Personality and Social Psychology* 94 (2008): 615–30.
78. V. C. Plaut, K. M. Thomas e M. J. Goren, "Is Multiculturalism or Color Blindness Better for Minorities?", *Psychological Science* 20 (2009): 444–46; C. Herring, "Does Diversity Pay? Race, Gender, and the Business Case for Diversity", *American Sociological Review* 74 (2009): 208–24.
79. V. C. Plaut, F. G. Garnett, L. E. Buffardi e J. Sanchez-Burks, "'What about Me?' Perceptions of Exclusion and Whites' Reactions to Multiculturalism", *Journal of Personality and Social Psychology* 101 (2011): 337–53.
80. D. Steele in J. Banks. *Multicultural Education: Issues and Perspectives*. Nova York: John Wiley and Sons, 2001; H. R. Markus, C. M. Steele, D. M. Steele, "Colorblindness as a Barrier to Inclusion: Assimilation and Nonimmigrant Minorities", *Daedalus* 129 (2000): 233–59.; D. M. Steele, C. M. Steele, H. R. Markus, A. E. Lewis, F. Green e P. G. Davies, "How Identity Safety Improves Student Achievement", manuscrito não publicado, Stanford University, Stanford, CA, 2007.
81. L. Hansberry. "Les Blancs". In: R. Nemiroff, (org.). *Collected Last Plays of Lorraine Hansberry*. Nova York: New American Library, 1969.
82. M. J. Williams e J. L. Eberhardt, "Biological Conceptions of Race and the Motivation to Cross Racial Boundaries", *Journal of Personality and Social Psychology* 94 (2008): 1033–47.
83. R. Mendoza-Denton, "This Holiday, a Toast to Cross-Race Friendship", *Psychology Today*, 23 de novembro de 2010, disponível em www.psychologytoday.com/blog/are-we-born-racist/201011/holiday-toast-cross-race-friendship (acessado em 09/08/12); K. Davies, L. R. Tropp, A. Aron, T. F. Pettigrew e S. C. Wright. "Cross-Group Friendships and Intergroup Attitudes: A Meta-Analytic Review", *Personality and Social Psychology Review* 15 (2011): 332–51.
84. E. Page-Gould, R. Mendoza-Denton e L. R. Tropp, "With a Little Help from My Cross-Group Friend: Reducing Anxiety in Intergroup Contexts through Cross-Group Friendship", *Journal of Personality and Social Psychology* 95 (2008): 1080–94.
85. S. Trawalter e J. A. Richeson, "Regulatory Focus and Executive Function after Interracial Interactions", *Journal of Experimental Social Psychology* 42 (2006): 406–12; E. P. Apfelbaum, S. P. Sommers e M. I. Norton,

"Seeing Race and Seeming Racist? Evaluating Strategic Colorblindness in Social Interaction", *Journal of Personality and Social Psychology* 95 (2008): 918–32.
86. H. B. Bergsieker, J. N. Shelton e J. A. Richeson, "To Be Liked versus Respected: Divergent Goals in Interracial Interactions", *Journal of Personality and Social Psychology* 99 (2010): 248–64.
87. L. A. Rudman, R. D. Ashmore e M. L. Gary, "'Unlearning' Automatic Biases: The Malleability of Implicit Prejudice and Stereotypes", *Journal of Personality and Social Psychology* 81 (2001): 856–68.
88. d. ayo. *LIVE: How to Rent a Negro* (audiobook autopublicado, 2007).
89. d. ayo. "I Can Fix It! Vol. 1: Racism", acessado em http://www.damaliayo.com/pdfs/I%20CAN%20FIX%20IT_racism.pdf (09/08/12).
90. Ibid.
91. J. Christensen, "FBI Tracked King's Every Move", CNN, 31 de março de 2008, acessado em articles.cnn.com/2008-03-31/us/mlk.f bi.conspiracy_1_dream-speech-david-garrow-civil-rights?_s=PM:US (09/08/12).
92. DNBE Apparel, disponível em www.dangerousnegro.com/ (acessado em 09/08/12).
93. G. L. Cohen, J. Garcia, V. Purdie-Vaughns, N. Apfel e P. Brzustoski, "Recursive Processes in Self-Affirmation: Intervening to Close the Minority Achievement Gap", *Science* 324 (2009): 400–403.
94. G. L. Cohen, J. Garcia, N. Apfel e A. Master, "Reducing the Racial Achievement Gap: A Social-Psychological Intervention", *Science* 313 (2006): 1307–10.
95. D. Oyserman, K. Harrison e D. Bybee, "Can Racial Identity Be Promotive of Academic Efficacy?", *International Journal of Behavioral Development* 25 (2001): 379–85.
96. B. Thurston. *How to Be Black*. Nova York: HarperCollins, 2012.
97. R. Mendoza-Denton e E. Page-Gould, "Can Cross-Group Friendships Influence Minority Students' Well-Being at Historically White Universities?", *Psychological Science* 19 (2008): 933–39.
98. "Arizona Legislature Passes Bill to Curb 'Chauvanism' in Ethnic Studies Programs", Foxnews.com, 30 de abril de 2010, acessado em www.foxnews.com/politics/2010/04/30/arizonalegislaturepassesbanningethnicstudies-programs/ (09/08/12).
99. *Parents Involved in Community Schools v. Seattle School District No. 1*, 551 U.S. 701 (2007).
100. *Regents of the University of California v. Bakke*, 438 U.S. 265 (1978).

Capítulo 5

1. T. Noah. *The Great Divergence: America's Growing Inequality Crisis and What We Can Do about It*. Nova York: Bloomsbury Press, 2012; G. W. Domhoff, "Who Rules America? Wealth, Income, and Power", alterado em março de 2012, www2.ucsc.edu/whorulesamerica/power/wealth.html (acessado em 10/08/12).
2. U.S. Census Bureau, "Table 231: Educational Attainment by Selected Characteristics: 2010" (Washington, D.C.: Government Printing Office, 2012); S. F. Reardon, "The Widening Gap between the Rich and the Poor: New Evidence and Possible Explanations". In: G. J. Duncan e R. J. Murnane (orgs.). *Whither Opportunity? Rising Inequality, Schools, and Children's Life Chances*. Nova York: Russell Sage Foundation, 2011, pp. 91–116; A. Lareau e D. Conley (orgs.). *Social Class: How Does It Work?* Nova York: Russell Sage Foundation, 2008; S. T. Fiske e H. R. Markus (orgs.). *Facing Social Class: How Societal Rank Influences Interaction*. Nova York: Russell Sage Foundation, 2012; P. Attewell e K. S. Newman. *Growing Gaps: Educational Inequality around the World*. Nova York: Oxford University Press, 2010.
3. N. E. Adler e D. H. Rehkopf, "U.S. Disparities in Health: Descriptions, Causes, and Mechanisms", *Annual Review of Public Health* 29 (2008): 235–52; M. Marmot e M. J. Shipley, "Do Socioeconomic Differences in Mortality Persist after Retirement? 25-Year Follow-Up of Civil Servants from the First Whitehall Study", *British Medical Journal* 313 (1996): 1177–80; I. T. Elo, "Social Class Differentials in Health and Mortality: Patterns and Explanations in Comparative Perspective", *Annual Review of Sociology* 35 (2009): 553–72; S. Cohen, C. M. Alper, W. J. Doyle, N. Adler, J. J. Treanor e R. B. Turner, "Objective and Subjective Socioeconomic Status and Susceptibility to the Common Cold", *Health Psychology* 27 (2008): 268–74; W. Johnson e R. F. Krueger, "How Money Buys Happiness: Genetic and Environmental Processes Linking Finances and Life Satisfaction", *Journal of Personality and Social Psychology* 90 (2006): 680–91.
4. A. Conner Snibbe e H. R. Markus, "You Can't Always Get What You Want: Educational Attainment, Agency, and Choice", *Journal of Personality and Social Psychology* 88 (2005): 703–20; Fiske e Markus (orgs.). *Facing Social Class*; J. DeParle, "Two Classes, Divided by 'I Do'", *The New York Times* (14 de julho de 2012), pp. A1; J. Williams, "The Class Culture Gap". In: Fiske e Markus (orgs.). *Facing Social Class*, pp. 39–57; C. L. Ridgeway e S. R. Fisk, "Class Rules, Status Dynamics, and 'Gateway' Interactions". In: Fiske e Markus (orgs.). *Facing Social Class*, pp. 131–51.
5. Duncan e Murnane (orgs.). *Whither Opportunity?*; J. Brooks-Gunn e G. J. Duncan, "The Effects of Poverty on Children", *Future Child* 7 (1997): 55–71; S. R. Sirin, "Socioeconomic Status and Academic Achievement: A MetaAnalytic Review of Research", *Review of Education Research* 75 (2005): 417–53.
6. Duncan e Murnane. (orgs.). *Whither Opportunity?*
7. A. Carnevale e S. Rose, "The Undereducated American", Washington, D.C.: Georgetown University Center on Education and the Workforce, 2011.
8. U.S. Census Bureau, *Statistical Abstract of the United States: 2012*, Washington, D.C.: Government Printing Office, 2012.

9. Dados mensurados com o coeficiente de Gini para a população total, calculados depois de impostos e transferências, utilizando os dados mais recentes disponíveis. Organisation for Economic Co-operation and Development, "Income Distribution-Inequality (data file), 2012", acessado em stats.oecd.org/Index.aspx?DatasetCode =INEQUALITY (acessado em 10/08/12).
10. Organisation for Economic Co-operation and Development, "A Family Affair: Intergenerational Social Mobility across OECD Countries", *Economic Policy Reforms 2010: Going for Growth*. Paris: OECD Publishing, 2010, pp. 181–97.
11. Organisation for Economic Co-operation and Development, "The Output of Educational Institutions and the Impact of Learning", *Education at a Glance 2011: OECD Indicators*. Paris: OECD Publishing, 2011, pp. 29–42.
12. I. Kawachi e B. P. Kennedy. *The Health of Nations: Why Inequality Is Harmful to Your Health*. Nova York: The New Press, 2002; N. E. Adler, W. T. Boyce, M. A. Chesney, S. Cohen, S. Folkman, R. L. Kahn e S. S. Leonard. "Socioeconomic Status and Health: The Challenge of the Gradient", *The American Psychologist* 49 (1994): 15–24; M. Subramanyam, I. Kawachi, L. Berkman e S. V. Subramanian. "Relative Deprivation in Income and Self-Rated Health in the United States", *Social Science and Medicine* 69 (2009): 327–34.
13. S. Oishi, S. Kesebir e E. Diener, "Income Inequality and Happiness", *Psychological Science* 22 (2011): 1095–100.
14. C. Murray. *Coming Apart: The State of White America, 1960–2010*. Nova York: Crown Forum, 2012; veja também D. Brooks. *Bobos in Paradise: The New Upper Class and How They Got There*. Nova York: Touchstone, 2001.
15. C. Graham. *Happiness around the World: The Paradox of Happy Peasants and Miserable Millionaires*. Nova York: Oxford University Press, 2009; Carnevale e Rose, "The Undereducated American"; Kawachi e Kennedy. *The Health of Nations*.
16. L. Darling-Hammond, "Structured for Failure: Race, Resources, and Student Achievement". In: Markus e Moya (orgs.). *Doing Race: 21 Essays for the 21st Century*. Nova York: W. W. Norton, 2010.
17. Carnevale e Rose, "The Undereducated American".
18. *Ibid.*
19. Veja, por exemplo, N. M. Stephens, S. A. Fryberg e H. R. Markus, "It's Your Choice: How the Middle-Class Model of Independence Disadvantages Working-Class Americans". In: Fiske e Markus (orgs.). *Facing Social Class*, pp. 87–106.; D. Reay, M. E. David e S. J. Ball. *Degrees of Choice: Social Class, Race and Gender in Higher Education*. Sterling, VA: Trentham, 2005; D. Reay, G. Crozier e D. James. *White Middle Class Identities and Urban Schooling*. Londres: Palgrave Macmillan, 2011; M. J. Bailey e S. Dynarski, "Gains and Gaps: Changing Inequality in U.S. College Entry and Completion", *PSC Research Report No. 11-746* (2011).
20. Bill Clinton, observações ao Democratic Leadership Council, dezembro de 1993.
21. O nome foi alterado para proteger a identidade.
22. *Idem.*
23. C. Anderson e J. L. Berdahl, "The Experience of Power: Examining the Effects of Power on Approach and Inhibition Tendencies", *Journal of Personality and Social Psychology* 83 (2002): 1362–77; P. K. Smith e Y. Trope, "You Focus on the Forest When You're in Charge of the Trees: Power Priming and Abstract Information Processing", *Journal of Personality and Social Psychology* 90 (2006): 578–96; J. C. Magee, A. D. Galinsky e D. H. Gruenfeld, "Power, Propensity to Negotiate, and Moving First in Competitive Interactions", *Personality and Social Psychology Bulletin* 33 (2007): 200–211; M. W. Kraus, S. Chen e D. Keltner, "The Power to Be Me: Power Elevates Self-Concept Consistency and Authenticity", *Journal of Experimental Social Psychology* 47 (2011): 974–80; A. D. Galinsky, J. C. Magee, D. H. Gruenfeld, J. A. Whitson e K. A. Lijenquist. "Social Power Reduces the Strength of the Situation: Implications for Creativity, Conformity, and Dissonance", *Journal of Personality and Social Psychology* 95 (2008): 1450–66.
24. Stephens, Fryberg e Markus, "It's Your Choice"; L. Rubin. *Worlds of Pain: Life in the Working-Class Family*. Nova York: Basic Books, 1976; N. M. Stephens, H. R. Markus e S. S. M. Townsend, "Choice as an Act of Meaning: The Case of Social Class", *Journal of Personality and Social Psychology* 93 (2007): 814–30; M. L. Kohn. *Class and Conformity: A Study in Value*. Homewood, IL: Dorsey, 1969.
25. K. Curhan e H. R. Markus, "Social Class, Self and Well-Being", manuscrito não publicado, Stanford University, 2012.
26. *Ibid.*
27. Devido à maior sensibilidade em relação ao status social e posição inferior na hierarquia, os americanos da classe trabalhadora são mais propensos que os americanos da classe média a afirmar que não permitem que a posição social afete negativamente suas relações com os outros. Para uma discussão mais aprofundada da importância da posição social e da hierarquia nos mundos da classe trabalhadora, veja: M. Lamont. *The Dignity of Working Men: Morality and the Boundaries of Race, Class, and Immigration*. Cambridge, MA: Harvard University Press, 2000; A. S. Rossi. *Caring and Doing for Others: Social Responsibility in the Domains of Family, Work, and Community*. Chicago, IL: University of Chicago Press, 2001; N. A. Bowman, S. Kitayama e R. E. Nisbett, "Social Class Differences in Self, Attribution, and Attention: Socially Expansive Individualism of Middle-Class Americans", *Personality and Social Psychology Bulletin* 35 (2009): 880–93; M. Argyle. *The Psychology of Social Class*. Londres: Routledge, 1994.

28. Curhan e Markus, "Social Class, Self, and Well-Being".
29. J. C. Williams, "The Class Culture Gap". In: Fiske e Markus (orgs.). *Facing Social Class*, pp. 39–57.
30. Snibbe e Markus, "You Can't Always Get What You Want", pp. 703–20; H. R. Markus e B. Schwartz, "Does Choice Mean Freedom and Well-Being?", *Journal of Consumer Research* 37 (2010): 344–55; H. R. Markus e S. Kitayama, "Models of Agency: Sociocultural Diversity in the Construction of Action". In: V. Murphy-Berman e J. J. Berman (orgs.). *Cross-Cultural Differences in Perspectives on the Self*. Lincoln: University of Nebraska Press, 2003.
31. Snibbe e Markus, "You Can't Always Get What You Want", pp. 703–20.
32. N. M. Stephens, S. A. Fryberg e H. R. Markus, "When Choice Does Not Equal Freedom: A Sociocultural Analysis of Choice in Working-Class Contexts", *Social and Personality Psychology Science* 2 (2011): 33–41; K. Savani, H. R. Markus, N. V. R. Naidu, S. Kumar e N. Berlia. "What Counts as a Choice?" *Psychological Science* 14 (3) (2010): 391–98.
33. Stephens, Fryberg e Markus, "When Choice Does Not Equal Freedom"; Stephens, Markus e Townsend, "Choice as an Act of Meaning"; Markus e Schwartz, "Does Choice Mean Freedom and Well-Being?", pp. 344–355; B. Schwartz, H. R. Markus e A. Conner Snibbe, "Is Freedom Just Another Word for Many Things to Buy?", *The New York Times Magazine*, 26 de fevereiro de 2006.
34. H. R. Markus, C. D. Ryff, K. B. Curhan e K. A. Palmersheim, "In Their Own Words: Well-Being at Midlife among High School-Educated and College-Educated Adults". In: O. G. Brim, C. D. Ryff e R. C. Kessler (orgs.). *How Healthy Are We? A National Study of Well-Being at Midlife*. Chicago: University of Chicago Press, 2004, pp. 273–319; K. B. Curhan, "Well-Being Strategies in Japan and the United States: A Comparative Study of the Prevalence and Effectiveness of Strategies Used to Make Life Go Well for High School-Educated and College-Educated Midlife Adults". Tese de doutorado, Stanford University, Stanford, CA, 2009; veja também M. W. Kraus, P. K. Piff, R. Mendoza-Denton, M. L. Rheinschmidt e D. Keltner, "Social Class, Solipsism, and Contextualism: How the Rich Are Different from the Poor", *Psychological Review* 119 (2012): 546–72.; H. R. Markus, C. D. Ryff, A. Conner, E. K. Pudberry e K. L. Barnett, "Themes and Variations in American Understanding of Responsibility". In: A. S. Rossi (org.) *Caring and Doing for Others: Social Responsibility in the Domains of Family, Work, and Community*. Chicago: University of Chicago Press, 2001, pp. 349–99.
35. M. W. Kraus e D. Keltner, "Signs of Socioeconomic Status: A Thin-Slicing Approach", *Psychological Science* 20 (2009): 99–106.
36. M. W. Kraus, S. Côté e D. Keltner, "Social Class, Contextualism, and Empathic Accuracy", *Psychological Science* 21 (2010): 1716–23; M. W. Kraus, E. J. Horberg, J. L. Goetz e D. Keltner, "Social Class Rank, Threat Vigilance, and Hostile Reactivity", *Personality and Social Psychology Bulletin* 37 (2011): 1376–88.
37. Independent Sector, "Giving and Volunteering in the United States 2001", Washington, D.C., 2002.
38. P. K. Piff, M. W. Kraus, S. Côté, H. Cheng e D. Keltner. "Having Less, Giving More: The Influence of Social Class on Prosocial Behavior", *Journal of Personality and Social Psychology* 99 (2010): 771–84; National Public Radio, "Study: Poor Are More Charitable Than the Wealthy", 8 de agosto de 2010, disponível em http://www.npr.org/templates/story/story.php?storyId=129068241.
39. P. K. Piff, D. M. Stancato, S. Côté, R. Mendoza-Denton e D. Keltner. "Higher Social Class Predicts Increased Unethical Behavior", *Proceedings of the National Academy of Sciences of the United States of America* 109 (2012): 408b–91.
40. J. C. Magee, A. D. Galinsky e D. H. Gruenfeld, "Power, Propensity to Negotiate, and Moving First in Competitive Interactions", *Personality and Social Psychology Bulletin* 33 (2007): 200–212.
41. A. Kusserow, "When Hard and Soft Clash: Class-Based Individualisms in Manhattan and Queens". In: Fiske e Markus (orgs.). *Facing Social Class*, pp. 195–215; A. S. Kusserow. *American Individualisms: Child Rearing and Social Class in Three Neighborhoods*. Nova York: Palgrave Macmillan, 2004.
42. Kusserow. *American Individualisms*.
43. *Ibid*.
44. *Ibid*.
45. P. J. Miller, G. E. Cho e J. R. Bracey, "Working-Class Children's Experience through the Prism of Personal Storytelling", *Human Development* 48 (2005): 115–35.
46. Kusserow, "When Hard and Soft Clash".
47. D. K. Dickinson e M. W. Smith, "Long-Term Effects of Preschool Teachers' Book Readings on Low-Income Children's Vocabulary and Story Comprehension", *Reading Research Quarterly* 29 (1994): 105–22; R. Paige e T. Thompson (copresidentes), "The White House Summit on Early Childhood Cognitive Development, Proceedings", 2001; G. J. Whitehurst, D. S. Arnold, J. N. Epstein, A. L. Angell, M. Smith e J. Fischel. "A Picture Book Reading Intervention in Day Care and Home for Children from Low-Income Families", *Developmental Psychology* 30 (1994): 679–89.
48. B. Hart e T. Risley. *Meaningful Differences in the Everyday Experience of Young American Children*. Baltimore, MD: Paul H. Brook, 1995; A. Lareau e J. McCrory Calarco, "Class, Cultural Capital, and Institutions: The Case of Families and Schools". In: Fiske e Markus (orgs.). *Facing Social Class*; A. Lareau. *Unequal Childhoods: Class, Race, and Family Life*. 2ª ed. Berkeley: University of California Press, 2011; M. Phillips, "Parenting, Time Use, and Disparities in Academic Outcomes". In: Duncan and Murnane (orgs.). *Whither Opportunity?*, pp. 207–28.

49. K. B. Curhan e H. R. Markus, "Social Class, Self and Well-Being", artigo não publicado, 2012.
50. Snibbe e Markus, "You Can't Always Get What You Want", pp. 703–20.
51. Carta de convite à universidade, University of California, Berkeley.
52. *Stanford Preview*, Stanford, CA, 2011.
53. *Stanford Viewbook*, Stanford, CA, 2004.
54. F. Yeskel, "Diversity Training and Classism". In: B. Leondar-Wright. *Class Matters: Cross-Class Alliance Building for Middle-Class Activists*. Gabriola Island, BC: New Society Publishers, 2005, pp. 153–54.
55. U.S. Department of Education, National Center for Education Statistics, "Students Whose Parents Did Not Go to College: Post-Secondary Access, Persistence, and Attainment", NCES 2001–126, Washington, D.C.: Government Printing Office, 2001.
56. Lamont. *The Dignity of Working Men*.
57. U.S. Department of Education, National Center for Education Statistics, "Students Whose Parents Did Not Go to College."
58. N. M. Stephens, S. A. Fryberg, H. R. Markus, C. S. Johnson e R. Covarriubas. "Unseen Disadvantage: How American Universities' Focus on Independence Undermines the Academic Performance of First-Generation College Students", *Journal of Personality and Social Psychology* 102 (2012): 1178–97.
59. *Ibid.*
60. Comunicação pessoal, 2012.
61. Para evidências de que alguns dos primeiros seres humanos também eram igualitários, veja D. S. Rogers, O. Deshpande, e M. W. Feldman, "The Spread of Inequality", *PLoS ONE* 6 (2011): e24683.
62. M. Zitek e L. Z. Tiedens, "The Fluency of Social Hierarchy: The Ease with Which Hierarchical Relationships are Learned, Remembered, and Liked", *Journal of Personality and Social Psychology* 102 (2012): 98–115; D. H. Gruenfeld e L. Z. Tiedens, "Organizational Preferences and Their Consequences". In: S. T. Fiske, D. T. Gilbert e G. Lindsay (orgs.). *The Handbook of Social Psychology*. Nova York: Wiley, 2010; J. Sidanius e F. Pratto. *Social Dominance: An Intergroup Theory of Social Hierarchy and Oppression*. Nova York: Cambridge University Press, 1999.
63. N. E. Adler, E. Epel, G. Castellazzo e J. Ickovics, "Relationship of Subjective and Objective Social Status with Psychological and Physical Health: Preliminary Data in Healthy White Women", *Health Psychology* 19 (2000): 586–92; D. Operario, N. E. Adler e D. R. Williams, "Subjective Social Status: Reliability and Predictive Utility for Global Health", *Psychology and Health* 19 (2004): 237–46.
64. Darling-Hammond, "Structured for Failure".
65. *Ibid.*
66. L. Darling-Hammond. *The Flat World and Education: How America's Commitment to Equity Will Determine Our Future*. Nova York: Teachers College Press, 2010, p. 192.
67. G. Orfield e C. Lee. *Why Segregation Matters: Poverty and Educational Inequality*. Cambridge, MA: Civil Rights Project, Harvard University, 2005; D. S. Massey e N. A. Denton. *American Apartheid: Segregation and the Making of the Underclass*. Cambridge, MA: Harvard University Press, 1993.
68. Darling-Hammond, "Structured for Failure", p. 309.
69. S. M. Wilson, L. Darling-Hammond e B. Berry, "Steady Work: The Story of Connecticut's Reform", *American Educator* 25 (2001): 34–39.
70. W. N. Grubb. *The Money Myth: School Resources, Outcomes, and Equity*. Nova York: Russell Sage Foundation, 2009.
71. E. Aronson, "The Jigsaw Classroom: A Cooperative Learning Technique", 2012, acessado em www.jigsaw.org (acessado em 10/08/12); E. Aronson e S. Patnoe. *Cooperation in the Classroom: The Jigsaw Method*. 3ª ed. Londres: Pinter and Martin, Ltd., 2011.
72. Stephens, Fryberg, Markus, Johnson e Covarrubias, "Unseen Disadvantage".
73. N. M. Stephens, S. S. M. Townsend, H. R. Markus e L. T. Phillips, "A Cultural Mismatch: Independent Cultural Norms Produce Greater Increases in Cortisol and More Negative Emotion among First-Generation College Students", *Journal of Experimental Social Psychology* 48 (2012): 1389–93.
74. The Posse Foundation. *Fulfilling the Promise: The Impact of Posse after 20 Years. 2012 Alumni Report*. Nova York: The Posse Foundation, 2012; The Posse Foundation, "Partner Colleges and Universities, 2012", acessado em possefoundation.org (09/08/12).
75. J.-C. Croizet e T. Claire, "Extending the Concept of Stereotype Threat to Social Class: The Intellectual Underperformance of Students from Low Socioeconomic Backgrounds", *Personality and Social Psychology Bulletin* 24 (1998): 588–94.
76. KIPP Foundation. *KIPP: 2011 Report Card and Individual School Results*. San Francisco, CA: KIPP Foundation, 2011.
77. J. Marchese, "Is This the Best School in Philadelphia?" *Philadephia Magazine* (1 de setembro de 2009); P. Tough, "What It Takes to Make a Student", *The New York Times Magazine*, 26 de novembro de 2006; "Getting Young Lives in Line", *U. S. News & World Report*, 14 de março de 2004.
78. KIPP Foundation. *The Promise of College Completion: KIPP's Early Successes and Challenges*. San Francisco, CA: KIPP Foundation, 2011.
79. H. Markus e P. Nurius, "Possible Selves", *American Psychologist* 41 (1986): 954–69; D. Oyserman e H. Markus, "Possible Selves in Balance: Implications for Delinquency", *Journal of Social Issues* 46 (1990): 141–57.

80. D. Oyserman, D. Bybee e K. Terry, "Possible Selves and Academic Outcomes: How and When Possible Selves Impel Action", *Journal of Personality and Social Psychology* 91 (2006): 188–204.
81. N. Stephens, M. Hamedani e M. Destin, trabalho não publicado, 2012.
82. P. Sacks. *Standardized Minds: The High Price of America's Testing Culture and What We Can Do to Change It*. Cambridge, MA: Perseus Publishing, 1999.
83. B. Leondar-Wright (org.). *Class Matters: Cross-Class Alliance Building for Middle-Class Activists*. Gabriola Island, BC: New Society Publishers, 2005; B. Jensen, "Becoming versus Belonging: Psychology, Speech, and Social Class". In: Leondar-Wright (org.). *Class Matters*.
84. Leondar-Wright. *Class Matters*, p. 145.
85. N. Fast, D. Gruenfeld, N. Sivanathan e A. Galinsky, "Illusory Control: A Generative Force behind Power's Far-Reaching Effects", *Psychological Science* 20 (2009): 502–8; S. E. Taylor e J. D. Brown, "Illusion and Well--Being: A Social Psychological Perspective on Mental Health", *Psychological Bulletin* 103 (1988): 193–210; M. E. Lachman e S. L. Weaver, "The Sense of Control as a Moderator of Social Class Differences in Health and Well-being", *Journal of Personality and Social Psychology* 74 (1998): 763–73.
86. Reardon, "The Widening Gap between the Rich and the Poor", pp. 91–116.
87. P. Bourdieu. *The State Nobility*. Cambridge: Polity Press, 1997.
88. A ideia de que classe equivale a dinheiro é representada na famosa conversa a seguir: Scott Fitzgerald: "Os ricos são diferentes de nós."
Ernest Hemingway: "Sim, eles têm mais dinheiro."
Veja F. Scott Fitzgerald. *The Crack-Up*. E. Wilson (org.). Nova York: New Directions, 1945, p. 125.
89. P. Bourdieu. *In Other Words: Towards a Reflexive Sociology*. Stanford, CA: Stanford University Press, 1987.

Capítulo 6

1. R. Molloy, C. L. Smith e A. K. Wozniak, "Internal Migration in the United States", documento de trabalho 17307 NBER, Cambridge, MA: National Bureau of Economics Research, 2011.
2. E. Silver, E. P. Mulvey e J. W. Swanson, "Neighborhood Structural Characteristics and Mental Disorder: Faris and Dunham Revisited", *Social Science and Medicine* 55 (2002): 1457–70.
3. M. Dong, R. F. Anda, V. J. Felitti, D. F. Williamson, S. R. Dube, D. W. Brown e W. H. Giles. "Childhood Residential Mobility and Multiple Health Risks during Adolescence and Adulthood", *Archives of Pediatrics and Adolescent Medicine* 159 (2005): 1104–10.
4. Apesar de diferentes pesquisadores dividirem os Estados Unidos de maneiras distintas, muitos concordam que o Sul inclui as divisões 5, 6 e 7 do censo americano (Alabama, Arkansas, Delaware, Flórida, Geórgia, Kentucky, Louisiana, Maryland, Mississippi, Carolina do Norte, Oklahoma, Carolina do Sul, Tennessee, Texas, Virgínia Ocidental e Virgínia); o Nordeste inclui as divisões 1 e 2 do censo (Connecticut, Massachusetts, Maine, New Hampshire, New Jersey, Nova York, Pennsylvania, Rhode Island e Vermont); o Meio-Oeste é formado pelas divisões 3 e 4 (Iowa, Illinois, Indiana, Kansas, Michigan, Minnesota, Missouri, Nebraska, Dakota do Norte, Ohio, Dakota do Sul e Wisconsin); e o Oeste é composto das divisões 8 e 9 (Arizona, Califórnia, Colorado, Idaho, Montana, Novo México, Nevada, Oregon, Utah, Washington e Wyoming). Nossa análise não inclui o Havaí e o Alasca devido à enorme distinção da história, ecologia e cultura desses dois estados em relação aos outros 48 estados americanos.
5. Molloy, Smith e Wozniak, "Internal Migration in the United States".
6. V. C. Plaut, G. Adams e S. L. Anderson, "Does Attractiveness Buy Happiness? It Depends on Where You're From", *Personal Relationships* 16 (2009): 619–30.
7. O Oeste americano inclui duas divisões do Censo dos Estados Unidos: a região do Pacífico (Califórnia, Oregon e Washington, apesar de excluir o Arkansas e o Havaí) e os "Mountain States" (Arizona, Colorado, Idaho, Montana, Novo México, Nevada e Wyoming).
8. V. C. Plaut, H. R. Markus e M. E. Lachman, "Place Matters: Consensual Features and Regional Variation in American Well-Being and Self", *Journal of Personality and Social Psychology* 83 (2002): 160–84; P. J. Rentfrow, S. D. Gosling e J. Potter, "A Theory of the Emergence, Persistence, and Expression of Geographic Variation in Psychological Characteristics", *Perspectives on Psychological Science* 3 (2008): 339–69.
9. Ibid.
10. Famoso anúncio de televisão da Club for Growth PAC sobre Howard Dean (vídeo), 26 de agosto de 2006, acessado em www.youtube.com/watch?v=K4-vEwD_7Hk (14/08/2012).
11. V. C. Plaut, H. R. Markus, J. R. Treadway e A. S. Fu, "The Cultural Construction of Self and Well-Being: A Tale of Two Cities", *Journal of Personality and Social Psychology* (2012).
12. S. Kitayama, K. Ishii, T. Imada, K. Takemura e J. Ramaswamy. "Voluntary Settlement and the Spirit of Independence: Evidence from Japan's 'Northern Frontier'", *Journal of Personality and Social Psychology* 91 (2006): 369–84.
13. S. Oishi, J. Lun e G. D. Sherman, "Residential Mobility, Self-Concept, and Positive Affect in Social Interactions", *Journal of Personality and Social Psychology* 93 (2007): 131–41.
14. B. Berkner e C. S. Faber. *Geographical Mobility: 1995 to 2000*. Washington, D.C.: U.S. Census Bureau, 2000, acessado em www.census.gov/prod/2003pubs/c2kbr-28.pdf (acessado em 12/08/2012).
15. M. S. Granovetter, "The Strength of Weak Ties", *The American Journal of Sociology* 78 (1973): 1360–80.

16. Referência às regiões de San Francisco, San Diego, Seattle e Los Angeles; veja J. Cortright e H. Mayer. *Signs of Life: The Growth of Biotechnology Centers in the U.S.* Washington, D.C.: The Brookings Institution, Center on Urban and Metropolitan Policy, 2002.
17. R. Florida. *Who's Your City?* Nova York: Basic Books, 2008.
18. Plaut, Markus, Treadway e Fu, "The Cultural Construction of Self and Well-Being".
19. Robert D. Putnam. *Bowling Alone: The Collapse and Revival of American Community* (Capítulo 16: "Introduction"). Nova York: Simon and Schuster, 2000.
20. S. Oishi, A. J. Rothman, M. Snyder, J. Su, K. Zehm, A. W. Hertel e G. D. Sherman. "The Socioecological Model of Procommunity Action: The Benefits of Residential Stability", *Journal of Personality and Social Psychology* 93 (2007): 831–44.
21. S. Oishi, F. F. Miao, M. Koo, J. Kisling e K. A. Ratliff. "Residential Mobility Breeds Familiarity-Seeking", *Journal of Personality and Social Psychology* 102 (2012): 149–62.
22. A. Rao e P. Scaruff. *A History of Silicon Valley: The Greatest Creation of Wealth in the History of the Planet*. Palo Alto, CA: Omniware, 2011.
23. Martin Kenney (org.). *Understanding Silicon Valley: The Anatomy of an Entrepreneurial Region*. Stanford, CA: Stanford University Press, 2000.
24. R. Florida. *The Rise of the Creative Class* (Nova York: Basic Books, 2002, p. 119. [Edição brasileira: *A ascensão da classe criativa*. Porto Alegre: L&PM, 2011.]
25. Ibid.
26. Putnam. *Bowling Alone*, cap. 16.
27. B. McGrory, "Not Your Father's Boston", *Boston Globe*, 26 de julho de 2004.
28. B. Johnstone, "Features and Uses of Southern Style". In: S. J. Nagle e S. L. Sanders (orgs.). *English in the Southern United States*. Nova York: Cambridge University Press, 2003, pp. 189–207.
29. D. Roberts, "Hospitality". In: C. R. Wilson (org.). *The New Encyclopedia of Southern Culture*, v. 4. Chapel Hill: University of North Carolina Press, 2006, pp. 234–36; citação na p. 236.
30. R. E. Nisbett e D. Cohen. *Culture of Honor: The Psychology of Violence in the South*. Boulder, CO: Westview Press, 1996.
31. Para ler mais sobre os arquétipos sulinos e as mulheres sulinas, também conhecidas como "magnólias de ferro", veja T. McPherson. *Reconstructing Dixie: Race, Gender, and Nostalgia in the Imagined South*. Durham, NC: Duke University Press, 2003.
32. R. V. Levine, T. S. Martinez, G. Brase e K. Sorenson, "Helping in 36 U.S. Cities", *Journal of Personality and Social Psychology* 67 (1994): 69–82.
33. Plaut, Markus e Lachman, "Place Matters".
34. A. K-Y. Leung e D. Cohen, "Within and Between-Culture Variation: Individual Differences and the Cultural Logics of Honor, Face, and Dignity Cultures", *Journal of Personality and Social Psychology* 100 (2011): 507–26.
35. D. Cohen, J. Vandello, S. Puente e A. Rantilla, "'When You Call Me That, Smile!' How Norms for Politeness, Interaction Styles, and Aggression Work Together in Southern Culture", *Social Psychology Quarterly* 62 (2012): 257–75.
36. C. P. Flynn, "Regional Differences in Attitudes toward Corporal Punishment", *Journal of Marriage and Family* 56 (1994): 314–24.
37. O Mississippi (7,5% dos estudantes), o Arkansas (4,7%) e o Alabama (4,5%) respondem pelas porcentagens mais elevadas de alunos fisicamente agredidos por educadores em 2012. Veja A. Farmer, A. Neier e A. Parker. *A Violent Education: Corporal Punishment of Children in U.S. Public Schools*. Nova York: Human Rights Watch, 2009.
38. D. Cohen e R. E. Nisbett, "Self-Protection and the Culture of Honor: Explaining Southern Violence", *Personality and Social Psychology Bulletin* 20 (1994): 551–67.
39. S. J. Watkins e J. Sherk. *Who Serves in the U.S. Military? Demographic Characteristics of Enlisted Troops and Officers*. Washington, D.C.: The Heritage Foundation, 2008.
40. D. Cohen, "Law, Social Policy, and Violence: The Impact of Regional Cultures", *Journal of Personality and Social Psychology* 70 (1996): 961–78.
41. L. Saad, "Self-Reported Gun Ownership in U.S. Is Highest since 1993", Gallup, 26 de outubro de 2011.
42. Death Penalty Information Center, "Facts about the Death Penalty", 2012, acessado em www.deathpenaltyinfo.org/documents/FactSheet.pdf (14/08/2012).
43. D. Cohen e R. E. Nisbett, "Field Experiments Examining the Culture of Honor: The Role of Institutions in Perpetuating Norms about Violence", *Personality and Social Psychology Bulletin* 23 (1997): 1188–99.
44. J. S. Reed, "Below the Smith and Wesson line: Reflections on Southern Violence". In: M. Black e J. S. Reed (orgs.). *Perspectives on the American South: An Annual Review of Society, Politics, and Culture*. Nova York: Cordon and Breach Science, 1981, pp. 9–22, 144.
45. R. A. Heinlein. *Beyond This Horizon*. Nova York: Gross and Dunlap, 1948.
46. M. K. L. Ching, "'Ma'am' and 'Sir': Modes of Mitigation and Politeness in the Southern United States", resumo publicado em *Newsletter of the American Dialect Society* 19 (1987): 10.
47. Johnstone, "Features and Uses of Southern Style".

48. C. R. Wilson, "Manners". In: Wilson (org.). *The New Encyclopedia of Southern Culture*, v. 4, pp. 96–103 e 102.
49. Roberts, "Hospitality", p. 236.
50. G. Metcalfe e C. Hays. *Being Dead Is No Excuse: The Official Southern Ladies Guide to Hosting the Perfect Funeral*. Nova York: Miramax, 2005.
51. Farmer, Neier e Parker. *A Violent Education*.
52. D. Cohen, "Law, Social Policy, and Violence", pp. 961–78.
53. Para saber mais sobre a colonização britânica dos Estados Unidos, veja D. H. Fischer. *Albion's Seed: Four British Folkways in America*. Nova York: Oxford University Press, 1989.
54. Para saber mais sobre o inexplorado e selvagem Sul dos Estados Unidos, veja R. E. Nisbett, "Violence and U.S. Regional Culture", *American Psychologist* 48 (1993): 441–49; J. Beck, W. J. Frandsen e A. Randall. *Southern Culture: An Introduction*. Durham, NC: Carolina Academic Press, 2009.
55. R. D. Baller, M. P. Zevenbergen e S. F. Messner, "The Heritage of Herding and Southern Homicide: Examining the Ecological Foundations of the Code of Honor Thesis", *Journal of Research in Crime and Delinquency* 46 (2009): 275–300.
56. Nisbett e Cohen. *Culture of Honor*.
57. T. L. Meares e D. M. Kahan, "Law and (Norms of) Order in the Inner City", *Law and Society Review* 32 (1998): 805–38.
58. B. Hermann, C. Thoni e S. Gächter, "Antisocial Punishment across Societies", *Science* 319 (2008): 1362–67.
59. Citado em A. Conner, "Where Nice Is Naughty", *Stanford Social Innovation Review* 6 (2008): 14.
60. A. Knorr e A. Arndt, "Why Did Wal-Mart Fail in Germany?". Bremen, Germany: Institute for World Economic and International Management, 2003.
61. K. Hamilton, "Students Plan to Form West Coast Club", *The Daily Princetonian*, 9 de novembro de 2004; E. Graham, "Pulling Pork; Pulling Together", *Princeton Alumni Weekly*, 7 de junho de 2006.
62. M. Milian, "Zuckerberg's Hoodie a 'Mark of Immaturity,' Analyst Says", Bloomberg, 8 de maio de 2012.
63. Veja, por exemplo, W. Isaacson. *Steve Jobs*. São Paulo: Companhia das Letras, 2011.

Capítulo 7

1. Para saber mais sobre o relacionamento entre a ciência e a religião ao longo da história americana, veja S. L. Otto. *Fool Me Twice: Fighting the Assault on Science in America*. Nova York: Rodale, 2011.
2. "Ron Paul: 'I Don't Accept the Theory of Evolution'", CBS News, 29 de agosto de 2011, acessado em www.cbsnews.com/2100-205_162-20098876.html (acessado em 13/08/2012).
3. C. Carnia, "Rick Perry: 'Evolution Is a 'Theory' 'Gaps'", *USA Today*, 18 de agosto de 2011, acessado em content.usatoday.com/communities/onpolitics/post/2011/08/rick-perr y-evolution-presidential-race-/1#.T8Lp8r8hc60 (acessado em 12/08/2012).
4. "Republican Primary Candidates on Climate Change", *San Francisco Chronicle*, 5 de fevereiro de 2012, p. E-6.
5. T. Hooper, "Santorum and Gingrich Dismiss Climate Change, Vow to Dismantle the EPA", *The Colorado Independent*, 6 de fevereiro de 2012, acessado em www.coloradoindependent.com/111924/santor umandg ingr ichdismiss-climate-change-vow-to-dismantle-the-epa (acessado em 16/08/12).
6. "Republican Primary Candidates on Climate Change", *San Francisco Chronicle*.
7. K. Tumulty, "Gingrich Vows to Ban Embryonic Stem Cell Research, Questions In Vitro Practices", *Washington Post*, 29 de janeiro de 2012.
8. J. C. Green, J. L. Guth, C. E. Smidt e L. A. Kellstedt. *Religion and the Culture Wars: Dispatches from the Front*. Lanham, MD: Rowman and Littlefield, 1996.
9. M. Wolraich, "Why Evangelicals Love Santorum, Hated JFK", CNN Opinion, 1 de março de 2012, acessado em www.cnn.com/2012/03/01/opinion/wolraich-catholics-protestants/index.html (acessado em 17/08/12).
10. *Ibid*.
11. The Pew Forum on Religion and Public Life, "The Religious Composition of the United States". In: *U.S. Religious Landscape Survey*. Washington, D.C.: The Pew Forum on Religion and Public Life, 2008.
12. Veja W. B. Wilcox, "Conservative Protestant Childrearing: Authoritarian or Authoritative?", *American Sociological Review* 63 (1998): 796–809; J. P. Bartkowski e X. Xu, "Distant Patriarchs or Expressive Dads? The Discourse and Practice of Fathering in Conservative Protestant Families", *The Sociological Quarterly* 41 (2000): 465–85.
13. Para uma síntese, veja D. E. Sherkat e C. G. Ellison, "Recent Developments and Current Controversies in the Sociology of Religion", *Annual Review of Sociology* 25 (1999): 363–94.
14. C. G. Ellison e D. E. Sherkat, "Obedience and Autonomy: Religion and Parental Values Reconsidered", *Journal for the Scientific Study of Religion* 32 (1993): 313–29.
15. Para uma síntese, veja R. D. Woodberry e C. S. Smith, "Fundamentalism et al.: Conservative Protestants in America", *Annual Review of Sociology* 24 (1998): 25–56.
16. T. M. Luhrmann. *When God Talks Back: Understanding the Evangelical Relationship with God*. Nova York: Alfred A. Knopf, 2012, p. 35.
17. Wilcox, "Conservative Protestant Childrearing"; Bartkowski e Xu, "Distant Patriarchs or Expressive Dads?"; e C. G. Ellison e D. E. Sherkat, "Conservative Protestantism and Support for Corporal Punishment", *American Sociological Review* 58 (1993): 131–44.

18. P. Froese e C. Bader. *America's Four Gods: What We Say about God—and What That Says about Us*. Nova York: Oxford University Press, 2010.
19. The Pew Forum on Religion and Public Life, "Religious Composition of the United States".
20. Para um sistema que classifica os mórmons como fundamentalistas (e, portanto, conservadores), veja T. W. Smith, "Classifying Protestant Denominations", *Review of Religious Research* 31(1990): 225–45. Um segundo sistema, proposto por B. Steensland et al., argumenta de forma convincente que as igrejas negras e mórmons são distintas das tradições protestantes conservadoras, apesar de terem muitos aspectos em comum; veja B. Steensland, J. P. Park, M. D. Regnerus, L. D. Robinson, W. B. Wilcox e R. D. Woodberry. "The Measure of American Religion: Toward Improving the State of the Art", *Social Forces* 79 (2000): 291–318.
21. The Pew Forum on Religion and Public Life, "Religious Composition of the United States".
22. Veja G. Layman. *The Great Divide: Religious and Cultural Conflict in American Party Politics*. Nova York: Columbia University Press, 2001.
23. J. Haidt. *The Righteous Mind: Why Good People Are Divided by Politics and Religion*. Nova York: Pantheon Books, 2012.
24. The Pew Forum on Religion and Public Life, "Religious Composition of the United States".
25. W. Herberg. *Protestant-Catholic-Jew: An Essay in American Religious Sociology*. Chicago: University of Chicago Press, 1955.
26. The Pew Forum on Religion and Public Life, "Religious Composition of the United States".
27. *Ibid*.
28. Apesar de eles provavelmente terem constituído grupos de humanos concorrentes relativamente letais. Os conflitos entre os grupos humanos no fim da época Plistocena mataram 10 vezes mais (como uma porcentagem de todas as mortes) que as guerras europeias do século XX. Veja J.-K. Choi e S. Bowles, "The Coevolution of Parochial Altruism and War", *Science* 318 (2007): 636–40. Steven Pinker expande essa constatação em seu livro, *The Better Angels of Our Nature: Why Violence Has Declined*. Nova York: Viking, 2004.
29. S. Atran e A. Norenzayan, "Religion's Evolutionary Landscape: Counterintuition, Commitment, Compassion, Communion", *Behavioral and Brain Sciences* 27 (2004):713–70; e A. Norenzayan e A. F. Shariff, "The Origin and Evolution of Religious Prosociality", *Science* 322 (2008): 58–62.
30. A. F. Shariff e A. Norenzayan, "God Is Watching You: Priming God Concepts Increases Prosocial Behavior in an Anonymous Economic Game", *Psychological Science* 18 (2007): 803–9.
31. V. Saroglou, "Religiousness as a Cultural Adaptation of Basic Traits: A Five-Factor Model Perspective", *Personality and Social Psychology Review* 14 (2010): 108–25.
32. Para uma síntese facilitada do enorme volume de estudos sobre religião e bem-estar, veja, R. D. Putnam e D. E. Campbell. *American Grace: How Religion Divides and Unites Us*. Nova York: Simon and Schuster, 2010.
33. Para uma síntese das pesquisas sobre religião e altruísmo, veja *ibid*.
34. Mateus 5:28, King James Bible.
35. A. B. Cohen e P. Rozin, "Religion and the Morality of Mentality", *Journal of Personality and Social Psychology* 81 (2001): 697–710.
36. A. B. Cohen e P. C. Hill, "Religion as Culture: Religious Individualism and Collectivism among American Catholics, Jews, and Protestants", *Journal of Personality* 75 (2007): 709–42.
37. E. E. Sampson, "Reinterpreting Individualism and Collectivism: Their Religious Roots and Monologic Versus Dialogic Person-Other Relationship", *American Psychologist* 55 (2000): 1425–32.
38. Veja K. Peng e R. E. Nisbett, "Culture, Dialectics, and Reasoning about Contradiction", *American Psychologist* 54 (1999): 741–54.
39. *Ibid*.
40. Sampson, "Reinterpreting Individualism and Collectivism".
41. N. Jewison (diretor). *Fiddler on the Roof* (filme), MGM, Estados Unidos, 1971.
42. Para saber mais sobre a sociologia dos grupos religiosos dominantes dos Estados Unidos, veja o clássico de W. Herberg. *Protestant-Catholic-Jew: An Essay in American Religious Sociology*. Chicago: University of Chicago Press, 1955.
43. Veja J. P. Dolan. *The American Catholic Experience*. Nova York: Doubleday, 1985.
44. L. A. Keister, "Upward Wealth Mobility: Exploring the Roman Catholic Advantage", *Social Forces* 85 (2007): 1195–225.
45. J. Sanchez-Burks, "Protestant Relational Ideology and (in)attention to Relational Cues in Work Settings", *Journal of Personality and Social Psychology* 83 (2002): 919–29.
46. Y. J. Li, K. A. Johnson, A. B. Cohen, M. J. Williams, E. D. Knowles e Z. Chen. "Fundamental(ist) Attribution Error: Protestants Are Dispositionally Focused", *Journal of Personality and Social Psychology* 102 (2012): 281–90, p. 282.
47. *Ibid*.
48. Cohen e Hill, "Religion as Culture."
49. M. Weber. *A ética protestante e o espírito do capitalismo*. São Paulo: Martin Claret, 2001.
50. S. O. Becker e L. Woessmann, L., "Was Weber Wrong? A Human Capital Theory of Protestant Economic History", *The Quarterly Journal of Economics* 124 (2009): 531–96.
51. Veja R. K. Smith, "The Cross: Church Symbol and Contest in Nineteenth Century America", *Church History: Studies in Christianity and Culture* 70 (2001): 705–34.

52. Herberg. *Protestant-Catholic-Jew*.
53. Luhrmann. *When God Talks Back*, p. 14.
54. Para saber mais sobre as forças sociais que deram origem ao protestantismo conservador, veja D. E. Miller. *Reinventing American Protestantism: Christianity in the New Millennium*. Berkeley: University of California Press, 1997.
55. N. T. Feather, "Protestant Ethic, Conservatism, and Values", *Journal of Personality and Social Psychology* 46 (1984): 1132–41.
56. I. McGregor, K. Nash e M. Prentice, "Reactive Approach Motivation (RAM) for Religion", *Journal of Personality and Social Psychology* 99 (2010): 148–61.
57. J. T. Jost, J. Glaser, A. W. Kruglanski e F. J. Sulloway, "Political Conservatism as Motivated Social Cognition", *Psychological Bulletin* 129 (2003): 339–75.
58. I. Storm e D. S. Wilson, "Liberal and Conservative Protestant Denominations as Different Socioecological Strategies", *Human Nature* 20 (2009): 1–24.
59. *Ibid.*
60. Luhrmann. *When God Talks Back*.
61. L. A. Keister, "Conservative Protestants and Wealth: How Religion Perpetuates Asset Poverty", *American Journal of Sociology* 113 (2008): 1237–71.
62. Randy Alcorn. *The Law of Rewards: Giving What You Can't Keep to Gain What You Can't Lose*. Carol Stream, IL: Tyndale House Publishers, 2003.
63. Citado em A. Conner. "Don't Save; Be Saved", *Stanford Social Innovation Review* 5 (2008): 17.
64. Keister, "Conservative Protestants and Wealth".
65. K. W. Giberson e F. S. Collins. *The Language of Science and Faith: Straight Answers to Genuine Questions*. Downers Grove, IL: InterVarsity Press, 2011; F. S. Collins. *The Language of God: A Scientist Presents Evidence for Belief*. Nova York: Free Press, 2006.
66. M. Deutsch, "Constructive Conflict Management for the World Today", *International Journal of Conflict Management* 5 (1994): 111–129, p. 305.
67. Citado em R. Williams. "Breaking through to Climate Change Skeptics", Michigan Radio, 24 de janeiro de 2012, acessado em michiganradio.org/post/breaking-through-climate-change-skeptics (acessado em 16/08/12).
68. T. M. Luhrmann, "Do as I Do, Not as I Say", *The New York Times*, 6 de maio de 2012, campaignstops.blogs.nytimes.com/2012/05/06/doasidonot-as-i-say/ (acessado em 18/08/12).
69. Para saber mais sobre as moralidades da autonomia, comunidade e divindade, veja R. A. Shweder, M. C. Much, M. Mahaptra e L. Park, "The 'Big Three' of Morality (Autonomy, Community and Divinity) and the 'Big Three' Explanations of Suffering". In: A. Brandt e P. Rozin, (orgs.). *Morality and Health*. Nova York: Routledge, 1997.
70. Haidt. *The Righteous Mind*.
71. Evangelical Environmental Network, 2012, acessado em creation-care.org (acessado em 18/08/12).
72. J. Roughgarden. *Evolution's Rainbow: Diversity, Gender, and Sexuality in Nature and People*. Berkeley: University of California Press, 2004.

Capítulo 8

1. T. Krazit, "OLCP Fires Back at Intel, Children Learn Nothing", *CNET News*, 4 de janeiro de 2008, acessado em news.cnet.com/8301-13579_3-9840478-37.html (acessado em 18/08/12).
2. Por exemplo, como as ações de recuperação dos danos provocados pelo Furacão Katrina eram lucrativas para as empresas contratadas para realizá-las, o progresso não foi tão rápido quanto poderia. Veja V. Adams, T. van Hattum e D. English, "Chronic Disaster Syndrome: Displacement, Disaster Capitalism, and the Eviction of the Poor from New Orleans", *American Ethnologist* 36 (2009): 615–36.
3. M. J. Sandel. *O que o dinheiro não compra: os limites morais do mercado*. Rio de Janeiro: Civilização Brasileira, 2012.
4. Por exemplo, C. Arthur. *Digital Wars: Apple, Microsoft, Google and the Battle for the Internet*. Philadelphia: Kogan Page, 2012; J. H. Gittell. *The Southwest Airlines Way: Using the Power of Relationships to Achieve High Performance*. Nova York: McGraw-Hill, 2003; J. K. Liker. *The Toyota Way: 14 Management Principles from the World's Greatest Manufacturer*. Nova York: McGraw-Hill, 2004.
5. Citado em G. Packer. "No Death, No Taxes", *The New Yorker*, 28 de novembro de 2011, p. 44.
6. J. R. Rawls, R. A. Ullrich e O. T. Nelson, "A Comparison of Managers Entering or Reentering the Profit and Nonprofit Sectors", *The Academy of Management Journal* 18 (1975): 616–23.
7. Veja, por exemplo, J. L. Perry e L. R. Wise, "The Motivational Bases of Public Service", *Public Administration Review* 50 (1990): 367–73; e G. A. Brewer e S. C. Selden, "Whistle Blowers in the Federal Civil Service: New Evidence of the Public Service Ethic", *Journal of Public Administration Research and Theory* 8 (1998): 413–39.
8. S. T. Lyons, L. E. Duxbury e C. A. Higgins, "A Comparison of the Values and Commitment of Private Sector, Public Sector, and Parapublic Sector Employees", *Public Administration Review* 66 (2006): 605–18; J. Taylor, "Public Service Motivation, Civic Attitudes and Actions of Public, Nonprofit and Private Sector Employees",

Public Administration 88 (2010): 1083-98; Z. Van Der Wal, G. De Graaf e K. Lasthuizen, "What's Valued Most? Similarities and Differences between the Organizational Values of the Public and Private Sector", *Public Administration* 86 (2008): 465-82.
9. D. J. Houston, "'Walking the Walk' of Public Service Motivation: Public Employees and Charitable Gifts of Time, Blood, and Money", *Journal of Public Administration Research and Theory* 16 (2006): 67-86.
10. R. Dawkins. *O gene egoísta*. São Paulo: Companhia das Letras, 2007.
11. Veja, por exemplo, L. Leete, "Whither the Nonprofit Wage Differential? Estimates from the 1990 Census", *Journal of Labor Economics* 19 (2001): 136-70; e F. Handy e E. Katz, "The Wage Differential between Nonprofit Institutions and Corporations: Getting More by Paying Less?" *Journal of Comparative Economics* 26 (1998): 246-61.
12. A. Amirkhanyan, H. Kim e K. T. Lambright, "Does the Public Sector Outperform the Nonprofit and For-Profit Sectors? Evidence from a National Panel Study on Nursing Home Quality and Access", *Journal of Policy Analysis* 27 (2008): 326-53.
13. M. Benz, "Not for the Profit, but for the Satisfaction? Evidence on Worker Well-Being in Non-Profit Firms", *Kyklos* 58 (2005): 155-76.
14. Veja, por exemplo, S. A. Frank e G. B. Lewis, "Government Employees: Working Hard or Hardly Working?", *The American Review of Public Administration* 34 (2004): 36-51.
15. C.-A. Chen, "Explaining the Difference of Work Attitudes between Public and Nonprofit Managers: The Views of Rule Constraints and Motivation Styles", *The American Review of Public Administration* 42 (2012): 437-60.
16. Apesar de as corporações americanas também não usufruírem de todos os direitos que as pessoas físicas (pessoas individuais, "naturais"), as empresas dos Estados Unidos têm o direito de processar judicialmente, firmar contratos, exercitar a liberdade de expressão e fazer doações políticas (como confirmado no caso *Citizens United v. Federal Election Commission,* em 2010), além de desfrutarem de muitos outros direitos humanos.
17. C. L. Hays, "Ben & Jerry's to Unilever, with Attitude", *The New York Times*, 13 de abril de 2000.
18. Todos os 28 tipos de organizações da Seção 501(c) do código fiscal americano são tecnicamente "organizações sem fins lucrativos", inclusive instituições cívicas (501(c)4s); sindicatos trabalhistas (501(c)5s); e cemitérios (501(c)13s). As organizações da Seção 501(c)3, organizações beneficentes sem fins lucrativos, incluem a maior parte das ONGs americanas e constituem a única categoria para a qual os doadores recebem deduções fiscais por suas contribuições.
19. Veja, por exemplo, T. Hobbes. *Leviathan: Or the Matter, Forme, and Power of a Common-Wealth Ecclesiasticall and Civill*. I. Shapiro (org.). New Haven, CT: Yale University Press, 2010; ou J. Locke. *Two Treatises of Government*. Peter Laslett (org.). Cambridge: Cambridge University Press, 1988. Para uma síntese, veja M. Hechter e C. Horne. *Theories of Social Order: A Reader*. Stanford, CA: Stanford University Press, 2003.
20. Porcentagens calculadas com base em dados de 2009 do U.S. Department of Commerce Bureau of Economic Analysis (Escritório de Análises Econômicas do Departamento de Comércio dos Estados Unidos).
21. M. Roomkin e B. A. Weisbrod, "Managerial Compensation and Incentives in For-Profit and Nonprofit Hospitals", *Journal of Law, Economics, and Organization* 15 (1999): 750-81.
22. K. Patterson, J. Grenny, R. McMillan e A. Switzler. *Crucial Conversations: Tools for Talking When Stakes Are High* (Nova York: McGraw-Hill, 2011). [Edição brasileira: *Conversas decisivas*. São Paulo: Lua de Papel, 2010.]
23. Citado em S. Silverman e L. Taliento, "What Business Execs Don't Know—but Should—about Nonprofits", *Stanford Social Innovation Review* 4 (2006): 36-43, p. 38.
24. B. Bozeman, "A Theory of Government Red Tape", *Journal of Public Administration Research and Theory* 3 (1993): 273-303; M. K. Feeney e H. G. Rainey, "Personnel Flexibility and Red Tape in Public and Nonprofit Organizations: Distinctions Due to Institutional and Political Accountability", *Journal of Public Administration Research and Theory* 20 (2010): 801-26.
25. Veja Chen, "Explaining the Difference of Work Attitudes between Public and Nonprofit Managers".
26. Al Gore e National Performance Review. *From Red Tape to Results: Creating a Government That Works Better and Costs Less*. Washington, D.C.: U.S. Government Printing Office, 1993, p. 12.
27. B. Bozeman e G. Kingsley, "Risk Culture in Public and Private Organizations", *Public Administration Review* 58 (1998): 109-18.
28. J. Lawrence, "Making the B List", *Stanford Social Innovation Review* 7 (2009): 65-66; B Lab, "2012 B Corporation Annual Report", disponível em http://www.bcorporation.net/2012-Annual-Report (acessado em 15/08/12).
29. Veja D. Patnaik. *Wired to Care: How Companies Prosper When They Create Widespread Empathy*. Nova York: FT Press, 2009.
30. T. Hsieh. *Satisfação garantida: no caminho do lucro e da paixão*. Rio de Janeiro: Thomas Nelson, 2010.
31. J. A. Chatman, J. T. Polzer, S. G. Barsade e M. A. Neale, "Being Different Yet Feeling Similar: The Influence of Demographic Composition and Organizational Culture on Work Processes and Outcomes", *Administrative Science Quarterly* 43 (1998): 749-80.
32. S. T. Bell, "Deep-Level Composition Variables as Predictors of Team Performance: A Meta-Analysis", *The Journal of Applied Psychology* 92 (2007): 595-615.

33. V. Liberman, S. M. Samuels e L. Ross, "The Name of the Game: Predictive Power of Reputations versus Situational Labels in Determining Prisoner's Dilemma Game Moves", *Personality and Social Psychology Bulletin* 30 (2004): 1175–85.
34. A. C. Kay e L. Ross, "The Perceptual Push: The Interplay of Implicit Cues and Explicit Situational Construals on Behavioral Intentions in the Prisoner's Dilemma", *Journal of Experimental Social Psychology* 39 (2003): 634–43.
35. D. L. Kirp, "Life Way after Head Start", *The New York Times Magazine*, 21 de novembro de 2004, pp. 32–38; R. Belfield, M. Nores, S. Barnett e L. Schweinhart, "The High/Scope Perry Preschool Program: Cost-Benefit Analysis Using Data from the Age-40 Follow-Up", *Journal of Human Resources* 41 (2006): 162–90.
36. A. Conner Snibbe, "Drowning in Data", *Stanford Social Innovation Review* 4 (2006): 38–45.
37. National Center for Charitable Statistics, do Urban Institute e Center on Philanthropy, da Indiana University. Os pesquisadores analisaram mais de 220 mil Formulários 990s do IRS (Internal Revenue Service americano, órgão correspondente à Receita Federal brasileira) e conduziram 1.500 levantamentos aprofundados de organizações com receitas superiores a US$100 mil.
38. A. G. Gregory e D. Howard, "The Nonprofit Starvation Cycle", *Stanford Social Innovation Review* 7 (2009): 48–53.
39. Para saber mais sobre atividades de lobby por parte de organizações sem fins lucrativos, veja F. Nelson, D. W. Brady e A. Conner Snibbe, "Learn to Love Lobbying", *Stanford Social Innovation Review* 5 (2007): 56–63.
40. Para mais maneiras de romper o ciclo de inanição das ONGs, veja Gregory e Howard, "Nonprofit Starvation Cycle".
41. J. Aaker, K. D. Vohs e C. Mogilner, "Nonprofits Are Seen as Warm and For-Profits as Competent: Firm Stereotypes Matter", *Journal of Consumer Research* 37 (2010): 224–37.

Capítulo 9
1. Hoje o Sul do Sudão é um Estado à parte, conhecido como República do Sudão.
2. S. Harrigan, "Relief and an Understanding of Local Knowledge: The Case of Southern Sudan". In: V. Rao e M. Walton (orgs.). *Culture and Public Action*. Stanford, CA: Stanford University Press, 2004, pp. 307–27.
3. *Ibid.*
4. Algumas autoridades também incluem a China no Hemisfério Sul; veja, por exemplo, J. Rigg. *An Everyday Geography of the Global South*. Abingdon, UK: Routledge, 2007.
5. Programa das Nações Unidas para o Desenvolvimento, "Human Development Report 2005"; Rigg, *An Everyday Geography of the Global South*.
6. V. Rao e M. Walton, "Culture and Public Action: Relationality, Equality of Agency, and Development". In: V. Rao e M. Walton (orgs.). *Culture and Public Action*. Stanford, CA: Stanford University Press, 2004, p. 6.
7. Para saber mais sobre a relação entre o desenvolvimento econômico e a independência, veja G. Hofstede. *Culture's Consequences: International Differences in Work-Related Value*. Beverly Hills: Sage, 1980; R. Inglehart e W. E. Baker, "Modernization, Cultural Change, and the Persistance of Traditional Values", *American Sociological Review* 65 (2000): 19–51; e A. Inkeles e D. H. Smith. *Becoming Modern: Individual Change in Six Developing Countries*. Nova York: Universe, 1976/2000.
8. "Fear Grips Accra", *People and Places*, 23 a 29 de janeiro de 1997, p. 2, citado em G. Adams e V. A. Dzokoto, "Genital-Shrinking Panic in Ghana: A Cultural Psychological Analysis", *Culture Psychology* 13 (2007): 83–104.
9. A África Ocidental inclui o Benin, Burkina Faso, Cabo Verde, Costa do Marfim, Gana, Libéria, Mali, Mauritânia, Níger, Nigéria, Gâmbia, Guiné-Bissau, Senegal, Serra Leoa e Togo. Todos esses países, com exceção da Mauritânia, são membros da Comunidade Econômica dos Estados da África Ocidental. Acessado em www.ecowas.int. Veja também Centers for Disease Control and Prevention, 25 de abril de 2012, Região da África Ocidental, acessado em wwwnc.cdc.gov/travel/regions/west-africa.htm (acessado em 11/08/12).; Adams e Dzokoto, "Genital-Shrinking Panic in Ghana"; G. Adams, "The Cultural Grounding of Personal Relationship: Enemyship in North American and West African Worlds", *Journal of Personality and Social Psychology* 88 (2005): 948–68.
10. Adams, "The Cultural Grounding of Personal Relationship".
11. *Ibid.*
12. *Ibid.*
13. O antropólogo Alan Fiske foi um dos primeiros cientistas sociais a documentar que os relacionamentos constituem a unidade básica da realidade em grande parte do mundo e que os africanos ocidentais normalmente se identificam em termos de seus relacionamentos. Veja A. P. Fiske, "The Four Elementary Forms of Sociality: Framework for a Unified Theory of Social Relations", *Psychological Review* 99 (1992): 689–723.
14. J. S. Mbiti. *African Religions and Philosophy*. Garden City, NY: Doubleday, 1970, p. 106.
15. Adams, "The Cultural Grounding of Personal Relationship", p. 956.
16. *Ibid.*, pp. 948–68.
17. P. E. Lovejoy. *Transformations in Slavery: A History of Slavery in Africa*. Cambridge, UK: Cambridge University Press, 1983; J. C. Miller. *Way of Death: Merchant Capitalism and the Angolan Slave Trade, 1730–1830*. Madison: University of Wisconsin Press, 1996; B. Davidson. *The African Slave Trade: A Revised and Expanded Edition*. Nova York: Back Bay Books, 1988.

18. S. W. Koelle. *Polyglotta Africana, or a Comparative Vocabulary of Nearly Three Hundred Words and Phrases, in More Than One Hundred Distinct African Languages*. Londres: Church Missionary House, 1854.
19. N. Nunn e L. Wantchekon, "The Slave Trade and the Origins of Mistrust in Africa", *American Economic Review* 101 (2011): 3221–52.
20. Ibid., p. 9.
21. The World Justice Project, "The World Justice Rule of Law Index", 2011, acessado em worldjusticeproject.org/rule-of-law-index/index-2011 (acessado em 11/08/12).
22. Para saber mais sobre o que acontece quando as instituições são fracas, veja J. Robinson e D. Acemoglu. *Por que as nações fracassam*. Rio de Janeiro: Elsevier, 2012.
23. P. S. Budhwa e A. Varma. *Doing Business in India: Building Research-Based Practice*. Nova York: Routledge, 2010.
24. E. Luce. *In Spite of the Gods: The Rise of Modern India*. Nova York: Anchor Books, 2008, pp. 201–3; veja também Budhwa e Varma. *Doing Business in India*.
25. J. G. Miller e D. M. Bersoff, "Culture and Moral Judgment: How Are Conflicts between Justice and Interpersonal Responsibilities Resolved?", *Journal of Personality and Social Psychology* 62 (1992): 541–54.
26. Ibid.; J. G. Miller, "Cultural Psychology of Moral Development". In: S. Kitayama e D. Cohen (orgs.). *Handbook of Cultural Psychology*. Nova York: Guilford Press, 2006.
27. K. Savani, H. R. Markus e A. L. Conner, "Let Your Preferences Be Your Guide?: Preferences and Choices Are More Tightly Linked for North Americans than for Indians", *Journal of Personality and Social Psychology* 95 (2008): 861–76. Veja também K. Savani, H. R. Markus, N. V. R. Naidu, S. Kumar e N. Berlia. "What Counts as a Choice? U.S. Americans Are More Likely Than Indians to Construe Actions as Choices", *Psychological Science* 14 (2010): 391–98.
28. R. A. Shweder. *Why Do Men Barbecue? Recipes for Cultural Psychology*. Cambridge, MA: Harvard University Press, 2003, p. 118.
29. J. G. Miller e D. M. Bersoff, "The Role of Liking in Perceptions of Moral Responsibility to Help: A Cultural Perspective", *Journal of Experimental Social Psychology* 34 (1998): 443–69.
30. R. Ferber. *Solve Your Child's Sleep Problems*. Nova York: Simon and Schuster, 1986; A. Mansbach. *Go the F**k to Sleep*. Nova York: Akashic Books, 2011.
31. R. A. Shweder, L. A. Jensen e W. M. Goldstein, "Who Sleeps by Whom Revisited: A Method for Extracting the Moral Goods Implicit in Practice", *New Directions for Child Development* 67 (1995): 21–39.
32. M. Toledo, "First Comes Marriage, Then Comes Love", ABC *20/20*, 30 de janeiro de 2009; D. Jones, "One of USA's Exports: Love, American Style", *USA Today*, 13 de fevereiro de 2006.
33. S. E. Cross e H. R. Markus, "The Cultural Constitution of Personality". In: L. Pervin e O. John (orgs.). *Handbook of Personality Theory and Research*. Nova York: Guilford, 1999, pp. 378–96.
34. J. E. Myers, J. Madathil e L. R. Tingle, "Marriage Satisfaction and Wellness in India and the United States: A Preliminary Comparison of Arranged Marriages and Marriages of Choice", *Journal of Counseling Development* 83 (2005): 183–90; P. Yelsma e K. Athappilly, "Marital Satisfaction and Communication Practices: Comparisons among Indian and American couples", *Journal of Comparative Family Studies* 19 (1988): 37–54; M. Pasupathi, "Arranged Marriages: What's Love Got to Do with It?". In: M. Yalom, L. Carstensen, E. Freedman e B. Gulpi (ogs.). *Inside the American Couple: New Thinking, New Challenges*. Berkeley: University of California Press, 2002.
35. Toledo, "First Comes Marriage, Then Comes Love"; R. Seth. *First Comes Marriage: Modern Relationship Advice from the Wisdom of Arranged Marriages*. Nova York: Simon and Schuster, 2008.
36. S. L. Bhansali (diretor). *Hum Dil De Chuke Sanam* (*I Have Given My Heart, My Love*) (filme), Bhansali Films e Jhamu Sughand Productions, Índia, 1999.
37. J. Ganapathi. *Ganesha: Ancient Tales for Modern Times*. Bangalore, Índia: Unisun Publications, 2005.
38. R. Clements e J. Musker (diretores), *Aladdin* (animação), Disney, Estados Unidos, 1992.
39. Programa das Nações Unidas para o Desenvolvimento, "Human Development Report for Central America 2009–2010", 2009.
40. J. W. Anderson, "Cartoons of Prophet Met with Outrage", *Washington Post*, 21 de janeiro de 2006; B. N. Bonde, "How 12 Cartoons of the Prophet Mohammed Were Brought to Trigger an International Conflict", *Nordicom Review* 28 (2007): 33–48; "Embassies Torched in Cartoon Fury", CNN, 5 de fevereiro de 2006.
41. P. Cohen, "Danish Cartoon Controversy", *The New York Times*, 12 de agosto de 2009; "Arson and Death Threats as Muhammed Caricature Controversy Escalates", *Spiegel Online*, acessado em www.spiegel.de/international/cartoon-violence-spreads-arson-anddeath-threats-as-muhammadcaricaturecontroversy-escalates-a-399177.html (acessado em 10/08/12).
42. Para saber mais sobre as culturas da honra do Oriente Médio, veja J. Schneider, "Of Vigilance and Virgins: Honor, Shame, and Access to Resources in Mediterranean Societies", *Ethnology* 10 (1971): 1–24; G. S. Gregg. *The Middle East: A Cultural Psychology*. Nova York: Oxford University Press, 2005; H. Barakat. *The Arab World: Society, Culture, and State*. Berkeley: University of California Press, 1993.
43. "Turkish PM Given Hero's Welcome", *BBC News*, 30 de janeiro de 2009, acessado em www.news.bbc.co.uk/2/hi/business/davos/7859815.stm (acessado em 10/08/12).
44. L. Rosen, "Understanding Corruption", *The American Interest Magazine*, março/abril de 2010.

45. B. Mesquita, "Emotions in Collectivist and Individualist Contexts", *Journal of Personality and Social Psychology* 80 (2001): 68–74.
46. J. E. Greenberg, "Cultural Psychology of the Middle East: Three Essays". Tese de doutorado, Stanford University, Stanford, CA, 2010.
47. *Ibid.*
48. Silatech e Gallup, "The Silatech Index: Voices of Young Arabs", junho de 2009, acessado em sas-origin.onstreammedia.com/origin/gallupinc/media/poll/pdf/Silatech.Report.2011.Apr.pdf (acessado em 10/08/12).
49. E. N. Akcinar, A. Maitreyi e H. R. Markus, "Nepotism in European American and Middle Eastern Cultural Contexts", pôster apresentado na Society for Personality and Social Psychology, Nova Orleans, 2013.
50. L. Rosen, "Understanding Corruption", *The American Interest* 5 (2010), acessado em www.the-american--interest.com/article.cfm?piece=792 (acessado em 10/08/12); veja também Gregg. *The Middle East*; D. G. Bates, *Peoples and Cultures of the Middle East*. Upper Saddle River, NJ: Prentice Hall, 2001; C. Lindholm. *The Islamic Middle East*. Hoboken, NJ: Wiley-Blackwell, 2002.
51. B. Herrmann, C. Thoni e S. Gächter, "Antisocial Punishment across Society", *Science* 319 (2008): 1362–67. (Os participantes da Grécia também apresentaram essa tendência punitiva.)
52. J. Cedar (diretor), *Footnote* (*Hearat Shulayim*) (filme), Movie Plus e United King Films, Israel, 2011.
53. Uma expressão mexicana comum que reflete uma atitude descontraída em relação ao tempo. Para saber mais sobre as origens dessa atitude, veja J. Castañeda. *Mañana Forever? Mexico and the Mexicans*. Nova York: Alfred A. Knopf, 2011.
54. H. C. Triandis, G. Marín, J. Lisansky e H. Betancourt, "*Simpatía* as a Cultural Script of Hispanics", *Journal of Personality and Social Psychology* 47 (1984): 1363–75; R. Janoff-Bulman e H. K. Leggatt, "Culture and Social Obligation: When 'Shoulds' are Perceived as 'Wants'", *Journal of Research in Personality* 36 (2006): 260–70.
55. R. Holloway, A. M. Waldrip e W. Ickes, "Evidence That a *Simpatico* Self-Schema Accounts for Differences in the Self-Concepts and Social Behavior of Latinos versus Whites (and Blacks)", *Journal of Personality and Social Psychology* 96 (2009): 1012–28.
56. K. Savani, A. Alvarez. B. Mesquita e H. R. Markus, "Feeling Close and Doing Well: The Prevalence and Motivational Effects of Interpersonally Engaging Emotions in Mexican and European American Cultural Contexts", *International Journal of Psychology*, no prelo.
57. M. C. Madsen, "Developmental and Cross-Cultural Differences in the Cooperative and Competitive Behavior of Young Children", *Journal of CrossCultural Psychology* (1971): 365–71.
58. J. C. Condon. *Good Neighbors: Communicating with the Mexicans* 2ª ed. Yarmouth, ME: Intercultural Press, 1997.
59. N. Ramirez-Esparza, M. R. Mehl, J. Alvarez-Bermudez e J. W. Pennebaker, "Are Mexicans More or Less Sociable Than Americans? Insights from a Naturalistic Observation Study", *Journal of Research in Personality* 43 (2009): 1–7.
60. J. Faura. *The Whole Enchilada: Hispanic Marketing 101*. Ithaca, NY: Paramount, 2004, p. xvi.
61. H. R. Markus, C. D. Ryff, K. B. Curhan e K. A. Palmersheim, "In Their Own Words: Well-Being among High School-Educated and College-Educated Adults". In: O. G. Brim, C. D. Ryff e R. C. Kessler (orgs.). *How Healthy Are We? A National Study of Well-Being at Midlife*. Chicago: University of Chicago Press, 2004, pp. 273–319.
62. H. R. Markus, dados não publicados.
63. M. Delgado. *Social Work with Latinos: A Cultural Assets Paradigm*. Nova York: Oxford University Press, 2007; R. L. Smith e R. E. Montilla (orgs.). *Counseling and Family Therapy with Latino Populations: Strategies That Work*. Nova York: Routledge, 2006.
64. Condon. *Good Neighbors*.
65. Citado em "Business in Mexico: Still Keeping It in the Family", *The Economist*, 18 de maio de 2004.
66. Comunicação pessoal.
67. D. Acemoglu, S. Johnson, J. Robinson e P. Yared, "Income and Democracy", *American Economic Review* 98 (2008): 808–42.
68. R. B. Reich. *Supercapitalismo*. Rio de Janeiro: Elsevier, 2008.
69. Acemoglu e Robinson. *Por que as nações fracassam*. Rio de Janeiro: Elsevier, 2012.
70. K. Jonker e W. M. Meehan, "Curbing Mission Creep", *Stanford Social Innovation Review* 6 (2008): 60–65.
71. A. Day, "The Answer Is on the Ground", *Stanford Social Innovation Review* 7 (2009): 63–64.
72. J. G. Shaheen. *Reel Bad Arabs: How Hollywood Vilifies a People*. Northampton, MA: Interlink Publishing Group, 2001.
73. C. R. Berg. *Latinos in Film: Stereotypes, Subversion, and Resistance*. Austin, TX: University of Austin Press, 2002.
74. D. Teng'o, "More of the Same: The Flow and Framing of African News on the Web Sites of Five Western News Organizations and an African News Aggregator". Dissertação de mestrado, Kent State University, Kent, Ohio, 2008.
75. C. Lutz e J. L. Collins. *Reading National Geographic*. Chicago: University of Chicago Press, 1993.
76. "The World According to Americans", disponível em sphotos.ak.fbcdn.net/hphotos-ak-ash1/hs736.ash1/16 2923_1601575914175_1079393167_3155781_2618452_n.jpg (acessado em 15/08/12).
77. M. Twain. *Innocents Abroad*. Nova York: Penguin Classics, 1869/2012.

78. J. Sanchez-Burks, R. Nisbett, F. Lee e O. Ybarra, "Intercultural Training Based on a Theory of Relational Ideology", *Basic and Applied Social Psychology* 29, n. 3 (2007): 257–68.
79. J. Temple, "Tribe Teams with Google to Make Stand in Amazon", *San Francisco Chronicle*, 18 de outubro de 2009, acessado em www.sfgate.com/green/ article/Tribe-teams-with-Google-to-make-stand-in-Amazon-3213795.php (acessado em 14/08/12).
80. C. Binns, "Smart Soaps", *Stanford Social Innovation Review* 6 (2008): 69–70.
81. "Cognitive Theory of Mass Communication", *Media Psychology* 3 (2001): 265–99; A. Bandura, "Social Cognitive Theory for Personal and Social Change by Enabling Media". In: A. Singhal, M. J. Cody, E. M. Rogers e M. Sabido (orgs.). *Entertainment-Education and Social Change: History, Research, and Practice*. Mahwah, NJ: Lawrence Erlbaum Associates, 2004; A. Bandura, D. Ross e S. A. Ross, "Imitation of Film-mediated Aggressive Models", *Journal of Abnormal and Social Psychology* 66 (1963): 3–11.
82. Binns, "Smart Soaps."
83. May, "Airborne Peace", *Stanford Social Innovation Review* 7 (2010): 61–62.
84. E. Staub. *The Roots of Evil: The Origins of Genocide and Other Group Violence*. Cambridge, UK: Cambridge University Press, 1989.
85. May, "Airborne Peace", 61–62.
86. E. L. Paluck, "Reducing Intergroup Prejudice and Conflict Using the Media: A Field Experiment in Rwanda", *Journal of Personality and Social Psychology* 96 (2009): 574–87; E. L. Paluck, "What's in a Norm? Sources and Processes of Norm Change", *Journal of Personality and Social Psychology* 96 (2009): 594–600.
87. May, "Airborne Peace".
88. R. Ratnesar, "Arab Regimes' Nepotism Problem", *Bloomberg Businessweek*, 9 de março de 2011, acessado em www.businessweek.com/magazine/content/11_12/b4220007540210.htm (acessado em 12/08/2012).
89. A. Bellow. *In Praise of Nepotism: A Natural History*. Nova York: Doubleday, 2003.
90. M. J. Bennett, "Overcoming the Golden Rule: Sympathy and Empathy". In: M. J. Bennett (org.). *Basic Concepts of Intercultural Communication: Selected Readings*. Yarmouth, ME: Intercultural Press, 1998, p. 213.

Capítulo 10

1. H. Herrera. *A Biography of Frida Kahlo*. Nova York: HarperCollins, 1983; A. Haynes, "Frida Kahlo: An Artist 'in Between,'" *eSharp* 6 (2006).
2. R. B. Gunderman e C. M. Hawkins, "The Self-Portraits of Frida Kahlo", *Radiology* 247 (2008): 303–6.
3. S. Saulny, "Black? White? Asian? More Young Americans Choose All of the Above", *The New York Times*, 29 de janeiro de 2011, p. A1; S. Saulny, "Census Data Presents Rise in Multiracial Population of Youths", *The New York Times*, 24 de março de 2011, p. A3.
4. U.S. Census Bureau, "2010 Census Shows America's Diversity", Washington, D.C.: Government Printing Office, 2011.
5. J. S. Passel, W. Wang e P. Taylor, "Marrying Out: One in Seven New U.S. Marriages Is Interracial or Interethnic", Washington, D.C.: Pew Research Center, 2010.
6. J. W. Berry, J. S. Phinney, D. L. Sam e P. Vedder (orgs.). *Immigrant Youth in Cultural Transition: Acculturation, Identity, and Adaptation across National Contexts*. Mahwah, NJ: Lawrence Erlbaum Associates, 2006; A. Chandra, W. D. Mosher, C. Copen e C. Sionean, "Sexual Behavior, Sexual Attraction, and Sexual Identity in the United States: Data from the 2006–2008 National Survey of Family Growth", Hyattsville, MD: National Center for Health Statistics, 2011; B. Leondar-Wright. *Class Matters: Cross-Class Alliance Building for Middle-Class Activists*. Gabriola Island, BC: New Society Publishers, 2005.
7. C. Fuentes, C. (org.). *The Diary of Frida Kahlo: An Intimate Self-Portrait* (tradução B. Crow de Toledo e R. Pohlenz). Londres: Bloomsbury, 1995.
8. Para uma análise de como a exposição influencia as preferências, veja R. B. Zajonc, "Attitudinal Effects of Mere Exposure", *Journal of Personality and Social Psychology* 9 (1968): 1–27; R. B. Zajonc, "Feeling and Thinking: Preferences Need No Inferences", *American Psychologist* 35 (1980): 151–75; R. B. Zajonc, "Mere Exposure: A Gateway to the Subliminal", *Current Directions in Psychological Science* 10 (2001): 224–28.
9. As coortes não possuem datas de início e fim exatas. As tendências de uma pessoa nascida no dia 31 de dezembro de 1981 provavelmente não são tão diferentes de uma nascida no dia 1 de janeiro de 1982, apesar de as duas tecnicamente pertencerem a gerações diferentes. Em parte, devido a esses limites indistintos, os estudiosos utilizam datas de início e fim diferentes ao categorizar as gerações. Neste livro, aplicamos as datas utilizadas pelos historiadores William Strauss e Neil Howe. Veja W. Strauss e N. Howe. *Generations: The History of America's Future, 1584 to 2069*. Nova York: William Morrow and Company, 1991.
10. Twenge propõe 1970 como o ano que marca o início da "Generation Me". Veja J. Twenge. *Generation Me: Why Today's Young Americans Are More Confident, Assertive, Entitled—and More Miserable—Than Ever Before*. Nova York: Free Press, 2006.
11. J. M. Twenge e S. M. Campbell, "Generational Differences in Psychological Traits and Their Impact on the Workplace", *Journal of Managerial Psychology* 23 (2008): 862–77.
12. William Deresiewicz, "Generation Sell", *The New York Times*, 12 de novembro de 2011, p. SR1.
13. Leung e Chiu, "Multicultural Experience, Idea Receptiveness, and Creativity." *Journal of Cross-Cultural Psychology* 31 (2010): 723–41; W. W. Maddux e A. D. Galinsky, "Cultural Borders and Mental Barriers: The

Relationship between Living Abroad and Creativity", *Journal of Personality and Social Psychology* 96 (2009): 1047–61.
14. D. K. Simonton, "Foreign Influence and National Achievement: The Impact of Open Milieus on Japanese Civilization", *Journal of Personality and Social Psychology* 72 (1997): 86–94; L. A. Ricciardelli, "Creativity and Bilingualism", *Journal of Creative Behavior* 26 (1992): 242–54; J. M. Levine e R. L. Moreland, "Collaborations: The Social Context of Theory Development", *Personality and Social Psychology Review* 8 (2004): 164–72.
15. Leung e Chiu, "Multicultural Experience, Idea Receptiveness, and Creativity".
16. P. W. Linville, "Self-Complexity and Affective Extremity: Don't Put All Your Eggs in One Cognitive Basket", *Social Cognition* 3 (1985): 94–120; S. T. Hannah, R. L. Woolfolk e R. G. Lord, "Leader Self-Structure: A Framework for Positive Leadership", *Journal of Organizational Behavior* 30 (2009): 269–90.
17. A. D. Nguyen e V. Benet-Martínez, "Biculturalism and Adjustment: A Meta-Analysis", *Journal of Cross-Cultural Psychology*, publicação avançada na internet, 2012; T. LaFramboise, H. L. Coleman e J. Gerton, "Psychological Impact of Biculturalism: Evidence and Theory", *Psychological Bulletin* 114 (1993): 395–412.
18. Para saber mais sobre o poder da suspensão do senso crítico, veja C. Geertz. *Available Light: Anthropological Reflections on Philosophical Topics*. Princeton, NJ: Princeton University Press, 2000.
19. Apesar de o Havaí ser incluído na Região Oeste no Censo dos Estados Unidos, a maioria dos estudiosos concorda que essa cultura é anômala. Veja, por exemplo, M. Haas. *Barack Obama, The Aloha Zen President: How a Son of the 50th State May Revitalize America Based on 12 Multicultural Principles*. Santa Barbara, CA: ABC-CLIO, 2001.
20. D. Remnick. *The Bridge: The Life and Rise of Barack Obama*. Nova York: Vintage Books, 2011; B. Obama. *Dreams from My Father: A Story of Race and Inheritance*. Nova York: Crown, 1995.
21. B. Gates. *The Road Ahead*. Nova York: Viking, 1995.
22. K. Spink. *Mother Teresa: An Authorized Biography* (ed. Rev). Nova York: HarperCollins, 2011.
23. M. Landler e J. H. Cushman, "In Graduation Speech to Women, Obama Leaps into Gender Gap", *The New York Times*, 14 de maio de 2012, p. A12.
24. Spink. *Mother Teresa: An Authorized Biography*.
25. D. Trafimow, H. C. Triandis e S. G. Goto, "Some Tests of the Distinction between the Private Self and the Collective Self", *Journal of Personality and Social Psychology* 60 (1991): 649–55.
26. S. Spencer, dados não publicados, University of Waterloo, 2012.
27. J. A. Bargh e E. Morsella, "The Unconscious Mind", *Perspectives on Psychological Science* 3 (2008): 73–39; M. Weisbuch e N. Ambady, "Non-Conscious Routes to Building Culture: Nonverbal Components of Socialization", *Journal of Consciousness Studies* 15 (2008): 159–83.
28. W. L. Gardener, S. Gabriel e A. Y. Lee, "'I' Value Freedom but 'We' Value Relationships: Self-Construal Priming Mirrors Cultural Differences in Judgment", *Psychological Science* 10 (1999): 321–26.
29. M. W. Morris e K. Peng, "Culture and Cause: American and Chinese Attributions for Social and Physical Events", *Journal of Personality and Social Psychology* 67 (1994): 949–71.
30. Y.-Y. Hong, M. W. Morris, C.-Y. Chiu e V. Benet-Martínez, "Multicultural Minds: A Dynamic Constructivist Approach to Culture and Cognition", *American Psychologist* 55 (2000): 709–20.
31. M. Ross, W. G. E. Xun e A. E. Wilson, "Language and the Bicultural Self", *Personality and Social Psychology Bulletin* 28 (2002): 1040–50.
32. D. A. Briley, "Cultural Chameleons: Biculturals, Conformity Motives, and Decision Making", *Journal of Consumer Psychology* 15 (2005): 351–62.
33. C. M. Fausey e L. Boroditsky, "Subtle Linguistic Cues Influence Perceived Blame and Financial Liability", *Psychonomic Bulletin and Review* 17 (2010): 644–50.
34. D. Oyserman e S. W. S. Lee, "Does Culture Influence What and How We Think? Effects of Priming Individualism and Collectivism", *Psychological Bulletin* 134 (2008): 311–42.
35. S. A. Fryberg, comunicação pessoal.
36. Pseudônimo. Para proteger a identidade das crianças, seus nomes foram alterados nesta seção.
37. S. A. Fryberg e H. R. Markus, "Being American Indian: Current and Possible Selves", *Self and Identity* 2 (2003): 325–44.
38. S. A. Fryberg, H. R. Markus, D. Oyserman e J. M. Stone, "Of Warrior Chiefs and Indian Princesses: The Psychological Consequences of American Indian Mascots", *Basic and Applied Social Psychology* 30 (2008): 208–18.
39. J. Henrich, A. Norenzayan e S. Heine, "The Weirdest People in the World?", *Behavioral and Brain Sciences* 33 (2010): 61–135.
40. *Loving v. Virginia*, 388 U.S. 1 (1967).
41. Association of MultiEthnic Americans, *AMEA*, 2 de junho de 2012, disponível em www.ameasite.org (acessado em 3 de janeiro de 2012).
42. Swirl, 6 de junho 2012 em www.swirlinc.org (acessado em 3 de janeiro de 2012).
43. Herrera. *A Biography of Frida Kahlo*.

Índice

Aaker, Jennifer, 152
Aborto, 119
Ação afirmativa, 28, 48
Acemoglu, Daron, 173
Adams, Glenn, 157–159
Adler, Nancy, 89
África Ocidental, 157–161, 176
Afro-americanos (veja Raça e etnia, culturas de)
Agressão, gêneros e, 39–40
Akrobatik, 64
Alcorn, Randy, 133
Aleichem, Sholem, 126
Allmendinger, Jutta, 33
Ambady, Nalini, 59
America's Four Gods (Froese e Bader), 120
Ameríndios. (veja também Raça e etnia, culturas de)
    Quil Ceda and Tulalip Elementary School, estado de Washington, 193–195
Amizades inter-raciais, 72–73, 75
Anglicanos, 119
Antissemitismo, 126
Anúncios de revista, 19–20, 86
Aronson, Elliot, 91
Aronson, Josh, 60
Arte da felicidade (Dalai Lama), 21
Ascensão da classe criativa, A (Florida), 105
Asiático-americanos (veja Raça e etnia, culturas de)
Assédio sexual, 44–45, 49
Assistência médica, raça e etnia e, 54, 62, 65
Atividades de lobby, 150
Atratividade física, 98–99
Atribuições disposicionais, 128
Autoconceitos, 56–57
Autoestima, 84–8, 28, 38
    gênero e, 40
    negros e, 58, 62, 64
Autonomia, moralidade da, 134
ayo, damali, 73–74

B Corporations, 146–146

Babcock, Linda, 49
Bachmann, Michele, 118
Bader, Christopher, 120
Banaji, Mahzarin, 64
Bandura, Albert, 177
Banks, Richard, 134
Banks, Richard, 46
Barber, Brad M., 40
Baron-Cohen, Simon, 37
Batistas, 118, 119
Baumeister, Roy, 40
Becker, Sascha O., 130
Beitler, Steve, 142, 148, 151
Bell Curve, The (Murray), 79
Bellow, Adam, 178
Ben and Jerry's Homemade, 142, 146
Ben-Zeev, Avi, 34, 50
Benet-Martinez, Veronica, 184
Benetech, 138, 145, 151
Bennett, Milton, 179
Berdahl, Jennifer, 44
Bergsieker, Hilary, 73
Bial, Deborah, 92
Bierce, Ambrose, 117
BioLogos, 134
Black Empowerment Movement, 74
Blackmun, Harry, 76
Blancs, Les (Hansberry), 72
Blascovich, Jim, 56
Bok, Derek, 70
Bolick, Kate, 46
Boly, Richard, 145, 146, 152–153
Boroditsky, Lera, 192
Bourdieu, Pierre, 96
Bowen, William, 70
Bowles, Hannah Riley, 49
Bowling Alone (Putnam), 103
Brannon, Tiffany, 68
Briley, Donnel, 192
Brinquedos, 43
Budismo, 23, 25, 121
Bullying, 40

"Cachinhos Dourados e os três ursos", 16, 17
Cain, Herman, 63
Campbell, Stacy, 183
Capitalismo de livre mercado, 173
Carter, Jimmy, 123
Casamentos arranjados, 164–165
Castigos corporais, 111, 112
Caughy, Margaret, 63
Center for Work-Life Policy, 28
Chatman, Jennifer, 147
Chavez, César, 19
Chedraui, Gregorio, 172
Chen, Edith, 84
Chen, Serena, 52
Cheryan, Sapna, 28, 43, 49
Chiu, Chi-yue, 184
Chua-Rubenfeld, Sophia, 4, 11, 197
Chua, Amy, 4, 11, 14, 25, 27, 197
Chua, Louisa, 11, 197
Ciclo cultural, diagrama, 13
Ciclos culturais (veja Culturas de gênero; Regiões globais; Raça e etnia; Culturas regionais; Religião; Culturas socioeconômicas; Culturas no trabalho)
Ciência da computação, 43–44
Cinderella Ate My Daughter (Orenstein), 43
Claire, Theresa, 92
Class Matters (Leondar-Wright), 95
Classes separadas para meninos e meninas, 50–51
Clinton, Bill, 80
Cohen, Adam, 123–125, 126, 128
Cohen, Ben, 142
Cohen, Dov, 108, 109, 111, 113
Cohen, Geoff, 74
Colbert, Stephen, 57
Collins, Francis S., 134
Collins, Jane, 175
Comportamento de risco, 40
Compromisso dos Três Quintos, 67
Condry, John, 42
Condry, Sandra, 42
Confucianismo, 18, 23, 24
Confúcio, 24
Constituição dos Estados Unidos, 136
Conversas decisivas (Patterson et al.), 144
Cor púrpura, A (Walker), 68
Cortisona, 28, 92
Criação de filhos
    culturas de gênero e, 42–43
    culturas socioeconômicas e, 84–86
    estilos de, 27
    no Sul (Estados Unidos), 110–111
    pais e mães que não trabalham fora, 51
    raça e, 63, 71–72
Crianças, socialização de gênero e, 42–43
Cristianismo, 123–127
Croizet, Jean-Claude, 92
Cross, Susan, 6, 36
CTEM (Ciência, tecnologia, engenharia e matemática), 26, 43–45
Culturas da fé (*veja* Religião)
Culturas de credibilidade, 108
Culturas de gêneros, 31–52
    agressão e, 39–40
    brinquedos e, 43
    criação de filhos e, 42–43
    culturas socioeconômicas e, 41, 45
    diferenças de gênero e, 35–37, 41–42, 43
    educação e, 31, 32, 43–45, 50–51
    empreendedorismo e, 31, 44
    estereótipos e, 34–36, 43, 51
    igualdade de gênero, 47–49
    liderança e, 31, 38–39, 44, 51
    mídia e, 43
    negociação e, 49–50
    orquestras sinfônicas e, 33–34
    salários e, 33, 34, 49, 50
    trabalho, divisão do, 34, 47–48
Culturas no trabalho, 137–154
    empresas com fins lucrativos, 137–144, 146–148
    excesso de burocracia, 145, 152
    exemplo da Zappos, 146–147
    organizações sem fins lucrativos, 137–145, 148–153
    órgãos públicos, 139–141, 145, 148, 152–153
Culturas regionais (Estados Unidos), 97–117
    no Meio-Oeste, 99, 103, 105
    no Nordeste, 98, 99, 100, 102, 103, 105, 106, 109–111, 113, 115, 116
    no Oeste, 97–105, 109, 116
    no Sul, 99, 105–113, 115
Culturas socioeconômicas, 77–96
    criação de filhos e, 84–86
    educação e, 77–81, 86–92
    estereótipos e, 88, 92
    gênero e, 41, 45
    mídia e, 86
    música e, 86
    raça e etnia e, 56
    renda e, 78, 79, 83, 95
Currículos, 61

Dalai Lama, 19, 21
dangerousNEGRO, 74
Darling-Hammond, Linda, 90
Davidson, Gail, 1, 8, 29
Dawkins, Richard, 134, 141
Declaração de Independência dos Estados Unidos, 23, 67, 136
Democracia, 23, 173
Depressão, 7, 32, 94, 98
Descartes, René, 23, 57
Deutsch, Morton, 134
Devoção filial, 5–6, 24
Dez Mandamentos, 125
Dificuldades de aprendizado, 46
Dignidade, cultura de, 109
Dilema do prisioneiro, 147
Discriminação (*veja* Raça e etnia, culturas de)
Discriminação da mulher no trabalho, 44
Disneylândia, 9–10
Distúrbios de déficit de atenção, 46
Divórcio, 38, 51
Doações de caridade, 83, 123
Dr. Seuss, 43
duas fridas, As (Kahlo), 180

Duckworth, Angela, 27
Dweck, Carol, 27, 194

Eagly, Alice, 38–39
eBay, 44
Eberhardt, Jennifer, 72
Educação
    Califórnia, 1, 8, 29
    classes separadas para meninos e meninas, 50–51
    CTEM (ciência, tecnologia, engenharia e matemática), 26, 43–45
    culturas de gêneros e, 31, 32, 43–45, 50–51
    culturas socioeconômicas e, 77–81, 86–92
    estudantes asiáticos, 1–8, 16–18, 25, 28, 101
    formação superior, 31, 77–79, 83, 87, 92
    KIPP (Knowledge Is Power Program) Academies, 92–94
    Lynbrook High School, Cupertino,
    método socrático, 23, 24, 29
    No Child Left Behind Act, 25, 46
    Posse Foundation, 92, 93
    pré-escola, 16
    Quil Ceda and Tulalip Elementary School, Washington State, 193–195
    raça e etnia e, 54, 60–62, 64, 69, 70, 71, 74–75
    salas de aula colaborativa, 91
    salas de aula seguras para a identidade, 71, 195
    testes padronizados, 25, 32, 43, 71, 94
Educadores, 45–46
Education Enhancement Act of 1986, 90
Einstein, Albert, 19
Eleições presidenciais (Estados Unidos)
    2008, 65
    2012, 118
Emoções, expressão das, 8–10, 20, 21, 22, 29
Empreendedorismo, gêneros e, 31, 44
Empresas com fins lucrativos, 137–144, 146–148
Entrevistas de emprego, 61
Escassez de alimentos no Sudão, 155–156
Escoceses e irlandeses, 112, 113
Escolhas, 12–13, 15, 16, 83, 85, 94, 159
Escravidão, 67, 113, 160
Esportes, raça e etnia e, 63
Estereótipos
    culturas socioeconômicas e, 88, 92
    gênero e, 34–36, 43, 51
    raça e etnia e, 59–61, 74
Estilo atribucional, 128
Estudantes asiáticos, 1–8, 1–18, 25, 28, 101
Ética protestante e o espírito do capitalismo, A (Weber), 23, 129
Etnia (*veja* Raça e etnia, culturas de)
Eu (*veja* Culturas de gênero; Regiões globais; Raça e etnia; Culturas regionais; Religião; Culturas socioeconômicas; Culturas no trabalho)
Evangelical Environmental Network, 135
Evolução, 39, 118
Excesso de burocracia, 145, 152

Faura, Juan, 172
Fausey, Caitlin, 192
FBI (Federal Bureau of Investigation), 74

Feinberg, Mike, 94
Ferber, Robert, 163–164
Filmes, 43, 59, 71
Fine, Cordelia, 41, 49
Fisher, Dawn-Elissa, 64
Florida, Richard, 102, 105
Formação superior, 31, 77–79, 83, 87, 92
Froese, Paul, 120
Fruchterman, Jim, 138, 151–152
Fryberg, Stephanie, 83, 193–195
Furacão Katrina, 133

Gächter, Simon, 114, 169
Galinsky, Adam, 175
Garcia, Julio, 172
Gardner, Wendi, 191
Gates, Bill, 186–187
Gene egoísta, O (Dawkins), 141
Geography of Thought, The (Nisbett), 24
Gingrich, Newt, 118–119
Goldhor, Rob, 100–101, 105, 115
Gore, Al, 145
Granovetter, Mark, 102
GRE (Graduate Record Examination), 43, 60
Grécia antiga, 22, 24
Green, Maurice, 21
Greenberg, James, 167
Greenfield, Jerry, 142
Gregory, Ann Goggins, 149
Grito de guerra da mãe-tigre (Chua), 197
Grubb, W. Norton, 90
Gruenfeld, Deb, 51
Gupta, Vishal K., 44
Gurin, Patricia, 70

Haidt, Jonathan, 135
Halpern, Diana, 50
Hamedani, MarYam, 94
Hansberry, Lorraine, 72
Hansei, 17
Harackiewicz, Judith, 26
Harrigan, Simon, 155
Harris, Sam, 134
Harvard University, 2, 68
HBCUs (universidades historicamente destinadas à comunidade negra), 64
Heath, Chip, 149
Heine, Steven, 6–8
Heinlein, Robert, 111
Hellerstein, Judith, 35
Hemingway, Ernest, 68
Herring, Cedric, 35
Hinduísmo, 121, 161–165
Hinshaw, Stephen, 32, 49
Hispânicos (*veja* Raça e etnia, culturas de)
Hitchens, Christopher, 134
Holloway, Renee, 171
Homens não são de Marte, mulheres não são de Vênus (Fine), 41
Hong, Ying-Yi, 191–192
Honra, cultura da, 107–108, 110, 113, 166
Horne, Tom, 76
How to Be Black (Thurston), 75

Howard University, 64, 68
Howard, Don, 149
Hsieh, Tony, 44, 146–147
Hyde, Janet Shibley, 36
Hyman, Misty, 21–22

IAT (Implicit Association Test), 64–65
Ickes, William, 37
Ideias (veja Culturas de gênero; Regiões globais; Raça e etnia; Culturas regionais; Religião; Culturas socioeconômicas; Culturas no trabalho)
Igreja Católica, 23, 119, 120, 127–130
Iluminismo, 23
Império Romano, 23
In Spite of the Gods: The Rise of Modern India (Luce), 161
Independência (veja Culturas de gênero; Regiões globais; Raça e etnia; Culturas regionais; Religião; Culturas socioeconômicas; Culturas no trabalho)
Índia, 161–165, 168, 172, 174, 176
Índices de evasão, 90
Inimizade, 158–160
Inquisição Espanhola, 23
Instituições (veja Culturas de gênero; Regiões globais; Raça e etnia; Culturas regionais; Religião; Culturas socioeconômicas; Culturas no trabalho)
Intel, 137
Inteligência coletiva, 35, 37
Interações (veja Culturas de gênero; Regiões globais; Raça e etnia; Culturas regionais; Religião; Culturas socioeconômicas; Culturas no trabalho)
Interações inter-raciais, 56, 59–60
Interdependência (veja Culturas de gênero; Regiões globais; Raça e etnia; Culturas regionais; Religião; Culturas socioeconômicas; Culturas no trabalho)
Inzlicht, Michael, 34
Islamismo, 121, 166, 167
Iyengar, Sheena, 5

Jackman, J. Richard, 33
Jackson, James, 63
James, William, 30
Jefferson, Thomas, 23, 67
Jensen, Barbara, 95
Jesus de Nazaré, 23
Jobs, Steve, 80, 116, 117
Jogos Olímpicos (2002), 21–22
Johnstone, Barbara, 111
Jost, John, 131
Judaísmo, 120, 123–127, 129
Juku ("cursinho pré-vestibular"), 18
Júris, 70

Kahlo, Frida, 180–181, 184, 197
Kalev, Alexandra, 48
Kaplan, Frank, 52
Kashima, Yoshihisa, 36
Kay, Aaron, 147
Keister, Lisa, 132

Keltner, Dacher, 84
Kennedy, John F., 119, 127
Kim, Heejung, 1–4, 19, 22
King, Martin Luther, Jr., 74
KIPP (Knowledge Is Power Program) Academies, 92–94
Kitayama, Shinobu, 8, 8, 12–13, 14, 101
Koelle, Sigismund, 160
Kusserow, Adrie, 84, 86

Lader, Philip, 144–145
Lamont, Michèle, 88
Lao-Tsé, 2
Lareau, Annette, 86
Laschever, Sara, 49
Law of Rewards, The (Alcorn), 133
Leitura, 46
Leondar-Wright, Betsy, 95
Lepper, Mark, 5
Leung, Angela, 184
Levin, Dave, 94
Levine, Richard V., 108
Liderança, 28
    gênero e, 31, 38–39, 44, 51
    raça e etnia e, 62
Limpeza da casa, 49
Linnaues, Carolus, 66
Linville, Patricia, 184
Livros infantis, 20, 43
Livros religiosos de autoajuda, 20–21
Locke, John, 23
Long, Jason, 107
Lopez, Jennifer, 54
Luce, Edward, 161
Luhrmann, Tanya, 119, 131, 132, 135
Luteranos, 118, 119
Lutero, Martinho, 23, 129, 129
Lutz, Catherine, 175
Lynbrook High School, Cupertino, Califórnia, 1, 8, 29

Maddux, Will, 175
Madre Teresa, 187–188
Madsen, Millard, 171
Magee, Joe, 84
Malone, Thomas, 35, 37
Manutenção da ordem pública, 62, 69, 112–113
Martin, Trayvon, 74
Masaoka, Jan, 150
Matrizes Progressivas de Raven, 3
Matthews, Karen, 84
McCain, John, 65
McGregor, Ian, 131
McGrory, Brian, 106
McIntosh, Peggy, 69
Meio-Oeste (Estados Unidos.), 99, 103, 105
Memória, 38
MENA (Oriente Médio e Norte da África)
Mendoza Denton, Rudy, 72, 76
Mentalidade fixa, 27
Mentalidades de crescimento, 27, 194
Mesquita, Batja, 167

Metodistas, 119
Método socrático, 23, 24, 29
México, 170–173, 176
Mídia, 19–22
    culturas socioeconômicas e, 86
    gênero e, 43
    raça e etnia e, 58–59, 71–72
    regiões globais e, 175, 176–178
Miller, Joan, 161–163
Miller, Peggy, 85
Money Myth, The (Grubb), 90
Monin, Benoît, 28
Moradia, raça e etnia e, 54, 62
Morehouse College, 64
Morgan, Marcyliena, 64
Mórmons, 118, 120, 120
Morris, Michael, 191
Motivação ao serviço público, 140
Movimento Occupy Wall Street, 77
Mudança de cidade (*veja* Culturas regionais)
Mudanças climáticas, 118, 134, 135
Mulheres (*veja* Culturas de gênero)
Multiculturalismo, 181, 182, 196–197
Murray, Charles, 79
Música
    culturas socioeconômicas e, 86
    raça e etnia e, 64

National Longitudinal Survey of Youth, 133
Negroponte, Nicholas, 137
Negros (*veja* Raça e etnia, culturas de)
Nguyen, Angela, 184
Nisbett, Richard, 24, 108, 111, 113, 125
No Child Left Behind Act, 25, 46
Nordeste (Estados Unidos), 98, 99, 100, 102, 103, 105, 106, 109–111, 113, 115, 116
Norenzayan, Ara, 121–122
Northwestern University, 92
95 Teses (Lutero), 23
Nunn, Nathan, 160

O que há de melhor em você (Osteen), 21
O que o dinheiro não compra: os limites morais do mercado (Sandel), 139
O'Neil, Susie, 21
Obama, Barack, 52–54, 65, 119, 185–186, 188
OCDE (Organização para a Cooperação e Desenvolvimento Econômico), 78–79
Odean, Terrance, 40
Oeste (Estados Unidos), 97–105, 109, 116
Oishi, Shigehiro, 101–104
OLPC (One Laptop Per Child), 137
Onde vivem os monstros (Sendak), 20
Orenstein, Peggy, 43
Organização sem fins lucrativos, 137–145, 148–153
Órgãos públicos, 139–141, 145, 148, 152–153
Orquestras sinfônicas, 33–34
Osteen, Joel, 21
Oyserman, Daphna, 75, 94

Page-Gould, Elizabeth, 72
Pager, Devah, 62

Pais que ficam em casa cuidando dos filhos, 51
Paluck, Betsy, 178
Patnaik, Dev, 146
Patterson, Kerry, 144, 146
Paul, Ron, 118
Pell Grants, 90
Pena de morte, 111, 112
Peng, Kaiping, 125–126, 191
Pensamento dialético, 125
Perry, Rick, 118
Pew Research Center, 69
Piff, Paul, 84
Plaut, Victoria, 71, 71, 99, 102
Population Media Center, 177
Portillo, Dan, 141
Positive Deviance Initiative, 174
Posse Foundation, 92, 93
Posse Scholars, 92
Powell, Colin, 54
Preconceito (*veja* Raça e etnia, culturas de)
Presbiterianos, 119
Princípios de psicologia (James), 30
Programas de *mentoring*, 48
Programas de televisão, 43, 59–60, 71
Propaganda, 19–20, 43, 86
Protestantes conservadores, 120, 120, 131–135
Protestantismo, 118–120, 122–125, 126–135
Purdie-Vaughns, Valerie, 71
Puritanos, 119, 129
Putnam, Robert, 103

Quantum Magnetics, 138, 145
Quil Ceda and Tulalip Elementary School, estado de Washington, 193–195

Raça e etnia, culturas de, 53–76
    amizades inter-raciais e, 72–73, 75
    assistência médica e, 54, 62, 65
    classe social e, 56
    como constructos sociais, 67
    conversas com os pais sobre raça, 63, 71–72
    discriminações cotidianas e, 61–62
    educação e, 54, 60–62, 64, 69, 70, 71, 74–75
    esportes e, 63
    liderança e, 62
    manutenção da ordem pública e, 62, 69
    mídia e, 58–59, 71–72
    moradia e, 56, 62
    música e, 64
    oportunidades de emprego e, 62
    religião e, 63–64, 66
    sistema judiciário e, 70–71
    viés racial, 64–66
Radloff, Lisa, 97–99, 115
"Rain" (rap), 64
Rao, Vijayendra, 156
Rawls, James R., 140
RDI (Rural Development Institute), 174
Reading the Mind in the Eyes (teste), 37
Reed, John Shelton, 111
Reforma Protestante, 23, 119
região, 166–170, 172, 176

Regiões globais, culturas das, 155–179
　　África Ocidental, 157–161, 176
　　Índia, 161–165, 168, 172, 174, 176
　　MENA (região do Oriente Médio e Norte da África), 166–170, 172, 175
　　México, 170–173, 175
　　mídia e, 175, 176–178
Religião, 118–136
　　Igreja Católica, 23, 119, 120, 127–130
　　Judaísmo, 120, 123–127, 129
　　moralidade e, 123–124
　　na história, 121–122
　　Protestantismo, 118–120, 122–124, 126–135
　　raça e etnia e, 63–64, 66
Renda, culturas socioeconômicas e, 78, 79, 83, 95
Rentfrow, Peter Jason, 115
Revistas femininas, 20
Rice, Condoleezza, 54
Richeson, Jennifer, 56
RISC (Relational Interdependent Self-Construal) (escala), 37
Roberts, Diane, 107, 111
Roberts, John, 75
Roberts, Julia, 20
Robinson, James, 173
Romney, Mitt, 118
Roosevelt, Eleanor, 60
Rosen, Lawrence, 167, 169
Rosin, Hanna, 32–33
Ross, Lee, 147
Ross, Michael, 192
Rothman, Barbara, 42
Roughgarden, Joan, 135
Rozin, Paul, 123

Sala de aula colaborativa, 91
Salam, Reihan, 31
Salários, gênero e, 33, 34, 49, 50
Salas de aula seguras para a identidade, 71, 195
Sampson, Edward, 125–126
Sanchez-Burks, Jeffrey, 127–128, 176
Sandel, Michael J., 139
Santorum, Rick, 118, 119, 120
Saroglou, Vassilis, 122
SAT (Scholastic Assessment Test), 60
Savani, Krishna, 162, 171
Sekaquaptewa, Denise, 58
Selves (veja Culturas de gênero; Regiões globais; Raça e etnia; Culturas regionais; Religião; Culturas socioeconômicas; Culturas no trabalho)
Sermão da Montanha, 123, 125
Seth, Reva, 164–165
Shaheen, Jack, 175
Shariff, Azim F., 122
Shelton, Nicole, 56
Shepherd, Hana, 62
Sherman, Jennifer, 51
Shweder, Richard, 163, 164
Sistema judiciário, raça e etnia, 70–71
Skoll, Jeff, 44
Sommers, Sam, 71
Sorrisos, 20–21
Sotomayor, Sonia, 54

Spelman College, 64
Sputnik, 52
Staub, Ervin, 177
Steele, Claude, 34, 60
Steele, Dorothy, 71
Stephens, Nicole, 83, 91, 94–95
Sternin, Jerry, 174
Sternin, Monique, 174
Stone, Jeff, 61
Storm, Ingrid, 131
Suicídio, 32, 39, 98
Sul (Estados Unidos), 99, 105–113, 115

Tafel, Rich, 153
Takahashi, Naoko, 21–22
Taoismo, 23, 24
Taxa de alfabetização, 129–130
Taylor, Shelley, 38
Teste de Stroop, 56
Testes padronizados, 25, 32, 43, 71, 94
Teto de bambu, 28
Thiel, Peter, 140, 141
Thorpe, Ian, 21
Those Who Work, Those Who Don't (Sherman), 51
Thurston, Baratunde, 75
Touré, 58
Tozan, 25
Trabalho, divisão do, 34, 47–48
Trafimow, David, 189
Transtornos alimentares, 32
Treinamento em diversidade, 48–49
Triandis, Harry, 170
Triple Bind, The (Hinshaw), 32
Trouble with Boys, The (Tyre), 45, 46
Tsai, Jeanne, 9, 10, 20
Twain, Mark, 176
Twenge, Jean, 183
Tyre, Peg, 45, 46, 50

Uchida, Yukiko, 8
Unilever, 142, 146
University of Pennsylvania, 92

Vale do Silício, 99, 102, 104, 116, 152
Vandello, Joseph, 110
Vanderbilt University, 92
Velho e o mar, O (Hemingway), 68
Videogames, 43
Viés da singularidade falsa, 40
Viés de atribuição em causa própria, 40
Vila Sésamo, 15
Vittrup, Birgitte, 66
Vorauer, Jacquie, 55–56

Wa, 17
Walker, Alice, 68
Walmart, 114
Walton, Michael, 156
Wantchekon, Leonard, 160
Washington, Denzel, 54
Weber, Max, 23, 129
When God Talks Back (Luhrmann), 119

"White Privilege: Unpacking the Invisible Knapsack" (McIntosh), 69
Whiting, Robert, 17
Whitman, Walt, ix
Who's Your City? (Florida), 102
Williams, Christine, 35
Williams, Melissa, 72
Wilson, Charles Reagan, 111
Wilson, David Sloan, 131
Winfrey, Oprah, 54
Woessmann, Ludger, 130
Women Don't Ask (Babcock e Laschever), 49

Woolley, Anita, 35, 37
Wu, Tsui-Feng, 6

Xiao enyue de gushi (A história de Fevereiro), 20
Xintoísmo, 23–24

Yeskel, Felice, 87
You Gotta Have Wa (Whiting), 17

Zappos, 44, 146–147
Ziyi, Zhang, 20
Zuckerberg, Mark, 116–117

Este livro foi impresso nas oficinas gráficas da Editora Vozes Ltda.,
Rua Frei Luís, 100 – Petrópolis, RJ.